教育部人文社会科学重点研究基地基金资助

古 代 文 明

（第14卷）

北京大学中国考古学研究中心
北京大学震旦古代文明研究中心　编

上海古籍出版社
上海·2020

图书在版编目(CIP)数据

古代文明. 第14卷 / 北京大学中国考古学研究中心,北京大学震旦古代文明研究中心编. —上海:上海古籍出版社,2020.5
ISBN 978-7-5325-9584-6

Ⅰ.①古… Ⅱ.①北… ②北… Ⅲ.①文化史—研究—中国—古代—丛刊 Ⅳ.①K220.3-55

中国版本图书馆CIP数据核字(2020)第060196号

古代文明(第14卷)

北京大学中国考古学研究中心
北京大学震旦古代文明研究中心 编

上海古籍出版社出版发行

(上海瑞金二路272号 邮政编码200020)

(1)网址:www.guji.com.cn

(2)E-mail:guji1@guji.com.cn

(3)易文网网址:www.ewen.co

上海惠敦印务科技有限公司印刷

开本787×1092 1/16 印张16.25 插页5 字数346,000

2020年5月第1版 2020年5月第1次印刷

ISBN 978-7-5325-9584-6

K·2822 定价:88.00元

如有质量问题,请与承印公司联系

目　　录

新疆阿勒泰地区 2017－2018 年石器调查报告

新疆文物考古研究所、北京大学中国考古学研究中心、北京大学考古文博学院

阿勒泰地区位于新疆维吾尔自治区最北部，是我国最西北的地区，东北与蒙古国接壤，西北与哈萨克斯坦、俄罗斯相连，现辖 1 市 6 县，总面积约 11.7 万平方千米。该地区自上世纪八九十年代以来一直有石器调查工作，1989 年 8 月，新疆维吾尔自治区文物普查办公室阿勒泰队调查发现齐德哈仁细石器地点，①采集有半锥状石核、细石叶、石镞和石片等；1993 年 8－9 月，新疆文物考古研究所和阿勒泰地区文物保护管理所在阿勒泰地区进行了为期 40 天的考古调查工作，在哈巴河县境内的额尔齐斯河沿岸发现了 6 个石器地点；②2004 年 5－6 月中国科学院古脊椎动物与古人类研究所、新疆维吾尔自治区文物考古研究所、美国亚利桑那大学人类学系、俄罗斯远东科学院在北疆的准格尔盆地西缘的奎屯至布尔津沿线、额尔齐斯河和乌伦古河沿岸、天山北缘以及南疆的吐鲁番盆地、库尔勒—阿克苏—喀什沿线进行了联合调查，在阿勒泰地区的富蕴县和青河县、昌吉州的奇台县以及伊犁州和布克赛尔县等地区发现 20 余处旧石器地点；③2016－2018 年，新疆维吾尔自治区文物考古研究所与北京大学联合发掘了通天洞遗址，是新疆境内第一处有明确地层的旧石器时代洞穴遗址。④

为了解通天洞周围的遗址分布、石器文化面貌及人类的空间活动信息、寻找其他旧石器时代遗址，2017－2018 年夏，新疆维吾尔自治区文物考古研究所与北京大学在阿勒泰地区联合开展了石器调查工作，以第三次文物普查资料为基础，结合遗址周边考察情况，在吉木乃、哈巴河和富蕴三个县境内发现和复查了 6 处石器地点，并对采集到的石制品进行了整理研究。现将主要发现介绍如下。

---

① 王博：《哈巴河县齐德喀仁细石器遗址》，中国考古学会编：《中国考古学年鉴 1990》，文物出版社，1991 年，第 329－330 页。

② 伊弟利斯·阿不都热苏勒、张川：《额尔齐斯河畔的石器遗存及其类型学研究》，新疆文物考古研究所编著：《新疆阿勒泰地区考古与历史文集》，文物出版社，2015 年，第 239－250 页。

③ 高星、裴树文、彭菲、张铁男、冯兴无、陈福友、张乐、张晓凌、阿普都热苏勒·伊第利斯：《2004 年新疆旧石器考古调查简报》，《人类学学报》2018 年第 11 期；Derevianko, A.P., Xing, G., Olsen, J.W., Rybin, E.P., "The Paleolithic of Dzungaria (Xinjiang, Northwest China) Based on Materials from the Luotuoshi Site", *Archaeology Ethnology & Anthropology of Eurasia*, 2012(40.4), pp.2－18.

④ 新疆文物考古研究所、北京大学考古文博学院：《新疆吉木乃县通天洞遗址》，《考古》2018 年第 7 期。

一、地理背景与遗址分布

图一 调查地点分布图

阿勒泰地区地貌上处于阿尔泰山南麓到准噶尔盆地北缘之间，地势东北高，西南低，北部为阿尔泰山山地，中部有额尔齐斯河、乌伦古河冲积平原，南部属古尔班通古特沙漠。此次调查区域从地理单元上可以分为三大部分：靠近阿尔泰山南麓的额德克，支脉萨吾尔山附近的北沙窝、臭水井、白石滩南，以及位于额尔齐斯河及其支流沿岸的齐德哈仁和乔夏可拜（图一）。从局部小地貌上看，北沙窝、臭水井和白石滩南三处地点均位于山前冲积扇至山麓冲积平原的区域内，地势整体开阔平坦，偶见小的丘陵隆起，石制品风化磨蚀较为严重，可能经历了比较长时间的搬运和暴露；额德克和齐德哈仁地点则处于沙丘中，石制品主要发现于沙丘间的低地，密度大，风化磨蚀较轻，还有可拼合标本，近似于原地埋藏；乔夏可拜地点位于额尔齐斯河沿岸，冲沟内及两侧的沙丘台地上均有石制品发现，冲沟内发现有尺寸较大的石片石器，两岸沙丘台地上则有细石器。各地点位置信息和主要发现见表一。

表一 调查地点位置信息及主要发现

地 点	经纬度	海拔	行政区划	石 制 品 情 况
北沙窝	47.599 305 N 86.113 114 E	789 米	吉木乃县	石片 1、工具 2
臭水井	47.646 944 N 86.298 889 E	626 米	吉木乃县	石片 12、断块 6、工具 33
白石滩南	47.592 170 N 86.395 416 E	790 米	吉木乃县	石核 2、石片 2、工具 3
齐德哈仁	47.872 191 N 86.285 166 E	390 米	哈巴河县	石片石器：石核 3、石片 113、断块 7、工具 4；细石器：石核 1、细石叶 25、小石叶 64、石片 94、工具 14
额德克	48.351 868 N 85.933 540 E	619 米	哈巴河县	细石核 3、细石叶 46、石片 61、小石叶 1、工具 2
乔夏可拜	47.022 195 N 89.021 238 E	779 米	富蕴县	石片石器：石核 3、石片 22、断块 10、工具 62；细石器：细石叶 5、小石叶 10、石片 110、断块 1、工具 56

二、石制品概况

1. 北沙窝地点

北沙窝共发现石制品 3 件，包括石片 1 件、边刮器 1 件和锯齿刃器 1 件，原料均为优质的绿色硅质岩。

17JB：1，锯齿刃器。毛坯为断块，有一定风化磨蚀。长 91.4 毫米，宽 64 毫米，厚 23.9 毫米，重 143.6 克。正反两面均以节理面为主，局部保留有砾石皮。修理刃缘仅一个，刃缘形态为凸刃，软锤修理，呈锯齿状，共 3 层，大小差别较大，呈鱼鳞状，侵入程度一般，修理刃缘弦长 80.9 毫米，刃角 41°－73°（图二，1）。

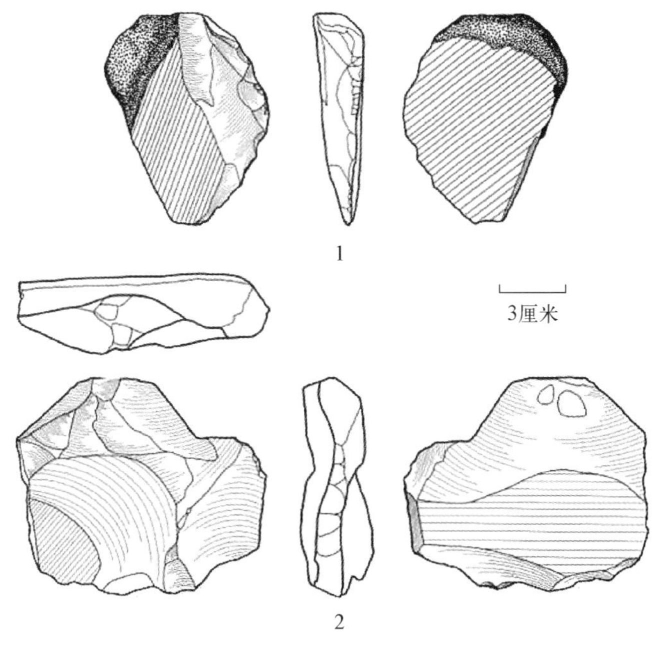

图二 北沙窝地点石制品

1. 锯齿刃器（17JB：1） 2. 陡刃刮削器（17JB：2）

17JB：2，陡刃刮削器，毛坯为勒瓦娄瓦石片，未见风化，但局部磨蚀严重。尺寸较大，长 92.7 毫米，宽 106.4 毫米，厚 31.2 毫米，重 292.5 克。台面为有疤台面，宽 33.5 毫米，厚 14.2 毫米，预制程度较低，保留较多节理面，石片角 107°，台面角 77°。腹面可见清晰的打击点、半锥体、锥疤和打击泡。背面有向心剥片留下的片疤，局部有节理面保留。两侧缘发散，远端为阶梯状。修理刃缘仅一个，位于石片右侧缘，直刃，平整程度一般，修疤为单层，尺寸较小，正向修理，加工距离较近，修理部分弦长 44.1 毫米，刃缘陡，刃角 68°－82°（图二，2）。

2. 臭水井地点

臭水井地点遗物密度大、数量多、器形丰富，共采集石制品 51 件，包括石片 12 件（完整石片 4 件，残片 8 件，其中有 2 件为勒瓦娄瓦石片残片）、断块 6 件、工具 33 件。工具包括锯齿刃器 19 件，边刮器 7 件，凹缺器、尖状器、手镐、手斧各 1 件，有修理痕迹的非定型工具（retouched piece）3 件。原料以安山岩等火成岩为主，优质硅质岩在工具中占比尤高，偶见石英。

18JC：2，石叶，原料为黑色安山岩，表面略有风化，磨蚀严重。长 75.7 毫米，宽 24.6

毫米,厚7.9毫米,重13.2克。台面为石皮,宽7.0毫米,厚2.9毫米,石片角107°,台面角81°。腹面打击泡极发育,左侧远端隐约可见穗状物。背面局部有节理面,石片疤形成一字形背脊,两侧缘近平行,远端呈阶状。左侧刃缘有较多使用痕迹(图三,3)。

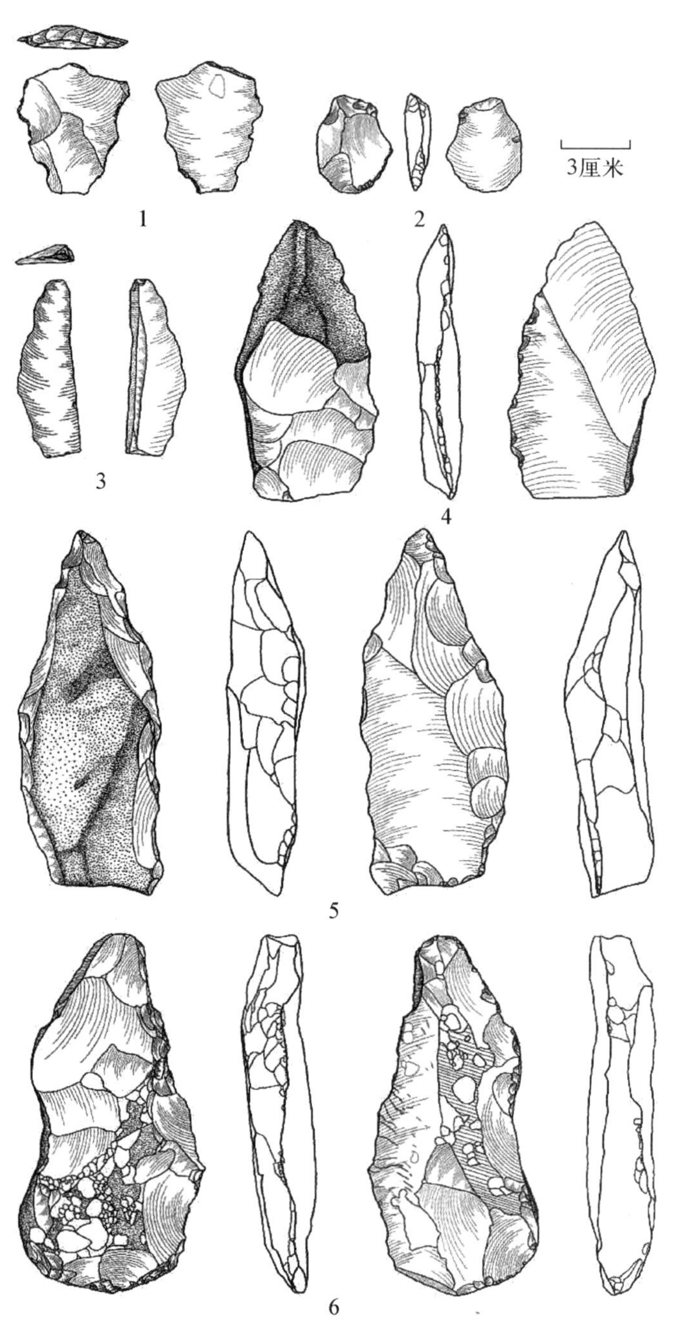

图三　臭水井地点石制品

1. 锯齿刃器(18JC:4)　2. 陡刃刮削器(18JC:9)　3. 石叶(18JC:2)　4. 尖状器(18JC:12)　5. 手镐(18JC:13)　6. 手斧(18JC:11)

18JC:4,锯齿刃器,原料为绿色硅质岩,毛坯为勒瓦娄瓦石片,风化磨蚀均较为严重。长56.8毫米,宽47.4毫米,厚8.7毫米,重21.5克。台面为宪兵帽台面,宽43.3毫米,厚5.8毫米,石片角97°,台面角85°。打击泡和锥疤发育,背面为向心剥片留下的片疤,远端呈阶状。两侧刃缘均有修理,均为锯齿状,修疤局限于边缘,单层,左侧交互修理,右侧正向修理,修理刃缘弦长分别为40.2毫米和48.0毫米,刃角56°-75°。右侧刃缘有使用痕迹(图三,1)。

18JC:9,陡刃刮削器,原料为绿色硅质岩,毛坯为勒瓦娄瓦石片,无风化磨蚀。长35.7毫米,宽33.7毫米,厚12.7毫米,重15.2克。台面为素台面,宽12.9毫米,厚9.4毫米,石片角113°,台面角58°。腹面鼓突,半锥体、打击泡、放射线清晰,有锥疤、同心纹和穗状物。背面为向心剥片留下的片疤,有一字形背脊。两侧缘近平行,似有使用痕迹,远端呈羽状。修理刃缘为左侧远端,为凸刃,刃缘平整程度较好,软锤正向修理为主,局部可能有压制。修疤两层,尺寸差异较大,呈鱼鳞状,加工距离较近,修理部位弦长25.4毫米,刃角72°-76°。左侧近端亦有小修疤,修理目的不明(图三,2)。

18JC：11,手斧,原料为绿色硅质岩,毛坯为厚石片,略有风化磨蚀。长 162.0 毫米,宽 78.5 毫米,厚 29.0 毫米,重 393.7 克。由于通体两面加工,修理程度较高,石片特征仅保留在腹面右侧缘,可见清楚的穗状物。手斧左侧和尖部为砾石面和节理面,修理刃缘主要为右侧刃和基底部。刃缘略呈 S 形,但整体平直程度较好,修疤多达 3－4 层,呈鱼鳞状,侵入程度高,右侧和基底部的修理弦长分别为 111.8 毫米和 61.9 毫米。右侧靠近尖部为陡刃修理,刃角最大达 88°,靠近基底部处则刃角较小,仅 40°左右;基底部刃角 66°－77°。正反两面均有约占 1/5 的石皮或节理面保留,局部有较多因热胀冷缩而形成的圆形和不规则形崩疤(图三,6)。

18JC：12,尖状器,原料为黑色安山岩,毛坯为远端断片,有一定风化,磨蚀严重。长 114.8 毫米,宽 60.7 毫米,厚 17.7 毫米,重 131.7 克。腹面右侧有清晰的穗状物,背面保留一部分石皮,石皮面相交处的棱脊形成了自然背脊。两侧缘近平行,远端呈羽状。左右侧刃缘均经过修理,为凸刃,呈锯齿状,两面修理。修疤两层,第一层侵入程度较深,尺寸较大,背面侧集中于近端,腹面侧集中于远端;第二层尺寸小,局限于边缘,分布不连续,形成锯齿刃。两侧刃缘弦长分别为 115.1 毫米和 68.9 毫米,刃角 37°－51°,两侧刃缘与石皮棱脊共同构成了三棱尖,尖角 96°(图三,4)。

18JC：13,手镐,原料为黑色安山岩,毛坯为厚石片,有一定风化,磨蚀严重。长 150.2 毫米,宽 57.6 毫米,厚 30.6 毫米,重 307.3 克。左右两侧刃缘均有修理,为凸刃,修疤凹陷明显,多数侵入程度一般,刃缘平直程度较差,侧面观呈 S 形,似为硬锤修理。左侧刃缘两面修理,修疤共 2 层,第一层尺寸较大且分布连续,第二层仅见于局部且尺寸较小,修理部分弦长 144.6 毫米,刃角 52°－74°;右侧刃缘正向修理,修疤 3 层,呈鱼鳞状分布,修理部分弦长 151.3 毫米,刃角陡,达 71°－85°。两刃缘交汇处修理为三棱尖,尖角 71°(图三,5)。

3. 白石滩南地点

白石滩南共发现石制品 9 件,包括石核 2 件,石片 2 件,工具 3 件,分别为边刮器、锯齿刃器和手斧,另有带修理痕迹的非定型工具 2 件。

18JBN：1,边刮器,原料为黑色安山岩,毛坯为右裂片,有一定风化,磨蚀严重。长 72.8 毫米,宽 76.1 毫米,厚 16.1 毫米,重 101.2 克。台面为有疤台面,以平坦的节理面为主,宽 24.7 毫米,厚 8.7 毫米,石片角 96°,台面角 90°。腹面打击泡和同心纹发育,有穗状物,应为硬锤剥片。背面石皮占一半左右,片疤方向与石片方向相同,无背脊,远端呈阶状。修理刃缘位于左右两侧近端,左侧为直刃,刃缘相对平整,正向加工,修疤两层,加工距离较近,修理部分刃缘弦长 25.7 毫米,刃角 55°－74°;右侧为凸刃,平整程度较差,交互加工,修疤两层,加工距离较近,修理部分刃缘弦长 24.6 毫米,刃角 51°－82°(图四,2)。

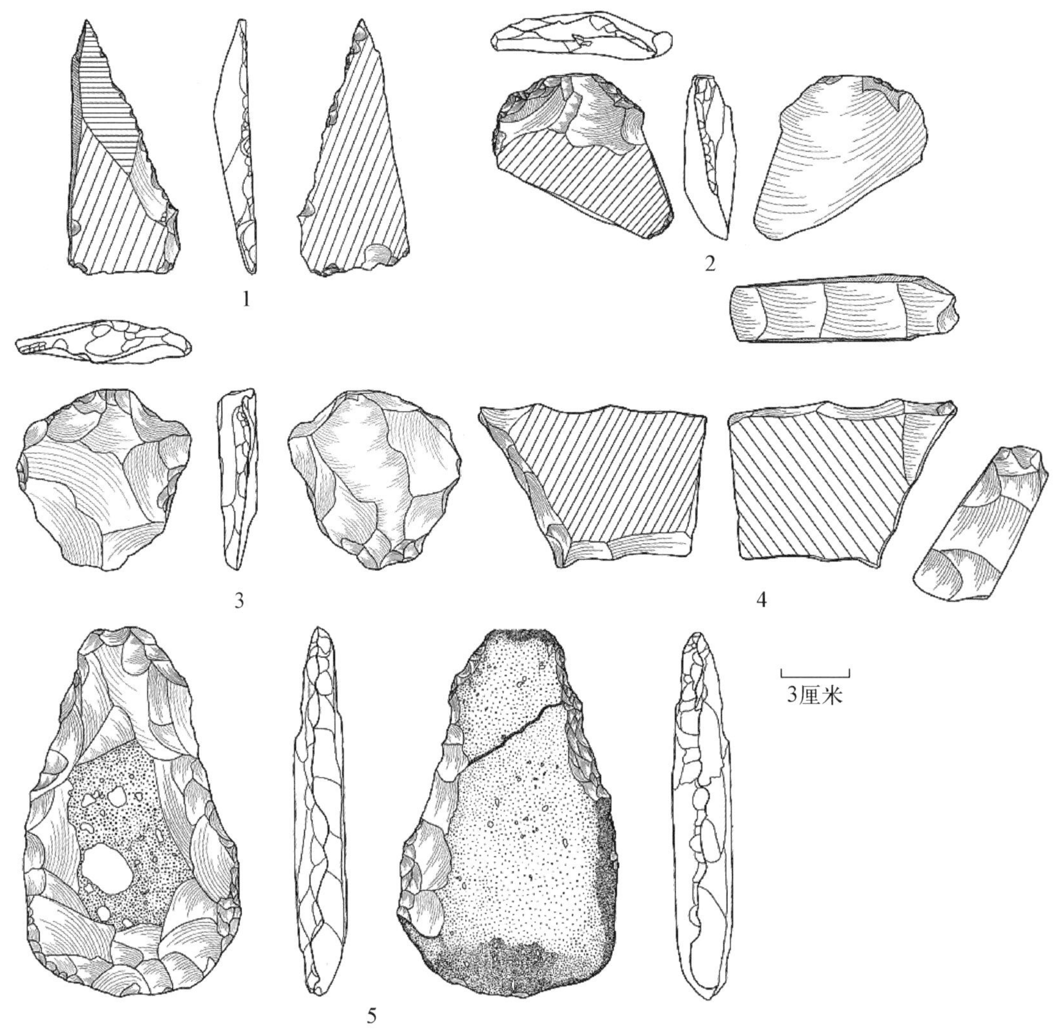

图四 白石滩南地点石制品

1. 锯齿刃器(18JBN:6) 2. 边刮器(18JBN:1) 3. 勒瓦娄瓦石片(18JBN:5)
4. 双台面石核(18JBN:3) 5. 手斧(18JBN:7)

18JBN:3,双台面石核,原料为黑色安山岩,毛坯为断块,有一定风化,磨蚀严重。长34.1毫米,宽98.5毫米,厚66.5毫米,重360.0克。该石核以断块的两个平坦节理面为台面,尺寸分别为93.8毫米×61.4毫米和98.2毫米×59.2毫米,向三个侧面剥片。每一剥片面上片疤数量2-4个,尺寸较小,多数宽大于长,方向为单向。台面角分别为74°和82°,均可继续剥片(图四,4)。

18JBN:5,勒瓦娄瓦石片,原料为黑色安山岩,有一定风化,磨蚀严重。尺寸较大,长105.1毫米,宽143.5毫米,厚49.9毫米,重704.4克。台面为宪兵帽台面,宽83.8毫米,厚47.4毫米,石片角109°,台面角85°。腹面弯曲内凹,左侧有部分石核边缘保留,可见穗状物。背面为向心剥片片疤,背脊呈汇聚状,两侧缘发散,远端呈羽状,局部有使用留下的小崩疤(图四,3)。

18JBN：6,锯齿刃器,原料为硅质岩,毛坯为断块,无风化磨蚀。长 112.2 毫米,宽 49.9 毫米,厚 16.0 毫米,重 68.6 克。器物整体以节理面为主,右侧和远端刃缘有修理,均为直刃,刃缘呈锯齿状,修疤有两层,以第二层为主,多数尺寸较小,加工距离较近。右侧刃缘弦长 116.4 毫米,刃角 35°－75°;远端刃缘弦长 46.7 毫米,刃角 18°－24°。右侧刃缘与左侧节理面相交处形成自然尖角(图四,1)。

18JBN：7,手斧,原料为绿色硅质岩,毛坯为扁平状砾石,有一定风化,磨蚀较重。长 158.0 毫米,宽 95.5 毫米,厚 22.7 毫米,重 472.3 克。左右两侧及基底部均经两面修理,但修理程度不平衡,一面修疤侵入程度较高,覆盖 50%以上,另一面则保留大量砾石皮。以修理程度较高的一面定位,左侧刃缘为凸刃,修疤两层,尺寸差异大,呈鱼鳞状,修理刃缘弦长 148.6 毫米,刃角 51°－68°;右侧刃缘为凹刃,修疤 2－3 层,尺寸差异大,呈鱼鳞状,修理刃缘弦长 134.9 毫米,刃角 46°－84°;基底部凸刃,修疤 2 层,呈鱼鳞状,以正向修理为主,修疤尺寸整体较大,修理刃缘弦长 95.6 毫米,刃角 42°－70°。整体上看,修疤凹陷较深,长度大于 2 厘米者居多,刃缘平整程度较差,侧面观呈 S 形,刃角变化范围大,可能以硬锤修理为主,部分小而浅平的修疤可能使用了软锤(图四,5)。

4. 齐德哈仁地点

齐德哈仁地点包含至少两种不同的石器类型：石片石器与细石器。石片石器采集到石核 3 件,完整石片 30 件,断块 7 件,残片 77 件,勒瓦娄瓦石片 6 件,石片石器 4 件,原料以砂岩为主,兼有少量石英;细石器采集到细石核 1 件,细石叶 25 件,小石叶 64 件,更新台面石片 9 件,修理核身石片 13 件,更新剥片面石片 8 件,修理底缘石片 6 件,其他石片 17 件,残片 41 件,石器 12 件,其中边刮器 4 件,端刮器 3 件,两面器 3 件,琢背刀 2 件,工具残片 2 件,原料以优质的绿色和黑色硅质岩为主。

小石叶及细石叶尺寸统计见以下图表(图五;表二):

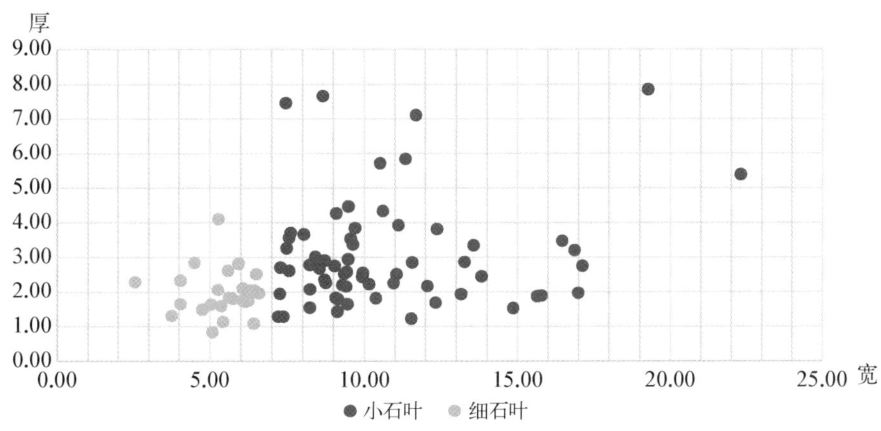

图五　齐德哈仁地点小石叶、细石叶尺寸(单位：毫米)

表二　齐德哈仁地点小石叶、细石叶尺寸统计表　（单位：毫米）

	细石叶		小石叶	
	宽	厚	宽	厚
平均数	5.3	2.0	10.78	3.04
标准差	1.0	0.7	3.19	1.53
最大值	6.6	4.1	22.31	7.85
最小值	2.6	0.8	7.21	1.23

18HQ：10，勒瓦娄瓦石片，原料为黑色砂岩，未见风化磨蚀。长40.1毫米，宽39.8毫米，厚15.8毫米，重31.6克。台面为石皮，宽17.7毫米，厚8.9毫米，石片角116°，台面角65°。腹面可见不显著的锥疤和打击泡。背面局部保留少量石皮，其余部分为向心剥片留下的片疤。两侧缘近平行，远端呈羽状，无使用痕迹（图六，1）。

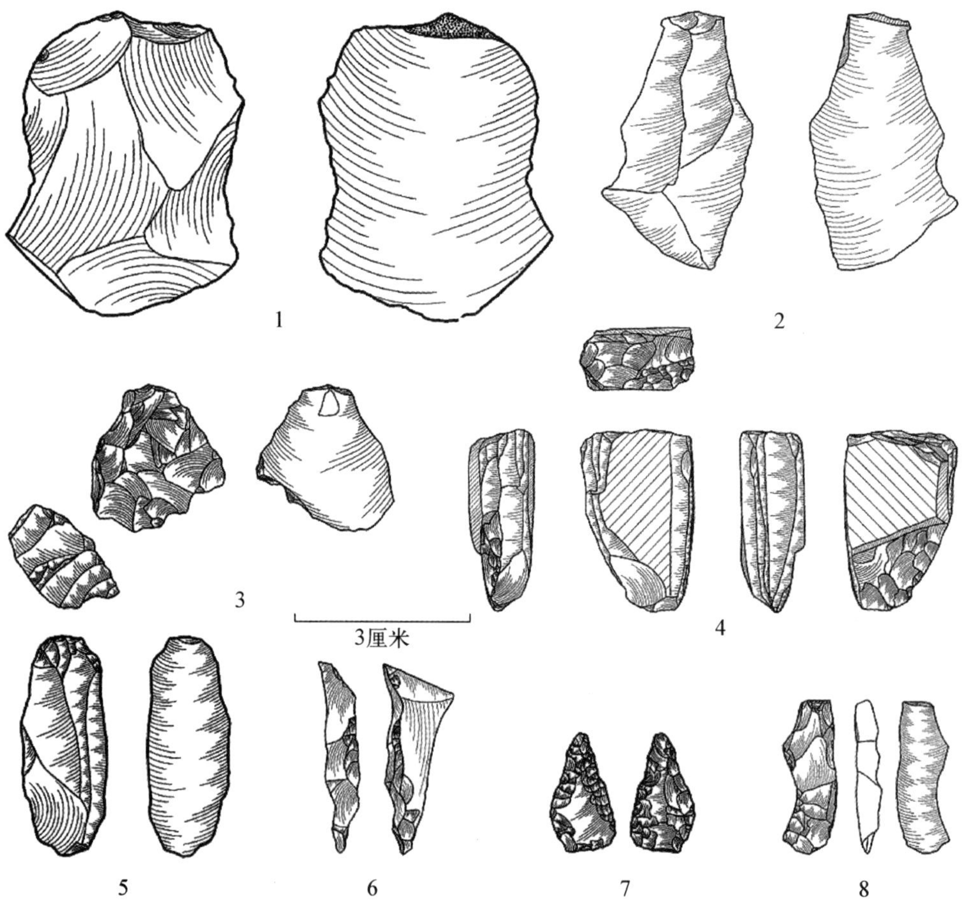

图六　齐德哈仁地点石制品

1. 勒瓦娄瓦石片（18HQ：10）　2. 石片（18HQ：11）　3. 更新台面石片（18HQ;3）　4. 楔形细石核（18HQ：6）　5. 长身端刮器（18HQ：7）　6. 冠状石叶远端断片（18HQ：4）　7. 箭镞（18HQ：9）　8. 琢背刀（18HQ：12）

18HQ：11，石片，原料为红紫色砂岩，未见风化磨蚀。长 43.5 毫米，宽 23.1 毫米，厚 7.9 毫米，重 8.2 克。台面为石皮，宽 10.6 毫米，厚 4.7 毫米，石片角 105°，台面角 61°，腹面较为平坦，锥疤和打击泡可见但均不甚发育，台面与腹面相交处略有唇边。背面有对向剥片留下的片疤，背脊呈一字形。两侧缘近平行，远端呈羽状，无使用痕迹（图六，2）。

18HQ：3，棱柱状石核更新台面石片。原料为绿色硅质岩，未见风化磨蚀。长 25.8 毫米，宽 24.6 毫米，厚 5.5 毫米。台面为细石核剥片面，宽 9.1 毫米，厚 3.7 毫米，石片角 104°，台面角 89°。腹面可见清晰的锥疤，打击泡略发育。背面为原石核台面，有多个呈汇聚状的片疤，修理程度高。两侧缘呈发散状，远端呈阶状。整个石片周缘三分之二以上部分可见细石叶剥片面，共残存 13 条细石叶疤，显示原石核为周身剥片的棱柱状（图六，3）。

18HQ：4，冠状石叶远端断片。原料为绿色硅质岩，未见风化磨蚀。残长 32.4 毫米，宽 11.9 毫米，厚 5.3 毫米，重 1.3 克，横截面呈三角形。背面有交互剥片留下的冠状背脊，两侧缘呈汇聚状，远端为羽状（图六，6）。

18HQ：6，楔形细石核。原料黑色硅质泥岩，节理发育，毛坯为断块，未见风化磨蚀。长 30.2 毫米，宽 18.6 毫米，厚 10.5 毫米，重 9.7 克。石核呈楔形，台面为修理台面，修疤多层，修理精致，宽 10.2 毫米，厚 18.6 毫米，两端剥片，台面角均近 90°，已无法再继续剥片。两个剥片面均为单向剥片，分别保留有 4 个和 5 个细石叶疤。楔状缘两面修理，右侧尤为精致，但受原料节理发育的影响，核身左右两侧保留大量节理面，右侧缘精修也留下了许多阶状断口（图六，4）。

18HQ：7，长身端刮器。原料为黄褐色石英岩，毛坯为石叶，未见风化磨蚀，长 38.4 毫米，宽 14.9 毫米，厚 6.5 毫米，重 2.4 克。台面为节理面，宽 5.1 毫米，厚 1.7 毫米，石片角 133°，台面角 42°。腹面可见清晰的唇部，打击泡略发育，背面片疤整体剥片方向与石叶一致，有一字形背脊。两侧缘平行，远端呈羽状。修理刃缘位于石叶近端，为凸刃，平整程度较好，加工距离较近，单层正向修理，修理刃缘弦长 12.1 毫米，刃角 44°－67°（图六，5）。

18HQ：9，箭镞。原料为黑色硅质岩，毛坯无法判断，未见风化磨蚀。长 20.2 毫米，宽 10.8 毫米，厚 2.7 毫米，重 0.6 克。刃缘两面压制修理，修疤细小浅平，侵入程度较高，呈鱼鳞状或近平行状。左侧为凸刃，刃缘弦长 19.5 毫米，刃角 30°；右侧为直刃，刃缘弦长 20.6 毫米，刃角 22°。远端亦有轻微修理（图六，7）。

18HQ：12，琢背刀。原料为绿色硅质岩，毛坯为更新台面石片，未见风化磨蚀。长 28.6 毫米，宽 10.0 毫米，厚 4.6 毫米，重 1.3 克。台面为细石核核身，宽 6.4 毫米，厚 3.3 毫米，石片角 106°，台面角 66°。腹面有清晰的半锥体，打击泡略发育。背面完全被修疤覆盖，右侧缘为原石核剥片面，保留三条细石叶疤。石片两侧近平行，远端呈羽状。背面修疤以原石核剥片面为台面，单层软锤修理，尺寸中等，侵入程度较高。对侧刃缘薄而平直，刃角 30°，有比较明显的使用痕迹（图六，8）。

5. 额德克地点

额德克地点共发现石制品113件,包括细石核3件、细石叶45件、冠状石叶1件、修理核身石片4件、更新台面石片3件、更新剥片面石片1件、石叶1件、端刮器1件、非定型工具1件、石片53件(完整石片15件,残片38件)。不同地点的石制品数量和类型均有较大差异,细石器主要集中分布在第一、第五和第九地点,其中第一地点和第五地点均发现有石核、细石叶和生产过程中产生的石片,而第九地点则仅见细石叶。

额德克地点的细石叶尺寸统计见以下图表(图七;表三)所示:

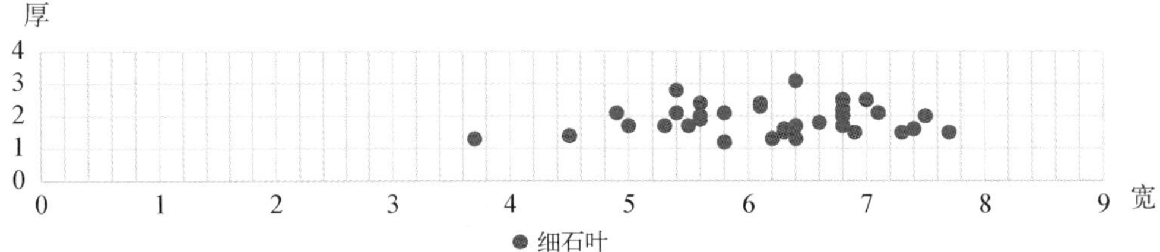

图七 额德克地点细石叶尺寸(单位:毫米)

表三 额德克地点细石叶尺寸统计表

	平均数	标准差	最大值	最小值
宽	6.2	0.9	7.7	3.7
厚	1.9	0.4	3.1	1.2

18HE:2,更新台面石片。发现于第一地点,原料为黄棕色燧石,未见风化磨蚀。长14.3毫米,宽19.5毫米,厚5.9毫米,重1.2克。台面为细石核剥片面,保留7条细石叶疤,宽19.5毫米,厚5.5毫米,石片角103°,台面角88°。腹面打击泡发育,略有唇部。背面为细石核台面,片疤方向交错。两侧缘呈汇聚状,远端折断(图八,4)。

18HE:1,半锥形细石核。发现于第一地点,毛坯为细石核,原料为灰蓝色燧石,未见风化磨蚀。长19.3毫米,宽15.9毫米,厚12.7毫米,重5.2克。该石核由细石核转向改制而来,以原细石核与剥片面相对的背面为台面,垂直于原剥片方向剥取细石叶。原台面为素台面,现为半锥形石核未剥片的一侧,残宽15.9毫米,残厚19.3毫米,台面角90°,剥片面尚存7个细石叶疤。转向后的台面为修理台面,宽15.6毫米,厚12.1毫米,台面角88°,剥片面绕核身2/3周,残存14个细石叶疤,叠压打破关系复杂,剥片面规整性较差,完整片疤尺寸为12.2毫米×5.6毫米(图八,1)。

18HE:3,楔形细石核。发现于第九地点,原料为棕褐色燧石,未见风化磨蚀,发现时周围有同一原料的更新台面、更新剥片面、修理核身及楔状缘的石片和细石叶残片共30件,其中有一件更新台面石片与该石核可拼合。毛坯为厚石片,平坦的腹面一侧未进行二次加工,背面则正向单面修理出楔状缘,修疤两层,呈鱼鳞状,侵入程度相对较高,楔状缘

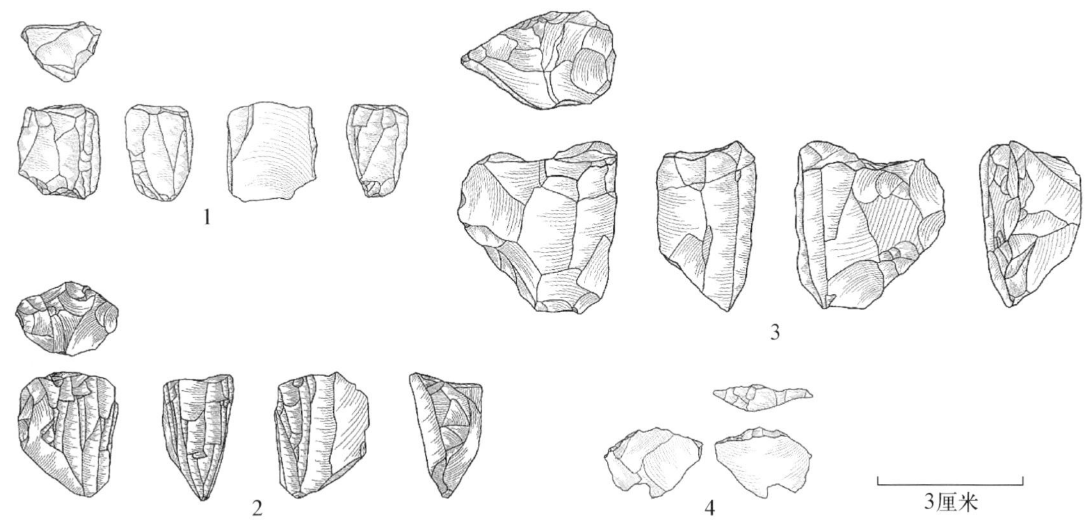

图八　额德克地点石制品

1. 半锥形细石核（18HE：1）　2、3. 楔形细石核（18HE：3、4）　4. 更新台面石片（18HE：2）

平整。细石核长 30.1 毫米，宽 20.2 毫米，厚 30.2 毫米，重 18.7 克。台面为修理台面，宽 20.2 毫米，厚 26.6 毫米，台面角 82°－90°。剥片面有 5 个细石叶疤，但均不见打击点，结合拼合情况可知，石核废弃前的最后一个步骤是更新台面，但仍未获得适合继续剥片的台面角，故而废弃。完整的细石叶被带走加工工具使用，生产过程中的废片则保留在原地（图八，3）。

18HE：4，楔形细石核。发现于第九地点，原料为绿色硅质岩，毛坯未知。长 25.7 毫米，宽 16.4 毫米，厚 20.5 毫米，重 8.3 克。从形态上看该细石核接近楔形，剥片面对侧保留少量楔状缘修疤，但已经是剥片最末期，细石叶疤由剥片面向两侧面延伸，覆盖石核半周以上。台面为修理台面，宽 20.2 毫米，厚 26.6 毫米，台面角 82°－90°。剥片面共有 17 个细石叶疤，完整片疤尺寸 5.1 毫米×14.7 毫米，有多处阶状折断痕迹，剥片面难以再利用，台面角亦已耗竭，故而石核被废弃（图八，2）。

6. 乔夏可拜地点

乔夏可拜地点的石制品根据发现的地貌部位可以分为两部分：冲沟内发现的主要为尺寸较大的石片石器和石叶，共 111 件，其中包括石片 22 件（完整石片 9 件，残片 13 件）、石核 3 件、断块 10 件、石叶及相关产品 14 件、工具 62 件，其中锯齿刃器 32 件，凹缺器和边刮器各 7 件，两面器 3 件，单面器、钻、端刮器和鸟喙状器各 1 件，非定型工具 9 件；冲沟两侧的沙丘台地上发现有细石器 182 件，包括细石叶 5 件、小石叶 10 件、更新台面石片 6 件、修理核身石片 4 件、石片 100 件（完整石片 16 件，残片 84 件）、断块 1 件、工具 56 件，其中锯齿刃器 18 件，凹缺器 14 件，边刮器 11 件，钻具、端刮器、琢背刀各 1 件，非定型工具 7 件。

乔夏可拜地点的小石叶和细石叶尺寸统计如以下图表所示(图九,表四):

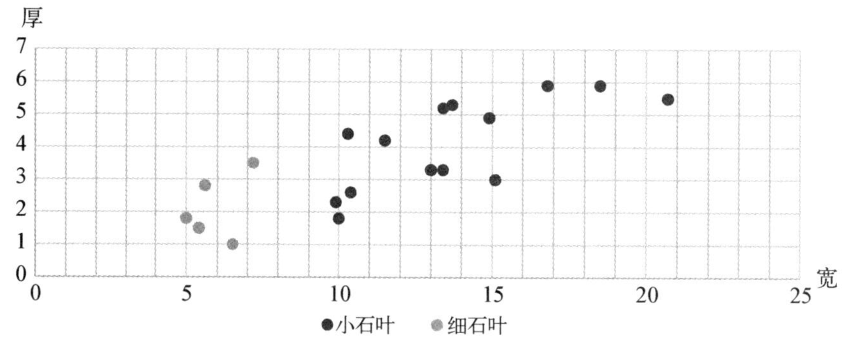

图九　乔夏可拜地点小石叶、细石叶尺寸(单位:毫米)

表四　乔夏可拜地点小石叶、细石叶尺寸统计表(单位:毫米)

	小石叶		细石叶	
	宽	厚	宽	厚
平均数	13.69	4.11	5.94	2.12
标准差	3.18	1.34	0.80	0.91
最大值	20.70	5.90	7.20	3.50
最小值	9.90	1.80	5.00	1.00

18FQ:8,尖状器,原料为灰色硅质岩,毛坯为更新台面石片,未见风化磨蚀。长 51.6 毫米,宽 94.5 毫米,厚 16.2 毫米,重 39.9 克。台面为石叶石核剥片面,宽 27.3 毫米,厚 4.7 毫米,石片角 107°,台面角 72°。腹面可见清晰的半锥体、锥疤和打击泡。背面为原石叶石核的台面,经过多次修理,有数个存在打破关系、方向与石片方向一致的片疤。两侧缘呈发散状,左侧和台面保留 4 条石叶疤。修理刃缘位于石片远端,呈锯齿状,软锤正向加工为主,左侧有少量反向加工,修疤单层,尺寸较小,分布不连续。修理刃缘弦长 100.0 毫米,刃角 44°-67°。尖部略有修理,尖角 58°,靠近尖部的刃缘有轻微使用痕迹(图十,5)。

18FQ:2,刮削器,原料为灰色硅质泥岩,毛坯为勒瓦娄瓦石片,未见风化磨蚀。长 74.3 毫米,宽 38.0 毫米,厚 10.4 毫米,重 30.9 克。台面为宪兵帽台面,宽 35.1 毫米,厚 10.4 毫米,石片角 114°,台面角 69°。腹面可见清晰的打击泡。背面有平行的Ⅱ形背脊和对向剥片留下的石片疤。石片两侧缘及远端均经过修理,修疤仅一层,尺寸较小,平整程度较好,侵入程度较低,左侧为直刃,软锤单层交互修理,修理刃缘弦长 45.2 毫米,刃角 44°;右侧亦为直刃,软锤单层反向修理为主,局部两面修理,修理刃缘弦长 66.3 毫米,刃角 49°;远端为凸刃,软锤单层反向修理,修理刃缘弦长 12.7 毫米,刃角 61°。刃缘均有比较清楚的使用痕迹。虽然从长宽比上尚未能达到石叶的要求,但该毛坯石片两侧缘平行程度极佳,背脊形态和对向剥片留下的片疤亦表明其已经非常接近勒瓦娄瓦石叶的生产方式(图十,2)。

18FQ:4,锯齿刃器,原料为灰色硅质岩,毛坯为石叶。有一定风化磨蚀。长 146.1 毫

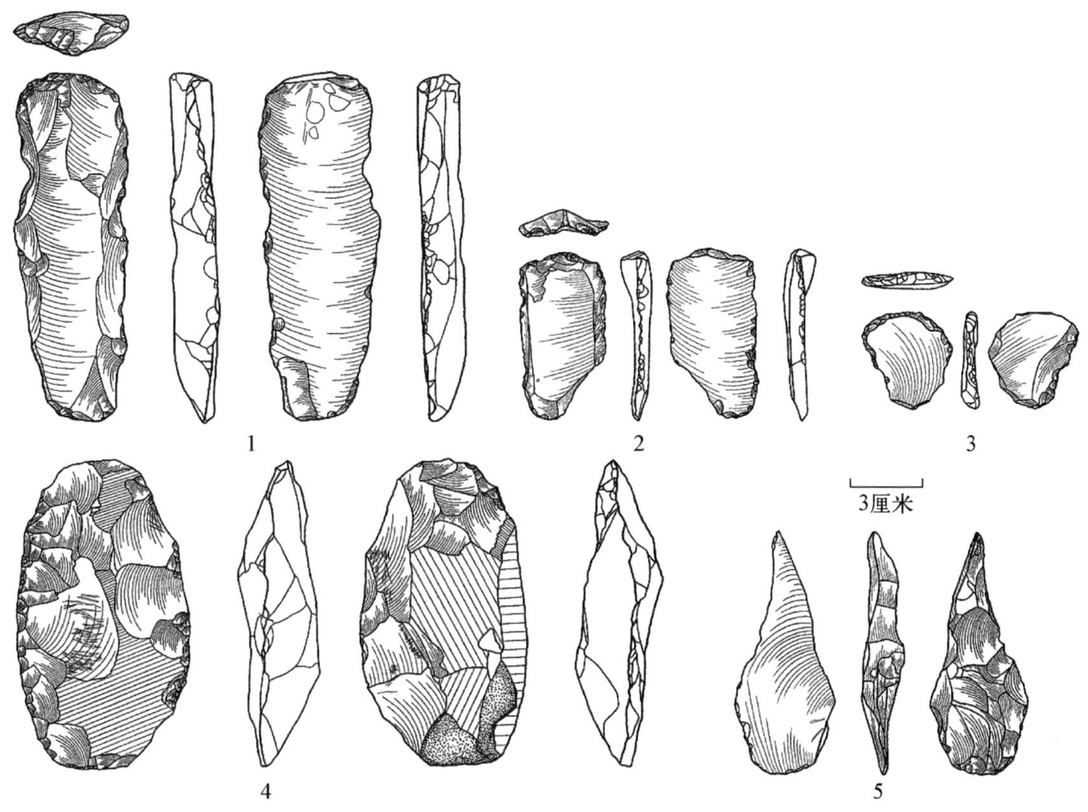

图十　乔夏可拜遗址石片石器和石叶

1. 锯齿刃器(18FQ：4)　2. 刮削器(18FQ：2)　3. 端刮器(18FQ：19)
4. 手斧(18FQ：16)　5. 尖状器(18FQ：8)

米，宽 50.3 毫米，厚 18.9 毫米，重 204.8 克。台面为有疤台面，宽 33.6 毫米，厚 17.1 毫米，石片角 102°，台面角 76°。腹面可见清晰的打击点和锥疤，半锥体、打击泡和穗状物略发育。背面中部可见之前剥取石叶留下的片疤，有Ⅱ形背脊，侧边则可见向心剥片留下的痕迹。两侧缘及远端均进过修理，左右刃缘均为直刃，刃缘呈锯齿状，软锤单层正向修理为主，局部有双层鱼鳞状及两面修理的现象，多数修疤尺寸较小，侵入程度较低，左侧修理刃缘弦长 150.2 毫米，刃角 61°－70°；右侧修理刃缘弦长 148.7 毫米，刃角 53°－74°。远端为凸刃，软锤单层交互修理，修疤尺寸中等，修理刃缘弦长 25.9 毫米，刃角 43°－63°(图十,1)。

18FQ：19，端刮器，原料为灰色硅质岩，毛坯为残片，未见风化但磨蚀严重。长 43.2 毫米，宽 37.3 毫米，厚 8.8 毫米，重 14.9 克。左侧为凹刃，刃缘呈 S 形，软锤交互修理，平整程度较差，修疤共 3 层，尺寸差异大，呈鱼鳞状，修理刃缘弦长 32.2 毫米，刃角 63°－83°；右侧刃缘为凸刃，刃缘较平直，软锤单层反向修理，修疤尺寸中等，修理刃缘弦长 33.3 毫米，刃角 33°－75°；远端亦为凸刃，刃缘平整程度较好，软锤正向陡刃单层修理为主，偶见第二层小修疤，修疤尺寸中等，修理刃缘弦长 39.7 毫米，刃角 70°－87°。左右两侧似可装柄(图十,3)。

18FQ：16，手斧，原料为灰色硅质岩，毛坯为断块，未见风化磨蚀。长 134.3 毫米，宽

72.4 毫米,厚 33.8 毫米,重 338.4 克。两面均保留有部分石皮和节理面,正面凸起,石皮和节理面占总面积的一半左右;背面平坦,节理面比例较低。刃缘均为凸刃,两面修理,修疤尺寸为中到大型,侵入程度相对较高,左侧呈 S 形,平整程度一般,修理刃缘弦长 129.6 毫米,刃角 52°－63°;右侧刃缘以反向修理为主,平整程度较高,修理刃缘弦长 132.6 毫米,刃角 59°－63°(图十,4)。

18FQ∶23,更新台面石片。原料为灰色硅质岩,未见风化磨蚀。长 19.1 毫米,宽 29.5 毫米,厚 5.6 毫米,重 3.3 克。台面为石核核身,宽 16.8 毫米,厚 5.1 毫米,石片角 113°,台面角 62°。腹面可见清晰的唇和打击泡,穗状物不甚明显。背面为细石核台面,有几个与石片方向相同的片疤左侧缘为细石核剥片面,保留三条细石叶疤(图十一,2)。

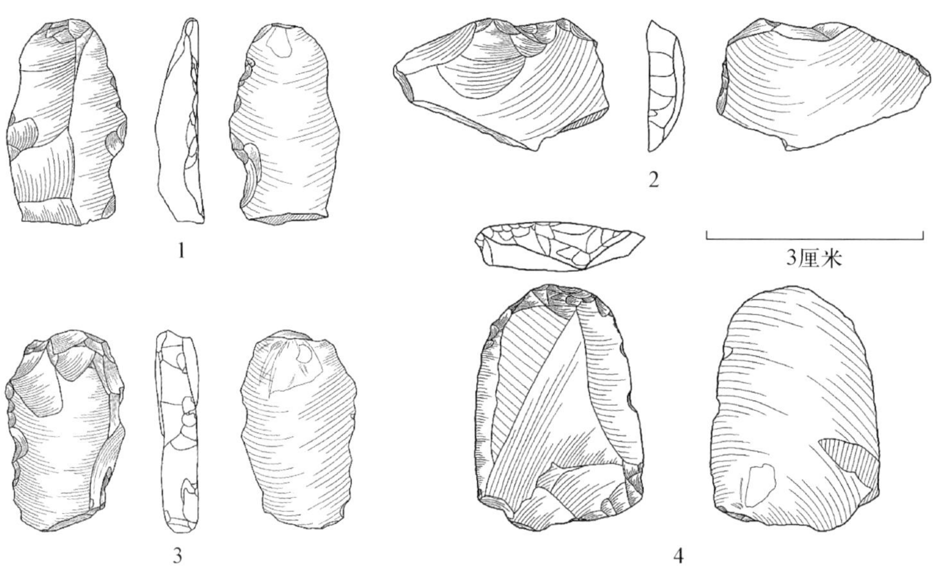

图十一　乔夏可拜地点细石器

1. 凹缺器(18FQ∶24)　2. 更新台面石片(18FQ∶23)　3. 琢背刀(18FQ∶22)　4. 端刮器(18FQ∶21)

18FQ∶21,端刮器。原料为灰色硅质岩,毛坯为石片,未见风化磨蚀。长 34.6 毫米,宽 23.6 毫米,厚 6.1 毫米,重 5.8 克。台面为修理台面,宽 9.5 毫米,厚 2.7 毫米,石片角 107°,台面角 78°。腹面可见清晰的打击点、半锥体、锥疤和打击泡,唇部略发育。背面保留少部分石皮,片疤与石片方向一致,两侧缘近平行。远端为凸刃,软锤正向修理,平整程度较好,修疤共两层,呈鱼鳞状,尺寸为中小型,侵入程度不高。修理刃缘弦长 17.6 毫米,刃角 67°(图十一,4)。

18FQ∶22,琢背刀。原料为灰色硅质岩,毛坯为石片,未见风化磨蚀。长 27.6 毫米,宽 16.5 毫米,厚 5.8 毫米,重 3.3 克。台面为修理台面,宽 12.1 毫米,厚 4.0 毫米,石片角 104°,台面角 74°。腹面可见清晰的半锥体、锥疤和打击泡,唇部及同心纹略发育。背面主要部分为一残片腹面,邻近台面处有四个与石片方向一致的小片疤。远端呈阶状,保留部分节理面,两侧缘平行,均经过修理。左侧为陡凸刃,软锤正向加工,平整程度较好,修疤两层,呈鱼鳞状，修理刃缘弦长 25.0 毫米，刃角 66°－70°；右侧刃缘为直刃，软锤正向修理，修疤小，仅有一层，分布不连续，刃缘略呈锯齿状，修理刃缘弦长 25.3 毫米，刃角 46°（图十一，3）。

18FQ：24，凹缺器，原料为黑色硅质岩，毛坯为近端断片，未见风化磨蚀。长 18.9 毫米，宽 11.0 毫米，厚 4.5 毫米，重 0.9 克。台面为素台面，宽 3.2 毫米，厚 1.2 毫米，石片角 118°，台面角 62°。腹面可见清晰的锥疤和唇部，半锥体和打击泡略发育。背面片疤呈垂直相交状，有一字形背脊。两侧缘近平行，远端折断。修理刃缘位于左侧，为一个半圆形凹口，弦长 5.2 毫米，软锤单层反向修理，修疤尺寸小，刃角 59°，其余未修理部分有使用痕迹（图十一，1）。

乔夏可拜地点调查区冲沟切出的剖面中有数层含大量炭屑的松散黑色堆积，包含物较为杂乱，有动物化石但没有发现明确的人工制品。对最上部最厚的黑色堆积中一块木炭样品的测年结果显示该地层的年代在公元前 7500 年左右（图十二，表五），它与采集到的石制品的关系尚有待于进一步的发掘研究工作。

图十二 乔夏可拜遗址木炭样品层位示意图

表五 乔夏可拜遗址木炭样品加速器质谱（AMS）碳－14 测试报告

Lab 编号	样品	样品原编号	出土地点	碳十四年代（BP）	树轮校正后年代	
					1σ（68.2%）	2σ（95.4%）
BA171902	炭屑	2017FY	乔夏可拜	8460±40	7572BC－7518BC	7583BC－7484BC

注：样品由北京大学加速器质谱和第四纪年代测定实验室测定。
所用碳十四半衰期为 5568 年，BP 为距 1950 年的年代。
树轮校正所用曲线为 IntCal13 atmospheric curve（Reimer et al 2013），所用程序为 OxCal v4.2.4 Bronk Ramsey（2013）；r：5。

三、讨　　论

1. 石器工业特征

通过上述介绍可以看出，阿勒泰地区的旧石器地点至少包括两种不同的石器工业类型：以勒瓦娄瓦技法为突出特征的莫斯特工业和以压制法为主要技术的细石器工业。前者以吉木乃县的北沙窝、臭水井和白石滩南三个地点为代表，也包括乔夏可拜和齐德哈仁地点中的石片石器：石制品尺寸普遍较大，多数最大长在 5 厘米以上，还有部分大于 10 厘米；原料以安山岩等火成岩为主，优质硅质岩也占一定比例，偶见石英、砂岩和石英岩等；石核剥片常以板状的断块、扁平砾石或厚石片等片状原料为毛坯，勒瓦娄瓦技法占相当比例，剥片整体预制程度相对较高，台面多为人工面，背面多数有控制剥片形态的背脊，剥片技术以硬锤锤击为主；工具组合中锯齿刃器最多，边刮器也较为常见，还有少量尺寸较大的手斧、手镐等大型尖状工具；中小型工具多以大石片为毛坯，大型工具则常见以扁平砾石或断块为毛坯直接修型生产；修理技术以软锤正向和交互修理为主，修疤多数为中小型，呈单层或鱼鳞状，分布局限于刃缘处，侵入程度不高；部分地点有石叶因素出现，多数尺寸较大，利用勒瓦娄瓦技法在石核宽面上对向剥片的类型较为常见。后者以额德克、齐德哈仁和乔夏可拜地点中的部分细石器为代表：石制品尺寸较小，多数在 3 厘米以下；原料仅见优质硅质岩和燧石；细石核以楔形为主，核身预制程度较高，楔状缘修理细致，往往多次调整、更新台面和剥片面以维护剥片角度和背脊，石核利用率高，采集到的均已无法再进一步剥片，还存在转向改制的现象(如 18HE：1)；细石叶和石叶由压制法生产，尺寸规整，背脊整齐，两侧缘平行程度高；工具多以石叶或小石片为毛坯；器物组合以边刮器、端刮器、锯齿刃器和凹缺器为主，兼有琢背刀和钻具等；修理方式多数局限于刃缘处，软锤正向或两面加工，压制法常见，修疤尺寸小，侵入程度不高，呈单层或鱼鳞状，排列整齐，刃缘平整程度多较好，在齐德哈仁地点还出现了通体精细压修的小型两面器，显示了高超的修理技术。

两者不仅在石制品尺寸和器物组合方面存在较大差异，其背后的技术体系和概念模板亦完全不同：前者以勒瓦娄瓦技法循环剥片思想为指导，通过修理宪兵帽台面控制剥片落点、利用向心剥片预制背脊的方式保证石片延展程度、在石核宽面上生产所需要的大石片，并通过对向循环剥片的方式维护剥片面和背脊，只需要硬锤锤击技术即可完成；后者则从预制台面、核身、楔状缘、冠状背脊开始，通过连续稳定的单向压剥在石核窄面上生产石叶和细石叶，并使用不断更新台面和剥片面的方式来维护生产，在这一过程中必须使用到压制技术。乔夏可拜地点中既有使用勒瓦娄瓦技法对向剥片生产的石叶，也发现了更新台面石片和疑似窄体石叶石核的产品，显示这两种技术体系之间可能有一定的联系，但目前的材料缺环还比较多，还需要有明确地层关系的材料加以验证。

2. 石制品年代

此次调查虽然没有发现明确的地层关系和测年样品，但结合此区域之前的研究工作和石制品类型学分析可以看出，两种石器组合显然存在比较显著的年代差异。以勒瓦娄瓦技法为特征的莫斯特工业产品整体上可以与通天洞遗址第⑥、第⑦层[①]和骆驼

① 新疆文物考古研究所、北京大学考古文博学院：《新疆吉木乃县通天洞遗址》，《考古》2018 年第 7 期。

石遗址①的材料进行对比，为旧石器时代中期到晚期较早阶段；而以压制技术为突出特点的小石叶-细石叶组合则要显著晚于前者，通天洞遗址第②层也出现过少量类似产品，②中亚的研究材料表明当地的压制技术直到更新世末全新世初才出现，③结合额德克地点细石器与陶片共出的情况，这一组合的年代可能已经进入全新世。

3. MIS3 阶段以来西北与中原地区的文化交流

MIS3 阶段以来，新疆地区以通天洞和骆驼石遗址为代表的莫斯特工业蓬勃发展，并开始出现了勒瓦娄瓦石叶技术；中原地区仍然流行以简单剥片为主要特征的小型石片石器工业，④但出现了骨器等新的文化因素，⑤栖居形态也更加复杂，⑥在赵庄遗址还发现了堆砌石块摆放象头的象征性行为证据。⑦ 水洞沟第二地点⑧的材料表明，两者曾经先后占用过同一个区域，但其间是否发生过交流与相互影响还有待于进一步的工作。进入末次冰盛期，俄罗斯阿尔泰地区大量此前繁荣的遗址逐渐被废弃，⑨新疆地区的调查工作亦尚未发现属于这一阶段的材料，而贝加尔湖地区⑩和蒙古⑪则在 3 万年左右出现了一批以成熟的棱柱形和窄体石叶石核技法为主要特征的遗址，并很快进入中原地区，以西施、⑫油房、⑬龙王辿、⑭柿子滩 S29 地点、⑮下川⑯等一系列遗址为代表，显示了清楚的外来因素。

---

① 高星、裴树文、彭菲、张铁男、冯兴无、陈福友、张乐、张晓凌、阿普都热苏勒 · 伊第利斯：《2004 年新疆旧石器考古调查简报》，《人类学学报》2018 年第 11 期；Derevianko, A.P., Xing, G., Olsen, J.W., Rybin, E.P., "The Paleolithic of Dzungaria (Xinjiang, Northwest China) Based on Materials from the Luotuoshi Site", *Archaeology Ethnology & Anthropology of Eurasia*, 2012(40.4), pp.2－18.

② 新疆文物考古研究所、北京大学考古文博学院：《新疆吉木乃县通天洞遗址》，《考古》2018 年第 7 期。

③ Brunet, F., "The Technique of Pressure Knapping in Central Asia: Innovation or Diffusion?", *The Emergence of Pressure Blade Making: From Origin to Modern Experimentation*, Springer, 2012, pp.307－328.

④ 王幼平、汪松枝：《MIS3 阶段嵩山东麓旧石器发现与问题》，《人类学学报》2014 年第 3 期。

⑤ Bar－Yosef, O., Wang, Y., "Paleolithic Archaeology in China", *Annual Review of Anthropology*, 2012(41), pp.319－335.

⑥ 王幼平、张松林、顾万发等：《郑州老奶奶庙遗址暨嵩山东南麓旧石器地点群》，《中国文物报》2012 年 1 月 13 日第 4 版。

⑦ Wang, Y., "New Evidence of Mordern Human Behavior in Paleolithic Central China", *Emergence and Diversity of Modern Human Behavior in Paleolithic Asia*, Texas A&M University Press, 2014, pp.250－258.

⑧ 宁夏文物考古研究所、中国科学院古脊椎动物与古人类研究所：《水洞沟：2003－2007 年度考古发掘与研究报告》，科学出版社，2013 年。

⑨ Keates, S., "Microblade Technology in Siberia and Neighbouring Regions: An Overview", *Origin and Spread of Microblade Technology in Northern Asia and North America*, Archaeology Press, Simon Fraser University, 2007, pp.125－146.

⑩ Buvit, I., Izuho, M., Terry, K., Konstantinov, M. V., Konstantinov, A. V., "Radiocarbon Dates, Microblades and Late Pleistocene Human Migrations in the Transbaikal, Russia and the Paleo－Sakhalin－Hokkaido－Kuril Peninsula", *Quaternary International*, 2016(425), pp.100－119.

⑪ Derevianko, A. P., Brantingham, P. J., Olsen, J. W., Tseveendorj, D., "Initial Upper Paleolithic Blade Industries from the North－Central Gobi Desert, Mongolia", *The Early Upper Paleolithic beyond Western Europe*, University of California Press, 2004, pp.207－222.

⑫ 高霄旭：《西施旧石器遗址石制品研究》，北京大学硕士论文，2011 年。

⑬ 谢飞、成胜泉：《河北阳原油房细石器发掘报告》，《人类学学报》1989 年第 1 期。

⑭ 王小庆、张家富：《龙王辿遗址第一地点细石器加工技术与年代——兼论华北地区细石器的起源》，《南方文物》2016 年第 4 期。

⑮ 山西大学历史文化学院、山西省考古研究所：《山西吉县柿子滩遗址 S29 地点发掘简报》，《考古》2017 年第 2 期。

⑯ 中国社会科学院考古研究所：《下川：旧石器时代晚期文化遗址发掘报告》，科学出版社，2016 年。

学者业已指出,这一阶段中原地区的石叶工业与 MIS3 阶段在水洞沟、骆驼石和俄罗斯阿勒泰地区发现的石叶产品属于不同的技术体系,两者在不同阶段可能通过不同的路线进入华北地区;①亦有观点认为俄罗斯阿尔泰地区发现的从勒瓦娄瓦宽面石叶石核向窄体石叶石核过渡的材料表明两者之间存在比较明确的技术继承关系。② 在骆驼石遗址和乔夏可拜地点的调查材料中可以见到一些与窄体石叶石核的生产和维护相关的产品,但目前还缺少有明确地层、年代和组合关系的发现。

在中原地区,细石器与石叶技术同时出现并迅速繁荣,在泥河湾盆地、晋西南和嵩山东南麓都有长时间连续稳定发展的证据;而阿勒泰地区的细石器则始终缺少明确的年代,俄罗斯阿尔泰地区的部分遗址曾报道过年代在 3 万年以上的"细石叶",③但缺少明确的压制技术,④器物组合也与此次调查发现的典型细石器存在比较大的差别,显示后者可能是在冰后期重新从东北亚地区引入的新体系。这一传播交流事件发生的时间和路径同样需要更多有明确地层和年代关系的材料证实。

四、小　　结

阿勒泰地区石器调查主要发现了两种类型的石器工业:一以勒瓦娄瓦技法为代表的莫斯特工业,为旧石器时代中期到晚期较早阶段,与以水洞沟⑤和金斯泰⑥等遗址为代表的华北边缘地区遗址存在密切联系,但对中原腹地影响有限;二为细石器工业,年代为晚更新世末期到全新世,可能是东北亚末次冰盛期细石器技法扩散的结果。对于中原地区影响较大的石叶工业则目前还没有发现明确的证据,还有待于进一步的发掘调查工作。

附记:

本文为北京大学丝路重大考古发掘与丝路文明传承研究项目成果,调查过程中得到吉木乃县、哈巴河县和富蕴县文物局的大力支持,特此致谢。

项目负责人:于建军

参加调查:于建军,黄奋,何嘉宁,冯玥,明德,曾宝栋,李金鑫,范丽媛,王俏

执笔:冯玥,于建军,何嘉宁

---

① 李锋、陈福友、汪英华等:《晚更新世晚期中国北方石叶技术所反映的技术扩散与人群迁移》,《中国科学(地球科学)》2016 年第 7 期。

② 李昱龙:《阿尔泰地区旧石器中期向晚期过渡阶段的石器工业》,《西部考古》2018 年第 1 期。

③ Keates, S., "Microblade Technology in Siberia and Neighbouring Regions: An Overview", *Origin and Spread of Microblade Technology in Northern Asia and North America*, Archaeology Press, Simon Fraser University, 2007, pp.125 - 146.

④ Gómez Coutouly, Y.A., "The Emergence of Pressure Knapping Microblade Technology in Northeast Asia", *Radiocarbon*, 2018(60.3), pp.821 - 855.

⑤ 宁夏文物考古研究所、中国科学院古脊椎动物与古人类研究所:《水洞沟:2003 - 2007 年度考古发掘与研究报告》,科学出版社,2013 年。

⑥ Li, F., Kuhn, S. L., Chen, F. et al, "The Easternmost Middle Paleolithic (Mousterian) from Jinsitai Cave, North China", *Journal of Human Evolution*, 2018(114), pp.76 - 84.

大甸子墓地社会结构的再探讨
——基于K-均值聚类方法

王含元
(北京大学考古文博学院)

一、绪　　言

夏家店下层文化是中国北方早期青铜时代一支重要的考古学文化,自20世纪20年代末至今相关的发现和研究层出不穷。尤其在新中国成立以后经过诸多前辈学者的工作积累,学界对这支考古学文化的研究逐步从文化面貌研究扩展到聚落形态、经济形态和社会组织结构研究等方面。目前已发现的夏家店下层文化遗存中,墓葬材料远不如居址丰富,也不甚系统,多数为小规模的墓地或一些零星的墓葬。内蒙古自治区赤峰市敖汉旗的大甸子墓地是一处墓葬数量众多、保存比较完好的夏家店下层文化墓地,并且地处夏家店下层文化分布的核心区域,无疑是从墓葬角度研究夏家店下层文化丧葬制度和社会结构的上佳材料。

大甸子墓地于1974年、1976年、1977年和1983年进行了四次发掘,共发掘墓葬804座、居住遗址1处,墓地和居址均属于夏家店下层文化遗存。该墓地的初次发掘距今已过四十余年,在这期间,除发掘报告《大甸子——夏家店下层文化遗址与墓地发掘报告》中对该墓地所体现的社会结构进行了初步探讨外,还有其他许多中外学者在研究中涉及这个问题。其中比较具有代表性的当属郭大顺①和傅罗文②的研究,两者分别代表了定性与定量两种不同的研究途径。郭文是对发掘报告的补充,有详尽的发掘资料作为支撑,探讨的内容也很全面,具有比较重要的学术意义,但其观点相较报告没有很明显的进步,并且一些结论目前看来也值得商榷。美国哈佛大学人类学系傅罗文1998年的硕士论文通过量化的方式考察大甸子墓地的社会等级分化情况,北京大学的秦岭和彭鹏都对该文进行过介绍和评述。③ 傅罗文的研究借鉴并发展了丹麦学者Jørgensen对随葬品进行价值量计算的方法,并首次将这种方法应用于中国早期青铜时代墓葬的研究中。但是彭鹏曾指出

① 郭大顺:《大甸子墓地初析》,《古代文明》第2卷,文物出版社,2003年,第97－113页。

② Rowan Kimon Flad, "Honoring the Dead or the Living? Burial Practices and the use of Animal Remains at the Cemetery Site of Dadianzi, Inner Mongolia, China", University of California, 1998.

③ 秦岭:《类型价值(TYPE VALUE)与墓葬价值(GRAVE VALUE)——介绍墓葬研究中的一种量化方法》,《华夏考古》2007年第3期,第133－137、148页;彭鹏:《墓葬等级分析中一种量化方法的思考——以大甸子墓地为例》,《边疆考古研究》第10辑,科学出版社,2011年,第54－72页。

傅罗文的算法实际上仍存在一些问题，这种基于“物以稀为贵”的假设而来的方法容易造成某些种类随葬品的价值量可能与实际使用中所代表的墓主身份存在偏差。即使理论上可以在量化中对墓葬要素的价值量进行人工赋值以突出其独特的身份标识作用，但这种经验性的加工仍然在操作上存在风险，风险主要来源于赋值的标准难以确定。

本文受以色列学者吉迪对小白阳墓地、毛庆沟墓地和大华中庄墓地的统计学分析研究①启发，采用 K-均值聚类的手段，根据墓葬中包含的多种要素将大甸子墓地中保存相对完好的墓葬进行分类，并且说明各类墓葬代表的墓主身份区别。此外，本文的相关讨论部分将以 K-均值聚类的墓葬分类结果为基础，讨论大甸子墓地墓葬空间分布的特征以及大甸子夏家店下层文化人群的社会结构。

二、大甸子墓地的统计学分析

K-均值聚类法是非系统聚类中最常用的一种，其原理为：首先人为指定分类的数目为 n，从待分类的观测量中随机选择 n 个作为初始聚类中心，然后计算每一个观测量到各个初始聚类中心的欧氏距离，将每一个观测量就近归入一个类中，第一次分类结束后重新计算每个分类中包含的观测量均值作为新的聚类中心，再用新的聚类中心对所有观测量重新进行分类，重复上述运算步骤，这个过程称为迭代，迭代将不断进行直到满足终止迭代的条件，这个条件可以是根据统计需要人为制定的，也可以是当迭代到聚类中心不再发生变化时自动停止。K-均值聚类法中对观测量所处位置进行定义的是观测量的每一个变量值，也就是说如果将一个墓葬看作一个观测量，那么在理论上墓葬中的每一个要素都可以客观地被观测量坐标所呈现，并且在分类中被综合考虑。

例如：②假设在平面直角坐标系中有 5 个待分类的点分别为 P1(0,0)、P2(1,2)、P3(6,6)、P4(7,6)、P5(8,7)，需要被分为 2 类。首先随机选取 P1 和 P2 这 2 个点作为初始聚类中心，计算各点距 P1 和 P2 的距离（表一）。

表一　各点距初始聚类中心距离

	距 P1 距离	距 P2 距离
P1	0	2.24
P2	2.24	0
P3	8.49	6.40
P4	9.22	7.21
P5	10.63	8.60

① ［以色列］吉迪：《中国北方边疆地区的史前社会》，中国社会科学出版社，2012 年，第 98－114 页。

② 在该示例中，计算结果为无限小数时均取小数点后两位。

可以发现除 P1 外,其他的点到 P1 的距离都大于到 P2 的距离,因此初次分类结果为第一组仅有 P1,第二组包括 P2、P3、P4、P5。然后计算新的聚类中心开始第二次聚类,第二次的聚类中心的坐标为第一次聚类所得组内各点坐标的平均值,即 P1′(0,0)、P2′(5.5,5.25),再次计算各点距新的聚类中心的距离(表二)。

表二 各点距第二次聚类中心距离

	距 P1′距离	距 P2′距离
P1	0	7.60
P2	2.24	5.55
P3	8.49	0.90
P4	9.22	1.68
P5	10.63	3.05

这次发现 P1、P2 两个点距 P1′的距离小于距 P2′的距离,而 P3、P4、P5 的情况则相反,由此将这 5 个点重新分为 2 组,即第一组包含 P1、P2,第二组包含 P3、P4、P5。重复上述步骤得到第三次聚类中心 P1″(0.5,1)、P2″(7,6.33),计算各点距新的聚类中心的距离(表三)。

表三 各点距第三次聚类中心距离

	距 P1″距离	距 P2″距离
P1	1.12	9.44
P2	1.12	7.40
P3	7.43	1.05
P4	8.20	0.33
P5	9.60	1.20

第三次聚类的结果依然是第一组包含 P1、P2,第二组包含 P3、P4、P5,此时聚类结果不再发生变化,迭代自动停止,所得的聚类结果即本次 K-均值聚类的最终分类结果。

K-均值聚类法的优势在于可以综合各种变量值便捷地对大量的数据进行分类。另一方面,在统计学层面 K-均值聚类法存在一个很明显的缺点,即它要求人为指定分类数目,这使得它的应用范围变得十分有限。但是若将该算法应用于考古学研究中,经过反复的尝试和调整后最终选择的变量值和分类数目可以体现出研究者对考古材料的经验性理解,同时计算的过程却是相对客观的,不失为一种将定性和定量两种思维模式有机结合的方法。

由于 K-均值聚类方法要求所有使用的变量必须都是连续性变量,并且显然我们不能将因破坏严重而造成的墓葬规模不详当作 0 处理,所以本文暂且在讨论中将大甸子墓地中墓圹破坏严重的61座墓葬忽略,对剩余的737座墓进行K-均值聚类。经过多种方案的尝试和调整,最终将这737座墓葬分为5类(图表一)。

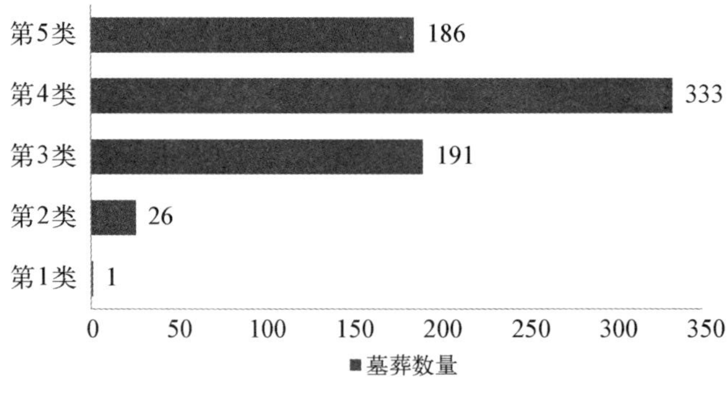

图表一　大甸子墓地 K-均值聚类结果

第1类仅包含1座墓葬,即M726;第2类包含26座墓葬;第3类包含191座墓葬;第4类包含333座墓葬;第5类包含186座墓葬。这5种分类的最终聚类中心如下(表四):

表四　大甸子墓地 K-均值聚类的最终聚类中心

	聚类				
	1	2	3	4	5
墓葬平面面积	56 000.00	26 720.27	17 553.90	11 831.33	5 974.33
墓深	780.00	383.88	222.06	117.77	57.46
龛数量	1.00	1.00	0.94	0.65	0.25
木质葬具数量	1.00	0.92	0.58	0.22	0.10
二里头文化风格陶容器数量	3.00	0.77	0.03	0	0
彩绘陶容器数量	9.00	3.23	1.14	0.29	0.09
陶容器总量	14.00	5.58	2.88	1.90	0.87
斧钺、杖或柄形器数量	1.00	0.27	0.29	0.11	0.03
骨镞数量	0	1.08	0.37	0.16	0
纺轮数量	0	0.12	0.25	0.14	0.02
除纺轮外的工具数量	1.00	0.42	0.09	0.04	0
小型装饰品数量	461.00	56.42	12.37	0.83	0.56
牺牲数量	3.00	2.08	1.14	0.31	0.06

在K-均值聚类算法中,最终聚类中心往往是一个虚拟的中心,尽管作为观测量的每个墓葬距它们所在分类的聚类中心远近不同,也很有可能存在某个墓葬的某个要素数值

高于它所在聚类之前的聚类中某一个墓葬的同项数值的情况,但我们通过表四很容易能读出从第1类到第5类分组间每个要素的变化趋势,而这种趋势应该是大体不错的。

表四显示第1类M726在墓葬规模及大部分种类随葬品的数量上都凌驾于其他墓葬,毋庸置疑是大甸子墓地中等级最高的墓葬。

第2类墓葬的规模在整个墓地中是除M726外最大的一批,仅有1座墓葬的墓长在240厘米以下,并且全部设有壁龛,约92.3%的墓葬使用木质葬具。有9座墓葬中随葬有二里头文化风格的陶容器,全部墓葬随葬2件及以上的陶容器,且半数以上的墓葬中随葬陶容器的总数在5件及以上,约92.3%的墓葬随葬有彩绘陶容器。有3座墓葬中随葬有除纺轮之外的其他没有性别指向意义的工具;各墓葬随葬小件装饰品的数量不等,多至900余件,随葬50件以上的墓葬有约19.2%,也有约23.1%的墓葬没有装饰品随葬;约92.3%的墓葬中有殉牲,少数墓葬殉牲多达8－9件。男性墓11座,其中约63.6%随葬有斧钺或权杖,3座墓葬出土骨镞,数量在1－14件不等;女性墓10座,其中只有3座随葬有纺轮,均为成年人的单人葬墓。

第3类墓葬的规模整体显然不如第2类,但在整个墓地中仍属于比较大的一批,约97.4%的墓葬墓长在200厘米以上,约93.7%的墓葬设有壁龛,使用木质葬具的墓葬比例骤降至约58.1%。仍有3座墓葬随葬有二里头文化风格的陶容器,约95.8%的墓葬中随葬有陶容器,超半数墓葬随葬3件及以上的陶容器,但仅有约6.8%的墓葬随葬陶器数量在5件以上,约57.6%的墓葬随葬有彩绘陶容器。有约9.4%的墓葬随葬有除纺轮之外的工具;约37.2%的墓葬中随葬有小型装饰品,随葬50件以上的仅有约4.7%的墓葬,但也有M756随葬的小型随葬品数量多至860件;约64.3%的墓葬中有殉牲,殉牲数量没有超过5件的。男性墓98座,其中约53.1%的墓葬出土有斧钺或权杖,15座墓葬出土骨镞,数量在1－14件不等;女性墓67座,其中约56.7%的墓葬随葬有纺轮。儿童墓①有4座,墓长均在200厘米以上,显然超过儿童身高的自然需求,更多反映的是财富、等级等社会因素,其中3座设有壁龛并出土有陶容器,甚至2座分别有3和4件彩绘陶器,没有设壁龛的1座墓葬也使用了木质葬具。合葬墓有5座。

第4类墓葬是数量最多的一类,规模整体较第3类更小,只有约19.5%的墓葬墓长在200厘米以上,设有壁龛的墓葬比例下降到只有约65.5%,使用木质葬具的墓葬比例也只有约19.2%。没有墓葬随葬二里头文化风格的陶容器,随葬陶容器的墓葬比例下降到约82.3%,并且随葬陶容器数量在3件及以上的只有约28.8%,随葬5件的只有2座,随葬彩绘陶容器的墓葬约有21.6%。只有约2.7%的墓葬随葬有除纺轮之外的工具;约17.4%的

① 关于"儿童"的年龄界定,本文将12岁及以下定位为儿童阶段,理由如下:其一,大甸子墓地中有15例合葬墓,其中8例为成年女性与婴儿或者7岁以下的儿童合葬的情况,大概率是母子关系,其中一例M358的人骨性别年龄结果为一名20岁女性与7岁儿童的合葬墓,那么推测该女性可能在12岁左右已嫁为人妇;其二,除母子合葬外,大甸子墓地中还有M308的14岁性别不详与17岁女性合葬、M368的45岁性别不详与35岁女性合葬、M795的成年男性与13－14岁女性合葬三例,不能排除是夫妻合葬的可能性。综合以上两点,保守起见,本文对"儿童"的年龄范围做前述界定。

墓葬随葬有小型装饰品,且数量在 10 件以上的只有 3 座、100 件以上的只有 1 例;约 25.5%的墓葬中有殉牲,数量均在 3 件及以下。男性墓 119 座,其中只有约 21.8%的墓葬中随葬有斧钺或权杖,约 9.2%的墓葬中随葬有骨镞,骨镞数量在 10 件以上的只有 1 例,其余皆在 5 件及以下;女性墓 144 座,其中约 27.8%的墓葬随葬有纺轮。儿童墓有 32 座,墓长在 140 - 210 厘米不等,享有 200 厘米及以上墓长的儿童只有 5 人,但 160 厘米以下的有 2 人,显然其中有一些墓葬的长度是适应儿童身高而安排的,近半数儿童墓设有壁龛,但使用木质葬具的只有约 28.1%,约 65.7%的儿童墓中随葬有陶容器,其中 6 座有彩绘陶容器,约 21.9 的儿童墓中有殉牲。合葬墓有 7 座。

第 5 类墓葬的规模整体上来看是在整个墓地中最小的一批,墓葬在 200 厘米及以上的墓葬只有 6 座,约占 3.2%,只有约 24.8%的墓葬设有壁龛,约 4.8%的墓葬使用木质葬具。没有墓葬随葬二里头文化风格的陶容器,随葬陶容器的墓葬比例只有约 57.0%且数量均在 3 件及以下,随葬彩绘陶容器的墓葬约 7.5%。没有墓葬随葬有除纺轮之外的工具;约 14.0%的墓葬随葬有小型随葬品,数量在 10 件以上的只有 2 座且都不超过 50 件;只有约 4.8%的墓葬中有殉牲,每座墓葬中的殉牲数量不超过 2 件。男性墓 36 座,其中只有 2 座墓随葬有斧钺,没有墓葬随葬骨镞;女性墓 24 座,其中 4 座墓随葬纺轮,比例仅占约 16.7%。儿童墓 72 座,没有墓长在 200 厘米以上的,墓长在 160 厘米以上的也只有 11 座,显然这批儿童墓的规模更多考虑到的是儿童身高的自然需要,仅有约 19.4%的儿童墓设有壁龛,使用木质葬具的只有 2 座,半数随葬有陶容器,其中 3 座有彩绘陶器,有殉牲的儿童墓仅有 2 座。合葬墓 3 座。

本文试图通过 K-均值聚类法对大甸子墓地的墓葬进行分类的初衷与吉迪的研究类似,原本希望能从分组结果中观察到包括但不仅限于社会分层的多种社会群体划分,因而本文在选取变量值时除可以反映墓葬所花费的劳力和财力的要素之外,也选取了很可能与性别及社会职能相关的随葬品作为变量参与运算。但上述对 5 类墓葬的描述显示本文的 K-均值聚类的结果与吉迪对其他中国北方青铜时代墓地的聚类结果不同,它更多反映的是社会等级的区别。墓葬规模、壁龛和木质葬具、陶容器尤其是两类比较特殊的陶容器,以及小型装饰品和牺牲等的使用情况,从第 1 类到第 5 类墓葬呈现逐级下降的趋势,没有出现明显的异常值,根据经验我们知道这些变量通常与墓葬所花费的劳力和财力相关,代表了墓主人的社会地位,因此我们可以认为大甸子墓地 K-均值聚类所得的 5 个分类代表了墓主人不同的社会等级。属于第 1 类的 M726 虽然享有远凌驾于其他墓葬的礼遇,但其作为孤例不妨与第 2 类墓葬合并,共同作为大甸子墓地第一等级墓葬,第 3、4 和 5 类即为第二、三和四等级的墓葬。

在此基础上,再考虑其他可能与性别及社会职能相关的随葬品:首先是很多研究中都被反复提及的玉石材质的斧钺以及铜或铅材质的杖、柄形器物,无疑出土斧钺和杖的墓葬中可鉴定墓主性别者均为男性墓(斧与钺不同出于一座墓),其中 M398 是唯一一座既出石斧又出纺轮的墓,其墓主骨骼虽有严重病态但仍可鉴定为男性,显然这类器物可以看作男性的性别标志物，统计各等级墓葬中出土这类器物的男性墓所占比例，我们发现其结果亦呈逐级下降的态势，也就是说这类器物可以作为男性的社会等级标识；与之相对，纺轮则是女性的性别标志物，但表四的数据显示纺轮在第3类墓葬中数值最高，也就是说纺轮在属于第二等级的女性墓中最为常见，出土纺轮的墓葬中一般会伴出2件以上的随葬陶器，所以它可能是中等社会地位的女性从事相关生产活动的标志；除以上两种性别标志物之外出土骨镞的墓葬中也没有女性墓，骨镞不一定与斧钺同出，但也有随墓葬等级下降而出土概率和数量都下降的趋势，可能除代表男性墓主人承担作战、狩猎任务之外也可以标示社会地位。以上三类比较特殊的随葬品虽然有标示性别和社会职能的作用，但实际在K-均值聚类中的影响力并没有强大到可以左右分类结果，只能提示我们不同社会等级的人群中使用这三类随葬品的情况。

本文基于K-均值聚类方法对大甸子墓地墓葬进行分类的做法也存在不足之处。比较重要的一点是墓葬平面面积由于数值整体上远大于其他变量值，在运算中可能更有力地左右聚类结果，幸而综合其他变量的最终聚类中心来看，该聚类结果还是比较好地反映了大甸子墓地社会等级分化的情况，没有产生很大的矛盾之处。

三、相关问题讨论

基于前述对大甸子墓地的墓葬进行K-均值聚类并划分等级的结果，大甸子墓地各等级墓葬在空间上的分布如下图（图一）。

我们发现第一等级的墓葬在小范围内略呈聚集的态势，分布最密集之处是墓地西端的M726周边，这一区域以北、以东以及墓地的东北端各有一片较为集中的分布区，并且我们在局部可以观察到第一等级墓葬成排分布，可能代表了墓主人之间的某种群体关系。除此之外，若我们以墓地中部的两条东北-西南走向的空白地带将墓地粗略分为北、中、南三个大区，可以发现第一等级的墓葬在北区最为常见，并且北区中第二等级的墓葬也相当多，而中区及南区的墓葬整体等级显然低于北区，尤其是南区中第三、四等级的墓葬数量上占据优势，整体等级最低。再结合大甸子墓地发掘报告中鬲的分期结果（图二①），我们可以看到北区和中区均包含了从最早到最晚各阶段的墓葬，而南区则没有最早期的墓葬，反而晚期墓葬的比例比较高，说明北、中两个墓区开辟得比较早，虽然整个墓地呈现一种并行发展的大势，但南区整体偏晚。另外我们再观察北区的内部，北区的晚期墓葬在空间上呈现一种相对集中的情况，一是东侧M723到M398这一区域，二是最西端M859到M512这狭长的一线，以及北部脱离于核心区之外墓葬。

---

① 大甸子墓地中很多墓葬中随葬不止1件鬲，一个墓葬中随葬的多个鬲可能属于不同的亚型、不同的式别，因此很难对大甸子墓地的所有墓葬进行细致的分期，几乎无法理清下葬顺序。在制作图二时笔者只能在一个墓葬出土的多个鬲中选较晚的一个作为墓葬分期的代表，故图二仅为示意图。

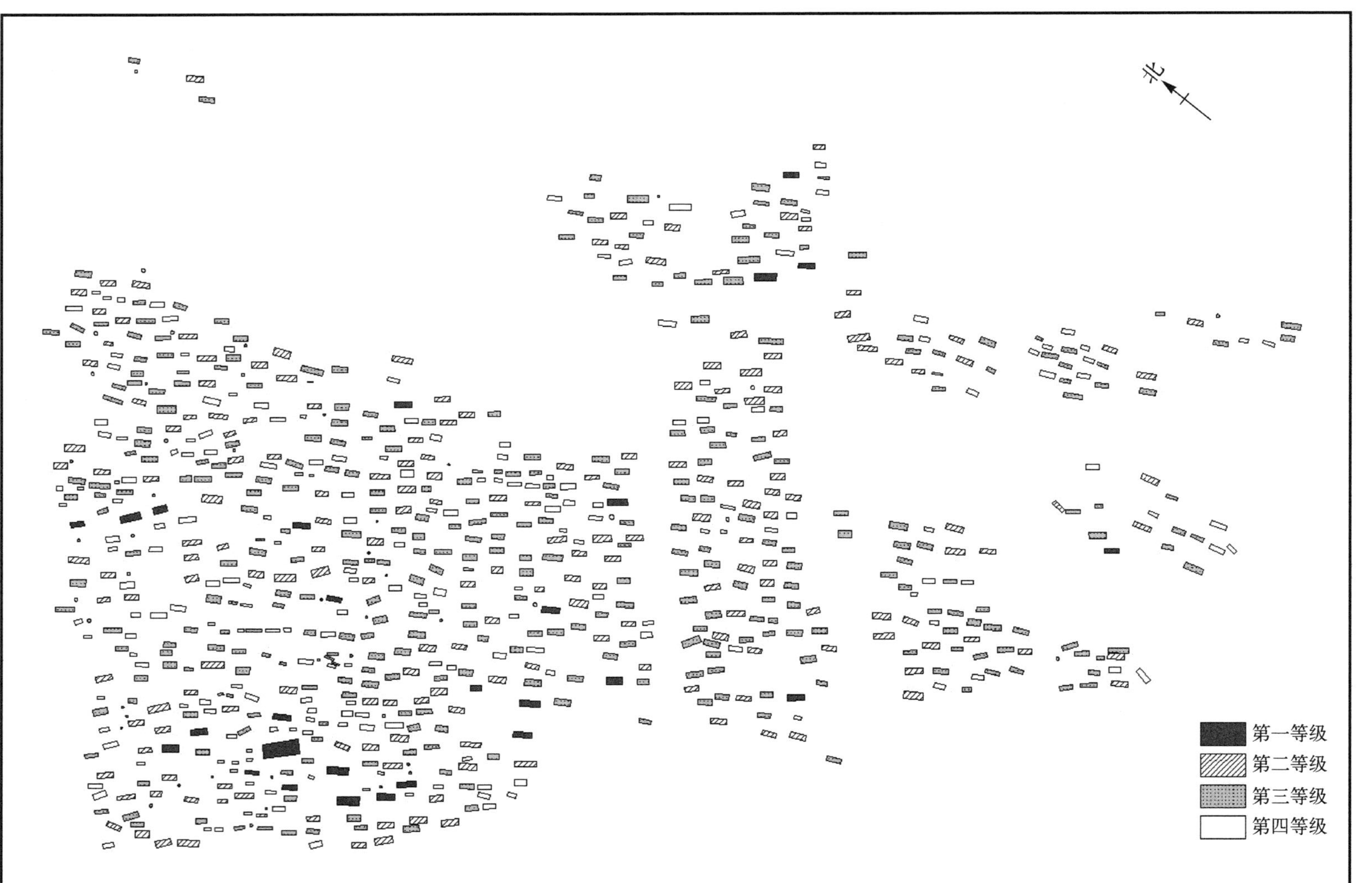

图一　大甸子墓地不同等级墓葬分布图

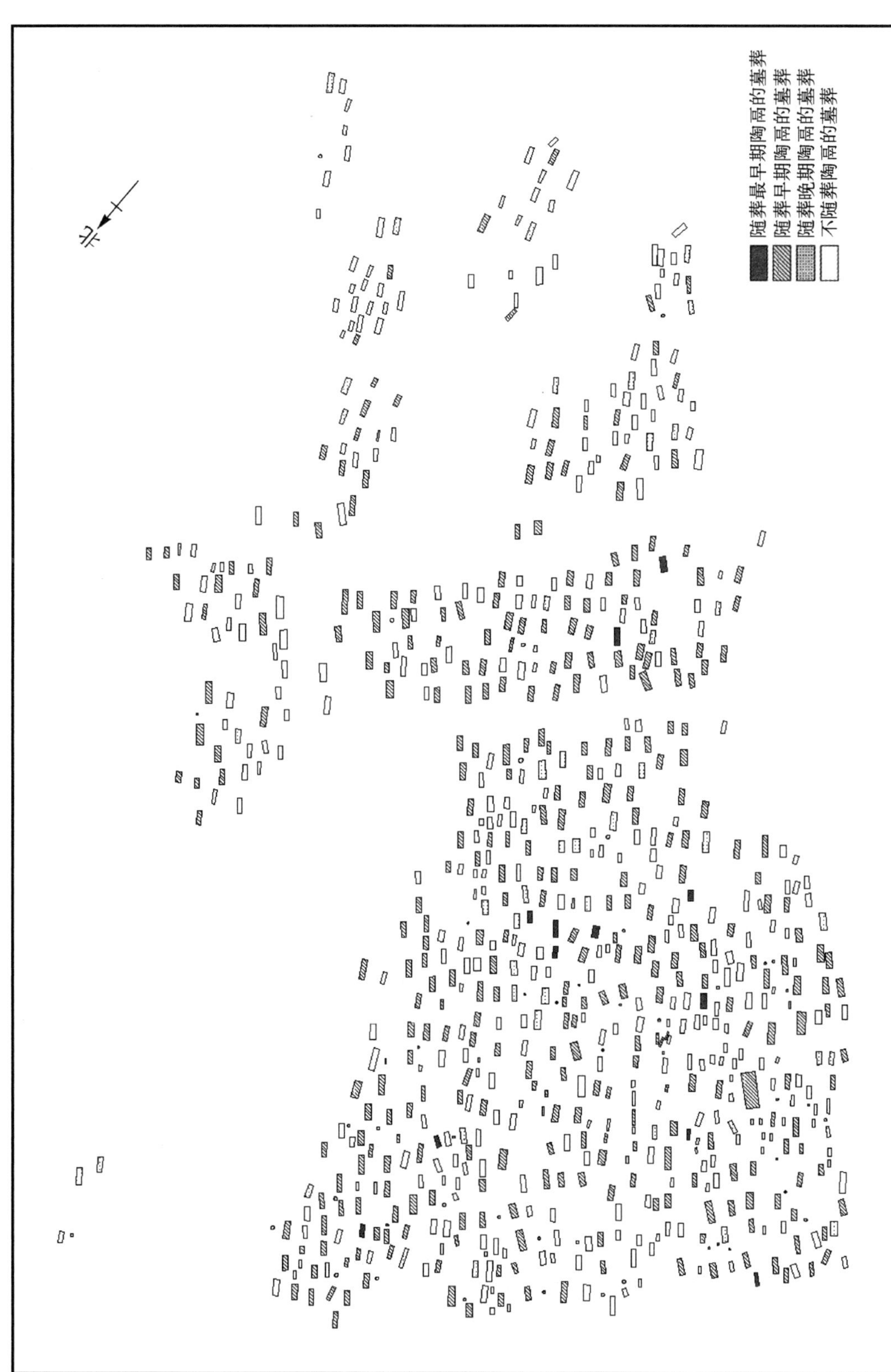

图二　大甸子墓地鬲的分期示意图

简单来说,大甸子墓地中呈现出一种早的墓葬比晚的墓葬整体上更加富有的情况,可能与大甸子夏家店下层文化社会由盛而衰的过程相关。将墓葬分级与分期综合来看,整个大甸子墓地由西北向东南有等级逐渐降低、年代渐晚的趋势。我们还不应忽略的是大甸子遗址的居址正是位于墓地西侧的(图三),由此我们可以推测大甸子墓地规划之初是希望将高等级墓葬分散安排在靠近居址的地方。

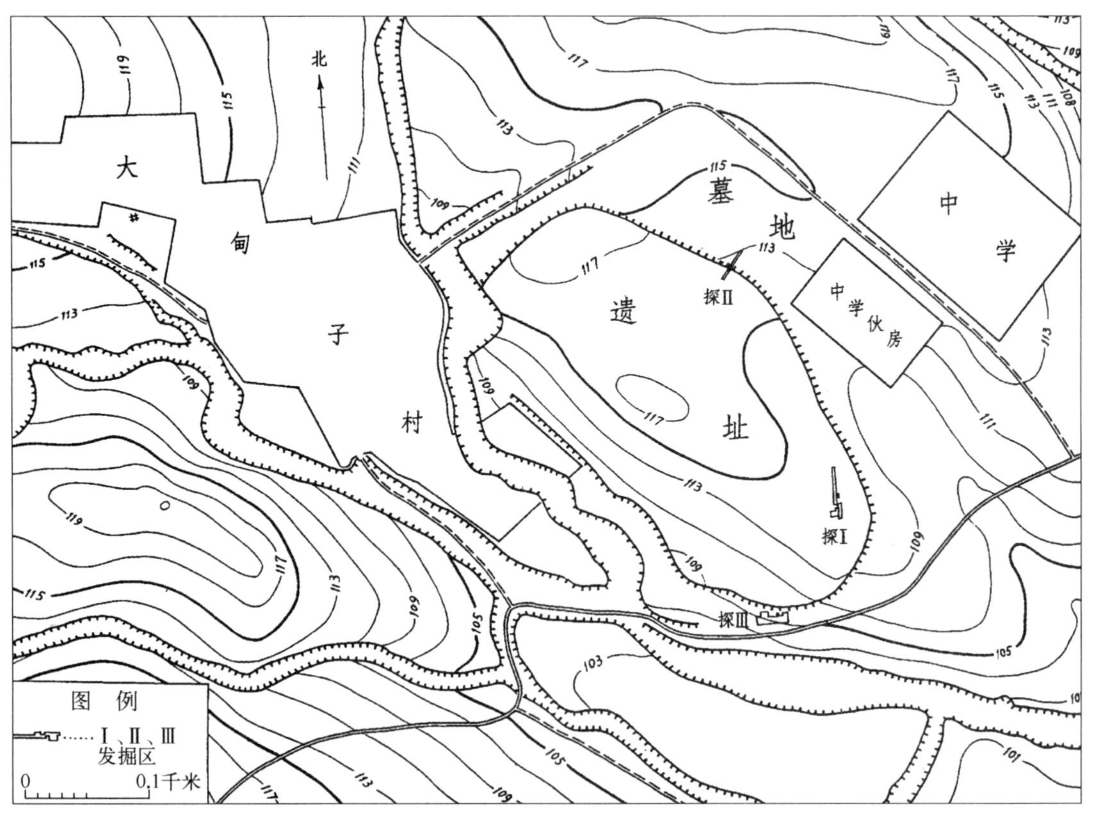

图三 大甸子遗址与墓地相对位置示意图

(引自《大甸子——夏家店下层文化遗址与墓地发掘报告》,第 2 页)

另一方面,我们也注意到大甸子墓地的财富分化(尤其是拥有中等财富的人群)在一定程度上存在模糊和混杂的现象,主要体现在两个方面:一者,富有者的埋葬区域与贫穷者的埋葬区域不是截然分开的,即使在整个墓地中墓葬等级最高的北区西侧也是各等级墓葬混杂,没有在空间上明确划分开来;二者,墓葬的形制和随葬品的使用也不存在十分严格的规定,二里头文化风格的陶器以及精美的彩绘陶器能在很大程度上代表墓主人的身份与财富,社会地位最低且贫穷的人群也相对容易分辨,但实际上大甸子墓地中并没有某种规格的墓葬必定使用某些种类或一定数量的随葬品的情况,处于社会中间阶层的居民数量庞大且经验上很难通过墓葬材料进行更为细致的划分。这或可解释为大甸子夏家店下层文化社会虽然已经明显阶序化了,但分化程度还不是很高。

除了社会分层,墓主人的性别、年龄与社会身份间的关系也是在讨论社会结构时必须要考虑的内容。基于本文的墓葬等级划分方案，第一等级墓葬中男女两性墓葬数量差距不大，但规模最大、随葬品最为丰富的 M726 为男性墓；第二等级墓葬中男性墓多于女性墓，差距略为明显；第三等级墓葬中女性墓稍多于男性墓；第四等级墓葬中性别不明者甚多，少数能判断性别的墓葬中男性墓稍多于女性墓（表五，图表二）。总的来说，大甸子夏家店下层文化社会中性别会造成社会地位的差异，但这种差异不甚明显，在拥有较高社会地位的群体中男性权威略占优势。大甸子墓地的儿童墓整体等级较低，第一等级墓葬中没有儿童墓，随着墓葬等级下降，儿童墓的数量也在提升。由于存在根据儿童身高而减小墓葬规模的做法，因此儿童墓在 K-均值聚类中比之成人墓更容易被划入低等级中，但实际上儿童墓的内部也存在明显等级差异，亲族社会地位高且富有的儿童即使夭折也可以享有远超自然身高需要的墓圹规模以及精美的随葬品，其他一些儿童则只有几十厘米长的墓圹和极稀少的随葬品。也就是说，在大甸子夏家店下层文化社会中儿童的社会地位是会因所在家庭而有所区别的，但夭折的儿童在丧葬中享有的礼遇整体上比成年死者低。

表五　大甸子墓地各等级墓葬墓主人性别年龄统计表

墓葬等级	墓葬数量	男性墓	女性墓	性别不明	儿童墓
第一等级	27	12	10	5	0
第二等级	191	98	67	18	4
第三等级	333	119	144	58	32
第四等级	186	36	24	91	72
合　　计	737	265	245	172	108

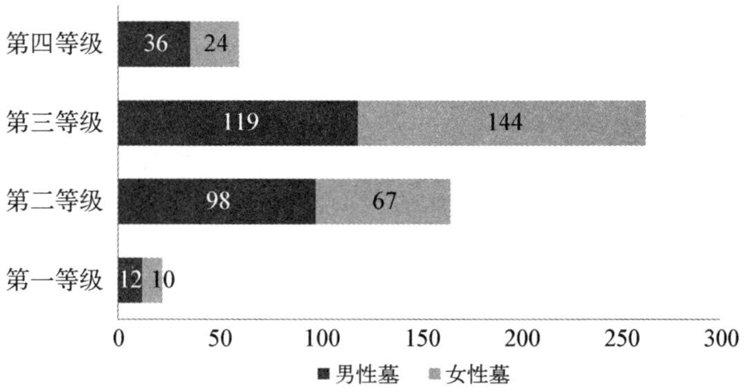

图表二　大甸子墓地各等级墓葬墓主人性别分布

最后是大甸子夏家店下层文化居民与使用其他考古学文化的人群之间的关系问题。笔者认为相较于使用的随葬品，葬俗是更稳固的种族身份标识，大甸子墓地的八百余座墓葬在葬俗上展现出惊人的一致性，因此我们很难判断大甸子墓地的人群中是否存在土著居民和外来者的族群差异。但是前辈学者也注意到大甸子墓地的随葬陶器中展现出本地土著文化、二里头文化以及辽东早期青铜文化这三种不同的风格。① 二里头文化风格的陶容器只能为社会地位高者使用。辽东风格的假圈足罐出于 143 座墓葬,其中属第一等级者 7 座、第二等级者 53 座、第三等级者 64 座、第四等级者 19 座;出土报告中所称乙类器物的墓葬 10 座,其中属第一等级 1 座、第二等级 6 座、第三等级 2 座、第四等级 1 座;出土 C 型陶鬲的墓葬共 41 座,其中属于第一等级 2 座、第二等级 9 座、第三等级 25 座、第四等级 5 座。从中我们可以看出大甸子夏家店下层文化居民对二里头文化和辽东地区早期青铜文化的态度存在一定的区别,二里头文化风格的陶器对于他们来说是难以获取的奢侈品,是社会地位和财富的象征,而辽东风格的陶器则是更易获取且被各等级居民泛用的日常用器。

我们对大甸子墓地的墓葬做以上梳理之后可以为大甸子夏家店下层文化社会勾画出这样一幅图景:这是一个存在社会分层现象的农业社会,有高等级的贵族同时也有处于底层的平民,但更多的居民属于中间阶层,中间阶层内部也可能存在财富和地位的差距;男、女两性分工明确,男性承担战争、狩猎工作,女性则从事纺织并养育儿童,男女社会地位略有差别,在社会地位较高的人群中男性权威更受重视;儿童会因他们所在的家庭而获得相应的社会地位;居民死亡后葬入事先规划好的墓地中,根据居民生前的地位和财富不同墓葬也有豪华与简陋之分,不同社会地位的居民大致是混杂埋葬的,但社会地位高且富有者更愿意居于靠近居址的墓地西北部。

最后还需提及的是笔者此前尝试过一种以陶容器作为首要标准划分大甸子墓地等级的方案,同样将该墓地分为四个等级,自上而下分别是出土二里头文化风格陶器的墓(13 座)、不出二里头文化风格陶器但出土彩绘陶器的墓(209 座)、出土陶容器但无彩绘陶器的墓(371 座)、不出陶容器的墓(213 座)。这种划分等级的方案虽然以陶容器为首要标准,但所见的大甸子墓地的社会结构与本文的描述也十分相似。然而考虑到这种方案主观性过强,并且部分墓葬在该方案中所处的位置与实际有所差距(例如 M1015 没有出土陶容器因而划入第四等级,但其墓圹长达 232 厘米,出土小件装饰品多达 94 件,显然不属于墓地中等级最低的一类),因此经多次调整最终选择了本文所述的方案。

附录 1　大甸子墓地墓葬 K-均值聚类结果

聚类	墓　　号
1	*726
2	40 371 394 401 419 444 453 459 472 *612 652 663 *672 *677 682 *713 732 751 *818 *853 *867 *905 *931 1001 1006 1011

① 中国社会科学院考古研究所:《大甸子——夏家店下层文化遗址与墓地发掘报告》,科学出版社,1996 年,第 98 – 101 页;王立新、齐晓光、夏保国:《夏家店下层文化渊源刍论》,《北方文物》1993 年第 2 期,第 5 – 16 页。

续表

聚类	墓　　号
3	1 4 5 17 25 28 35 43 44 51 77 78 79 81 83 85 204 210 303 305 306 307 308 311 312 316 317 321 322 325 326 329 342 343 351 354 355 360 364 366 368 373 376 377 381 388 391 398 400 402 416 421 422 426 433 437 438 439 442 451 454 462 466 467 470 474 480 483 484 486 500 502 504 507 512 518 519 522 603 606 607 609 610 615 628 636 639 645 646 647 648 657 658 659 *666 668 670 675 684 691 *706 715 722 728 730 731 744 756 760 761 762 771 772 773 779 783 787 791 806 809 824 827 828 830 838 839 840 843 847 851 854 855 858 859 861 866 868 881 882 885 886 891 899 901 910 911 914 919 932 1003 1008 1021 1024 1028 1031 1102 1103 1109 1113 1114 1115 1117 1121 1123 1129 1130 1145 1147 1150 1154 1162 1201 1203 1204 1205 1208 1209 1211 1212 *1215 1217 1219 1235 1240 1242 1251 1255 1257 1258 1259 1261
4	3 7 9 10 11 12 13 14 16 18 21 23 24 26 27 29 30 31 32 33 34 39 41 42 47 48 49 50 52 71 72 73 74 75 80 82 103 201 202 205 209 301 302 304 309 310 313 314 315 318 319 320 323 324 327 328 330 331 332 333 334 335 336 337 338 341 345 346 347 348 349 352 353 356 357 358 359 361 363 365 367 372 375 378 380 384 385 386 387 389 390 392 393 395 397 399 409 411 412 414 415 417 418 420 431 432 434 436 440 443 445 446 447 450 452 456 457 463 464 468 469 471 475 479 482 485 487 489 492 493 494 495 496 497 498 499 501 505 508 514 515 516 520 524 604 613 614 617 618 619 620 625 626 631 634 635 638 640 641 642 643 649 650 653 654 655 660 661 662 667 671 674 679 680 683 688 689 690 692 694 695 697 698 700 702 703 705 710 711 717 719 721 723 725 734 737 738 739 740 741 745 747 748 759 769 775 777 782 784 785 790 792 795 797 799 803 804 805 808 810 811 813 816 817 819 821 822 823 825 826 831 833 834 836 842 846 852 856 857 870 872 874 875 876 878 883 884 887 888 895 898 900 907 912 913 916 922 925 928 929 933 934 940 1002 1007 1009 1012 1013 1016 1017 1018 1019 1020 1022 1023 1025 1029 1032 1105 1111 1112 1116 1120 1122 1124 1126 1131 1132 1133 1135 1136 1137 1139 1141 1144 1146 1148 1149 1151 1152 1153 1156 1158 1160 1163 1164 1206 1210 1218 1220 1222 1225 1226 1227 1228 1230 1233 1234 1236 1238 1239 1241 1243 1245 1246 1254 1256 1260 1262 1263 1264 1265 1266
5	6 8 15 20 37 38 45 76 84 203 206 207 299 339 340 344 350 362 369 370 374 379 382 383 396 403 404 405 406 407 408 410 413 423 424 425 427 428 429 430 435 441 448 455 458 460 461 465 473 476 477 478 488 490 491 503 506 509 510 511 517 521 523 605 608 611 616 623 632 637 644 651 665 673 676 681 685 686 687 693 696 699 701 704 712 714 718 724 727 729 733 735 736 743 746 749 752 753 754 755 757 763 764 765 766 770 774 776 780 781 788 793 794 796 798 800 801 802 807 812 815 820 829 835 837 841 844 845 848 850 862 863 869 873 877 879 880 889 890 892 893 894 896 897 906 908 909 915 917 918 920 921 926 927 930 935 936 1004 1005 1010 1026 1027 1030 1034 1110 1125 1127 1128 1138 1140 1142 1143 1155 1157 1161 1207 1213 1224 1229 1231 1232 1237 1244 1248 1253 1267

注：墓号前标注“＊”的墓葬中均出土二里头文化风格的陶容器。

殷墟墓地人口复原及殷墟都城人口规模的蠡测

何俊谦

（香港中文大学历史系）

一、前　　言

殷墟为商代晚期都城所在，是当时的政治与宗教中心，同时也是商代贵重品及各类生活品（诸如陶器及骨簪）生产的核心区。根据钻探以及历年来的发掘收获，整个殷墟聚落的核心，面积至少是在30平方千米以上，①甚至可能达36平方千米。② 这一规模不单在大致同时的文明中少可匹敌，在整个古代中国都城发展史上也属顶峰之一。由于史料的匮乏，有关殷墟人口的情况，在传世文献中只有片鳞半爪的记载。以往诸家的复原研究，大多只能求助于考古数据，并与其他时期聚落面积和人口密度的情况进行拟合，因而所持观点往往有较大出入。在商周时期，养生送死是礼制中重要的部分，殷墟中发现且公布的墓地数量也具一定规模，但过去研究却甚少通过墓地人口之复原，去重新检视各种殷墟人口复原方案的合理与可行性。在下文中，我们首先介绍如何依据墓葬数量推论当时人口的方法。在此基础上，我们以若干较完整且系统发表的墓地为案例，复原所代表群体的人口规模，以及殷墟其他已知但还未系统发表墓地所代表的大致人口情况，并进而推论殷墟在四期阶段可能存在的人口数字。当然，殷墟中肯定存在规模不少的战俘及从事劳力生产的中下层成员，本文也提出如何把这部分人口进行计算的方法。最后，我们指出，现在殷墟人口最高估计是达45万人，但是不同证据表明，这一数字估算明显偏高。我们更倾向支持较低的估算，即殷墟四期的年均人口应该不会低于45 000人，不多于14万人，很可能是7万余人。本文对殷墟人口的重新认识，对于理解商代的都城制度以及社会组织情况，具有重要的意义。

---

① 中国社会科学院考古研究所：《殷墟的发现与研究》，科学出版社，1994年，第42页；中国社会科学院考古研究所：《中国考古学·夏商卷》，中国社会科学出版社，2013年，第295页。

② 孟宪武：《安阳殷墟边缘区域考古概述》，《安阳殷墟考古研究》，中州古籍出版社，2003年，第3－12页；王震中：《商代における殷都の族居特点と商の王權》，宇野隆夫主编：《王權と都市》，国际日本文化研究中心，2008年，第48－81页。

二、晚商殷墟人口争议及依据墓地复原人口之方法

要分析商代殷墟墓地人口,就必须先解释墓地制度及埋葬方式。学界一般多用“族坟墓”这一概念解释商代埋葬习俗。简单地说,族墓地就是死后同一宗族或家族的成员会较集中埋葬在一起,以突显彼此间的血缘关系。尽管目前已有不少学者对“族墓地”提出不同的见解,例如郜向平针对西区墓地的数个墓区墓向杂乱情况进行分析,指出殷墟当时存在地缘性的墓地。[①] 王震中则提出在晚商殷墟时“大杂居小族居”的居住及埋葬原则已经存在,一些家族规模较大的中高级贵族可能会把逝去的宗族成员埋葬于同一区域并因此其形成家族墓地,但对于低等级贵族及平民族群而言,可能会以地缘方式共享一个墓区。而且,在殷墟大型宗族的族葬墓地中,亦存在不同小家族单位在同一墓区埋葬的现象。[②] 因此,“族葬”很可能并非晚商殷墟时期墓地布局的唯一原则。然而大多学者都基本同意,在商代血缘仍是建构基础社会的重要纽带,不管是在生前聚居还是死后的埋葬,地缘性的影响力可能仍未完全取代血缘。因此,殷墟中墓地一般较集中,且同一墓地中墓葬数量一般较多。殷墟墓地所反映的人口规模,在一定程度上应反映了原来人口的总体情况。当然,殷墟埋葬的人口肯定只是当时人口的一部分,尚有部分人口未被埋葬于殷墟范围以内,因此用墓葬情况复原人口会存在一定偏差。但由于殷墟聚落考古已取得长足的发展,[③]学界对殷墟聚落结构以及不同墓地的分布已有大致的了解,对墓地的研究,不失为理解殷墟人口的可能途径。所以本文才希望从墓葬材料入手,研究殷墟的人口情况,为这一问题提供不同的研究视角。

有关晚商殷墟的人口研究,过往学者主要从文献入手,或从同时期其他都城人口情况对殷墟的人口规模进行分析。按照林沄对早期国家人口规模的构想以及对比新石器时代的聚落数据,[④]殷墟晚期约有 45 万人。[⑤] 刘莉认为有 12 万人(或按目前殷墟已知的面积 30 或 36 平方千米计算,则为 19 万或 22 万)。[⑥] 宋镇豪从各期墓葬的递进比例推算,殷墟三期时人口有 14 万人,四期时达到 23 万人左右。[⑦] 如果以一般聚落考古中惯用的人口密度来推算,殷墟的人口则为 17 万左右。[⑧] 黄铭崇则对比不同文明的中心,发现即使是按

① 郜向平:《晚商“族墓地"再检视》,《古代文明》第 12 卷,上海古籍出版社,2018 年,第 123 - 131 页。另按,为行文方便,我们省略了对前辈学者先生之尊称,下文中不再赘言。

② 王震中:《商代における殷都の族居特点と商の王権》,宇野隆夫主编:《王権と都市》,国际日本文化研究中心,2008 年,第 48 - 81 页。

③ 岳洪彬、何毓灵、岳占伟:《殷墟都邑布局研究中的几个问题》,李永迪主编:《纪念殷墟发掘八十周年学术研讨会论文集》,中研院历史语言研究所,2008 年,第 109 - 141 页。

④ 林沄:《关于中国早期国家形成的几个问题》,《吉林大学学报(社会科学版)》1986 年第 6 期,第 1 - 12 页。

⑤ 黄铭崇:《晚商王朝的政治地景》,《中国史新论》,联经出版事业股份有限公司,2016 年,第 198 页。

⑥ Norman Yoffee, *Myths of the Archaic States: Evolution of the Earliest Cities, States and Civilization*, Cambridge: Cambridge University Press, 2005, p.42.

⑦ 宋镇豪:《夏商人口初探》,《历史研究》1991 年第 4 期,第 92 - 106 页。

⑧ 方辉等:《日照两城地区聚落考古:人口问题》,《华夏考古》2004 年第 2 期,第 37 - 40 页。

最大的 45 万人估算,再除去可能占一半的墓地面积,人口密度为每公顷 250 人。对比该文中所列其他文明中心城市的人口密度,每公顷 250 人不算高也不算低,故黄铭崇倾向支持殷墟人口应不低于 45 万人。①

此前对殷墟的研究已注意到,墓地以及聚落演变的情况显示殷墟整体人口一直呈增长的趋势。自殷墟一期开始,同一墓地中的墓葬数量及反映的年均人口规模一直在增长。大多数墓地在殷墟一、二、三期的年均人口规模差异不大,部分墓地在殷墟四期则呈现较大的年均人口规模。而在整体的墓地情况上,除去由于资料公布不全面及未完全发掘等因素,晚商安阳殷墟的年均人口规模在殷墟四期时达至顶峰是毋庸置疑。当殷墟四期密度最高时,以 30 或 36 平方千米的面积,以 45 万人计算其人口密度其实已达 15 000 或12 500 人/平方千米,但以往对殷墟人口数量的讨论中,似乎忽略了以下这一事实: 12 500/平方千米的人口密度,即使是放诸当今也是极高密度的社会。② 晚商殷墟的面积规模庞大,殷墟四期时人口密度较高本不奇怪,但前面提及的推论估算的殷墟人口,呈现的却属现代化城市级别的人口密度。熟悉殷墟考古的学者都知道,当时殷墟主要的居住方式为半地穴式③或较小型的地面夯土建筑,④贵族才可能居住于大型地面"四合院"式住宅或高等级宫殿之中。因此,如果推测殷墟人口密度达到 12 500/平方千米,并几可追及高密度的现化代城市中心,以殷墟的居住方式来看,当时居住的拥挤程度实在难以想象。而且,在以往古代城市人口的讨论之中,虽然确实也有少数例子人口密度是异常之高,例如阿兹特克的 Tenochtitlan,但人口的估算要么仍有争议,要么是根据传世文献中偶然有所提及的数字——实际的人口密度是否如此之高,记录是否有意地夸大,则见仁见智。⑤ 因此,晚商安阳殷墟都城人口规模的总体估算,尤其是 45 万人所显示的都城人口密集程度,也许值得更进一步的分析和讨论。

那么,殷墟在顶峰时期的人口数量到底有多少? 殷墟墓地的发现及发表数量较多,也许能为这一问题提供线索。为了重构墓地的人口,我们提出可参考以下途径: 第一步,先根据现有结果,估算各期墓葬大致数量。在其基础上,利用已有的人口学公式,计算出墓葬所代表的年均人口在各时间段的数量及增长率。透过结合分期的墓葬数量、各分期的时间长度及当时人均预期寿命进行计算,大致能够得出殷墟各期已知墓地中属于成年人口的大致年均数量。⑥ 第二步,我们可以参照若干经系统发掘的墓地,以墓葬的密度,推

① 黄铭崇:《晚商王朝的政治地景》,《中国史新论》,联经出版事业股份有限公司,2016 年,第 200 页。

② 例如,香港在 2018 年的统计显示,人口密度大体是 6 890 人/平方千米(https: //www.censtatd.gov.hk/hkstat/sub/sp150_tc.jsp?productCode=D5320189),2019 年 3 月 7 日。因此,如果安阳的人口达 450 000,密度就远超于香港平均的人口密度。

③ 孟宪武、李贵昌:《殷墟四合院式建筑基址考察》,《中原文物》2004 年第 5 期,第 26－31 页。

④ 何毓灵:《试论安阳殷墟孝民屯遗址半地穴式建筑群的性质及相关问题》,《华夏考古》2009 年第 2 期,第 98－108 页。

⑤ Susan Toby Evans, *Ancient Mexico and Central America: Archaeology and Culture History*, London: Thames & Hudson Ltd, 2013, p.549.

⑥ Lothar Von Falkenhausen, "Shangma: Demography and social differentiation in a late bronze age community in north China", *Journal of East Asian Archaeology* 3.3－4(2001), pp.91－172.

算殷墟遗址范围内的某一期墓葬可能存在的数量,再整合已发掘墓地的情况,推测代表人口的最大值,并在此基础上,结合卜辞所见的材料,去判断殷墟原来人口数值大致的区间范围。

由于墓地人口复原对考古学研究的重要性,以往已经有不少对古代中国墓葬的研究,透过借鉴人口学方法对墓地人口进行了不同的估算。当中,罗泰对上马墓地进行量化分析,①以此还原人口的方法十分值得参考。以墓地墓葬的人骨材料估算当时年均人口时,一般有着当时社会单位的年均出生与死亡人口数量相等,一个社会的总体人口在一定时期之内保持不变的假设,②是不同于正常人口增长模式的"静止人口"模型。本文便是以"静止人口"模型为前提,对殷墟人口进行复原推论。而墓地的年均总人口则等同于死亡人数与平均寿命的乘积,③再除以延续时间,以公式表示则如下:

$$P = D\frac{A}{T}$$

年均人口为 P,墓区总人数为 D,平均寿命为 A,墓地延续时间为 T④

当然,透过此公式计算的年均人口并未够精确,因为墓地反映的只是大部分成年核心人口,并非当时社会的原貌,墓区总人口应远多于墓葬所显示的数量。墓葬材料中未反映的人口主要是未成年人口或最下层成年人口两类。在殷墟墓地中,未成年人墓葬(即小孩墓葬)一般发现较少,⑤部分可能以瓮棺的方式埋葬于住所附近或奠基。这一部分的人口复原,则不得不借助其他资料进行类比。在中国古代封建社会中,曾有学者提出,每一个人成长至成人阶段,大约同时有 2.5 个人在未成年阶段死去,⑥即成年人口与未成年人口比例为 1∶2.5。在西汉时期关于户籍簿简牍材料中,15 岁以下、3 岁以上与成年户口数(65 岁以前)的比例一般不多于 1∶1.5,⑦因此,1∶2.5 的比例虽可能略有高估,但大致应代表了晚商殷墟时成年人(15 岁以上)与未成人(包括 3 岁以下)比例的最大值。由此,我们暂设一条计算包括了不被葬在墓区内未成年人口的墓地总人口公式:

$$D = B + 2.5B = 3.5B$$

墓地总人数为 D,成年人口为 B。

当墓地的总人口可以被估算推断,平均寿命(A)亦需要调整。平均寿命,是统计同一批出生婴儿的平均寿命,又或同一年各年龄人口的死亡率水平。理论上晚商的平均寿命

① Lothar Von Falkenhausen, "Shangma: Demography and social differentiation in a late bronze age community in north China", *Journal of East Asian Archaeology* 3.3-4(2001), pp.91-172.

② 刘铮:《人口统计学》,中国人民大学出版社,1981,第 256 页。

③ 刘铮:《人口统计学》,中国人民大学出版社,1981,第 258 页。

④ 朱乃诚:《人口数量的分析与社会组织结构的复原——以龙岗寺、元君庙和姜寨三处墓地为分析对象》,《华夏考古》1994 年第 4 期,第 46-52 页。

⑤ 原海兵:《殷墟中小墓人骨的综合研究》,吉林大学博士论文,2010 年,第 17 页。

⑥ 袁祖亮:《中国古代人口史专题研究》,中州古籍出版社,1994 年,第 101 页。

⑦ 杨振红:《松柏西汉墓簿籍牍考释》,《南都学坛》2010 年第 5 期,第 1-8 页。文中作者已指出簿籍中的男女比例失衡,女婴数量明显较少,因此本文只取大男、小男之比例。

是不可计算,然而,这只是正常人口增长下的情况。由于本文以“静止人口”模型为基础,每年出生的与每年死去的人数相同。因此,同一批出生婴儿,可以理解成同一批死亡的人,平均死亡年龄即平均寿命。前人已大致对殷墟某些墓地中的平均死亡年龄进行估算,然而殷墟墓地主要是成人墓葬,现实中同一批出生的婴儿是不可能同时死去,因此透过成人墓地推断的平均死亡年龄存在误差。未成年的人数也需要一并考虑。在 1∶2.5 的成年人与未成年人口比例下,总体的平均寿命(A)会比以往研究中只按墓葬材料统计的平均亡龄为低。由于未成年人口(15 岁以下)的死亡率并不明确,故取其中位数 7.5 岁。因此,总体的平均死亡年龄,亦即平均寿命,应为 7.5 岁乘以未成年人口再加上成年平均亡龄乘以成年人口,再除以墓地总人数。以公式表示应如下:

$$A = \frac{2.5B \times 7.5 + BX}{D}$$

平均寿命为 A,成人墓葬平均死亡年龄为 X,成年人口为 B,墓地总人数为 D。

至于墓地延续时间(T)的判定,目前学界已形成共识,把殷墟文化分成四期,一期对应武丁早期,二期对应武丁晚期至祖甲时期,三期对应廪辛至(文)武丁时期,四期对应帝乙及帝辛时期。① 根据《夏商周断代工程 1996 – 2000 年阶段成果报告 · 简本》的统计,②武丁在位于公元前 1250 年至前 1192 年,祖庚至康丁为公元前 1191 –前 1148 年,武乙公元前 1147 –前 1113 年,文丁公元前 1112 –前 1102 年,帝乙公元前 1101 –前 1076 年,帝辛公元前 1075 –前 1046 年。③ 武丁在位共 59 年,分为早晚两期大约就把时间段平均分二。祖庚至康丁四王共 44 年,假设平均每位在位时间相等则各 11 年。因而得出的殷墟四期年代对应关系应如下(见表一):

表一 殷墟文化分期表

分 期	对 应 时 期	年 代	时 长
一期	武丁早期	公元前 1250 –前 1221 年	30 年
二期	武丁晚期至祖甲时期	公元前 1220 –前 1169 年	52 年
三期	廪辛至(文)武丁时期	公元前 1168 –前 1102 年	67 年
四期	帝乙、帝辛时期	公元前 1101 –前 1046 年	56 年

此处各期殷墟分期的时长,相当于延续时间(T)。自 1964 年邹衡先生提出殷墟四期的概念后,考古学界便整合了以前的大司空村、苗圃北地等地的分期综合出上述的殷墟分

① 中国社会科学院考古研究所:《中国考古学 · 夏商卷》,中国社会科学出版社,2013 年,第 294 页。

② 尽管《简本》所得出的断代精确度在学界仍存在很大的争议,然而就现阶段而言,《简本》中做出断代的时间段对于史前纪年研究仍具有一定的参考价值,故本文采用《简本》中有关殷墟时期诸商王的年代时代为计算时的年代标准。

③ 夏商周断代工程专家组:《夏商周断代工程 1996 – 2000 年阶段成果报告 · 简本》,世界图书出版公司,2000 年,第 60 – 61 页。

期。故此,往后考古报告中有关墓地的情况都会根据此分期进行归类,因此分期的时长亦等同于墓地延续时间(T)。对于未能判定其年代的墓葬,本文采用的计算方法是按已知各分期整体的墓葬数量比例,把年代未明的墓葬按比例归入不同的分期。因此,一个年代中的墓葬,将会是明确对应其年代的墓葬与一部分年代未明墓葬的总和。

必须说明的是,本文只是根据已有的殷墟墓区资料进行估算,复原的结果可能与实际的人口规模应有所落差。目前已系统性的大规模发掘及发布的墓地只占殷墟范围内的一部分,到底没有发表甚至是还未发现的墓葬数量有多少,我们无从得知。而且,即使是发表的材料,也只能反映出小部分殷墟人口的情况,15岁以下的未成年墓葬一般在殷墟墓地范围内极为罕见,部分成年男性亦不被列入常规墓区之内。当时最下层的平民也可能因经济实力无法依礼操办葬礼,墓葬材料自然无法反映这部分成员的概况。因此,根据墓葬资料的人口复原,也仅是部分成年人年均人口规模。此外,本文所推算各墓地年均人口的对象,只是殷墟内部一个小区中的年均人口,和当时社会组织中的某一单位(如族)不一定存在对应关系。过去虽然有研究指出殷墟墓葬可按地理空间的聚集情况分成不同分区,再根据随葬组合细分成不同的墓组或墓群。但因每一个分区到底和社会哪一层级存在怎样的对应关系,目前仍颇有争议。为了避免在讨论时有先入为主的偏见,讨论墓地人口时我们主要参考发掘报告提供的发掘区大致区分(例如是殷墟西区的墓葬区划分),仅推测同一片墓区内部人口大体的情况。

三、晚商殷墟各墓地人口复原及构成情况

为说明殷墟墓区的情况,下面先将以数个墓区为例,根据发表资料估算人口情况进行复原。这些例子所发现的墓葬数量比较多,发掘相对系统,对墓地大多数墓葬也进行了发掘。这些例子包括殷墟西区墓地、①郭家庄西南墓地、②孝民屯村东南及孝民屯村墓地、③大司空村东南墓地、④梅园庄南地墓地⑤等。由于有一部分墓葬并无人骨分析,对于墓葬的平均成年死亡年龄(X)自然无法统计。因此,我们参考大司空村和刘家庄北地体质人类学的研究成果:两墓地平均成年死亡年龄分别为33.32及32.825岁,我们不妨取其平均33.1岁为其余墓地人骨大致的平均死亡年龄,将这一平均成年死亡年龄(X)代入

① 中国社会科学院考古研究所安阳工作队:《1969－1977年殷墟西区墓葬发掘报告》,《考古学报》1979年第1期,第27－157页。另按,为免行文重复,我们在下面对每一墓地专门的讨论不再列出各墓地之引文。

② 中国社会科学院考古研究所:《安阳殷墟郭家庄商代墓葬:1982年－1992年考古发掘报告》,中国大百科全书出版社,1998年。

③ 殷墟孝民屯考古队:《河南安阳市孝民屯商代墓葬2003－2004年发掘简报》,《考古》2007年第1期,第26－36页;中国社会科学院考古研究所安阳工作队:《河南安阳市殷墟孝民屯东南地商代墓葬1989－1990年的发掘》,《考古》2009年第9期,第15－40页。

④ 中国社会科学院考古研究所:《安阳大司空:2004年发掘报告》,文物出版社,2014年。

⑤ 中国社会科学院考古研究所安阳工作队:《1987年秋安阳梅园庄南地殷墓的发掘》,《考古》1991年第2期,第125－142页。

公式中计算各墓地的情况,这样,当时墓地整体的平均寿命(A)将会是 14.81 岁。①

1. 殷墟西区墓地(1968 - 1977 年)

殷墟西区墓地位于殷墟西部,东距宫殿宗庙区小屯村约 1.5 千米,处于白家坟、梅园庄、北辛庄、孝民屯之间,今安阳钢铁工厂区之址,是殷墟范围内主要的墓葬区。报告中西区墓地共分为 8 个墓区,公布的墓葬共 939 座。以往有学者指出,西区墓地 8 个墓区的空间分布很大,墓区内所反映的墓葬形制,比如陶器组合类型却欠缺统一规律,可能是由几个不同族群的族人把去世亲友集中埋葬的公共墓地,因此可以把 8 个大墓区从中再细分成 24 个分区 40 墓组,②同一分区墓组内墓葬的随葬品组合、等级相对较为接近,而不同墓组之间则存在明显的文化及等级差异。③ 1978 年之后在殷墟西区发现了一批新墓葬,④但由于空间间隔上有一定距离,故现在只集中采用墓葬数量较多且较系统清理的殷墟八个墓区情况为例,说明殷墟西区墓地所反映的人口规模情况。一区总墓葬数量 144 座,二区墓葬 55 座,三区墓葬数量为 369 座,四区数量为 60 座,五区墓葬数量为 6 座,六区数量为 144 座,七区为 108 座,八区 55 座。在年代上,殷墟一期并无墓葬,二期有 74 座,三期有 188 座,四期有 433 座,另有 246 座墓葬年代未明(见表二)。

表二 殷墟西区墓地(1968 - 1977)墓葬分期表

区 \ 分期	一 期	二 期	三 期	四 期	未 明
一	0	13	31	61	39
二	0	13	16	16	10
三	0	36	78	147	108
四	0	3	5	40	12
五	0	0	2	4	0
六	0	4	21	80	39
七	0	4	30	40	34
八	0	1	5	45	4

① 此平均寿命为假设性推论计算得出。在成人与未成年人比例为 1 : 2.5 下,把已知成人的平均死亡年龄大约为 33.1 岁套用于公式 A = (2.5B * 7.5+BX) /D 当中,总平均寿命为 A,成人平均死亡年龄为 X,成年人口为 B,墓地总人数为 D。而在 D = 3.5B 情况下,公式可进一步简化为 A = (2.5 * 7.5+X) /3.5, A = 14.81,即平均寿命为 14.81 岁。此平均寿命数值虽为假设性推论计算所得,但参考以往对新石器时期人口的分析研究,应仍属合理的估算。有学者曾指出新石器时期人口平均寿命可能只为 18 岁,这与平均寿命为 14.81 岁的估算相差不远,具体参见辛怡华:《东灰山、三星村、平洋等墓地与新石器时代几处墓地人口平均寿命比较》,《华夏考古》2010 年第 4 期,第 58 - 70 页。要注意的是,一般情况下幼儿墓的保存状况较差,因此新石器时期人口平均寿命为 18 岁一说可能仍有高估的可能,实际上的人口平均寿命应低于 18 岁,这就与本文所取平均寿命为 14.81 岁更为接近。

② 韩建业:《殷墟西区墓地分析》,《考古》1997 年第 1 期,第 62 - 72 页。

③ 李一丕:《安阳殷都布局变迁研究》,郑州大学硕士论文,2006 年,第 48 页。

④ 韩建业:《殷墟西区墓地分析》,《考古》1997 年第 1 期,第 62 - 72 页。

而在比例上而言，二期、三期、四期的墓葬数量比例为 74：188：433。由于要把年代未明的墓葬也计算在内才能更准确，因此先按此比例把年代未明的墓葬归入各期（见表三）。根据公式计算，各区在各期代表的年平均人口（见表四），比如一区四期时按公式为 $\frac{85 \times 3.5 \times 14.81}{56} = 78.68$，即当时年均约 79 人。当中，三区，即墓地数量最多的一区，在殷墟三期和四期的年平均人口分别为 83 与 198。五区代表的人口甚少，甚至不能代表一个完整的村落和单位，零星墓葬埋葬于此当有他因。其余各区为 20 到 96 人不等。

表三　殷墟西区墓地（1968－1977）墓葬预期分期表

区＼分期	一　期	二　期	三　期	四　期
一	0	17	42	85
二	0	14	19	22
三	0	48	107	214
四	0	4	8	48
五	0	0	2	4
六	0	8	32	104
七	0	8	39	61
八	0	1	6	48

表四　殷墟西区墓地（1968－1977）年均人口规模分期统计表

区＼分期	一　期	二　期	三　期	四　期
一	0	17	32	79
二	0	14	15	20
三	0	47	83	198
四	0	4	6	44
五	0	0	2	4
六	0	8	25	96
七	0	8	30	56
八	0	1	5	44

2. 郭家庄西南墓地（1982－1992 年）

郭家庄西南墓地位于殷墟的东南部，北距宫殿宗庙区小屯村 1.5 千米，位于于高楼庄、铁路苗圃林场、任家庄之间，总面积约 47 000 平方米，因墓地位于郭家庄西南方而命名为郭家庄西南墓地。此处共发掘出小墓 184 座，带墓道墓葬 1 座。报告中把郭家庄西南墓地分为北、中、南三区。北区有墓葬 51 座,中区有 97 座,南区有 37 座。与殷墟西区墓地的情况相似,郭家庄西南墓地并未发现殷墟一期时的墓葬,少量墓葬在二期时出现,其后数量慢慢增多。二期时有 14 座,三期时有 56 座,四期时有 66 座,还有 49 座属年代不明(见表五)。

表五　殷墟郭家庄西南墓地(1982－1992)墓葬分期表

分期 区	一　期	二　期	三　期	四　期	未　明
北	0	4	18	18	11
中	0	7	34	31	25
南	0	3	4	17	13

至于在比例上,郭家庄西区墓地的二期、三期、四期的墓葬数量比例为 14∶56∶66,按此比例把年代未明的墓葬归入各分期(见表六)。

表六　殷墟郭家庄西南墓地(1982－1992)墓葬预期分期表

分期 区	一　期	二　期	三　期	四　期
北	0	5	23	23
中	0	10	44	43
南	0	4	10	23

根据公式计算,郭家庄西南墓地北区二期时年均人口约 5 人,三期时年均人口约为 18 人,四期时为 21 人。中区二期时年均人口约 10 人,三期时年均人口为 34 人,四期时年均约 40 人。南区二期时年均 4 人,三期时年均 8 人,四期时年均 21 人(见表七)。

表七　殷墟郭家庄西南墓地(1982－1992)年均人口规模分期统计表

分期 区	一　期	二　期	三　期	四　期
北	0	5	18	21
中	0	10	34	40
南	0	4	8	21

3. 大司空村东南墓地(2004 年)

大司空村位于殷墟东北部的洹河北岸,西与宫殿宗庙区小屯村隔河对望,因墓地位于大司空村东南方而命名为大司空村东南墓地。此处共发掘 360 余座中小型土坑竖穴墓,80 余座瓮棺墓葬,少量车马坑及祭祀坑。在发掘期间共分为 4 个发掘区,当中 C 及 D 区中的瓮棺墓葬数量较多。由于本文主要从成年人口墓葬的数量对整体年均人口进行估算,因此暂时不将瓮棺葬的情况计算在内。就土坑竖穴葬而言,A 区 1 300 平方米,有 107

座,B区1 000平方米有66座,C区2 600平方米有76座,D区1 500平方米有122座。在年代上,殷墟一期时15座,二期时68座,三期时78座,四期时162座,另有44座年代未明的墓(见表八)。大司空村东南墓地各期墓葬比例为15∶68∶78∶162,经推算则一期时有17座墓,二期时76座,三期时90座,四期时184座(见表九)。根据公式换算,除C区以外,各区在各期所代表的人口规模相约,在四期时年均人口在30－60人之间(见表十)。

表八　殷墟大司空村东南墓地(2004)墓葬分期表

区＼分期	一　期	二　期	三　期	四　期	未　明
A	3	22	23	43	16
B	2	13	11	29	11
C	3	17	7	39	6
D	7	16	37	51	11

表九　殷墟大司空村东南墓地(2004)墓葬预期分期表

区＼分期	一　期	二　期	三　期	四　期
A	4	25	27	51
B	2	15	14	35
C	3	18	9	42
D	8	18	40	56

表十　殷墟大司空村东南墓地(2004)年均人口规模分期统计表

区＼分期	一　期	二　期	三　期	四　期
A	7	25	21	47
B	4	15	11	32
C	5	18	7	39
D	14	18	31	52

4. 孝民屯村东南墓地(1989－1990年)

孝民屯村位于殷墟西部,东北距王陵区2千米,东距宫殿区小屯2.5千米,历年来在该村范围便曾多次发现墓葬、房址以及手工业作坊。1989年至1990年安阳工作队在距离孝民屯村东南约100米进行发掘,发掘面积近30 000平方米,共清理出132座殷墓,二期时有25座,三期时有43座,四期时有42座,另有22座年代未明的墓(见表十一)。大多数墓葬很可能与手工业生产者相关。

表十一　殷墟孝民屯村东南墓地(1989－1990)墓葬分期表

一　期	二　期	三　期	四　期	未　明
0	25	43	42	22

按已知各年代墓葬的数量比例,孝民屯村东南墓地有30座二期墓,52座三期墓,50座四期墓(见表十二)。至于年均人口方面,按照公式估算下,二期时年均30人,三期时40人,四期46人(见表十三)。

表十二　殷墟孝民屯村东南墓地(1989－1990)墓葬预期分期表

一　期	二　期	三　期	四　期
0	30	52	50

表十三　殷墟孝民屯村东南墓地(1989－1990)年均人口规模分期统计表

一　期	二　期	三　期	四　期
0	30	40	46

5. 孝民屯村墓地(2003－2004年)

2003年至2004年针对孝民屯村的发掘,地点位于孝民屯村内,发掘面积近60 000平方米,分为南北两区,主要收获有晚商房基、墓葬以及铸铜作坊。发掘清理出的殷墓有645座,其中一座为车马坑。47座于北区,597座于南区。在墓葬年代上,一期时有7座,二期时有16座,三期129座,四期266座墓葬,年代未明的有226座(见表十四)。与孝民屯东南相似,相当部分应为与铸铜作坊相关的手工业生产者的墓葬。

表十四　殷墟孝民屯村墓地(2003－2004)墓葬分期表

分期 区	一　期	二　期	三　期	四　期	未　明
北	0	4	7	24	12
南	7	12	122	242	214

按照已知各年代墓葬的数量比例,孝民屯村墓地北区有4座二期墓,11座三期墓,32座四期墓。南区殷墟一期时11座墓,二期时20座墓,三期时188座墓,四期时378座墓(见表十五)。按公式计算,孝民屯墓地在殷墟二期时北区年均4人,三期时年均9人,四期时年均30人。南区一期时年均19人,二期时年均20人,三期145人,四期350人。考虑到孝民屯墓地南区可被分为六分区,年均人口最多的四期时各分区实际上平均40、50人左右(见表十六)。

表十五　殷墟孝民屯村墓地(2003－2004)墓葬预期分期表

区＼分期	一　期	二　期	三　期	四　期
北	0	4	11	32
南	11	20	188	378

表十六　殷墟孝民屯村墓地(2003－2004)年均人口规模分期统计表

区＼分期	一　期	二　期	三　期	四　期
北	0	4	9	30
南	19	20	145	350

6. 梅园庄南地墓地(1987年)

梅园庄位于西南部,位于安钢大道以南,戚家庄以北,因墓地位于梅园庄南部0.5千米,故命名为梅园庄南地。梅园庄南地墓地的发掘面积有20 000平方米,共发掘出121座墓葬,其中111座为殷墓。此墓地有25座三期墓,38座四期墓,另有48座墓年代不明(见表十七)。

表十七　殷墟梅园庄南地墓地(1987)墓葬分期表

一　期	二　期	三　期	四　期	未　明
0	0	25	38	48

把48座年代不明的殷墓按梅园庄南地墓地的三、四期墓葬比例进行估算,在此墓地可能有44座三期墓及67座四期墓(见表十八)。由此可以计算出,殷墟梅园庄南地墓地三期时年均人口有34人,四期时有52人(见表十九)。

表十八　殷墟梅园庄南地墓地(1987)墓葬预期分期表

一　期	二　期	三　期	四　期
0	0	44	67

表十九　殷墟梅园庄南地墓地(1987)年均人口规模分期统计表

一　期	二　期	三　期	四　期
0	0	34	52

整合上文六处发表数据较详细且规模相对较大墓地反映的情况,这六处墓地所代表的年均人口,一期约49人,二期时248人,三期时556人,四期时1,271人(见表二十),年均人口规模从一期至四期一直呈增长趋势,并在四期时达到人口的顶峰。然而,六墓地相

加,在殷墟四期年均人口亦仅约 1 300 人。值得注意的是,这六个墓区已算是殷墟范围内比较大且重要的墓区,整个殷墟西区墓地的钻探面积有 298,100 平方米,共发掘 939 座墓葬,钻探面积约占殷墟整体范围的百分之一。如果整个殷墟遗址都如同西区钻探面积与墓葬发现的比例,再加上商王朝所控制的奴隶和战俘,推测殷墟人口达 45 万也是有可能的。不过,既然殷墟为当时的手工业生产中心,在殷墟东、中、南部皆发现大型手工业园区,这些空间自然不能用于墓地,也不能用以推测当时的人口。

表二十　殷墟各墓地总年均人口分期统计表

	一　期	二　期	三　期	四　期
西区一	0	17	32	79
西区二	0	14	15	20
西区三	0	47	83	198
西区四	0	4	6	44
西区五	0	0	2	4
西区六	0	8	25	96
西区七	0	8	30	56
西区八	0	1	5	44
郭家庄北	0	5	18	21
郭家庄中	0	10	34	40
郭家庄南	0	4	8	21
大司空 A	7	25	21	47
大司空 B	4	15	11	32
大司空 C	5	18	7	39
大司空 D	14	18	31	52
孝民屯(东南)	0	30	40	46
孝民屯北	0	4	9	30
孝民屯南	19	20	145	350
梅园庄	0	0	34	52
合　计	49	248	556	1 271

四、其他殷墟墓地代表的年均人口规模

上述六处墓地由于其墓葬数量较多、发掘亦相对系统,所得出代表原来年均人口自然

相对较为准确。然而,这类墓地在殷墟中毕竟只是凤毛麟角,殷墟其他区域还存在着大大小小的墓地,比如刘家庄、①薛家庄、②戚家庄、③高楼庄、④范家庄、⑤苗圃、⑥王裕口、⑦花园庄、⑧小屯、⑨后冈、⑩白家坟、⑪徐家桥⑫等地均有发现殷墟时期的墓区。上述六处墓地

---

① 安阳市博物馆:《安阳铁西刘家庄南殷代墓葬发掘简报》,《中原文物》1986 年第 3 期,第 14 - 23 页;安阳市文物工作队:《1983 - 1986 年安阳刘家庄殷代墓葬发掘报告》,《华夏考古》1997 年第 2 期,第 8 - 27 页;安阳市文物工作队:《1995 - 1996 年安阳刘家庄殷代墓葬发掘报告》,《华夏考古》1997 年第 2 期,第 28 - 45 页;中国社会科学院考古研究所安阳工作队:《河南安阳殷墟刘家庄北地殷墓与西周墓》,《考古》2005 年第 1 期,第 7 - 23 页;中国社会科学院考古研究所安阳工作队:《河南安阳市殷墟刘家庄北地 2008 年发掘简报》,《考古》2009 年第 7 期,第 24 - 28 页;安阳市文物考古研究所:《河南安阳刘家庄北地商代遗址墓葬 2009 - 2010 年发掘简报》,《文物》2017 年第 6 期,第 4 - 30 页;中国社会科学院考古研究所安阳工作队:《河南安阳市殷墟刘家庄北地 2010 - 2011 年发掘简报》,《考古》2012 年第 12 期,第 26 - 42 页;中国社会科学院考古研究所:《河南安阳市殷墟刘家庄北地 44 号墓的发掘》,《考古》2018 年第 10 期,第 22 - 31 页。

② 河南省文化局文物工作队:《河南安阳薛家庄殷代遗址、墓葬和唐墓发掘简报》,《考古》1958 年第 8 期,第 23 - 26 页;赵霞光:《安阳市西郊的殷代文化遗址》,《文物参考数据》1958 年第 12 期,第 31 页;中国社会科学院考古研究所安阳工作队:《安阳薛家庄东南殷墓发掘简报》,《考古》1986 年第 12 期,第 1067 - 1072 页。

③ 孟宪武:《殷墟南区墓葬发掘综述——兼谈几个相关的问题》,《中原文物》1986 年第 3 期,第 78 - 83 页;安阳市文物工作队:《殷墟戚家庄东 269 号墓》,《考古学报》1991 年第 3 期,第 325 - 352 页。

④ 周到、刘东亚:《1957 年秋安阳高楼庄殷代遗址发掘》,《考古》1963 年第 4 期,第 213 - 216 页;中国社会科学院考古研究所安阳工作队:《河南安阳高楼庄南发现一座殷墓》,《考古》1994 年第 5 期,第 392 - 396 页。

⑤ 胡厚宣:《殷墟发掘》,复旦大学出版社,2017 年,第 89 页;中国社会科学院考古研究所安阳工作队:《河南安阳市殷墟范家庄东北地的两座商墓》,《考古》2009 年第 9 期,第 41 - 53 页;安阳市文物考古研究所:《安阳殷墟徐家桥郭家庄商代墓葬:2004 - 2008 年殷墟考古报告》,科学出版社,2011 年。

⑥ 中国社会科学院考古研究所:《殷墟发掘报告 1958 - 1961》,文物出版社,1987 年,第 11 - 59 页;中国社会科学院考古研究所安阳工作队:《1980 - 1982 年安阳苗圃北地遗址发掘简报》,《考古》1986 年第 2 期,第 112 - 124 页;中国社会科学院考古研究所安阳工作队:《1984 年秋安阳苗圃北地殷墓发掘简报》,《考古》1989 年第 2 期,第 123 - 138 页;中国社会科学院考古研究所安阳工作队:《1982 - 1984 年安阳苗圃北地殷代遗址的发掘》,《考古学报》1991 年第 2 期,第 91 - 123 页;中国社会科学院考古研究所:《殷墟的发现与研究》,科学出版社,1994 年,第 15 - 23 页;中国社会科学院考古研究所安阳工作队:《河南安阳市铁三路殷墟文化时期制骨作坊遗址》,《考古》2015 年第 8 期,第 37 - 62 页。

⑦ 中国社会科学院考古研究所安阳工作队:《河南安阳市王裕口南地殷代遗址的发掘》,《考古》2004 年第 5 期,第 8 - 16 页;安阳市文物考古研究所:《安阳殷墟徐家桥郭家庄商代墓葬:2004 - 2008 年殷墟考古报告》,科学出版社,2011 年;中国社会科学院考古研究所安阳工作队:《河南安阳市殷墟王裕口村南地 2009 年发掘简报》,《考古》2012 年第 12 期,第 3 - 25 页。

⑧ 中国社会科学院考古研究所安阳工作队:《1986 - 1987 年安阳花园庄南地发掘报告》,《考古学报》1992 年第 1 期,第 97 - 128 页;中国社会科学院考古研究所安阳工作队:《河南安阳殷墟花园庄东地 60 号墓》,《考古》2006 年第 1 期,第 7 - 18 页;中国社会科学院考古研究所:《安阳殷墟花园庄东地商代墓葬》,科学出版社,2007 年。

⑨ 中国社会科学院考古研究所:《殷墟发掘报告 1958 - 1961》,文物出版社,1987 年,第 89 - 102 年;中国科学院考古研究所安阳工作队:《1973 年安阳小屯南地发掘简报》,《考古》1975 年第 1 期,第 27 - 46 页;中国社会科学院考古研究所安阳工作队:《1976 年安阳小屯西北地发掘简报》,《考古》1987 年第 4 期,第 295 - 302 页;《中国考古报告集之二・小屯》(丙编一至五),中研院历史语言研究所,1970 - 1980 年;中国社会科学院考古研究所:《殷墟的发现与研究》,科学出版社,1994 年,第 15 - 23 页;中国社会科学院考古研究所:《安阳小屯》,世界图书出版公司,2004 年。

⑩ 石璋如:《河南安阳后冈的殷墓》,《中研院历史语言研究所集刊》第 13 本,1948 年,第 21 - 48 页;中国科学院考古研究所安阳发掘队:《1971 年安阳后冈发掘简报》,《考古》1972 年第 3 期,第 14 - 25 页;中国科学院考古研究所安阳工作队:《1972 年春安阳后冈发掘简报》,《考古》1972 年第 5 期,第 33 - 88、134 - 145 页;中国社会科学院考古研究所安阳队:《1991 年安阳后冈殷墓的发掘》,《考古》1993 年第 10 期,第 880 - 903 页;中国社会科学院考古研究所:《殷墟的发现与研究》,科学出版社,1994 年,第 15 - 23 页。

⑪ 中国社会科学院考古研究所:《殷墟发掘报告 1958 - 1961》,文物出版社,1987 年,第 116 - 120 页。

⑫ 安阳市文物工作队:《安阳徐家桥村殷代遗址发掘报告》,《华夏考古》1997 年第 2 期,第 46 - 55 页;安阳市文物考古研究所:《2002 年安阳北徐家桥村北商代遗址发掘简报》,《中原文物》2007 年第 5 期,第 4 - 13 页;安阳市文物考古研究所:《安阳殷墟徐家桥郭家庄商代墓葬:2004 - 2008 年殷墟考古报告》,科学出版社,2011 年。

的附近亦同时存在其他零星的墓葬区,①只是这些墓地本身埋葬的数量不多,和六处墓地也有一定空间距离。由于这类墓地材料发表的数据甚少,相关数据公布部分很不完整,最终计算出来的年均人口偏差是较大的,但我们不妨也逐一先对这些墓地进行分析。

1. 刘家庄墓地

刘家庄位于殷墟南部,处于宗庙宫殿区小屯村正南约 2 千米,东边为苗圃。1983 年至 1986 年期间,一共对刘家庄村北进行了 7 次发掘工作,面积有 10 000 多平方米,一共发现 170 余座墓,当中 34 座墓年代被确定为殷墟二期至四期。1985 年在刘家庄南约 200 米开掘近 20 000 平方米的发掘区,共清理出 62 座墓葬,年代为殷墟二期至四期。1988 年在约 600 平方米的发掘区共清理墓葬 96 座,其中 41 座为殷墓,可被分为四期。1995 年至 1996 年为配合基建,考古队在刘家庄北地进行,发掘面积仅 194 平方米,清理出 34 座墓,年代横跨二、三及四期。1999 年在已有的发掘区以北清理出百余座墓葬。2006 年在刘家庄北地西北隅进行发掘。2008 年刘家庄北地的发掘占地 4 000 余平方米,清理出 950 座墓葬,当中绝大部分为商代墓。2009 年至 2010 年对刘家庄的发掘总面积达 2 000 平方米,清理商墓 114 座。2010 - 2011 年度发掘面积近 30 000 平方米,发掘墓葬 1 000 余座,绝大部分为殷墓,一期墓并不多,从二期开始数量增多,四期时数量最多(表二十一)。

表二十一 殷墟刘家庄墓地墓葬分期表

	总数	一期	二期	三期	四期	未明
刘家庄南 1985	62	>25		<25		12
刘家庄北 1983 - 1986	170	0	6	6	8	150

① 郭家庄— 中国社会科学院考古研究所安阳工作队:《1987 年夏安阳郭家庄东南殷墓的发掘》,《考古》1988 年第 10 期,第 875 - 881 页;中国社会科学院考古研究所安阳工作队:《河南安阳市郭家庄东南 26 号墓》,《考古》1998 年第 10 期,第 36 - 47 页;安阳市文物考古研究所:《安阳殷墟徐家桥郭家庄商代墓葬:2004 - 2008 年殷墟考古报告》,科学出版社,2011 年。

孝民屯— 中国社会科学院考古研究所:《殷墟发掘报告 1958 - 1961》,文物出版社,1987 年,第 60 - 69 页;殷墟孝民屯考古队:《河南安阳市孝民屯商代墓葬 2003 - 2004 年发掘简报》,《考古》2007 年第 1 期,第 26 - 36 页;中国社会科学院考古研究所:《安阳孝民屯:(四)殷商遗存·墓葬》,文物出版社,2018 年。

大司空村— 胡厚宣:《殷墟发掘》,复旦大学出版社,2017 年,第 89 页;石璋如:《殷墟最近之重要发现附论小屯地层》,《中国考古学报》1947 年第 2 期,第 1 - 81 页;中国科学院考古研究所:《一九五三年安阳大司空村发掘报告》,《考古学报》1955 年第 1 期,第 25 - 90 页;河南省文化局文物工作队:《1958 年春河南安阳市大司空村殷代墓葬发掘简报》,《考古》1958 年第 10 期,第 51 - 62 页;中国社会科学院考古研究所安阳工作队:《1962 年安阳大司空村发掘简报》,《考古》1964 年第 8 期,第 14、381 - 384 页;中国社会科学院考古研究所安阳工作队:《安阳大司空村东南的一座殷墓》,《考古》1988 年第 10 期,第 865 - 874 页;中国社会科学院考古研究所安阳工作队:《1984 - 1988 年安阳大司空村北地殷代墓葬发掘报告》,《考古学报》1994 年第 4 期,第 471 - 497 页;中国社会科学院考古研究所安阳工作队:《1986 年安阳大司空村南地的两座殷墓》,《考古》1989 年第 7 期,第 591 - 597 页;中国社会科学院考古研究所安阳工作队:《河南安阳市大司空村东地晚商遗存 2012 - 2015 年的发掘》,《考古》2015 年第 12 期,第 52 - 63 页。

西区墓地— 中国社会科学院考古研究所:《殷墟的发现与研究》,科学出版社,1994 年,第 15 - 23 页;中国社会科学院考古研究所安阳工作队:《河南安阳市殷墟孝民屯东南地商代墓葬 1989 - 1990 年的发掘》,《考古》2009 年第 9 期,第 15 - 40 页。

梅园庄— 安阳市博物馆:《殷墟梅园庄几座殉人墓葬的发掘》,《中原文物》1986 年第 3 期,第 24 - 28 页。

续表

	总数	一期	二期	三期	四期	未明
刘家庄北 1988	41	4	10	12	3	12
刘家庄北 1995－1996	34	0	6	6	9	13
刘家庄北 1999	>100	?	?	?	?	?
刘家庄北 2008	<950	?	?	?	?	?
刘家庄北 2009－2010	114	0	3	26	23	62
刘家庄北 2010－2011	<1 000	?	?	?	?	?

由于部分刘家庄北地的墓葬材料并未完整公布，要利用这一部分的材料，我们也不妨假设简报中提到的墓葬总数就是人口最多的那一期，即暂时将刘家庄北 1999、刘家庄北 2008、刘家庄北 2010－2011 所清理的墓葬视为殷墟四期墓。当然实际墓地的墓葬分期并不会如此集中于同一期，而现把所有都集中于同一期，只是权宜之计，以暂时估算出年均人口的最大值，也就是说，殷墟四期原来代表的年均人口规模，实际不可能高于此数。综合刘家庄范围墓葬情况，在殷墟四期时刘家庄一带墓地代表的年均人口最多为 1 986 人，至于四期以前的人口，在此则不做推算（表二十二）。

表二十二　殷墟刘家庄墓地年均人口规模分期统计表

	一　期	二　期	三　期	四　期
刘家庄南 1985	10	10	7	7
刘家庄北 1983－1986	0	51	39	63
刘家庄北 1988	6	14	13	4
刘家庄北 1995－1996	0	10	8	14
刘家庄北 1999	0	0	0	93
刘家庄北 2008	0	0	0	833
刘家庄北 2009－2010	0	7	44	46
刘家庄北 2010－2011	0	0	0	926
合　计	16	92	111	1 986

2. 薛家庄墓地

薛家庄位于殷墟东部，距小屯村东北 1 千米，东距后冈 500 米，北面邻近洹河。1957 年对薛家庄南地进行发掘，发现殷代墓 9 座，可能是与后冈南坡的墓葬属同一墓地。1983 年在薛家庄东南进行发掘，仅发掘 300 平方米，清理出 6 座墓葬。如同刘家庄部分墓地的情况，1957 年对薛家庄发掘的 9 座墓葬年代未明，故都视之为四期墓（见表二十三）。经估算，殷墟四期时从薛家庄墓地反映的只是小型群体的规模，年均人口仅为 10 人（见表二十四）。

表二十三　殷墟薛家庄墓地墓葬分期表

	总数	一期	二期	三期	四期	未明
薛家庄南 1957	9	?	?	?	?	?
薛家庄东南 1983	6	1	1	1	1	2

表二十四　殷墟薛家庄墓地年均人口规模分期统计表

	一　期	二　期	三　期	四　期
薛家庄南 1957	0	0	0	8
薛家庄东南 1983	1	1	2	2
合　计	1	1	2	10

3. 戚家庄墓地

戚家庄位于殷墟南区,位于小屯村西南约 4 千米。1984 年的发掘地点位于戚家庄村东,钻探面积 66 700 平方米,发现殷墓 197 座,年代横跨二期至四期(见表二十五)。按公式推算,从薛家庄墓地反映出殷墟四期时的人口规模为年均 155 人(见表二十六)。

表二十五　殷墟戚家庄墓地墓葬分期表

	总数	一期	二期	三期	四期	未明
戚家庄 1984	197	0	7	11	101	78

表二十六　殷墟戚家庄墓地年均人口规模分期统计表

	一　期	二　期	三　期	四　期
戚家庄 1984	0	12	14	155

4. 高楼庄墓地

高楼庄位于殷墟东部,薛家庄以东,后冈以南。1957 年河南省文物工作队在高楼庄西约 500 米的位置进行发掘,面积为 175 平方米,共清理出 9 座殷墓。1991 年社科院考古所安阳工作队在高楼庄以南也发掘了墓葬 1 座(见表二十七)。经公式估算,殷墟四期时从高楼庄墓地反映的人口规模为年均 9 人(见表二十八)。

表二十七　殷墟高楼庄墓地墓葬分期表

	总数	一期	二期	三期	四期	未明
高楼庄西 1957	9	?	?	?	?	?
高楼庄南 1991	1	0	0	0	1	0

表二十八　殷墟高楼庄墓地年均人口规模分期统计表

	一　期	二　期	三　期	四　期
高楼庄西 1957	0	0	0	8
高楼庄南 1991	0	0	0	1
合　计	0	0	0	9

5. 范家庄墓地

范家庄位于殷墟西部,孝民屯村以北,北临洹河,侯家庄对岸。1935 年史语所在范家庄村北进行发掘,面积 220 平方米,仅获墓葬 1 座。2005 年为配合安阳市的引水工作,在范家庄东北处发现 5 座殷墓,其中 2 座分别对应年代为二期及三期(见表二十九)。范家庄墓地所反映的年均人口极低,各期年均可能亦只有 1 至 2 人(见表三十)。

表二十九　殷墟范家庄墓地墓葬分期表

	总数	一期	二期	三期	四期	未明
范家庄北 1935	1	?	?	?	?	?
范家庄东北 2005	5	0	1	1	0	3

表三十　殷墟范家庄墓地年均人口规模分期统计表

	一　期	二　期	三　期	四　期
范家庄北 1935	0	0	0	1
范家庄东北 2005	0	2	2	0
合　计	0	2	2	1

6. 苗圃墓地

苗圃位于殷墟南部,高楼庄以西,安钢公路以南,历年来在此范围发现有居址、墓葬、铸铜、制骨及制陶作坊,是集多功能区于一身的区域。1959 年开始对苗圃北地进行发掘,至 1964 年清理出近 300 座殷墓。1974 年至 1975 年发现 25 座殷代墓葬。1980 年、1982 年及 1984 年在已有的发掘区以东进行发掘,发现了百余座殷墓。2002 年至 2003 年在苗圃北地东侧的铁三路北段进行发掘,共发掘 1 090 平方米,清理出 175 座墓葬,绝大部分为殷墓。2006 年在铁三路再次进行发掘,面积 2 400 平方米,清理 151 座商墓。尽管 2002 年至 2003 年苗圃北地东侧铁三路清理出的 175 座墓葬当中,殷墓的实际数量并不明确,但在此姑且把 175 座墓都视为殷墓(见表三十一)。综合苗圃范围墓葬的情况所见,在殷墟四期时苗圃反映的年均人口最多为 653 人(见表三十二)。

表三十一　殷墟苗圃墓地墓葬分期表

	总数	一期	二期	三期	四期	未明
苗圃北 1959 – 1964	<300	?	?	?	?	?
苗圃北 1980 – 1982①	84	8		49		27
苗圃北 1984	43	?	?	?	?	?
苗圃北 2002 – 2003	<175	?	?	?	?	?
苗圃北 2006	151	?	?	?	?	?

表三十二　殷墟苗圃墓地年均人口规模分期统计表

	一　期	二　期	三　期	四　期
苗圃北 1959 – 1964	0	0	0	278
苗圃北 1980 – 1982	10	6	28	33
苗圃北 1984	0	0	0	40
苗圃北 2002 – 2003	0	0	0	162
苗圃北 2006	0	0	0	140
合　计	10	6	28	653

7. 王裕口墓地

王裕口位于殷墟西南部,东为苗圃北地,西有梅园庄。1997 年为配合安阳基建项目在王裕口南地进行钻探,得知有数百座殷墓及宋墓,并发掘其中一部分(400 平方米),清理出 21 座殷墓,27 座宋墓。由于数百座具体数量未明,姑且当为 500 座。2005 年在王裕口南地又发掘出 18 座殷墓。2009 年为配合基建再于王裕口南地进行发掘,共清理出 330 多座殷墓,主要分布于 A、F 及 G 区,这三区有 277 座。A 区以二、三期墓为主,F 区以三、四期为主,G 区以二、三期为主,因此姑且把 330 座墓平均分在二、三、四期计算(见表三十三)。以公式计算,王裕口墓地所反映的殷墟四期年均人口为 214 人(见表三十四)。

表三十三　殷墟王裕口墓地墓葬分期表

	总数	一期	二期	三期	四期	未明
王裕口南 1997	500	0	0	13	4	483
王裕口南 2005	18	0	2	9	2	5
王裕口南 2009	330	0	110	110	110	0

① 报告指能进行分期的墓有 57 座,早期墓较少,晚期墓较多,占 85%以上,故此以早期 15%,晚期 85%计算。

表三十四 殷墟王裕口墓地年均人口规模分期统计表

	一 期	二 期	三 期	四 期
王裕口南 1997	0	0	296	109
王裕口南 2005	0	3	93	3
王裕口南 2009	0	110	85	102
合 计	0	113	474	214

8. 花园庄墓地

花园庄位于安阳市西北部，与宫殿宗庙区小屯村仅一街之隔，西边为王裕口村，东临洹河。在此地曾发现骨料坑，其东侧亦发现著名的 H3 甲骨坑。1986 年至 1987 年为配合修建民房，在花园庄南地进行多次发掘，总面积为 944 平方米，共发现殷代墓葬 13 座。1991 年在花园庄东地发掘 46 平方米，南地发掘 70 平方米，共发现殷墓 62 座。1992 年至 2002 年，通过在花园庄东地进行小规模的发掘，清理出 42 座殷墓，其中两座可能与小孩有关（见表三十五）。除去小孩墓葬，这批材料所代表的年均人口规模，在殷墟四期时最大也仅为 83 人左右（见表三十六）。

表三十五 殷墟花园庄墓地墓葬分期表

	总数	一期	二期	三期	四期	未明
花园庄南 1986－1987	13	0	0	1	12	0
花园庄东南 1991	62	?	?	?	?	?
花园庄东 1992－2002	40	1	9	4	10	16

表三十六 殷墟花园庄墓地年均人口规模分期统计表

	一 期	二 期	三 期	四 期
花园庄南 1986－1987	0	0	1	11
花园庄东南 1991	0	0	0	57
花园庄东 1992－2002	3	15	5	15
合 计	3	15	6	83

9. 小屯墓地

小屯是晚商王都殷墟的政治核心范围，东北是殷墟的宗庙宫殿区甲、乙、丙三组基址的所在地。小屯位于洹河南岸，北面、东面临洹河。1928 年至 1937 年，史语所一共在小屯村四周进行 12 次发掘，在小屯东北地一共清理出 264 座墓葬。1955 年为配合基建工程，在小屯村东开探坑 5 个,面积 51.4 平方米,清理出 2 座殷墓。1958 年至 1959 年在小屯西地又发现 52 座殷墓。1973 年安阳工作队在小屯村南布方,总面积 430 平方米,揭露 24 座墓,其中 5 座为殷墓,2 座被确认为三期墓。1971 至 1973 年在小屯西北地进行发掘,共揭露 68 座殷墓。1975 年至 1976 年对小屯北地及西北地进行发掘,发现 10 多座墓葬,包括著名的 M5 妇好墓。1976 年至 1977 年对小屯北地的发掘共发现 6 座墓葬,按照发掘者之见,1975 年至 1977 年小屯北地的墓地应该属于殷墟二期。1983 年至 1984 年在小屯西北地发现 1 座墓葬。1985 年在西北地发现墓葬 21 座(见表三十七)。

表三十七　殷墟小屯墓地墓葬分期表

	总数	一期	二期	三期	四期	未明
小屯东北 1928－1937	264	?	?	?	?	?
小屯东 1955	2	?	?	?	?	?
小屯西 1958－1959	52	?	?	?	?	?
小屯南 1973	5	0	0	2	0	3
小屯西北 1971－1973	68	?	?	?	?	?
小屯北及西北 1975－1976	>10	?	1	?	?	?
小屯北 1976－1977	6	?	2	?	?	?
小屯西北 1983－1984	1	?	?	?	?	?
小屯西北 1985	21	?	?	?	?	?

值得留意的是,史语所在 1928 年至 1937 年时从小屯东北地揭露的 264 座墓葬,有一部分是与奠基有关的祭祀坑,然而考虑到当时发掘的条件及方法的限制,不妨将 264 座暂时全当作殷墓。在经过公式计算后显示,殷墟四期时小屯村所反映的年均人口为 377 人(见表三十八)。当然,这批墓葬等级身份甚高,与上述大部分墓葬的等级身份有所差异。

表三十八　殷墟小屯墓地年均人口规模分期统计表

	一　期	二　期	三　期	四　期
小屯东北 1928－1937	0	0	0	244
小屯东 1955	0	0	0	2
小屯西 1958－1959	0	0	0	48
小屯南 1973	0	0	4	0
小屯西北 1971－1973	0	0	0	63
小屯北及西北 1975－1976	0	15	0	0
小屯北 1976－1977	0	6	0	0
小屯西北 1983－1984	0	0	0	1
小屯西北 1985	0	0	0	19
合　计	0	21	4	377

10. 后冈墓地

后冈位于殷墟东部，小屯村以东，高楼庄以北，北临洹河。30年代史语所4次对后冈的发掘中揭露5座小殷墓，1座两墓道式大墓。1959年发现3座殷墓。1971年在后冈最高点以南，揭露殷墓35座，由于盗扰严重，从仅存的墓葬只能判定同为殷墟晚期。1972年在后冈祭祀坑东南发掘了14座殷墓。1979年在后冈发掘了1座殷墓。1991年在岗顶西部揭露了38座殷墓（见表三十九）。按公式计算，从后冈墓地所反映的殷墟四期年均人口为48人（见表四十）。

表三十九　殷墟后冈墓地墓葬分期表

	总数	一期	二期	三期	四期	未明
后冈1933－1934	6	?	?	?	?	?
后冈1959	3	?	?	?	?	?
后冈1971	35	0	0	4		31
后冈1972	14	0	0	14		0
后冈1979	1	?	?	?	?	?
后冈1991	38	0	6	7	10	15

表四十　殷墟后冈墓地年均人口规模分期统计表

	一　期	二　期	三　期	四　期
后冈1933－1934	0	0	0	6
后冈1959	0	0	0	3
后冈1971	0	0	13	17
后冈1972	0	0	5	6
后冈1979	0	0	0	1
后冈1991	0	10	9	15
合　计	0	10	27	48

11. 白家坟墓地

白家坟位于殷墟西部，东距小屯村约2千米，北距洹水约600米，在梅园庄及四磨盘之间。1960年在白家坟以西探出中小型墓150座，其后配合基建进行部分发掘，发掘总面积543平方米，清理出殷墟墓地59座，三期墓共31座，四期墓共17座（见表四十一）。按公式计算，从白家坟墓地反映的四期年均人口为49人（见表四十二）。

表四十一　殷墟白家坟墓地墓葬分期表

	总数	一期	二期	三期	四期	未明
白家坟西 1960	150	0	0	31	17	102

表四十二　殷墟白家坟墓地年均人口规模分期统计表

	一　期	二　期	三　期	四　期
白家坟西 1960	0	0	75	49

12. 徐家桥墓地

徐家桥位于殷墟南部边界地区,北距小屯村约 2 千米。1992 年、1996 年安阳市文物工作队在徐家桥村北进行发掘,所得商代墓葬 70 余座,其中 1996 年发掘面积 86 平方米,清理出殷墓 22 座。2002 年在徐家桥村北发掘,揭露面积 9 000 平方米,清理出 488 座商代墓葬,主要都是四期墓,同时还揭露了 63 座房址,其中 9 座为四合院式建筑。2004 年至 2005 年在徐家桥西南进行发掘,共发现墓葬 31 座,其中殷墓 15 座(见表四十三)。经过公式进行推算,徐家桥墓地反映的四期年均人口为 479 人(见表四十四)。

表四十三　殷墟徐家桥墓地墓葬分期表

	总数	一期	二期	三期	四期	未明
徐家桥北 1992、1996	>70	0	7	4	5	?
徐家桥北 2002	488	?	?	?	?	?
徐家桥西南 2004 - 2005	15	0	1	2	3	9

表四十四　殷墟徐家桥墓地年均人口规模分期统计表

	一　期	二　期	三　期	四　期
徐家桥北 1992、1996	0	33	15	21
徐家桥北 2002	0	0	0	451
徐家桥西南 2004 - 2005	0	2	4	7
合　计	0	35	19	479

13. 郭家庄墓地

除了上述所分析 1982 年至 1992 年郭家庄西南墓地,在郭家庄四周亦有大片墓葬分布。1986 年在郭家庄村北共发掘了 89 座殷、唐、宋墓,但各期墓数并无公布。为求得墓数大概,我们不妨把 89 座墓分为三等分,殷墓大概就 30 座。1987 年夏安阳工作队在郭家庄东南发现墓葬10座,其中6座为殷墓。1991年与1995年在郭家庄东南又发现13座殷墓,其中2座二期墓,5座三期墓。2005年至2007年安阳市文物考古研究所在郭家庄东南进行发掘,揭露83座殷墓(见表四十五)。当把1982年至1992年郭家庄西南墓地列入一并统计时,整个郭家庄墓区,按照已发掘墓葬数量来看,在四期时年均人口规模大致为143人(见表四十六)。

表四十五 殷墟郭家庄墓地墓葬分期表

	总数	一期	二期	三期	四期	未明
郭家庄西南 1982-1992	185	0	14	56	66	49
郭家庄北 1986	30	?	?	?	?	?
郭家庄东南 1987	6	0	0	3	1	2
郭家庄东南 1991、1995	13	0	2	5	0	5
郭家庄东南 2005-2007	83	0	8	23	22	30

表四十六 殷墟郭家庄墓地年均人口规模分期统计表

	一 期	二 期	三 期	四 期
郭家庄西南 1982-1992	0	19	60	82
郭家庄北 1986	0	0	0	28
郭家庄东南 1987	0	0	3	2
郭家庄东南 1991、1995	0	4	7	0
郭家庄东南 2005-2007	0	13	28	31
合 计	0	36	98	143

14. 孝民屯墓地

除了1989年至1990年及2003年至2004年孝民屯村及孝民屯东南的发掘外,1958年安阳队在孝民屯西南清理出殷墓7座,1959年孝民屯南部则揭露1座(见表四十七)。当所有数据加起来,孝民屯墓地在殷墟四期时所反映的年均人口约为357人(见表四十八)。

表四十七 殷墟孝民屯墓地墓葬分期表

	总数	一期	二期	三期	四期	未明
孝民屯西南 1958	7	?	?	?	?	?
孝民屯南 1959	1	?	?	?	?	?
孝民屯 2003-2004	644	7	16	129	266	226

表四十八　殷墟孝民屯墓地年均人口规模分期统计表

	一　期	二　期	三　期	四　期
孝民屯西南 1958	0	0	0	6
孝民屯南 1959	0	0	0	1
孝民屯 2003－2004	19	20	145	350
合　计	19	20	145	357

15. 大司空村墓地

洹北大司空村是殷墟考古的其中一个重点发掘区域,早在 30 年代已经开始对此地进行发掘。1935 年至 1936 年共对大司空村进行了两次发掘,共发掘出 71 座殷墓。1953 年至 1954 年在大司空村清理出殷墓 166 座,墓葬的年代上偏晚期。1958 年在大司空村东南发现 51 座墓。1958 年至 1960 年共对大司空村进行 4 次发掘,同年在第一区发现 31 座殷墓,1959 年在第二区发现殷墓 4 座,第三区发现 18 座墓,1960 年在第四区揭露殷墓 14 座,主要是属于中、晚期墓。1962 年在大司空村东南又发现墓葬 50 多座,年代主要属于晚期,当中以四期占大多数。1965 年至 1966 年在大司空村发现 1 座大墓,300 多座小墓。1971 年发现 17 座墓葬。1983 年,在大司空村东南又发现 70 多座殷墓,当中四期最多,三期次之。1980 年至 1985 年,共清理出 2 座大墓及 250 多座中小型墓。1984 至 1988 年在大司空村北地进行发掘,共发掘 78 座殷代墓葬。1986 年在大司空村南地的发掘,则清理出小型墓 29 座。2002 年,清理出数十座商墓。2004 年,在大司空村东南清理出 367 座墓葬。2012 年至 2015 年在大司空村东地揭露了 29 座殷墓,其中 1 座为瓮棺葬(见表四十九)。经估算,大司空村附近的大片墓葬区,殷墟四期时年均人口可能为 1 227 人(见表五十)。

表四十九　殷墟大司空墓地墓葬分期表

	总数	一期	二期	三期	四期	未明
大司空 1935－1936	71	?	?	?	?	?
大司空东南 1953－1954	166	?	?	?	?	?
大司空东南 1958	51	0	0	0	51	0
大司空东南 1958－1960	67	?	?	?	?	?
大司空东南 1962	>50	?	?	?	?	?
大司空东南 1965－1966	>300	?	?	?	?	?
大司空东南 1971	17	?	?	?	?	?
大司空东南 1980－1985	>250	?	?	?	?	?

续表

	总数	一期	二期	三期	四期	未明
大司空北 1984-1988	78	2	8	15	24	29
大司空南 1986	29	?	?	?	?	?
大司空东南 2002	50	?	?	?	?	?
大司空东南 2004	367	15	68	78	162	44
大司空东 2012-2015	28	0	0	1	27	0

表五十　殷墟大司空墓地年均人口规模分期统计表

	一　期	二　期	三　期	四　期
大司空 1935-1936	0	0	0	66
大司空东南 1953-1954	0	0	0	154
大司空东南 1958	0	0	0	47
大司空东南 1958-1960	0	0	0	62
大司空东南 1962	0	0	0	51
大司空东南 1965-1966	0	0	0	278
大司空东南 1971	0	0	0	16
大司空东南 1980-1985	0	0	0	250
大司空北 1984-1988	5	13	19	35
大司空南 1986	0	0	0	27
大司空东南 2002	0	0	0	46
大司空东南 2004	30	76	70	170
大司空东 2012-2015	0	0	1	25
合　计	35	89	90	1 227

16. 西区墓地

上文提及,1975 至 1985 年,为配合安阳钢铁厂的基建工程,安阳队在西区范围共发掘出 9 座单墓道大墓,及约 1 500 座小墓,结合六七十年代的发掘,在此地发现的墓葬数量已超过 2 000 座,但具体的资料一直未见公布,故先视为 1 500 座墓进行计算(见表五十一)。1989 年至 1990 年在孝民屯村东南清理出 132 座殷墓,按照位置属于殷墟八区中的第五区。假设 1975 年至 1985 年间发掘的所有墓葬都是殷墓且属殷墟四期,西区墓地所反映的殷墟四期年均人口最多可能为 1 975 人(见表五十二)。

表五十一　殷墟西区墓地墓葬分期表

	总数	一期	二期	三期	四期	未明
西区 1968 - 1977	941	0	74	188	433	246
西区 1975 - 1985	1 500	?	?	?	?	?
孝民屯东南 1989 - 1990	132	0	25	43	42	22

表五十二　殷墟西区墓地年均人口规模分期统计表

	一　期	二　期	三　期	四　期
西区 1968 - 1977	0	99	198	541
西区 1975 - 1985	0	0	0	1 388
孝民屯东南 1989 - 1990	0	30	40	46
合　计	0	129	238	1 975

17. 梅园庄南地墓地

除了 1986 年至 1987 年在梅园庄南地墓地发掘出 111 座殷墓外,安阳考古队在 1980 年至 1981 年亦在梅园庄南侧发现 11 座殷墓(见表五十三)。由此可以计算出,殷墟梅园庄南地墓地三期时年均人口有 34 人,四期时有 62 人(见表五十四)。

表五十三　殷墟梅园庄南地墓地墓葬分期表

	总数	一期	二期	三期	四期	未明
梅园庄南 1980 - 1981	11	0	0	0	0	11
梅园庄南 1986 - 1987	111	0	0	25	38	48

表五十四　殷墟梅园庄南地墓地年均人口规模分期统计表

	一期	二期	三期	四期
梅园庄南 1980 - 1981	0	0	0	10
梅园庄南 1986 - 1987	0	0	34	52
合　计	0	0	34	62

结合以上各墓地的情况,我们把以往发掘的墓葬区代表的年均人口进行统计,尽管墓葬的总数可能会有万座以上,但最后复原的年均人口,以殷墟四期最高峰来计算,也仅为 7 828 人(见表五十五)。另外,在殷墟范围以内其实也有零星大大小小晚商时期的墓地,如四磨盘、①霍家小庄(王裕口北)、②秋口、同乐寨,③以及较边缘的任家庄、④梯

① 吴金鼎:《摘记小屯迤西之三处小发掘》,《安阳发掘报告》1932 年第 4 期,第 627 - 633 页。

② 吴金鼎:《摘记小屯迤西之三处小发掘》,《安阳发掘报告》1932 年第 4 期,第 627 - 633 页。

③ 中国社会科学院考古研究所:《殷墟的发现与研究》,科学出版社,1994 年,第 11 页。

④ 孔德铭:《殷墟王都社会基层组织及性质探讨——以殷墟手工业作坊遗址为例》,《殷都学刊》2018 年第 3 期,第 14 - 19 页。

家口、①八里庄村②等,余不一一,这些材料或是受发表的限制,或是对于整体情况未有公布,我们较难利用公式进行计算,故暂不列于本文当中。不过,从复原的年均人口情况来看,即使是殷墟中的大片墓地区,所代表的年均人口皆不过2 000 人,加上这些较小型的墓地所代表的人口,整体上所反映的殷墟四期人口应不超过 1 万人/年。另外,在上述讨论中,我们也没有讨论侯家庄(西北岗王陵区)的情况。因为此墓地大致代表了商王自武丁以后的世系。既然有文献参照,自然不必多此一举,利用人口复原公式计算。因此,综合所有的数据,我们似乎可较大胆地假设,在充分利用现有的数据和线索以后,殷墟遗址中历年来发现的各级墓葬(除祭祀坑以外)在殷墟四期所代表的年均人口最多也不超过10 000 人。而殷墟四期以前的年均人口则肯定更少。

表五十五　殷墟各墓地反映年均人口规模分期统计表

	一　期	二　期	三　期	四　期
刘家庄	16	92	111	1 986
薛家庄	1	1	2	10
戚家庄	0	12	14	155
高楼庄	0	0	0	9
范家庄	0	2	2	1
苗　圃	10	6	28	653
王裕口	0	113	474	214
花园庄	3	15	6	83
小　屯	0	21	4	377
后　冈	0	10	27	48
白家坟	0	0	75	49
徐家桥	0	35	19	479
郭家庄	0	36	98	143
孝民屯	19	20	145	357
大司空	35	89	90	1 227
西　区	0	129	238	1 975
梅园庄	0	0	34	62
合　计	84	581	1 367	7 828

为方便起见,我们把各墓地所复原的殷墟四期年均人口,在 ArcGIS 殷墟的矢量化地图中,按人口的高低生成等高线(见图一),以表示相邻不同墓葬点代表的年平均人口数量的高低差别。在图中,颜色越浅代表人口密度越高,颜色越深代表人口密度越低。从复

① 安阳市文物工作队等:《安阳市梯家口村殷墓的发掘》,《华夏考古》1992 年第 1 期,第 28－43 页。
② 孟宪武:《安阳殷墟边缘区域考古概述》,《安阳殷墟考古研究》,中州古籍出版社,2003 年,第 3－12 页。

原人口密度的等高线图中,可看出明显有三个人口较多聚集的地方,可以理解为三大组。A 组,主要在洹北大司空村及部分洹南小屯村一带。B 组,主要在刘家庄、徐家桥、王裕口、苗圃、郭家庄之间。C 组,其主体是由西区(现安钢一带)以及梅园庄一带组成。此三个人口区块,正好能与殷墟手工业园区所对应。① 出现这种情况,或许是在反映殷墟手工业作坊的建设位置可能是与人口主要聚居地的分布有关。而且从图中也可看出,复原人口数量较多的地点,分布的墓葬发现地点数量也是较多的,反之亦然。虽然这一现象仍有待更多资料补充,但似乎在墓葬发现点不多的区域,如梅园庄,即使是全部发掘以后,墓葬所反映的全部人口可能也不会达到殷墟西区等人口密度最高区域附近所见的人口规模。

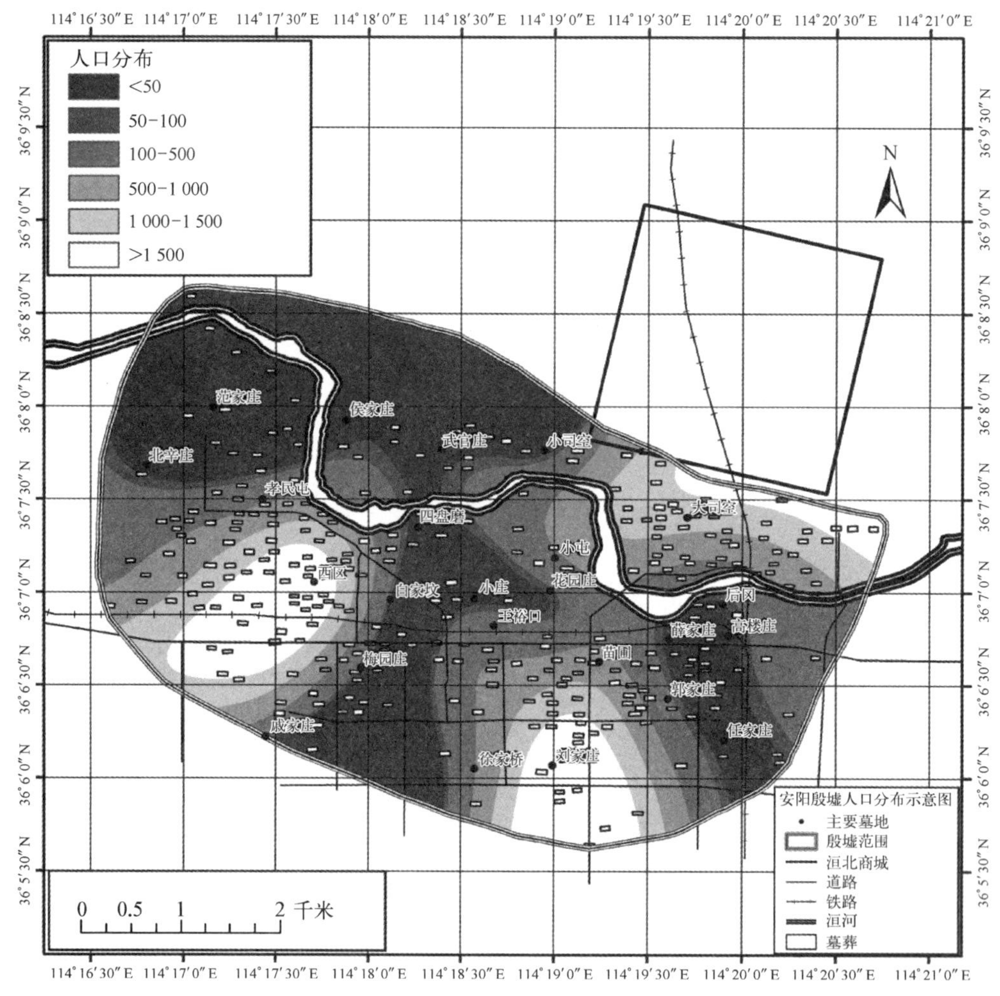

图一　安阳殷墟四期人口分布示意图

(改自加拿大英属哥伦比亚大学人类学系荆志淳所制“安阳殷墟、洹北遗址分布图”,中国社会科学院考古研究所:《商邑翼翼四方之极:殷墟文物里的晚商盛世》,安徽美术出版社,2013 年,第 26 – 27 页。图中以 ArcGIS 按照不同墓地点的人口规模生成等高线,颜色越浅的区域人口密度越大)

① 唐际根等:《洹北商城与殷墟的路网水网》,《考古学报》2016 年第 3 期,第 319 – 325 页;常怀颖:《夏商都邑铸铜作坊空间规划分析》,《中原文物》2018 年第 5 期,第 68 – 81 页。

五、墓地所见以外其他殷墟人口及总体人口规模的推测

尽管以上复原的年均人口应该属于偏大的数值,为了更好地把握人口规模,我们还需考虑男女比例情况。已有学者注意到,殷墟墓地的成年男女比例并非理想中的1∶1,以大司空村及刘家庄北地的情况为例,大司空村墓地296座墓例的男女比例为0.83∶1,性别不详个体93例,刘家庄北地墓地339座墓例的男女比例为0.69∶1,性别不详个体105例。一般人类社会中男女比例理应为1∶1,但汉代簿籍已表示当时成年女性比男性略多,[①]平均上成年男女比例约1∶1.5,可见当时有部分成年男性因为各种原因而早死。同样地,在晚商时亦应有部分男性早死,甚至未能归葬于殷墟范围以内,因此尽管大司空村墓地及刘家庄北地墓地各有一部分墓葬为性别不详墓,但暂假设为男女墓各半,平均男女比例亦仍为1∶1.3,[②]略少于汉籍之统计。因此,在原来的成年群体中,有约25%的成年男性,[③]由于某种原因,没有被正常埋葬在墓地之中。若把这种情况计算在内,再考虑到成年人与未成年人的1∶2.5比例,则殷墟四期年均人口可能达到13 000余人。在晚商时期商王朝连番征战,[④]肯定有一定数量的成年人会因战事而未能归葬,或因为各种原因客死异乡,若把这批隐藏人口计算在内,由墓葬材料反映的殷墟四期年均人口,也许能高达20 000余人。当然,这部分的人口只是根据墓葬材料推测的情况,在商代社会应该存在若干较底层的平民,他们很可能限于经济实力无力为亲友操办葬礼。在晚商时期殷墟以外发现的"族墓地",例如罗山天湖、[⑤]荥阳小胡村[⑥]等,在墓地中发现的墓葬数量不多,例如莽张罗山天湖墓地只有22座商代晚期墓,荥阳小胡村墓地只有58座殷墓。这些墓地的性质,大多数学者以为是商王朝派驻战略要地的某一族群。[⑦] 但是,仅靠墓葬显示的人口规模,以常理推测,显然不足以形成震慑一地之军事力量。因此,当时肯定存在因经济条件无法下葬的部分人口,而且这些人口应属当时中下层的"国人"或者平民。

除墓葬所反映的正常人口外,殷墟当时还存在各种其他人口,比如战俘、奴隶之类的人群,又或者同一族中最下层贫穷的族人。这些人群自然无法反映于墓葬情况当中,但实际上又在当时殷墟范围内生活着,因此透过墓葬情况进行人口复原得出的年均20 000人,

---

① 杨振红:《松柏西汉墓簿籍牍考释》,《南都学坛》2010年第5期,第1-8页。

② 大司空村墓地可鉴定男女比例为0.83∶1,刘家庄北地墓地可鉴定男女比例为0.69∶1,取其平均即男女比例为0.76∶1,加以换算即男女比例为1∶1.31,在此取1∶1.3。

③ 取大司空村及刘家庄北地墓地可鉴定平均男女比例为0.76∶1,考虑到人类社会中男女比例理应为1∶1,即约25%男性不见于墓地。

④ 罗琨:《商代战争与军制》,中国社会科学出版社,2010年,第333页。

⑤ 河南省信阳地区文管会、罗山县文化馆:《罗山天湖商周墓地》,《考古学报》1986年第2期,第153-197页。

⑥ 河南省文物考古研究院:《河南荥阳小胡村墓地商代墓葬发掘简报》,《华夏考古》2015年第1期,第3-13、153-159页。

⑦ 黄铭崇:《晚商王朝的族氏与族氏政治》,陈光祖、臧振华主编:《东亚考古的新发现:第四届国际汉学会议论文集》,中研院,2013年,第1-94页。

并不能完整代表殷墟四期年均人口。故此,除了利用墓葬材料外,亦需要运用其他能反映此类人口的遗址进行补充,比如祭祀坑或相关数据。

一般而言,殷墟发现的祭祀坑可分为人坑、动物坑、器物坑三类,埋人的祭祀坑中埋的人,少则单人,多则上百人,以埋葬8至10人居多,这些被埋进去的很可能是战争中抢夺的战俘及奴隶。① 殷墟的祭祀坑,绝大部分都集中于西北岗王陵区。1934年至1935年在西北岗发掘了殷代小墓1 221座,当中大部分为祭祀坑。1950年在武官村大墓以南清理出26座祭祀坑。② 1976年在武官大墓南探出250祭祀坑,清理了其中191座。③ 1978年在M1550东南发掘了40座祭祀坑。④ 1984年在武官大墓又发现3座祭祀坑。⑤ 就目前发掘而言,在西北岗已清理的小墓数量约为1 500座,而估计总数量应多于2 500座。⑥ 在年代上,有学者认为祭祀坑主要属于殷墟前期,⑦而从卜辞的角度亦反映殷墟早期的人牲数量比晚期多。⑧ 但考虑到目前所收集的甲骨不见得是晚商所用甲骨的全部,早期卜辞数量远远超过晚期,以此统计各年代人牲数量不具科学意义,⑨同时这些材料中也有死后追祭的情况,因此尽管殷墟的大墓年代主要集中于殷墟二、三期,我们也不能否认在西北岗王陵区的大部分祭祀坑可能是属于殷墟最晚期,所以暂时先假定西北岗的2 500座的祭祀坑中,可能有800–1 000座属于殷墟四期。

在殷墟其余地方亦有祭祀坑存在,比如小屯宫殿区乙组有2座祭祀坑,各埋人架3具;丙组基址有人葬坑5座,除M366有人架20具,其余4坑皆为3具。小屯南地H33圆形祭祀坑,埋有5具人骨架。⑩ 小屯范围以外,后冈HGH10圆形葬坑埋有个体70余人,年代为殷代晚期。⑪ 大司空村71M14圆形祭祀坑,头颅31个,躯体26具。⑫ 2008年在刘家庄北地发现18处祭祀遗址,每坑可能埋5人左右,年代为殷墟晚期。⑬ 2009年在王裕口南地发现6座祭祀坑,H509埋有6人,年代为殷墟晚期。⑭ 2010年在刘家庄北地又发现3座殉人祭祀坑,年代为殷墟中晚期。⑮ 这一类祭祀坑所埋葬人骨数量一般较多,但在西北

---

① 中国社会科学院考古研究所:《安阳殷墟头骨研究》,文物出版社,1985年,第106页。

② 郭宝钧:《一九五〇年春殷墟发掘报告》,《中国考古学报》1951年第5期,第1–61页。

③ 安阳亦工亦农文物考古短训班、中国科学院考古研究所安阳发掘队:《安阳殷墟奴隶祭祀坑的发掘》,《考古》1977年第1期,第20–36页。

④ 中国社会科学院考古研究所:《安阳武官村北地商代祭祀坑的发掘》,《考古》1987年第12期,第1062–1070页。

⑤ 中国社会科学院考古研究所:《殷墟259、260墓发掘报告》,《考古学报》1987年第1期,第99–116页。

⑥ 中国社会科学院考古研究所:《殷墟的发现与研究》,科学出版社,1994年,第120页。

⑦ 杨锡璋、杨宝成:《从商代祭祀坑看商代奴隶社会的人牲》,《考古》1977年第1期,第13–19页。

⑧ 姚孝遂:《商代的俘虏》,吉林大学古文字研究室编:《古文字研究》(第一辑),中华书局,1979年,第337–390页。

⑨ 李宗焜:《从商周人牲人殉论“始作俑者”的义涵》,《台大中文学报》2014年第45期,第1–30页。

⑩ 中国科学院考古研究所安阳工作队:《1973年安阳小屯南地发掘简报》,《考古》1975年第1期,第27–46页。

⑪ 杜金鹏:《安阳后冈殷代圆形葬坑及其相关问题》,《考古》2007年第6期,第76–89页。

⑫ 安阳市博物馆:《安阳大司空村殷代杀殉坑》,《考古》1978年第1期,第71–72页。

⑬ 中国社会科学院考古研究所安阳工作队:《河南安阳市殷墟刘家庄北地2008年发掘简报》,《考古》2009年第7期,第24–28页。

⑭ 中国社会科学院考古研究所安阳工作队:《河南安阳市殷墟王裕口村南地2009年发掘简报》,《考古》2012年第12期,第3–25页。

⑮ 中国社会科学院考古研究所安阳工作队:《河南安阳市殷墟刘家庄北地2010–2011年发掘简报》,《考古》2012年第12期,第26–42页。

岗所埋祭祀坑，大体在10人左右，而且年代也一般较难根据少数的随葬品判断。因此，我们先根据大致情况，推测也许在殷墟四期曾使用的人牲，数量可能在10 000左右。殷墟四期时至少有1万名奴隶或战俘。

巧合地，此人口推论可以在卜辞中找到对应。在殷墟前期的奴隶社会中，①据卜辞记载大部分的羌俘虏会被用于祭祀当中，其余一小部分用于养马、狩猎等工作。② 参考姚孝遂对人牲的统计，武丁时期用人牲5 418人，另有247次无记数人牲记录，③按人牲每次大体用10人计算，武丁时期约有8 000名最后被用作牺牲的战俘。而在殷墟晚期，尽管卜辞记载人牲的数量比前期少，但当时实际存活的奴隶战俘数量理论上不会比前期少，④10 000多人应属保守估计，正好与上文从王陵区祭祀坑推算的奴隶或战俘人数吻合。

除了祭祀坑，墓葬中的殉人情况亦应计算在内。在小屯、⑤刘家庄北地、⑥郭家庄西南及东南地、⑦王裕口南地、⑧花园庄、⑨大司空村、⑩后冈、⑪西区、⑫西北岗⑬等地均发现殉人墓葬。和祭祀坑的人牲情况大致相似，一般殉人的数量多为5至6人，殉人最多的是西北岗王陵区13座大墓，各墓使用的人牲数量可多达百人以上，但考虑到王陵区大墓主要属于殷墟二、三期，四期大墓可能仅一座，因此到殷墟四期时整体用于各等级墓葬中殉人的数量理应不多，故在此可先从略。但综合祭祀坑及墓中人牲情况，我们不妨也假设殷墟四期时有约10 000名用于殉葬的奴隶或者侍从。这样，殷墟四期时可能有共有约20 000名奴隶或者捕获的战俘，而加上没被埋入殷墟范围的奴隶人口，殷墟四期时这类最后埋于非正常墓葬的人口可能达25 000人。但要注意的是，这一数字只代表奴隶等可能存在的总数，实际的年均人口数字则肯定要低于25 000这一数字。

文献的线索本身是凤毛麟角，而考古材料又充满各种不确定性。虽然目前在殷墟范

---

① 郭沫若：《中国古代社会研究》，商务印书馆，2011年，第132页。

② 胡厚宣：《中国奴隶社会的人殉和人祭（下篇）》，《文物》1974年第8期，第56－67页。

③ 姚孝遂：《商代的俘虏》，吉林大学古文字研究室编：《古文字研究》（第一辑），中华书局，1979年，第337－390页。

④ 姚孝遂：《商代的俘虏》，吉林大学古文字研究室编：《古文字研究》（第一辑），中华书局，1979年，第337－390页。

⑤ 中国社会科学院考古研究所：《殷墟的发现与研究》，科学出版社，1994年，第51－80页。

⑥ 安阳市文物工作队：《1983－1986年安阳刘家庄殷代墓葬发掘报告》，《华夏考古》1997年第2期，第8－27页；中国社会科学院考古研究所安阳工作队：《河南安阳殷墟刘家庄北地殷墓与西周墓》，《考古》2005年第1期，第7－23页。

⑦ 中国社会科学院考古研究所：《安阳殷墟郭家庄商代墓葬：1982－1992年考古发掘报告》，中国大百科全书出版社，1998年；中国社会科学院考古研究所安阳工作队：《河南安阳市郭家庄东南26号墓》，《考古》1998年第10期，第36－47页；安阳市文物考古研究所：《安阳殷墟徐家桥郭家庄商代墓葬：2004－2008年殷墟考古报告》，科学出版社，2011年。

⑧ 中国社会科学院考古研究所安阳工作队：《河南安阳市殷墟王裕口村南地2009年发掘简报》，《考古》2012年第12期，第3－25页。

⑨ 中国社会科学院考古研究所：《安阳殷墟花园庄东地商代墓葬》，科学出版社，2007年，第31页。

⑩ 中国科学院考古研究所：《一九五三年安阳大司空村发掘报告》，《考古学报》1955年第1期，第25－90页；中国社会科学院考古研究所安阳工作队：《1962年安阳大司空村发掘简报》，《考古》1964年第8期，第14、381－384页；中国社会科学院考古研究所安阳工作队：《安阳大司空村东南的一座殷墓》，《考古》1988年第10期，第865－874页；中国社会科学院考古研究所安阳工作队：《1984－1988年安阳大司空村北地殷代墓葬发掘报告》，《考古学报》1994年第4期，第471－497页；中国社会科学院考古研究所：《安阳大司空：2004年发掘报告》，文物出版社，2014年。

⑪ 中国科学院考古研究所安阳发掘队：《1971年安阳后冈发掘简报》，《考古》1972年第3期，第14－25页；中国社会科学院考古研究所安阳工作队：《1991年安阳后冈殷墓的发掘》，《考古》1993年第10期，第880－903页。

⑫ 中国社会科学院考古研究所安阳工作队：《1969－1977年殷墟西区墓葬发掘报告》，《考古学报》1979年第1期，第27－157页。

⑬ 中国社会科学院考古研究所：《殷墟的发现与研究》，科学出版社，1994年，第100－112页。

围内已发掘清理出上万座墓葬,但现已发掘的墓葬只占实际墓葬数量的小部分,肯定不是殷墟实际墓葬的全部,从现有墓葬数量估算殷墟四期的人口情况肯定会存在偏差。因此,我们不妨先根据已知若干墓地密度,对殷墟内可能存在的墓葬数量进行估算,再进而考察我们复原的人口规模在多大程度上具有参考价值。在殷墟范围以内,有若干墓地是经全面发掘,例如,1969 年至 1977 年在殷墟西区钻探近 30 万平方米的范围以内,共发现 1 003 座殷墓,①钻探区内的墓葬绝大部分都已经发掘。在上文中,我们预期墓地中有 586 座四期墓,所反映的墓葬密度为 0.002 05/平方米。同样,2004 年大司空村东南墓地在近 5 万平方米的发掘面积当中清理 184 座四期墓,②反映墓葬密度为 0.003 68/平方米。由于这两片墓地发掘面积较大,应具有一定代表性,我们不妨以此密度推算整个殷墟在四期时可能存在的墓葬数量。如果我们分别以 30 平方千米和 36 平方千米进行换算,殷墟四期全部墓葬的数量可能在 6 万余座到 13 万余座之间(见表五十四)。但要注意的是,在侯家庄和武官村一带,墓葬的密度肯定要远低于西区和大司空东南墓地的密度。同样,殷墟中的手工业园区③中也应该存在着非墓葬区的生产活动空间。也就是说,殷墟四期实际的墓葬数量,极可能低于 6 万余座,同样,高于 13 万座的可能性则极低。

表五十四 殷墟四期整体墓葬数量估算表

	密度(平方米)	估算墓葬(30/36 平方千米)
西区 1969 - 1977	0.002 05	61 500/73 800
大司空东南 2004	0.003 68	110 400/132 480

在此我们再做进一步估计,取最少及最多的两种情况进行分析,殷墟四期时估算墓葬最少的是 61 500 座,最多的是 132 480 座。这些墓葬都是成年人的墓葬,并不包括祭祀坑之类。按照本文以近 8 500 座墓葬,推算出殷墟四期时殷墟内的非奴隶及战俘类年均人口至少代表万余人,如果再加上其他因素,例如没有归葬的战士等,最多也有可能达到年均 2 万人。若然殷墟四期时殷墟有 61 500 座墓葬,按公式计算加上未归葬、奴隶、战俘的人数,殷墟的年均人口至少 7 万余人,若取最大值 132 480 座墓葬,则 $\frac{132\,480 \times 3.5 \times 14.81}{56} = 122\,627$,考虑到男女比例、奴隶及战俘计算在内则达至 17 万人。值得注意的是,我们以为,17 万应该是殷墟四期最大的人口推测值,因为这一复原值所根据的人口密度本身较高,计算时我们将密度可能甚低的区域也统一计算。同时,我们在前文也反复强调,在此使用的换算方式已尽可能考虑了殷墟内应该存在但墓葬材料未能反映的人口。但是,即使以年平均 7 万余人计算,殷墟的人口密度分别为 1 944 人/平方千米和 2 333 人/平方千米,已属相当高的

① 中国社会科学院考古研究所安阳工作队:《1969 - 1977 年殷墟西区墓葬发掘报告》,《考古学报》1979 年第 1 期,第 27 - 157 页。

② 中国社会科学院考古研究所:《安阳大司空:2004 年发掘报告》,文物出版社,2014 年。

③ 常怀颖:《夏商都邑铸铜作坊空间规划分析》,《中原文物》2018 年第 5 期,第 68 - 81 页。

水平。殷墟四期的年均人口达 17 万级别的话,人口密度则将超过 5 667 人/平方千米,人口密度追得上现今极少数以摩天大厦闻名的现代化都市。尽管目前并不能确定在殷墟范围内还有多少墓葬未被发现或清理,殷墟年均人口的推算也有很多不确定因素,但既然殷墟四期时的墓葬达到甚至超过 13 余万座的可能性极低,在不计算战俘等非正常人口的前提下,14 万人应该是年均人口的最大上限。而在殷墟四期以前,人口最大上限的数值也理应比 14 万低得多。另外,因为殷墟西区钻探面积较大司空村东南大得多,所反映的墓葬密度应更具代表性。再者,殷墟内部也应该存在着墓葬密度甚低的小区间。因此,我们以为较小的墓葬估算值,即 61 500 – 73 800 座墓葬的推测应最为贴近殷墟四期所有墓葬的数量,按公式计算,殷墟四期时墓葬所反映年均人口为 $\frac{61\,500 \times 3.5 \times 14.81}{56} = 56\,926$,加上因各项原因未能归葬的殷人、奴隶、战俘等,其年均正常人口便在 7 万余人。而已发掘的材料所复原的年均人口,则可以视为殷墟四期年均人口的最低下限,即把正常人口和用于祭祀的人牲或人殉一并计算,年均的总体人口应该不会低于 45 000 人,不多于 14 万人,很可能是 7 万余人。

当然,以上的复原方案中推理的成分较多,为了更谨慎起见,我们应从不同的线索出发去看看殷墟可能的人口情况。在以往对商代军制的研究中,诸家经常引用以下这一卜辞。

辛巳卜□,贞㲹帚(妇)好三千,𢅠(登)旅万,呼伐(《英藏》150,宾组)

一般来说,这条卜辞的意思是从妇好的邑中征 3 000 人,以及 10 000 旅军。“旅”指的是临时从平民(即国人)征调的军队,①应该并非常备军。换句话说,武丁时期商王朝的军队确实可以调动至少 13 000 人,这一点也在以往研究中似乎没有太多异议。② 由于这些卜辞中明确记载一次军队调动最大的量,如果我们以为 13 000 可能已接近可动员人员的上限,再以此假设当时成年男子大约是在 15 000 左右,未成年的男性小孩,按之前的比例推测,应该是 37 500 人,全体男性为 52 500 人,则男女总体约 105 000 人。根据葛剑雄的分析,西汉平帝元始二年(2 年)长沙国人口为 235 825,而在东汉顺帝永和五年(140 年)人口为 1 059 372,人口增长为 4.5 倍。如果殷墟在晚商武丁时期确实有过 100 000 的人口,而在 200 余年间人口增长如长沙地区例子的情况,为 4 倍左右,殷墟四期时的人口理论些确实可能达 450 000 人。然而,以上汉代长沙地区人口的急剧增加除了因为自然增长以外,还因大量移民迁入所致。③ 而商代晚期对盂方及夷方等战事延绵不断,④对人口当有一定消耗。人口自然增长是否能达到 200 年增长 4 倍,值得怀疑。同时,西汉元始二年

① 黄铭崇:《晚商王朝的政治地景》,《中国史新论》,联经出版事业股份有限公司,2016 年,第 228 页。

② 王宇信等:《试论殷墟五号墓的“妇好”》,《考古学报》1977 年第 2 期,第 1 – 22 页;黄铭崇:《晚商王朝的政治地景》,《中国史新论》,联经出版事业股份有限公司,2016 年,第 234 页;郭旭东:《殷墟甲骨文所见的商代军礼》,《中国史研究》2010 年第 2 期,第 47 – 69 页。

③ 葛剑雄:《中国人口史》,复旦大学出版社,2002 年,第 488、495 页。

④ 王宇信、杨升南:《甲骨学一百年》,社会科学文献出版社,1999 年,第 499 页。

人口极盛时密度最大的济阴郡实际上每平方千米只有 265.32 人,[①]假如相信殷墟四期时有 45 万人,就必须相信当时人口密度(每平方千米 12 500 人)比西汉人口最盛时期还要密集近 50 倍。这一点再次印证我们之前的想法,似乎殷墟人口(殷墟四期时的年均人口)不太可能达到 45 万或以上。

再进一步说,按照武丁时期的卜辞材料来看,依据最大值的方式推算,年均应该有 10 余万人口。我们可以根据现有材料进行"反向推算",推测人口如果达到 10 余万的规模下,发现的墓葬理应有多少座。在上文中,我们认为 61 500 - 73 800 座是殷墟四期墓葬总数较合理的推测,这批材料至少代表了 7 万左右的年均人口,最多则为可能 12 万、14 万左右。换句话说,假如武丁时期年均 10 余万的人口,对应的墓葬数量当亦在 7 万座以上。但经过近 90 年的发掘,现在确认的殷墟一期与二期墓葬数量,实际上只有千余座,与 7 万座以上的估算数量相距甚远。而西区墓地中,暂时更没有发现明确为殷墟一期的墓葬,而殷墟二期的墓葬也大约为 100 座,墓葬的密度其实只有 0.000 3 墓/平方米。上述卜辞从字体看,应属武丁晚期,[②]但用这一密度推测,殷墟二期墓葬的全体数量却远低于预期的至少 7 万座这一水平,殷墟在武丁时期似乎不太可能达年均 10 余万人的水平。

从现有零散且性质不同的材料出发来解释殷墟人口,要令结论更具说服力,我们以为有两点是需要多加注意的。首先,当时的人口(即所谓的"众"或者被征调的"旅"),部分由于经济能力,可能连葬礼都准备不起,又或者其他因素不能埋葬入墓地之中。上文已提及,晚商时期不少"族墓地"的墓葬数量都很少,很可能与这些"看不见的人口"相关,在以后研究也许值得多加关注。另外,当时征调"众人"的范围也是值得以后再进一步的分析。近年来新发现的距离殷墟 10 千米左右的辛店村墓地,除了居址以外还出土了铸铜作坊,以墓葬铜器"族徽"所示,很可能是"天"与"戈"相关族群控制的聚落。[③] 因此,晚商时期的"大邑商",包括的范围很可能比殷墟遗址大得多,当时殷墟四周存在着大小不同的聚落亦可能被包括在内。根据洹河流域一带的考古工作显示,殷墟是洹河流域当中最大型的都邑,除此之外亦有较小规模的聚居地,比如姬家屯、东梁村等地。[④] 如果这一推论成立的话,《英藏》150 所提到登 13 000 士卒与殷墟早期的考古墓葬见到的人口规模差距,也可以得到较合理的解释。也许当时被征调军旅的族群远远超出殷墟核心区的范围,13 000 士卒及所代表的整体人口,并不完全集中于我们见到的殷墟核心区中。如果这一推论也算合理的话,也进一步说明殷墟遗址内部的人口密度,很可能没有之前推算的水平那么高,而推断殷墟都城拥有 45 万人口,便极有可能大大高估了整个殷墟核心区在商代

① 葛剑雄:《中国人口史》,复旦大学出版社,2002 年,第 487 页。

② 李学勤、彭裕商:《殷墟甲骨分期研究》,上海古籍出版社,1996 年;王宇信、杨升南:《甲骨学一百年》,社会科学文献出版社,1999 年,第 500 页。

③ 安阳市文物考古研究所:《河南省安阳市辛店商代铸铜遗址发掘及学术意义》,《三代考古》(七),科学出版社,2017 年,第 52 - 62 页。

④ 中国社会科学院考古研究所、美国明尼苏达大学科技考古实验室中美洹河流域考古队:《洹河流域区域考古研究初步报告》,《考古》1998 年第 10 期,第 13 - 22 页。

晚期的人口数字,同时也高估了在公元前一千纪时古代中国都城对人口的承载力。在黄铭崇的研究中,曾提到根据中美洲学者①多用的 25 – 50 人/公顷来计算人口,殷墟人口可能只有 9 – 18 万,②这一点反而与上文中我们提出的看法,即殷墟四期时的年均正常人口至少是 7 万余人不谋而合。我们更支持这一推算结果。

随着殷墟聚落考古的进一步开展,我们相信在安阳辛勤工作的考古工作者,将来肯定能为大家提供更精确数据,以复原殷墟各墓地面积规模和分布数量。在这一基础前提下,再全面利用卜辞中相关的祭祀记录,对墓葬的人口复原才能更准确地反映实际情况。我们现在利用已有材料去推测殷墟四期的年均人口,也只属推测性的尝试。然而,如果我们以为,历年来殷墟的工作已让学者对殷墟的结构和布局有一大概之理解,以往发现的墓葬及提供的线索,相当程度上代表了殷墟遗址范围内的考古遗存,我们的主要观点:即殷墟遗址当时存在人口,很可能远低于大家以往的看法,也许值得在以后的田野工作进一步验检。除非在以后的田野工作中对墓地的密度有颠覆性认识,又或者找到大片未被发现的墓葬区,否则我们更倾向相信,殷墟(核心区)人口当在 14 余万以下。而且,卜辞显示当时商王控制的大量人口,部分应该分布在现在看到的殷墟遗址范围以外。

六、总　　结

通过上述的分析,整合历年来的墓葬数据以及其他相关的人口数据后,本文对殷墟四期即殷墟人口最高峰期的年均人口进行了初步的估算,并提出以往研究很可能大大高估了殷墟核心区(或整个晚商都邑核心区)年均人口数量。虽然晚商都城内年均人口数,尤其是不同阶段的年均人口数有待更多资料来补充,但本文对殷墟年均人口规模的讨论,提出殷墟四期时的年均人口应该不会低于 45 000 人,不多于 14 万人,很可能是 7 万余人的看法,将有助进一步分析殷墟当时的聚落分布、劳动力生产、资源和粮食供应等古代城市研究中需要解决的问题,也对研究晚商时期的聚落与城市功能有一定重要意义。此外,由本文分析可看出,殷墟每一处墓葬相对集中的墓地,其实最高的年均人口也不过 350 人,其余大多数墓地所反映的年均人口规模,可能也只在 20 – 50 人左右。这一点对于深入探讨殷墟时期墓地构成、代表的社会组织、相关的族葬问题等,似乎也提供了相当重要的线索。当然,由于完整整理过的殷墟墓葬材料只为殷墟四期所有墓葬资料的其中一部分,对晚商安阳殷墟墓地的人口估算是否能准确贴近当时实际情况,我们亦未敢断言。本文更多想起到抛砖引玉之用,希望尝试从墓地构成及人口规模的研究能对这时期的社会情况提供若干新认识。

附记:本文写作过程中,得到了林永昌师、郜向平先生、谢肃先生的审阅,收获重要的修改意见;谢雅妍同学帮忙理顺文句,于此谨致谢忱!

① 方辉等:《日照两城地区聚落考古:人口问题》,《华夏考古》2004 年第 2 期,第 37 – 40 页。
② 黄铭崇:《晚商王朝的政治地景》,《中国史新论》,联经出版事业股份有限公司,2016 年,第 197 页。

试论曲阜鲁国故城晚期乙组墓

张　吉

（北京大学考古文博学院）

曲阜鲁国故城自上世纪七八十年代全面勘探及重点发掘以来，积累了丰富的东周至西汉时期考古材料。根据《曲阜鲁国故城》报告（以下简称《鲁故城》），鲁国故城内的墓葬多位于城内西部，分为望父台、药圃、斗鸡台等多个墓区，按照随葬器物组合和葬俗葬制的差异，又可分为甲、乙两组。① 甲组墓随葬陶器组合包括簋、豆等较为复杂的盛器，部分墓葬有腰坑、殉狗；乙组墓则不用腰坑，陶器组合较为简单，随葬鬲、罐而不用盛器，陶鬲为带扉棱的仿铜形制。发掘负责人张学海先生认为甲组墓对应鲁国统治下的夷人，乙组墓墓主则为姬姓周人，并在此基础上讨论两类族群葬俗差异的内在原因。②

《鲁故城》报告中的两周墓葬时代跨度很长，但并不完全连续。乙组墓的年代间隔尤为明显，以 M48 为代表的早期墓葬的下限是春秋早期，而以 M3 为代表的晚期墓葬则均已晚至战国时期。报告中将有封土、出土铁器金银器的 M3 等大墓的年代定为战国早期，无疑严重偏早。王恩田先生将甲、乙两组墓合并进行分期，属于甲组西北角墓地的 M115、M116 和乙组望父台墓地的 M1、M2 都被归为第五期，绝对年代为战国早期。出土瓷器的望父台 M52、M58 归为第六期，即战国中期；而出土陶柄壶的 M3、M54 归为第七期，即战国晚期。③ 在此基础上，他认为甲、乙两组墓的差别并非族属，而主要是时代所致。

张、王二位先生的论述在当时均有重要意义。《鲁故城》报告敏锐地指出鲁国故城中葬俗不同的两组墓葬对应了不同的族属，并且推断直到春秋中晚期以后，鲁国都城内仍然有葬俗判然对立的两群人，其中乙组墓对应的人群具有相当守旧的丧葬观念。王恩田先生则借助鲁国故城出土的器物材料，建立起较为精确的年代框架，并辨识出战国时期鲁墓中大量的越、楚等来自南方的文化因素。目前学界大多认同王恩田先生的分期，而接受张学海先生关于西周至春秋初年，鲁国故城中甲组墓和早期乙组墓对应不同族群的观点。尚有争议的内容主要是对晚期乙组墓性质的判断。

---

① 山东省文物考古研究所等编：《曲阜鲁国故城》，齐鲁书社，1982 年，第 89 页。

② 张学海：《试论鲁城两周墓葬的类型、族属及其反映的问题》，中国考古学会编辑：《中国考古学会第四次年会论文集》，文物出版社，1985 年，第 81－97 页。

③ 王恩田：《曲阜鲁国故城的年代及其相关问题》，《考古与文物》1988 年第 2 期。

《鲁故城》中所述的乙组墓集中分布于曲阜北关以北的望父台及林前村墓区,皆位于孔林林道以西。望父台墓区中第17探区东北部经过详细钻探,共发掘58座墓葬,其中早期乙组墓(两周之际前后)39座,晚期乙组墓(战国中晚期)12座,汉墓7座,此外还有28座墓葬未发掘。[1] 本文便以此批战国中晚期墓的资料为基础,讨论晚期乙组墓的年代及相关问题。

一、鲁故城晚期乙组大墓的时代

鲁故城望父台墓地的早期乙组墓被晚期的战国墓及汉墓多次打破。从望父台墓地第17探区东北部已报道的58座墓葬中,共有3座战国墓和3座汉墓打破早期墓葬,而早期墓之间以及战国墓与汉墓之间并无打破关系,彼此有序分布(图一)。这说明两周之际墓地的标识到了战国中晚期已无从辨认,或是根本不被重视,故而谈及早晚两批墓葬的关联时,需要首先认识其年代差距。

鲁故城望父台墓区的晚期乙组墓均为南北向墓,人骨保存完好的6座墓头向皆朝北。

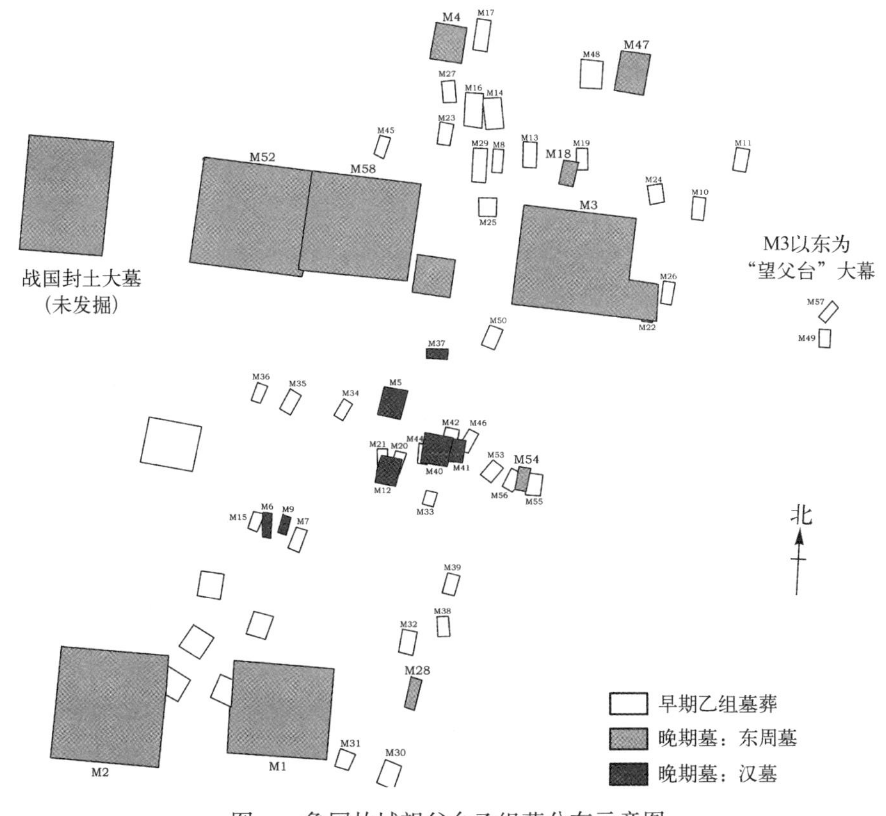

图一 鲁国故城望父台乙组墓分布示意图

---

① 山东省文物考古研究所等编:《曲阜鲁国故城》,齐鲁书社,1982年,第21-22页。

《鲁故城》中将 M1、M2、M3、M52、M58 等五座墓葬列为大型墓,M4、M54 等则作为中小型墓,墓葬信息择要列于下表(表一)。

表一　鲁故城部分晚期乙组墓葬信息

墓葬	墓底尺寸/米	葬　具	随　葬　陶　器	其他易于断代的器物
M1	13×10	一椁两棺	釜 1 鉴 1 罍 2 罐 11(被盗)	
M2	14.5×12.5	一椁两棺	釜 1 罐 13(被盗)	
M3	12.5×13.5	椁内腐朽	釜 1 罐 18 壶 4 柄壶 9(被盗)	银饰、玉器、铁器
M4	3.4×4.1	一棺一椁	壶 3(被盗)	铁器、串饰
M52	12×12.5	腐朽	釜 1 壶 4 罐 16	瓷罐、银器、玉璧
M54	1.9×2.8	一棺	釜 2 柄壶 7	蝉形琀、铺首环
M58	10.7×11.6	一椁两棺	釜 1 罐 16 壶 4	铁带钩、瓷罐、银器

大型墓中,M1、M2 被盗严重,遗物很少。M3 被盗扰,但遗物尚多;M52 和 M58 未被盗掘,保存信息丰富。M58 出土成组青铜容器,故而时代特征最为清晰。

鲁故城 M58 随葬铜容器包括鼎、钵、罐、缶、铺首圆壶、鐎壶等(图二)。鼎为典型的越式鼎,战国中期以降广泛流行于楚地。钵、罐等是日用铜器,形制简易,也符合战国中晚期的普遍特征。其中值得一提的是具有强烈海岱地区风格的缶和圆壶。

图二　鲁国故城 M58 出土铜容器

鲁故城 M58：100 缶实际就是西汉常见的酒器“鈚镂”，自东周时期三足提链罐演变而来，战国末年如寿县李三孤堆楚幽王墓所出，已与西汉时的鈚镂别无二致。① 鈚镂很可能起源自海岱地区，由图三可见，从战国早中期之际临淄尧王 M1 所出提链罐，到临淄赵家徐姚 M1 提链罐，发展轨迹十分清晰。② 此类器物都是器盖扣合在器身外，而非做出子口插入器内，这是鈚镂区别于锺或钫的典型特征。故而 M58 缶的时代应在战国晚期，并且很可能是海岱本地风格的器物。

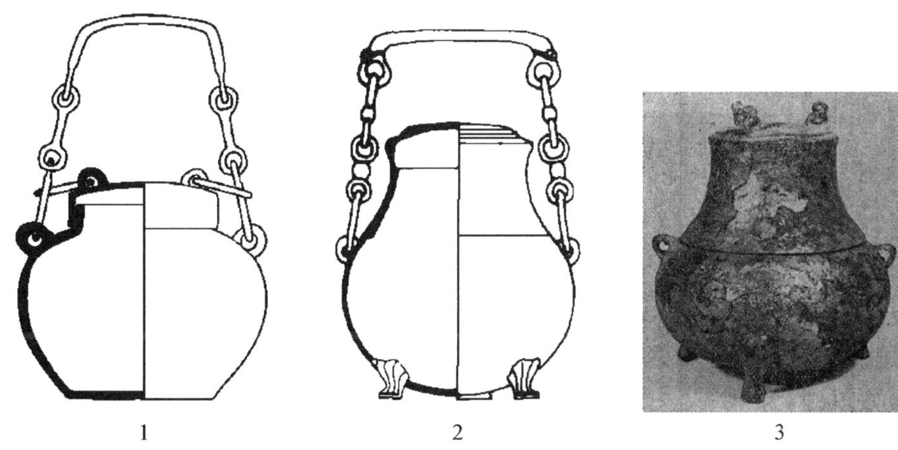

图三 战国齐墓提链罐向鈚镂的演化

1. 临淄尧王 M1 提链罐（战国中期早段） 2. 临淄赵家徐姚 M1 提链罐（战国晚期）
3. 莱西岱墅 M2 鈚镂（西汉时期）

鲁故城 M58：108 铺首圆壶也是典型的战国晚期海岱地区的铜器。壶腹外鼓，上腹设一对铺首衔环，上束下撇的圈足最具特征，与之形制近同的器物见于临淄赵家徐姚 M1、济南千佛山 M1（参见图四）和黄岛田家窑 M1，均为战国晚期。③

鲁故城 M58 及 M52 的棺内均使用大量玉璧殓葬，自头至足均有铺覆。M58 棺内有 16 件玉璧，M52 则多达 17 件，玉璧尺寸普遍在 15 至 30 厘米，质地厚重，完全不同于细小的玉环，棺内另有大量佩饰等各类玉器。与鲁墓相映成趣的是此时的齐地部分墓葬也开始大量用玉，临淄商王 M1、M2 都在棺内使用了十件以上的玉璧，其他各类玉器也显充盈。④ 实际上，海岱地区在战国早中期十分缺乏软玉器，即使高等级齐墓中，随葬玉器数

① 此类器物孙机先生有详细论述。详见孙机：《汉代物质文化资料图说》（增订本），上海古籍出版社，2011 年，第 378－379 页。

② 尧王 M1 出有矩钮平盖鼎、环钮敦、鹰首壶，时代当在战国中期早段，接近“十四年陈侯午敦”的时代；赵家徐姚 M1 开口下带多层台阶，墓室无殉人，唯在墓底一隅设器物坑，均是战国晚期齐墓的典型特征。见临淄区文物管理局：《山东淄博市临淄区尧王战国墓的发掘》，《考古》2017 年第 4 期；淄博市临淄区文化局：《山东淄博市临淄区赵家徐姚战国墓》，《考古》2005 年第 1 期。

③ 济南千佛山 1972 年墓出有大量齐“明”刀币，还出有类似汉代常见的铜铜；黄岛田家窑 M1 出有环钮鼎、瓦棱纹高柄敦和圈足圆壶。两墓出土器物虽皆为流散后征集，但时代特征明显，定为战国晚期当大致无误。见李晓峰、伊沛扬：《济南千佛山战国墓》，《考古》1991 年第 9 期；青岛市文物保护考古研究所编著：《青岛考古（二）》，科学出版社，2015 年，第 76－77 页。

④ 淄博市博物馆、齐故城博物馆编：《临淄商王墓地》，齐鲁书社，1997 年，第 12－14 页。

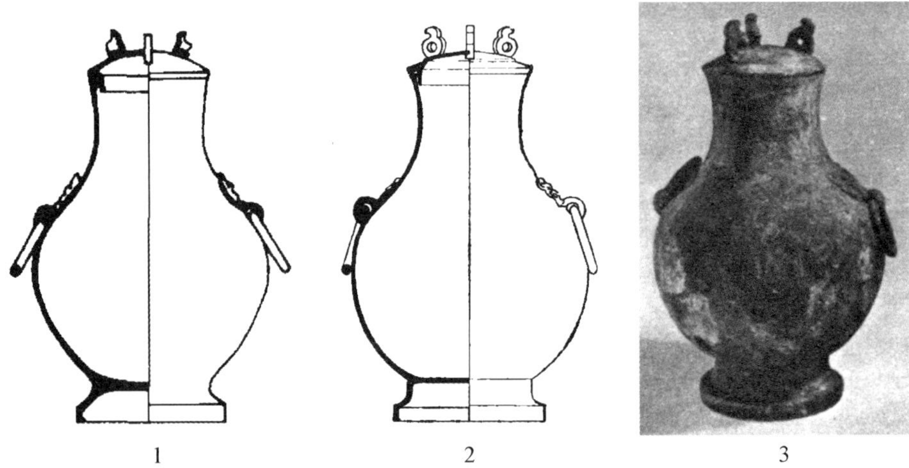

图四　战国晚期海岱地区的铺首圆壶
1. 临淄赵家徐姚 M1　2. 济南千佛山战国墓　3. 曲阜鲁国故城 M58

量亦很少,殉人通常使用水晶、玛瑙以及滑石质串饰。但到了战国末年,部分陪葬墓中不再使用玛瑙串饰,而是直接葬以大量玉璧,如青州西辛陪葬墓(表二)。① 即使无法取得贵重的玉器或玉料时,也会以其他材质模仿玉器形制从权。如临淄南马坊 M1 棺内随葬 8 件滑石璧,这些璧直径 15 厘米以上,从头至脚放置,很明显是在模仿玉璧殓葬,以体现尚玉的观念。②

表二　战国晚期玉璧殓葬实例

墓　葬	棺内用璧数量	墓　葬	棺内用璧数量
曲阜鲁故城 M52	16	曲阜鲁故城 M58	17
临淄商王 M1	18	临淄商王 M2	11
临淄南马坊 M1	8 滑石璧	青州西辛陪葬墓	10
长丰杨公 M2	铺覆三层		

海岱战国晚期佩饰材质及用玉方式的急剧转变,应当在区域外寻找缘由。张明东指出,商王战国墓随葬玉器很可能来自楚地。③ 战国高等级楚墓中一直有随葬大量玉器的葬俗,战国中期荆州熊家冢仅一座陪葬墓中即随葬 12 件玉璧,但仍然是作为组玉佩的一部分而随葬的,④同时也有如长沙 M406 这样在身体各部位安置玉璧的例子。⑤ 战国晚期

① 青州市博物馆:《山东青州西辛战国陪葬墓发掘简报》,《文物》2010 年第 7 期。
② 临淄南马坊 M1 为带多级台阶及墓道的高等级齐墓,墓内无殉人,时代当为战国晚期。见淄博市博物馆:《山东淄博市临淄区南马坊一号战国墓》,《考古》1999 年第 2 期。
③ 张明东:《从商王村出土玉器论齐国玉器问题》,《管子学刊》2007 年第 3 期。
④ 荆州博物馆:《湖北荆州熊家冢墓地 2006－2007 年发掘简报》,《文物》2009 年第 4 期。
⑤ 中国科学院考古研究所编著:《长沙发掘报告》,科学出版社, 1957 年,第 21 页。

楚迁都寿春后,开始出现以大量玉璧覆满尸体的葬俗,如寿春附近的长丰杨公 M2,棺内铺满三层玉璧,使用各类玉器五十余件。① 故而战国晚期临淄、曲阜墓葬随葬玉器方式的剧烈变化,当是得益于来自楚地的大量玉器,并影响到西汉初年复杂而奢侈的用玉制度。② 由此,鲁故城 M52、M58 使用大量玉器随葬的做法与楚东迁后部分高等级墓葬相似,时代不会早于战国晚期。

鲁故城 M52 和 M58 皆出瓷器,M52 出两件瓷罍,M58 出两件瓷罐。这不仅体现曲阜与长江下游地区在器物流通的关联,也反映一定的时代信息。③ 战国早中期中原及周边所见的瓷器,多是短直沿鼓肩小平底、腹部饰直棱纹的瓷罍,如山西新绛柳泉 M302、湖北麻城白骨墩、滕州庄里西等地所出,④很可能来自浙江德清亭子桥这样的窑址。这类瓷器不见于鲁国故城晚期大墓,反过来说明鲁国故城晚期墓中的瓷器更当晚于战国中期,并且可以补充战国晚期浙江地区瓷业相对衰落时期产品向北流通的相关认识。

战国中期,银器始见于中原、楚地和海岱地区。目前西北地区以外所见最早的一批银器,以及最早的错嵌银的青铜器,均不早于战国中期,此后数量才开始激增,⑤这也为出土银器的鲁国故城晚期乙组墓定下一个年代上限。⑥

综合以上各类遗物的器形、材质和组合等信息,可知鲁国故城 M52、M58 的年代为战国晚期;M58 打破 M52,时代当不早于后者,但从随葬器物来看,两墓的时代当十分接近。以 M58 和 M52 的年代为基准,可以很容易地判断其他晚期乙组墓的年代。与两墓相列的 M3,所出各类随葬器物也与两墓多有相似,如同出弩机、银筹等,所出猿形带钩亦见于汤阴五里岗战国晚期墓,时代也同样不早于战国晚期。⑦

望父台墓地自南向北共有四组大墓,其中自南数第三组为 M58、M52、M3,时代已经确定,紧邻的第二组则为 M1、M2,被盗严重,仅余少量陶器,难以准确判断时代。鲁故城的考古调查及钻探工作表明,在周代望父台墓区西北面地势低洼,积水成沼,则墓区随时代

---

① 杨鸠霞:《长丰战国晚期楚墓》,《文物研究》1988 年第 4 期,第 89 - 93 页。

② 李虹认为鲁故城晚期墓葬所见用玉方式同西汉的玉衣制度有关,王煜则指出,西汉前期的一些高等级墓葬中,玉璧也可能用于饰棺,与文献中的"玉柙"相对应。见李虹:《鲁国东周墓葬特点初探》,《文物研究》1985 年第 1 期,第 84 页;王煜:《汉代镶玉漆棺及相关问题讨论》,《考古》2017 年第 11 期。

③ 鲁故城 M52 瓷罍盖内插入器身,而与常见的罍有所差异,但此形制与战国晚期临淄安乐店 M1 釉陶罍相似,彼此时代相近,或许有所联系。见王会田、崔建军:《山东淄博市临淄区发现一座战国墓葬》,《考古》2008 年第 11 期;郎剑锋、崔剑锋:《临淄战国齐墓出土釉陶罍的风格与产地——兼论我国铅釉陶的起源问题》,《华夏考古》2017 年第 2 期。

④ 山西省考古研究所侯马工作站编:《晋都新田》,山西人民出版社,1996 年,第 164 - 165 页;湖北省博物馆江陵工作站:《麻城楚墓》,《江汉考古》1986 年第 2 期;枣庄市政协文史资料委员会编著:《枣庄文物博览》,齐鲁书社,2001 年,第 53 页;丁兰:《鄂东楚墓出土原始瓷和印纹硬陶器现象与民族文化融合》,《中南民族大学学报》2010 年第 4 期。

⑤ 如湖北荆州天星观 M2 银带钩。见湖北省荆州博物馆著:《荆州天星观二号楚墓》,文物出版社,2003 年,第 205 页。

⑥ M52 出土的金质带饰,其上的凤鸟及龙形纹饰,亦更接近西汉的同类器物。M3、M52、M58 等大型墓葬,所出器物年代特征均十分突出,兹举要者,不再赘述。

⑦ 出有猿形铜带钩的汤阴五里岗 M440 虽然缺乏陶器组合,但考虑到整个墓地的时代相对短暂集中,仍可认为年代为战国晚期。河南省文物局编著:《汤阴五里岗战国墓地》,科学出版社,2016 年,第 209 页。

由高向低、自南而北逐步扩展较为合理,位居南侧的大墓年代很可能早于北侧。[①]《鲁故城》认为 M1、M2 填土的夯筑方式较为原始,同样暗示此组墓的时代早于 M52、M58。但若将这数组大墓置于该片墓区中考虑,M1 - M2 组大墓的时代又不应与北邻的战国晚期墓相距太久。M2 釜与 M58 釜形制很接近,说明这类陶器的沿用时间可以晚至战国晚期。故而暂将 M1、M2 的时代粗略定为战国中晚期,具体时代尚可讨论,但很难更早于此了。

望父台墓地中的小墓,时代较难把握,仅能根据部分出土器物大致推断时代。望父台 M4 为同穴合葬墓,这一葬俗在西汉时期较为常见,具有较晚的意味。[②] 此外该墓还出铁器,在海岱地区,直至战国早期,随葬铁器的墓葬仍然较少见,故而该墓很可能不早于战国中期。

M4 同时出土玛瑙水晶串饰(图五)。这类串饰中,下部的玛瑙质觿形器和璜形器形制及组合特殊,容易归纳其时空分布,战国时期玛瑙质觿的出土简要情况见于表三。东周时期的玛瑙觿应当是受到草原地区角质觿的影响,通常与玛瑙环组成佩饰,自春战之际起流行于戎狄文化影响强烈的太行山两麓,并向周边传播。战国早中期,海岱北部由于缺乏软玉器,大量玛瑙器作为替代品而使用,因而玛瑙质佩饰较其他地区尤为复杂,组合中常包括多件玛瑙觿,并且末端常缀饰玛瑙璜。山东临淄附近出土实例多,组合情况清晰,暗示齐国都城很可能是这类玛瑙器的一个制作中心。战国晚期,玛瑙质佩饰在海岱地区迅速沉寂下来;同时邻近地区开始出现滑石质仿玛瑙觿的片饰,也反映这类精巧的饰物在衰落过程中逐渐抽象化、符号化。[③] 据此推断,随葬玛瑙串饰的鲁故城 M4 较可能在战国中期或稍晚,串饰则很可能来自齐地。

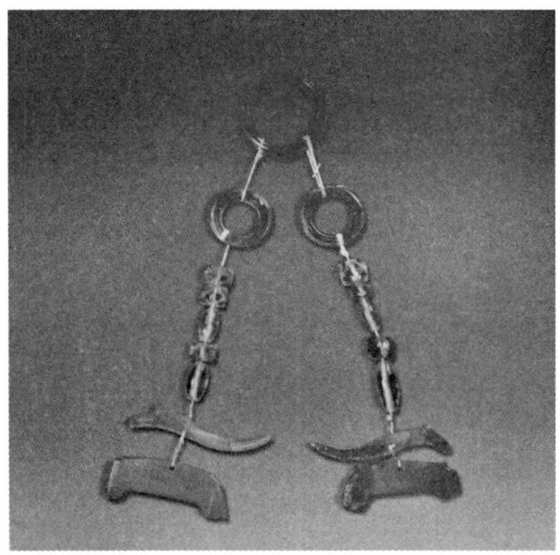
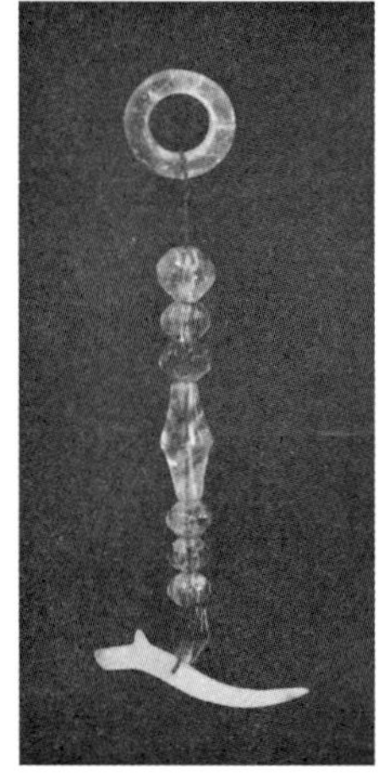

图五　鲁故城 M4 玛瑙水晶串饰

① 据《鲁故城》报告,"望父台"一带原为高出周围约二、三米的高地,以北原是一片洼地,称为"蛤蟆洼",今已填平。见山东省文物考古研究所等编:《曲阜鲁国故城》,齐鲁书社,1982 年,第 11 页;Min L, Hui F, et al. "Archeology of the Lu City: Place memory and urban foundation in Early China", *Archaeological Research in Asia* 14, (2018), pp.151 - 160.

② 鲁故城 M4 并置双棺,人骨鉴定为一男一女,罗泰等学者认为女性为殉人,本文从《鲁故城》报告出发,认为其仍为夫妇并穴合葬墓。见[美] 罗泰著,吴长青等译:《宗子维城: 从考古材料的角度看公元前 1000 至前 250 年的中国社会》,上海古籍出版社,2017 年,第 209 页。

③ 目前所见的实例为燕下都解村东 M2。见河北省文物研究所编:《燕下都(下)》,文物出版社,1996 年,第 220 页。

表三 战国时期玛瑙及水晶质觿形器出土信息

出土地	单 位	时 代	国属	备 注
山西太原	金胜 M251	春战之际	晋	4 件
山西新绛	牛村 H4M26	春战之际		2 件，与水晶环同出
山西新绛	柳泉 M4	战国早中期		2 件
山西原平	塔岗梁 1991 年采集	春晚战早	狄	2 件
河北灵寿	西岔头 1984M	战国早期	中山	4 件，与玛瑙环同出
河北行唐	故郡 M2	战国早期		兼出玉质仿玛瑙觿
河北邢台	东董村 M10	战国中期	赵	1 件
河北邯郸	百家村墓地	战国早中期		1 件
山东临淄	郎家庄 M1	战国早期	齐	玉髓、玛瑙共 35 件
	辛店 M2P4	战国早期		4 件
	东夏庄 M5G	战国中期		1 件
	范家 M91P6	战国中期		5 件
	范家 M174P1	战国中期		2 件
	相家庄 M3G	战国中期		3 件
	相家庄 M4G	战国中期		15 件
	相家庄 M5	战国中期		P5 出水晶 2
				P4 出玛瑙 3
	东夏庄 M6P13	战国中期		3 件
山东长岛	王沟 M1	战国早期		2 件
	王沟 M10	战国早期		1 件
	王沟 M12	战国中期		1 件
河北易县	燕下都解村东 M2	战国中期	燕	仿玛瑙的滑石片饰 2
河北迁西	大黑汀 M4	战国中期		2 件
辽宁建昌	东大杖子 M34	战国中期		1 件
山西长治	分水岭 M25	战国中期	韩	2 件
	分水岭 M11	战国中期		2 件
河南新郑	西亚斯 M83	战国中期		2 件
	西亚斯 M153	战国中期		2 件
	大高庄 M1	战国中期		2 件
河南陕县	后川 M2042	战国早期	魏	1 件
	后川 M2115	战国中期		2 件

续表

出土地	单　位	时　代	国属	备　注
河南洛阳	C1M8503	战国中期	周	2件
湖北襄阳	余岗 M102	战国早期	楚	1件
湖北赤壁	土城王家岭 M19	战国中期		水晶质,残,1件
湖南常德	德山茅湾 M16	战国中期		1件

二、鲁故城甲组墓的时代下限

通过讨论晚期乙组墓中规模较大的几座墓葬的年代,可知晚期乙组墓多为战国晚期墓,部分甚至可至战国末年,这样就与甲组墓有相当的年代差距。为了解两组墓是否存在间隔,间隔究竟有多长,就需要判断甲组墓中最晚的墓葬的年代。

甲组墓中,随葬仿铜陶礼器的药圃 M115、M116 和 M104 时代明显是最晚的。王恩田先生认为药圃 M115、M116 为战国早期;王震和滕铭予通过比较新泰周家庄和郭家泉墓地的出土器物,判断鲁故城药圃 M104 为春战之际,前两墓则为战国初年。[①] 曲阜鲁故城药圃 M116 鼎和肥城王庄东焦 1993 年墓葬所出鼎十分接近,高柄敦、四纽盖舟(《鲁故城》中称为“盨”)的形态也都相似,时代应当基本相同(表四);[②]肥城王庄组器中,提链壶和匜又与周家庄 M2 近同,故而此三墓可以共同比较(图六)。[③]

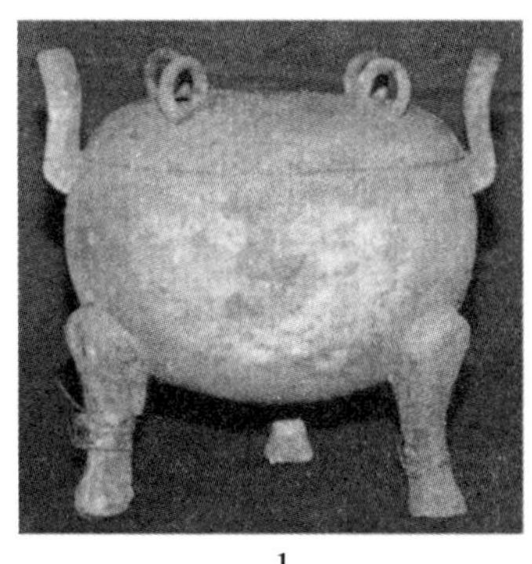
1

2

3

图六　鲁中地区春战之际铜鼎形态比较

1. 肥城王庄　2. 新泰周家庄 M2　3. 曲阜鲁故城 M116

① 王震、滕铭予:《新泰周家庄墓地的年代上限、国别及相关问题》,《文物》2016 年第 11 期。

② 张彬:《山东肥城市王庄镇出土战国铜器》,《考古》2003 年第 6 期。

③ 山东省文物考古研究所、新泰市博物馆编著:《新泰周家庄东周墓地(上)》,文物出版社,2014 年,第 76－84 页。

表四　鲁故城药圃 M116 与肥城王庄 1993M、新泰周家庄 M2 比较

	高柄敦	舟	提 链 壶
曲阜鲁故城药圃 M116			无
肥城王庄 1993M			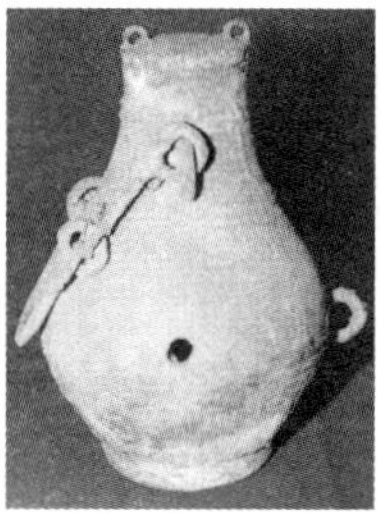
新泰周家庄 M2	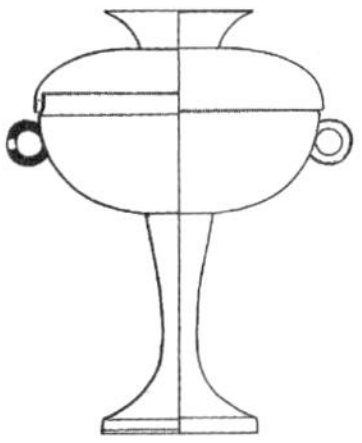	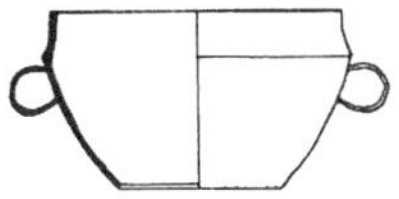	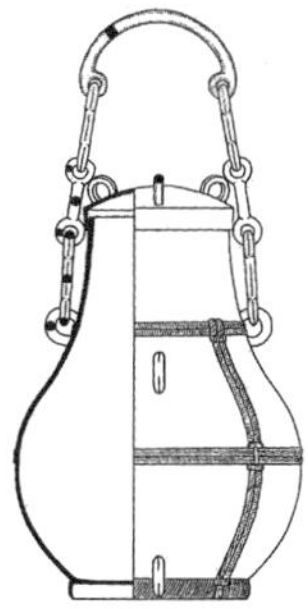

新泰周家庄墓地主要形成于战国早期前后,墓葬随葬的大量兵器是当时齐与西面三晋及南边鲁、越交恶而战事频仍的直观写照。周家庄墓地铜容器的形式变化较难把握,很有可能因短期葬入大量战死者而影响类型学的历时性观察,其中也很可能夹杂少量早期器物。① 但根据东周齐鲁墓葬出土铜器的形制演变趋势,有几条规律较为可信:一是提链壶的圈足逐渐增高,壶身趋于矮胖;二是平底匜流部口沿曲线由弯变直;三是鼎耳逐渐加高外撇,足部变得细长。由此可见鲁故城药圃 M116 及肥城王庄器群实际是周家庄墓地铜容器中较早的形态,时代当在战国初年。这样,鲁故城甲组墓的年代下限大致为战国早期,和晚期乙组的大墓间仍有一定时代间隔。

① 公元前 405 年齐晋廪丘之战,齐大败。《吕氏春秋》载齐军"尸三万",赵将采纳谋士意见"归尸以内攻之",使齐国"府库尽于葬"。此后平阴等战役,齐均不利,战死甚众,推测泰山南麓的新泰随葬大量兵器的墓葬可能就集中形成于战国早期晚段,与齐长城的修筑大致同时。

三、从曲阜西汉墓看鲁故城晚期乙组墓

当讨论清楚鲁故城晚期乙组墓与甲组墓及早期乙组墓的时代间隔后，我们便很容易意识到，鲁故城由于尚缺乏战国早中期的墓葬资料，很难确切讨论战国中晚期乙组墓与春秋墓之间的种种异同。反观曲阜的战国墓与汉墓之间，由于有曲阜花山、柴峪等历时性墓地可供比较研究，墓葬形制及器物组合的演变规律反而相对连贯清晰。

鲁故城晚期乙组的小型墓中，可按随葬陶器组合分为两类，第一类出陶罐或陶壶而无陶柄壶，如M4、M47；第二类随葬多件柄壶，有时伴出陶釜，如M54。柄壶最早出现于春战之际的中原，在战国时期得到广泛应用。① 受中原影响，战国晚期楚墓中陶柄壶已很常见，和陶筒杯类似，用于增繁鼎敦(盒)壶的基本组合。楚墓的陶柄壶常常较为粗陋，多做出中空假圈足状，曲阜柴峪等西汉墓地中，亦有少量类似的制法粗糙的陶柄壶，如图七右下所示；

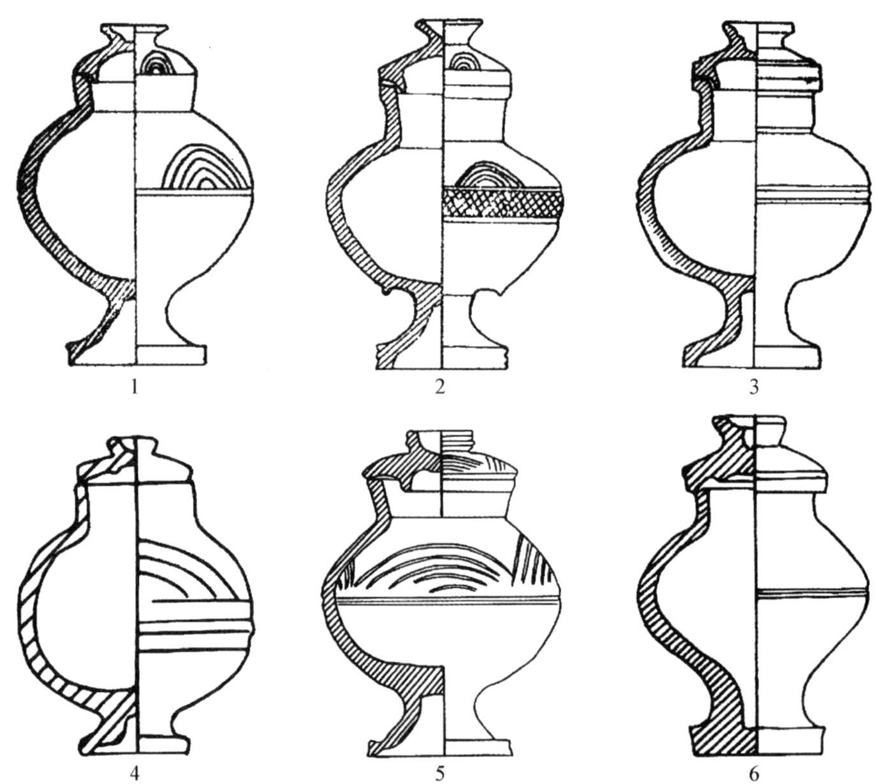

图七　曲阜周边战国晚期至汉代的陶柄壶

1. 鲁故城M54：3　2. 鲁故城M3：55　3. 鲁故城M3：59　4. 花山M60：2
5. 柴峪M110：3　6. 柴峪M122：6

---

① 这类柄壶似壶、钫而小，铜质均为壶身下加细高圈足状柄，而陶质则有部分壶底与柄内空间连通，形成假腹或假圈足。最早的高柄壶出现在中原晋地，铜质如太原赵卿墓所出高柄钫，陶质如临猗程村M1001所出，时代均可至春战之际甚至更早。见山西省考古研究所、太原市文物管理委员会编：《太原晋国赵卿墓》，文物出版社，1996年，第42－51页。

但在曲阜地区,制作精细的陶柄壶数量更多,有的还磨光或施彩绘,并以大小相同的多件成列使用,显示其在鲁地的葬仪中备受重视。

实际上,第二类墓和曲阜周边西汉早期墓的联系十分紧密。鲁故城 M54 随葬 2 件陶釜和 7 件陶柄壶(图七),而曲阜花山及柴峪、兖州徐家营等地的西汉早期墓中,多有类似的随葬陶器组合(见表五),《鲁中南汉墓》中指出随葬多件小型壶(包括带柄小壶及纹饰器形与之类似的平底小壶)是曲阜西汉墓的地方性文化因素。① 花山第一期 9 座随葬有陶器的墓葬中,随葬多件柄壶的有 7 座,常为 3 至 5 件陈放于椁外的壁龛或器物箱中,可见柄壶是这一时段最重要的随葬陶器类。由于花山 M29 等墓中,柄壶和鼎、盒、壶共出,并且伴出半两钱,可知花山第一期墓葬的时代确为西汉早期。鲁故城 M54 不仅与西汉墓的陶器组合相似,位置也接近望父台墓区中 7 座汉墓的分布区域,还出有蝉形口含。这些信息都反映该墓年代较晚,时代上限可比照鲁故城 M3 定在战国末期,下限则或可晚至西汉初年。

表五 曲阜花山墓地随葬柄壶的墓葬列表

墓葬	形 制	墓向	陶 器 组 合	其他材质器物
M11	石椁外置壁龛	东	柄壶 3	半两钱,铁刀
M29	石椁外置器物箱	东	鼎 2 盒 2 壶 2 匜 1 勺 2 罐 2 器盖 2 柄壶 3	半两钱 铁刀,带钩
M31	石椁外置器物箱	北	柄壶 4	
M32	石椁外置器物箱	北	鼎 1 盒 1 壶 1 盘 1 勺 1 器盖 1 柄壶 5	棺椁内被盗
M35	石椁墓	北	柄壶 4	
M49	石椁外置壁龛	南	柄壶 5	
M60	石椁外置壁龛	东	柄壶 5	半两钱
M51	石椁外置器物箱	南	鼎 4 盒 1 壶 4 盘 3 匜 3 罐 1 勺 4 平底小壶 5	五铢钱,带钩,铁剑,铁刀

花山墓地的陶器形制组合在西汉中期发生明显变化,柄壶迅速减少,并常省却柄部做成平底。西汉晚期的花山 M51 中,出有 5 件平底小陶壶,从器形和盖部纹饰可以确定这类平底小壶仍然与此前的柄壶是同类器物,只是柄部已退化。与此同时的鲁故城望父台汉墓并未见到陶柄壶,当是年代较晚所致。望父台的 7 座汉墓中,有 5 座随葬五铢钱,《鲁故城》将这些墓葬的时代定为西汉中晚期至东汉前期,相当于花山第二至五期。邻近花山的柴峪墓地,柄壶仍然沿用较久,直至新莽时期才最终消失,暗示了不同的族群,对旧有葬俗的坚守程度尚有差别。

① 山东省文物考古研究所编著:《鲁中南汉墓(下)》,文物出版社,2009 年,第 650 - 651、776 页。

西汉早期,随葬多件陶柄壶与随葬鼎盒壶的做法一度共存,前者占据主流。随葬鼎盒壶的墓葬中,一般也会随葬多件柄壶,如曲阜花山 M11、M29 及柴峪 M77,仅有赵家村汉墓随葬鼎、盒、壶、筒杯而不见柄壶,或许是受到外地的影响。① 西汉中晚期,曲阜地方性文化因素在大一统的背景下趋弱,鼎盒壶等仿铜陶礼器得到广泛应用,随葬模型明器的墓葬也开始显著增多。

将鲁故城晚期乙组墓与曲阜花山、柴峪汉墓一同观察后,便可知西汉早期曲阜花山、柴峪随葬多件陶柄壶的做法,实际在战国末期即已出现。这在汉初一度较为流行,但到西汉中期逐渐衰落,这就解释了望父台战国中晚期墓与西汉中晚期墓随葬陶器的差异。

曲阜地区以多件柄壶随葬的兴衰历程大致明了,那么这一葬俗对应的族群究竟如何?若涵盖多个族群,是否具有地域性?汉代的考古材料较为充实,将西汉墓与战国墓一并考虑,便能够初步探讨这一问题。西汉时期,庞大的血缘族群逐渐分化为小型家庭,仰赖族属来维系的葬俗葬制与随葬陶器组合间的纽带在不断解构,差异逐渐模糊。如表五所见,曲阜花山墓地随葬陶柄壶的墓葬,墓向十分杂乱,北向者不足 50%;柴峪墓地的情形也很类似。花山墓地南部在西汉中晚期形成一片密集分布、规划有序的家族墓,墓向以南向为主,从两枚出土私印知为朱氏族茔,其中的 M51 为朱安世墓,随葬 5 件平底小壶。由此可见,西汉时期随葬多件小型壶(包括柄壶、平底壶)的做法并非北向墓独有的葬俗特征,涵盖了墓向不同的多个族群。② 曲阜花山墓地中,陶柄壶常常置于器物箱中,即使是北向墓也是如此。设器物箱的葬俗在西汉常见于鲁中南地区,或是继承了东周时期东夷诸国的做法,③据此推断战国时期随葬陶柄壶的族群也较为复杂,未必全都是早期乙组墓对应的姬姓周人。

既然随葬柄壶的做法并不限于单一族群,我们就必须考虑这一葬俗在更广阔的空间上,即鲁国疆域内的分布情况。战国中晚期,鲁国虽然促狭,但仍然保有曲阜、滕州、枣庄的部分山麓地区及此连线以东的丘陵地带,还曾经短暂地占有泗水流域重要都邑——薛。④ 枣滕以东的山地丘陵地区,考古工作报道较少,但近年兰陵鄫国故城的发掘,仍然提供了重要的线索。

鄫国故城 M7 为带多具殉人的大墓,虽被盗掘一空,但流散出的文物中包括钮钟和提链壶,故而年代较为清晰,为春战之际。⑤ 打破该墓的 M1、M2 等晚期墓葬,陶器组合皆为

---

① 中国科学院考古研究所山东工作队、曲阜县文物管理委员会:《山东曲阜考古调查试掘简报》,《考古》1965 年第 12 期。

② 山东省文物考古研究所编著:《鲁中南汉墓(下)》,文物出版社,2009 年,第 664 页。

③ 郑同修、杨爱国:《山东汉代墓葬出土陶器的初步研究》,《考古学报》2003 年第 3 期。

④ "齐以东帝困于天下,而鲁取徐州……以鲁、卫之细而皆得志于大国,遇其时也"。徐州当即为薛之别称,见《吕氏春秋 · 孝行览第二 · 首时》。在曲阜以南的薛地,随葬高柄壶或小壶的葬俗亦有所见,战国晚期的实例见于新近发掘的滕州大韩墓地,汉初则见于滕州寨山 M115。见山东省文物考古研究院编:《京沪高速铁路山东段考古报告集》,文物出版社,2018 年。

⑤ 刘延常:《莒文化新发现及相关认识与思考》,见山东省文物考古研究所、北京大学震旦古代文明研究中心编:《青铜器与山东古国学术研讨会论文集》,上海古籍出版社,2017 年,第 242 页。

陶罐与多件陶柄壶(图八),这与曲阜的战国晚期至汉初墓葬非常相似。① 由曲阜、滕州、兰陵的实例来看,目前所见随葬多件柄壶的现象集中于战国鲁境,故而很可能是鲁地共有的特殊葬俗。

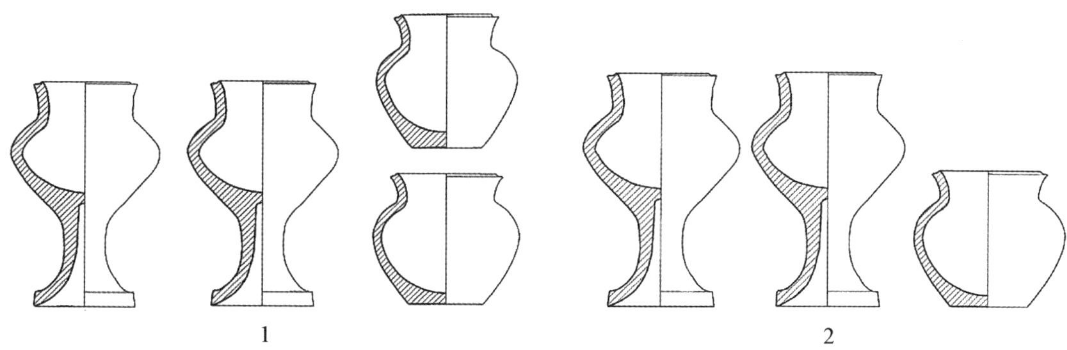

图八 兰陵鄫国故城墓葬出土陶器组合

1. 鄫国故城 M1 2. 鄫国故城 M2

五、总结与展望

通过比较随葬器物的组合和形制,结合葬俗特征,曲阜鲁故城望父台的几座晚期乙组大墓均可重新确定为战国晚期前后,中小型墓的时代也大致相同。由于时代相隔,葬俗有异,早、晚期乙组墓之间很难建立起稳定可靠的对应关系,晚期墓葬的墓主也很可能包括姬姓以外的鲁国人。

战国晚期至西汉早期的鲁地墓葬显现出强烈的个性和连贯性。由《曲阜鲁国故城》和《鲁中南汉墓》可知,设壁龛或器物箱随葬多件陶柄壶的做法流行于鲁地而不同于周边。曲阜郊外的部分地区,随葬多件小型柄壶或平底壶的习俗甚至延及整个西汉时期。西汉建立后,鼎、盒、壶等主流文化因素开始出现于曲阜,到西汉中期逐渐在比例上压倒随葬多件陶柄壶的本地因素,反映了汉代对礼制的重新确立与持续规范。②

战国晚期是大变革的时代,生产力发展及政治格局演化都推动丧葬礼俗等社会观念发生巨变。在秦并天下的历史进程中,很多地区的仿铜陶礼器都一度衰落,曲阜鲁故城的晚期乙组墓不随葬仿铜陶礼器,可能是特定时期的器用特征,未必能够上溯推定整个战国时期的情形。战国早、中期鲁墓的葬俗葬制还有很多未解之处,或许与邻近的薛国故城

---

① 鄫所在的兰陵直到鲁亡前仍为鲁地,《史记·春申君列传》载"春申君相楚八年,为楚北伐灭鲁,以荀卿为兰陵令"。鄫国故城发掘资料见山东大学历史文化学院等:《山东兰陵县鄫国故城遗址考古调查与发掘》,《考古》2018年第5期。

② 鲁在秦末汉初以守礼闻,《史记·项羽本纪》载"项王已死,楚地皆降汉,独鲁不下。汉乃引天下兵欲屠之,为其守礼义,为主死节,乃持项王头视鲁,鲁父兄乃降"。到了西汉中期,以"好儒备礼"著称的鲁地,随着商业的发展,社会风气也开始变化,《史记·货殖列传》载"及其衰,好贾趋利,甚于周人";"鲁人俗俭啬,而曹邴氏尤甚,以铁冶起,富至巨万……邹、鲁以其故多去文学而趋利者,以曹邴氏也"。

M8、M5 相似，或许不同，尚待新材料公布。①

鲁南两周时期族群和社会异常复杂，研究时需要更小的空间尺度和更长的时间尺度，同时借鉴背景更为清晰的汉代实物及文献资料。若能够将东周与汉代连贯观察，以看待沂、泗诸国从求同存异迈向融合统一的历史进程，应当会得到更为丰富而准确的认识。

① 见山东省济宁市文物管理局：《薛国故城勘察和墓葬发掘报告》，《考古学报》1991 年第 4 期；山东省文物考古研究所：《曲阜鲁国故城考古工作取得重要成果》，《中国文物报》2017 年 3 月 10 日第 5 版。

两汉墓葬陶礼器的变化与原因试探

——两汉之变之一端

韦 正 方笑天

（北京大学考古文博学院、北京大学中国考古学研究中心）

陶礼器存在两汉之变：从考古学上考虑汉文化的特征，俞伟超先生的观点最有代表性，“自西汉武帝至东汉明、章二帝时期，是汉文化最繁荣的阶段。……埋葬制度进入到一个新阶段。依宗法制度安排墓位的族坟墓制度，被家族茔地代替。夫妇并穴而葬变为同穴合葬。随葬品中成组礼器消失，主要是各种日用器皿和象征庄园生活乃至墓主身份的模型明器。从西汉晚期起，为更充分地反映这些内容（包括天道观和历史观），又日益流行壁画墓和画像石墓，用图画来表现之”。① 俞先生的论述通览全局，高屋建瓴，是后来学者把握汉代考古学文化的出发点。随着近年来考古材料井喷式的增加，俞先生的基本观点被证明仍然是可靠的。当然，局部问题的深入讨论也很有必要。本文拟以汉墓中随葬的陶礼器为中心，对从西汉到东汉陶礼器的显著变化加以讨论。这种变化具有时代性，可以用陶礼器的两汉之变进行概括。②

两汉陶礼器之变以往没有充分揭示：对陶礼器的讨论，并不是一个新鲜话题，俞先生也曾正面加以论述，“在战国时期，东方六国的葬俗一直沿用周礼传统，一般民众的墓葬，几乎都用成组的鼎、敦（或瑚）、壶等礼器随葬。秦人则主要用瓮、罐等日用器皿随葬。但从战国晚期起，凡秦军占领之地，六国遗民原有的传统葬俗，立刻遭到压制，而且要学着秦人的样子，以日用器皿随葬，再也不使用成组的礼器。……但一进入汉代，则从关中到东海之滨，从长城地带到南海之地，从贵族大墓到平民小墓，又重新以成组的礼器随葬。尽管各地出土物的形态有本地特点，但鼎、盛（盒形）、壶、钫是从大墓到小墓的最基本组合”。③ 俞先生对东汉随葬品的讨论集中在模型明器方面，将“模拟庄园面貌的模型明器的发达”称为“西汉中期以后汉文化的主要新特点”之一，俞先生说：“从西汉中期以后，特别是东汉时期，模型明器的种类在逐渐增加，形成了一套象征庄园生活缩影的明器群，从而这种明器的意义已发生变化”。④ 俞先生还说：“墓内随葬品的内容，是墓主在世时期身

---

① 俞伟超：《秦汉考古学文化的历史特征》，载氏著：《古史的考古学探索》，文物出版社，2002年，第194页。

② 实际上西汉中晚—东汉早期、东汉中晚期这两个阶段的变化更能反映西汉、东汉的时代差异，但为行文方便，正文中使用了简洁的表达方式。

③ 俞伟超：《考古学中的汉文化问题》，载氏著：《古史的考古学探索》，文物出版社，2002年，第184页。

④ 俞伟超：《考古学中的汉文化问题》，载氏著：《古史的考古学探索》，文物出版社，2002年，第188页。

份地位和财富占有情况的反映,也是墓主亲属希望继续下去的一种生存方式的表现。当然,一旦成为葬俗,就成为行为的规范,人们都按照这种规范来放置随葬品。这种葬俗,古人归入'礼'的范畴。"①细揣俞先生文意,仍不能肯定是否以模型明器为礼器。如果模型明器不作为礼器,那么,俞先生对东汉的礼器就没有加以确指。但我们认为随葬模型明器本质上属于葬俗,与"礼"有一定差别。更多的学者是对鼎盒壶为礼器表示支持,但对其消失的原因以及是否有替代品持回避姿态,如刚刚完成答辩、代表最近研究成果的北京大学考古文博学院李云河博士在讨论关中地区东汉—西晋墓葬时说:"关中地区的西汉墓葬中,常以陶质的鼎、盒、壶(钫)组合充当礼器角色,但这一组合在新莽时期逐渐消亡。在东汉墓葬中,陶鼎、陶盒的数量极少,已经不构成组合,依然大量流行的只有陶壶一种。因此,陶壶在东汉时期是否还具有仿铜陶礼器的性质,是值得考虑的。笔者认为,东汉墓葬中仍具有仿铜陶礼器性质的,只有少量遗存的陶鼎,在这里将陶壶归入日用陶器。"②李云河博士的观察是可靠的,归纳了现象,但现象发生变化的原因未予深究。从俞伟超到李云河,对汉墓陶礼器的讨论集中在西汉时期,但都没有回答西汉鼎盒壶为代表的礼器消失的原因,或者说,没有回答汉代陶礼器发展演化的走向问题。

案盘杯勺是东汉时期的陶礼器:我们认为,只要丧葬活动中存在礼,就必然有行礼的器物,即所谓礼器。东汉时期丧葬之礼自然是存在的,也就自然存在礼器。东汉现实生活中的丧礼已不可复现,但墓葬中还留下一些证据,那就是棺前的设奠之具,主要包括以案为中心的盘、耳杯、勺等物,还可能包括案附近的壶、罐等。祭奠之礼中,食物集中存放在壶、罐中,被分盛到盘、耳杯之中。这些陶器的组合和陈列方式显然来自现实中对死者陈尸期间的祭奠活动,是希望死者能像生前一样进行饮食活动。东汉开始的这种祭奠方式后来一直延续,如《搜神后记》卷四"徐玄方女"条说:"晋时……至日,以丹雄鸡一只,黍饭一盘,清酒一升,醊其丧前……"③两晋时这类陶器被涂成有别于其他随葬陶器的红色,也是沿袭了东汉时期并被强调而已。④ 因此,墓葬之中、棺椁之前以案为中心的设奠之具就是东汉墓葬中的礼器。礼始诸饮食,与饮食相关的器物在东汉以后成为最核心的礼器,似乎又回到了礼的本来意义上去了。

以往学者没有将案盘杯勺明确认定为陶礼器:在墓室中设奠早有学者言及,如黄晓芬在讨论满城汉墓时说:"……前室岩洞内也特别造设有瓦顶建筑物,其间整齐配列和陈设有各种供献祭祀品。在此还发现有铭记'中山祠祀'的封泥,表明随葬品当中有不少为祭祀中山王而制作的专用品。至此,在地下玄室棺室前方的特定空间内陈列祭祀

---

① 俞伟超:《考古学中的汉文化问题》,载氏著:《古史的考古学探索》,文物出版社,2002 年,第 187 页。

② 李云河:《关中地区东汉至北周墓葬的考古学研究》,北京大学考古文博学院博士论文,2018 年,第 40 页。

③ (晋)陶潜撰,汪绍楹校注:《搜神后记》,中华书局,1981 年,第 24 页。

④ 两晋时期这类墓葬发现甚多,在两晋首都今天的洛阳和南京有很多发现,东汉这类墓葬,如淅川县香花镇杨河组汉墓 M1、M2,见河南省文物局南水北调文物保护办公室、北京大学考古文博学院:《河南省淅川县香花镇杨河组的四座汉墓》,《南方文物》2011 年第 2 期。

品，实施并展开对墓主本人进行的供献祭祀活动已走向定型。……东汉以后，汉墓随葬品的组成及在室内各空间的配置形式又出现了新的变化。……玄室内的构造与随葬品的空间配置特点等，都突出表现出了祭祀空间之重要。祭祀空间位于棺室前方，又往往占据整个玄室内的最高位置。祭祀前堂内一侧多设置有高0.2米左右的砖（石）台……这种砖石砌筑的祭台或石制几案等都应属室内配套制作的祭坛设施。灵宝县张湾M3的随葬品保存完好，随葬品组成及配置亦值得注目。这里在砖砌玄室的祭祀前堂和后室棺位的前侧，分别陈设、配置有陶案、杯、盘等实物供献祭祀品，其周围按一定方位摆放有陶制明器的仓·灶·井·厕等。"①黄晓芬的论述是客观的，但黄晓芬没有用礼器这个概念来概括棺前设奠的器物，从而未能进一步从礼器变化的角度讨论两汉之变。

墓葬形制的改变不是两汉陶礼器之变的主要原因：上文黄晓芬所引述的例证是西汉的崖洞墓和东汉的砖室墓，其共同特点是都有可以供人自由移动的空间，在这个空间中能够布置出墓主生前的起居场景，在这个场景中与墓主最密切相关的是饮食。《满城汉墓发掘报告》对一号汉墓中室中部帷帐前的情况叙述道："中区东部的随葬品主要是铜器，其中有鼎、镬、釜、甗等食器和炊器；锺、罍、链子壶等酒器；铜、盆、灯、熏炉等日常生活用具。"②对漆器出土状况叙述道："漆器出土于后室和中室，数量相当多，但都已残朽……"③检查一号墓中室器物分布图，在中部帷帐前有漆案和漆耳杯。综合上述情况，可见满城一号汉墓像以灵宝县张湾M3为代表的东汉砖室墓一样都有专门的饮食景象的模拟（图一）。那么，是否因为墓室中出现可自由移动的空间才导致了饮食器的普遍设置呢？应该不是。长沙马王堆一号汉墓是典型的木椁墓，发掘报告说："北边箱（作者按：即头厢）象征死者生前的生活场面，四壁张挂着丝织的帷幔，底部铺以竹席。北边箱的中部，陈设着漆钫、漆勺和陶壶等酒器，以及放置在漆案上的漆卮、漆耳杯和盛有食品的小漆盘等宴享用品。北边箱的西部，陈设着漆屏风、漆几、绣枕、熏囊和两套梳妆漆奁等起居用具。北边箱的东部，有着衣女俑、着衣歌舞俑和彩绘乐俑。另外，还出土了一件夹袍、两双鞋，以及陶熏炉、竹熏罩、小竹扇和木杖等物。这些正是死者生前多蓄奴婢，过着'极滋味声色之乐'的糜烂生活的写照。"④因此，我们认为棺前设奠是早已有之的观念，但其普及则与横穴式墓的逐渐流行有关。传统的木椁墓墓室通常较为低矮，不允许充分按照现实场景布置，只有横穴墓才提供了自由活动的空间，并且使墓葬在模仿地面建筑和现实生活方面都大为便利。但墓葬形制的改变只能为棺前设奠提供便利，并不能解释鼎盒壶的消失，不能解释何以墓葬中的礼器从鼎盒壶变化为以案为主的一套饮食器。

① 黄晓芬：《汉墓的考古学研究》，岳麓书社，2003年，第214、215页。
② 中国社会科学院考古研究所、河北省文物管理处：《满城汉墓发掘报告》，文物出版社，1980年，第29页。
③ 中国社会科学院考古研究所、河北省文物管理处：《满城汉墓发掘报告》，文物出版社，1980年，第144页。
④ 湖南省博物馆、中国科学院考古研究所：《长沙马王堆一号汉墓（上集）》，文物出版社，1973年，第35页。

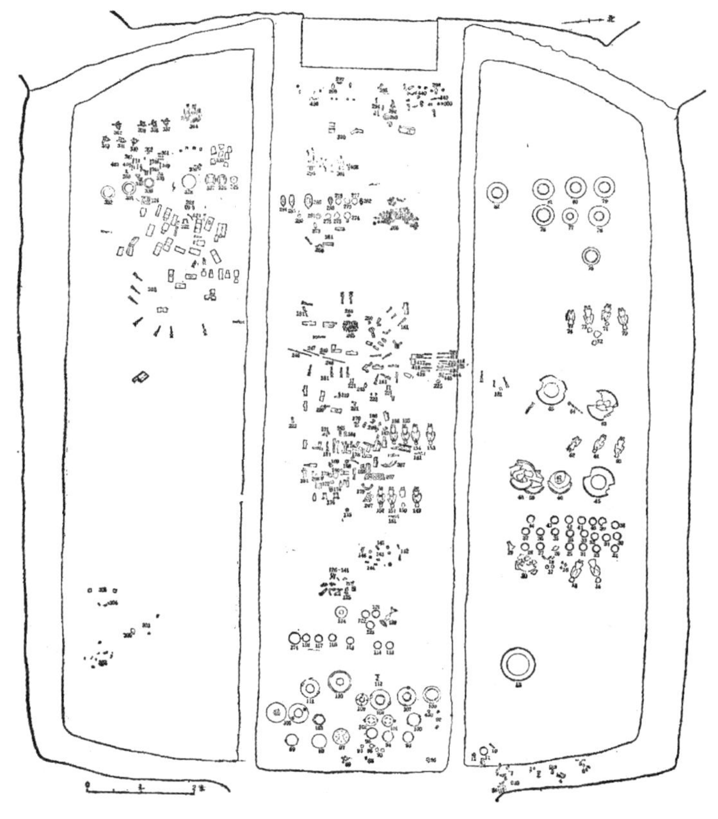

1—10.玉饰　11.陶灯　12.仪仗顶饰　13.盆　14、15.陶俑　16.瓶形器　17.提梁罐　18.祖　20.盆　22—44.陶灯　45、46.陶盆　47.虎纹牙雕　48—59.陶盆　60—62.陶俑　63.陶盆　64.铁刀　65.陶盆　70—74.陶俑　75.陶壶　76—82.陶罐　83.铜饰　84.盖弓帽　85.铜饰　86.仪仗顶饰　88.铜饰　89.弩机　90—92.仪仗顶饰　93.盆　94.釜　95.盆　96.勺　97.薰炉　98.钢　99、100.釜　101、102.鼎　103.釜　104.甑　106.陶壶　107.鼎　108.镫　109.链子壶　110.镀　111.叠　112—118、120.灯　121—123.陶灯　124.玉璧　125.对兽形饰件　126—132.玉饰　133.玉璜　134—141.玉饰　142.插接铜管　143.环　144、145.铜饰　146.器足　149—156.陶俑　163—167.虎形器座　168、169.铜人　170、171.鹿形饰件　172、173.器足　174.漆器铜铺首　175.环　176、178.漆案铜饰件　179.祖　180.套钵　181.帐构　207.薰炉提笼　208.漆器鸟形铜饰　209.铁轴　219、220.戈　221.漆案铜饰件　222.漆耳杯铜饰　223.器足　225.铁锛　226、227.铁凿　246—249.铁剑　250.马鞍形铁器　263.盘　264.环　265.银镞　266.铁币　268.拱形铁条　273.盒　274.灯　275—279.套钵　280.银盒　281.圆盘形器座　282—286.椭圆形杯　292.花形悬猿钩　293.圆盘形器座　294.长条形铜饰　295.杯形器　296.合页　297.骨质假马牙　298、299.当卢　300.车軎　301.钗　302—304.弩机　305.方形铁器　306.铁镢　320.帐构　322.铁U形器　323.漆器铜器足　324.石俑　325.溜壶　326、327.钫　328.销　330.釜　331、332.陶罐　333.铁镢　335.器足　336—343.弩机　344.铁镞　345.镦　346.管形器　347.刀　348.漆器铜铺首　349.匕　350.铜饰　351.环　352.漆耳杯铜饰　403—406.刀　412.铁凿　416—419、422.铁凿　425.铁锯条　432.铁铚　440.衔镳　444、445.铁锯条　450.衔镳　468.承弓器（凡未注明质料者皆为铜器）

1

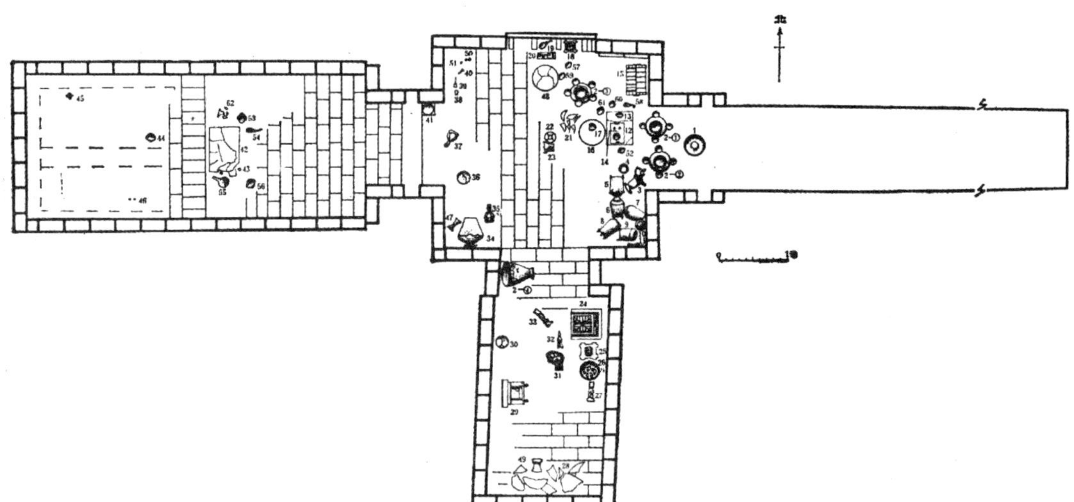

1. 铁釜 1　2—①、②、③、④. 陶灯 1　3. 陶狗 1　4. 陶炉 1　5. 陶仓 1　6. 陶仓 1　7. 陶仓 1　8. 陶仓 1　9. 陶仓 1　10. 陶博山炉 1　11. 陶六博具 1　12. 陶方案 1　13. 陶耳杯 1　14. 陶灶 1　15. 陶仓房 1　16. 陶圆案 1　17. 陶耳杯 1　18. 陶磨 1　19. 陶勺 1　20. 陶碓臼 1　21. 陶罐 1　22. 陶瓦当 1　23. 陶炉 1　24. 陶水上楼阁 1　25. 陶井 1　26. 陶羊圈 1　27. 陶人形灯 1　28. 陶罐 1　29. 陶仓房 1　30. 陶盘 1　31. 陶猪圈 1　32. 陶持臿俑 1　33. 陶人形灯 1　34. 陶瓮 1　35. 陶六博俑 1　36. 石砚 1　37. 陶六博俑 1　38. 铜车饰 1　39. 铁小铲 1　40. 铁小刀 1　41. 陶门臼 1　42. 陶方案 1　43. 陶案足 2　44. 陶耳杯 1　45. 铜柿蒂形饰 2　46. 铜钱 2　47. 陶灯 1　48. 陶圆案 1　49. 陶壶 1　50. 铜泡 2　51. 铜盖弓帽 1　52. 陶耳杯 1　53. 陶耳杯 1　54. 陶勺 1　55. 陶魁 1　56. 陶耳杯 1　57. 陶耳杯 1　58. 陶勺 1　59. 陶耳杯 1　60. 陶耳杯 1　61. 陶耳杯 1　62. 陶奁 1

2

图一　满城一号汉墓中室、灵宝张湾 M3 平面图

1. 满城一号汉墓中室（引自中国社会科学院考古研究所、河北省文物管理处：《满城汉墓发掘报告》图一六，文物出版社，1980 年）　2. 灵宝张湾 M3（引自河南省博物馆：《灵宝张湾汉墓》，《文物》1975 年第 11 期）

两汉陶礼器的变化源于宗庙之祭变为饮食之奠：崖洞墓和砖室墓中所布置的起居场景兼具现实模拟和祭奠两种性质。西汉时期的这个场景中，鼎盒壶既不是最主要的器物，也没有占据最显眼的位置，如洛阳西汉张就墓鼎盒有两套，出土位置紧邻，但都在耳室之中。马王堆一号汉墓中基本也是这样。因此，西汉时期的鼎盒壶组合不是直接来自起居场所之中，需要另做考虑。

实际上，鼎盒壶也是以饮食之奠为中心，但这个组合所代表的是宗庙之祭，与案为中心的饮食之奠有很大差别。鼎盒壶消失的根本原因是宗庙之祭的不再普遍实行，是两汉社会发生重大变化所致。饮食之奠在宗庙之祭中也已经存在，但并不占有特殊地位，在宗庙祭礼废弛后，饮食之奠就突出了。

鼎盒壶与宗庙中进行的丧礼用器相似：鼎盒壶本是三种不同性质的器物，分别是炊煮、盛放、储藏用器，这是按照考古类型学原则从随葬品中挑选出来的数量最多的三种器物，但将它们当作礼器看待仍然差强合适，这不仅在于它们频繁出现且经常在一起，还因为它们与庙堂之祭的礼器相近。高崇文先生撰有《论西汉时期的祭奠之礼》一文，经研究后指出："从考古发现看，西汉前期的墓葬多沿用先秦的丧葬礼仪，西汉后期则发生了大的变化，表明新的汉代葬制已彻底代替先秦古制，进入到新的'汉制'阶段。"①高崇文先生在这句话的后半部分所说的汉制，可以看作是接着俞伟超先生的话而讲的，帝王列侯等人的丧葬在西汉时期表现出连贯性，显得相当保守，还是多沿用先秦丧葬礼仪。因此，《三礼》中的相关记载可以用于我们的研究。西汉像先秦时期一样，在葬日前两天，将棺柩迁至祖庙，是谓"迁祖奠"；葬日前一天，进行准备离开祖庙的祖奠之仪。这两日祭奠的"所设之物如大敛奠，除有两甒醴酒、两豆脯醢外，还有三鼎之实而载之三俎的豕、鱼、腊"。② 葬日设大遣奠，《仪礼·既夕礼》载："厥明，陈鼎五于门外……四豆……四笾……醴酒。陈器。"因为是葬前的最后一次祭奠，所以用五鼎，示礼加一等。高崇文说："以上是《士丧礼》、《既夕礼》所记载的自始死至埋葬期间的整个祭奠仪程，是士一级的祭奠仪式，其他级别的贵族也有同样的祭奠仪式，只是所用礼的隆杀有异，尤其表现在所用牢鼎的等级上。"③在丧葬仪式过程中，鼎无疑是礼器的中心。是否用鼎，关乎是否为先秦之制。东汉普通墓葬几乎不用鼎，表明先秦丧葬已经消亡，新礼诞生。西汉前期的徐州狮子山西汉楚王陵墓道中的陪葬墓、沅陵虎溪山沅陵侯吴阳墓、马王堆1号墓及3号墓等墓葬都有成组的鼎。狮子山西汉楚王陵墓道中陪葬墓的五鼎在墓主脚端一字排开，对先秦古礼的遵守似乎更严格。西汉后期墓葬中多有铜鼎、陶鼎发现，说明先秦古礼仍有约束力。早先丧葬礼仪中用于盛放食物的豆、笾，逐渐演变成了不带柄的盒。至于鼎盒壶中的壶似乎也可与盛酒的甒相应。因此，鼎盒壶组合实际上可以看作是将庙祭的炊煮、饮食、储藏之器移到墓葬之中，只是由于木椁墓空间上的限制，很少能够按照实际使用情况陈列而已。

---

① 高崇文：《论西汉时期的祭奠之礼》，载氏著：《古礼足征》，上海古籍出版社，2015年，第254页。
② 高崇文：《论西汉时期的祭奠之礼》，载氏著：《古礼足征》，上海古籍出版社，2015年，第245页。
③ 高崇文：《论西汉时期的祭奠之礼》，载氏著：《古礼足征》，上海古籍出版社，2015年，第246页。

先秦西汉丧礼用器是全部庙堂礼器的一部分：从《仪礼》等文献可知，丧葬礼仪用器很多，鼎盒壶只是其中的一部分。钱玄说先秦时期“迎送宾客、燕饮、祭祀、射礼均奏乐”。① 可知丧礼无乐。如果将墓葬中经常出土的编钟编磬等乐器也一并加以考虑，那么丧葬礼仪用器也只是整个庙堂礼器的一部分。将鼎盒壶这个组合抽离出来便利了今天对器物形态的考察，但几乎湮没了先秦西汉时期墓葬随葬品是按照庙堂礼器而安排的事实。因此，只有进行长时段的观察，并且对身份不同的墓主人加以区分，才能对鼎盒壶的器物组合有深刻的理解。我们可以举出很多各种青铜礼器与乐器共出的墓葬，但最具有代表性的当为曾侯乙墓。曾侯乙墓中室是一个比较标准的“庙堂之祭”的器物组合，“南部全是青铜礼器，出土时这些青铜礼器成组成排，放置得井然有序。紧贴中室南壁，置束腰大平底鼎两排九件（一排六件，一排三件），其中一件上又置一匕。贴近束腰大平底鼎置八件簋、九件小鬲和十件小的鼎形器，其南置五件盖鼎，每件盖上置鼎钩两件，排得整整齐齐，很有秩序。西南（角）放置一件提链鼎和两件陶缶。靠近陶缶有四件铜盥缶……中部，靠近束腰平底鼎和盖鼎的地方，并排放置两件大铜鼎……靠近大鼎和盥缶，还有四件簠和一件甗，再往南即是编钟的南架。编钟架呈曲尺形紧靠中室西壁及南部偏中，编磬靠近北壁，钟、磬组成三面环绕的形式。在空缺的一面，即贴近中室东壁，放置尊盘、过滤器、鉴缶、联禁大壶及建鼓。在它们与钟磬组成的空间内放置瑟、笙、排箫、篪等乐器以及食具箱、酒具箱、耳杯、俎等漆木器”。② 在编钟等乐器之外，中室主要是青铜器物，其中鼎、簋、鬲、簠、甗、缶等物当是礼器。河南新郑郑国祭祀遗址虽然不是墓葬，但颇能说明问题，马坑、乐器坑外，还有大量的青铜礼器坑，主要器物为鼎、簋、壶、鬲。虽然器物类型的复杂程度和数量都不及曾侯乙墓，但这些青铜器和乐器更能集中反映庙堂礼器的实质部分。西汉诸侯王、列侯墓葬中经常发现编钟编磬和青铜礼器，这正是沿袭了先秦礼仪。列侯以下人物，虽然没有资格使用编钟编磬等乐器，在经济上也许还无法承受使用青铜礼器的负担，但仍然使用了仿铜陶礼器，这可以解释鼎盒壶为什么在西汉长期存在。还需要说明的是，在曾侯乙墓中室的这个庙堂器物群中，有两件壶形陶缶（C.192、C.193）及漆木质的豆、耳杯、木勺、筒形杯、豆形杯、卮杯等，这些才可能是曾侯乙实际使用的器物。青铜器是可供陈列，而几乎无法使用的，如中室也随葬了青铜豆，两件浅盘豆的高度均为 21.6 厘米，带盖豆的高度为 26.4 厘米，高度是漆木豆的一倍左右，显然不是真正的实用器皿。两件壶形陶缶之外，曾侯乙墓出土陶器极少，可见陶器也不是曾侯乙这个身份的人日常使用的器皿，漆器才是当时的实用器皿。东汉陶案为主的饮食礼器组合所代替的应该也是漆器。

西汉王侯拥有宗庙：能够使用宗庙礼器的前提是墓主拥有宗庙。西汉时期不仅诸侯王，列侯也可以有自己的宗庙。王鹤鸣、王澄检出了相关资料，值得转引：“（西汉）诸侯、列侯也有自己的宗庙制度。列侯的宗庙，见于金日磾的事例。金日磾在宣帝时受封为侯，传子赏，赏无后，金当继承金赏。金日磾侄安上，受封都成侯，传子常，常无后，金钦继承金

① 钱玄：《三礼通论》，南京师范大学出版社，1996 年，第 553 页。

② 湖北省博物馆：《曾侯乙墓》，文物出版社，1989 年，第 60、64 页。

安上。……金钦曾鼓动金当为其父祖立庙，而不祭其从祖金赏，‘当名为以孙继祖也，自当为父、祖立庙。赏故国君，使大夫主其祭’。金钦的做法遭到甄邯的弹劾，认为：‘赏见嗣日磾，后成为君，持大宗重，则礼所谓“尊祖故敬宗”，大宗不可以绝者也。……当即如其言，则钦亦欲为父明立庙而不入夷侯常庙矣。进退异言，颇惑众心，乱国大纲，开祸乱原，诬祖不孝，罪莫大焉。尤非大臣所宜，大不敬。’裁定金钦诣诏狱，金钦自杀。由这个事件可知，列侯有庙祀；大宗不可绝嗣，金当、金钦既为他人大宗之后，不可以再祭祀亲生的祖、父；金钦所犯之罪是‘大不敬’。由此可知，诸侯与列侯宗庙的依据均是先秦宗庙礼制。”①那么，继续采用先秦的宗庙礼器也顺理成章。不仅列侯，西汉时期关内侯至七级的公大夫（文景以后为九级的五大夫）也有很高的地位。《汉书·高帝纪》记载刘邦在汉五年颁布诏书说：“其七大夫以上，皆令食邑，非七大夫以下，皆复其身及户勿事。……其令诸吏善遇高爵，称吾意，且廉问，有不如吾诏者，以重论之。”朱绍侯先生说：“我们必须注意到一个事实，刘邦以后的汉政府虽然再也没有颁布过这样的诏令，但以后的汉政府也并没有废除这个诏令。从刘邦诏令中……的严厉语气来考察，汉五年的诏令是得到认真贯彻执行的。仅这一大批七大夫以上的食邑者，在汉初三四十年内是不会消失的……”②这些食邑者多是跟随刘邦打天下的军人，刘邦对他们进行经济上的优待，而且他们在汉朝建立后多获得了一定的政治地位，集政治、经济地位与爵位于一体的这些人不可能不享受礼制上的待遇，而且还必须与他人有所区别。尽管列侯以下人物的礼制待遇史书有缺，但如同先秦公卿大夫士或公侯伯子男通过服章名物加以区别一样，西汉恐怕还得借助这个手段。在服章名物之中，鼎仍然最能代表身份。关内侯以下人物尽管不能建立宗庙，也不能演奏钟磬，但他们当有类似宗庙式的“家庙”，能在其中进行礼仪活动，并主要通过鼎来标榜自己的身份。

西汉时期高等爵位仍然很有价值：已有研究表明，由于战争的减少和政府卖爵，文景之后二十等爵制受到较大冲击，但趋于轻滥的是其中的低等爵位，也就是第八级公乘以下的民爵，第九级五大夫以上的高等爵位仍然受到严格控制，可以举出的代表性例证是武帝时将爵位赐予后宫的嫔妃。《汉书》卷九七《外戚传上》载：“昭仪位视丞相，爵比诸侯王。婕妤视上卿，比列侯（二十级爵）。娙娥视中二千石，比关内侯（十九级爵）。傛华视真二千石，比大上造（十六级爵）。美人视二千石，比少上造（十五级爵）。……长史视六百石，比五大夫（九级爵）。少史视四百石，比公乘（八级爵）。五官视三百石。顺常视二百石。无涓、共和、娱灵、保林、良史、夜者皆视百石。上家人字、中家人子视有秩斗食云。”③朱绍侯先生说：“……少使以上都有官、爵对比关系，而五官以下仅有官秩视若干石，而没有相应的爵位对比关系。这是因为少使比公乘，已经比到民爵的最高级，五官以后如果再与爵位对比，就进入毫无特权的民爵级别，因此也就再没必要与爵位挂钩了。”这个认识是很有

① 王鹤鸣、王澄：《中国祠堂通论》，上海古籍出版社，2013 年，第 71、72 页。
② 朱绍侯：《军功爵制研究》（增订版），商务印书馆，2017 年，第 375 页。
③ 《汉书》卷九七《外戚传上》，中华书局，1962 年，第 3935 页。括号中爵级系朱绍侯先生所加。

见地的。但朱先生接着说:“把军功爵赐给后宫妃嫔,从表面上看,好像是对军功爵制的重视,实际是对军功爵制的最大讽刺与亵渎,说明军功爵已变成了后宫的点缀品,这是军功爵制在西汉的中后期日趋轻滥的又一种表现。”①这个说法难以完全赞同,而可以从另一个角度对为何授予妃嫔爵位加以理解,那就是这个时期的二十等爵已经具有阎步克先生所提出的“品位”的意义。阎步克说:“爵级是一种‘品位分等’的制度。……二十等爵不是官阶制,可它作为一种政治等级,在秦汉帝国同样发挥着重要作用。……二十等爵具有多重意义。一方面它使平民得以通过军功获得爵禄,这是一个革命性的变革。……在另一方面,二十等爵又是一种身份性、品位性的制度。‘爵’的形式,依然体现了早期社会、贵族政治的深厚影响。刘邦下令保障拥有军爵者的政治社会特权,这时他还有‘爵在人君’的说法,就充分显示了‘爵’浓厚的传统意味。对汉初的军功阶层,军爵是他们身份和地位的基本尺度。换言之,我们看到‘爵’的背后是一个阶层。而且同时在王子侯和外戚恩泽侯的制度下,皇族和外戚都以‘爵’来确定身份,在汉帝国中这些人具有无可置疑的贵族身份。就是向编户赐爵的做法,也具有安排和确认社会身份的意义,这一点西嶋(引者注:原文作“岛”,应作“嶋”)定生已有很好的考察。进而对于官僚来说,获得了爵级,就等于拿到了贵族俱乐部的会员卡。秦汉时代依附于‘爵’的众多权益,远远大于后世,这一点已为许多学者所指出;近年《二年律令》中新的发现,例如依爵级而占有田宅的规定,以及其他特权,进一步证明了这样一点。”②附着在秦汉二十等爵上的好处是很多且具体的,也没有因为西汉历史进入中后期而减损太多,并且在汉武帝时发展成为规范不同人物身份的一个统一标准,这个标准与官位不同,只能保持爵位的传统色彩,向礼仪待遇方面倾斜。正是由于这个原因,标志庙堂礼器的鼎盒壶组合在整个西汉时期的墓葬中长盛不衰,但一进入二十等爵名存实亡的东汉就迅速销声匿迹了。

以鼎为中心的陶礼器组合继续存在于东汉诸侯王一级墓葬中:在确认了西汉墓葬中的鼎盒壶组合来自庙堂礼器、东汉墓葬中的案盘杯勺组合来自丧葬设奠之后,下面试对鼎盒壶组合消失的原因加以探讨。我们认为,鼎盒壶组合的消失与二十等爵制的衰败有直接关系。在进行讨论之前,有必要说明鼎盒壶的消失问题与东汉诸侯王一级人物无关,鼎仍然存在于这些人物的墓葬中,也就是说这些人物依然沿用者先秦以来的庙堂礼器。东汉诸侯王陵中发现陶鼎的有扬州甘泉山二号墓、临淄金岭镇 1 号墓、定县北庄 1 号墓、济宁普育小学东汉墓,其中临淄金岭镇 1 号墓出土陶鼎 9 件,高度从约 26 到 35 厘米,是否为列鼎不详,但可知鼎具有明确的礼仪性质。临淄金岭镇 1 号墓年代被推定为公元 70 年,定县北庄一号墓的年代被推定为公元 90 年,扬州甘泉山二号墓年代有学者认为不是东汉早期而是东汉晚期,③在疑似曹操墓的安阳西高穴大墓、安徽当涂天子坟④也出土成

① 朱绍侯:《军功爵制研究》(增订版),商务印书馆,2017 年,第 120、121 页。

② 阎步克:《官阶与服等》,复旦大学出版社,2010 年,第 22 - 24 页。

③ 汪俊明:《扬州甘泉山二号墓年代献疑》,《东南文化》2012 年第 2 期。

④ 河南省文物考古研究院:《曹操高陵》,中国社会科学出版社,2016 年;当涂天子坟出土九鼎八簋,安徽省文物考古研究所叶润清研究员惠示。

组的陶鼎(图二),这些墓葬在时代上连为一线,说明东汉乃至曹魏时期诸侯王一级墓葬仍然延续先秦西汉时期的列鼎之制。这些墓葬中的陶鼎只能是现实生活中庙堂用鼎的再现。

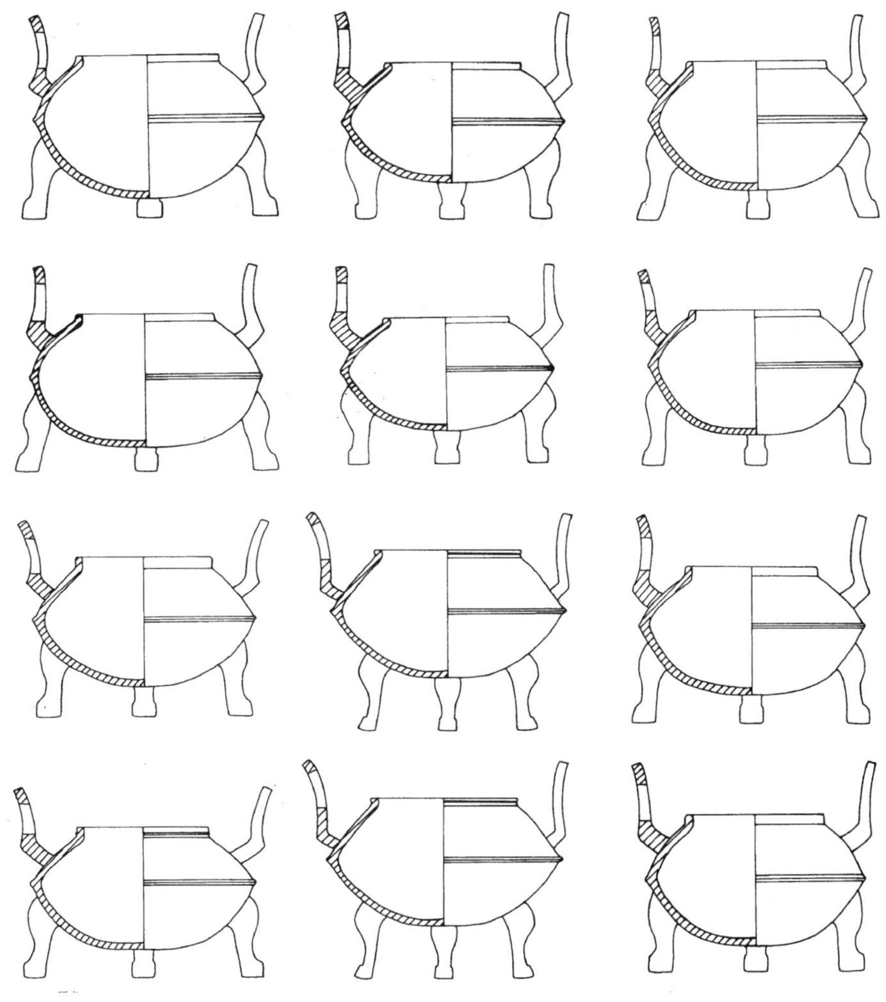

图二　安阳西高穴大墓出土陶鼎

(引自河南省文物考古研究院:《曹操高陵》,图六三—六五,中国社会科学出版社,2016年)

东汉时期二十等爵名存实亡:东汉时期二十等爵虽然存在,但列侯以下爵位的价值与西汉相比就不可同日而语了。《续汉书·百官志》所列举的东汉时期爵级只有王、侯、关内侯三种,而不像《汉书·百官公卿表》那样将二十等爵全部列出,可见从西汉到东汉,爵位制度已经严重退化,列侯以下人物的政治经济特权既不见明文规定,礼制上的特殊地位大概也无从谈起。安作璋、熊铁基先生说:"东汉时期,世家豪族地主阶层已经形成,他们通过察举、征辟和任子制度,完全垄断了政治特权,布衣之士,包括一般地主在内,已很难进入政治舞台,完全用不着以'赐吏爵'去扶植新的权贵了。所以东汉时'赐吏爵'一次也没有,可见已经废除。至于'赐民爵'成了一种更廉价的点缀品。……于是爵制名存实亡。正如王粲《爵论》所说:'古者爵行之时,民赐爵则喜,夺爵则惧,故可以夺赐而法也。今爵废矣,民不知爵者何也,夺之,民也不惧,赐之,民也不喜,是设空文书而无用也。'事实也正是如此,东汉是赐爵最多的朝代,但人们竟不知赐爵的用意何在?甚至连熟悉官事的一些文吏也弄不清楚'赐民爵八级何法?'可见军功爵制在东汉只不过是徒具形式而已。但也要说明一点,所谓军功爵在东汉已经失去实际意义,乃是指十八级以下的爵位,至于最高两级,即关内侯、列侯,则仍以分封制的残余形式被保留下来。"①实际上,列侯在东汉的地位也在下降,《续汉书·百官志》说:"旧列侯奉朝请在长安者,位次三公。中兴以来,唯以功德赐位特进者,次车骑将军;赐位朝侯,次五校尉;赐位侍祠侯,次大夫。其余以胏附及公主子孙奉坟墓于京都者,亦随时见会,位在博士、议郎下。"②东汉列侯地少力微,与朝廷官员相较,类比的级别降低,所拥有的特权主要只是能够参加朝会、祠祀、墓祭等礼仪活动。上文指出东汉诸侯王一级人物的墓葬中仍然用鼎,但在疑为东汉时期的列侯墓葬中,都没有发现陶鼎。这从《续汉书·百官志》的记载中似乎也能看出一些端倪。《续汉书·百官志》叙述诸侯王时云:"礼乐长。本注曰:主乐人。卫士长。本注曰:主卫士。……祠祀长。本注曰:主祠祀。皆比四百石。"叙述列侯时云:"每国置相一人,其秩各如本县。……中兴以来,食邑千户已上置家丞、庶子各一人,不满千户不设家丞,又悉省行人、洗马、门大夫。"③叙述关内侯时云:"无土,寄食在所县,民租多少,各有户数为限。"细绎上述引文,列侯、关内侯都没有专门的礼乐属官,也应没有独立的宗庙,所有者大概是祠堂之属,自然没有庙祭的列鼎。④ 更不用说列侯、关内侯以下的人物了。

墓葬中的礼器是现实礼仪的再现:综上,墓葬是现实社会生活的折射,墓葬中所发生的变化只能是现实社会发生变化的结果。丧礼是中国古代最重要的礼仪之一,墓葬不能不对丧礼有所反映,但除礼仪场所和气氛非常特殊外,从三礼等文献来看,丧礼所使用的器具即礼器的主要种类与其他礼仪活动大致相似,这是庙堂礼器得以出现在先秦西汉墓葬中的原因之所在。先秦礼仪活动的依据是贵族身份,秦汉二十等爵延续了这一贵族特性,但东汉从光武帝开始就高度强调吏治,"职位"的重要性迅速超过爵位所代表的"品位",加上明帝开始对包括列侯在内爵位授予的吝啬和权益的削夺,终于使二十等爵的有效性在东汉早期基本终止了,庙堂之祭只限于诸侯王以上的最高级贵族了,这就决定了带有先秦庙堂礼器特点的鼎盒壶组合在诸侯王以下人物的墓葬中也不得不在东汉早期前后消亡了。本包括在庙堂礼器之中但被其他重器掩盖,且损之不能再损的饮食之器遂成为礼器而走到核心位置。在这个意义上,日本学者将西汉归为上古时代,将东汉看作中国中古时代的开始是有相当的道理的。

---

① 安作璋、熊铁基:《秦汉官制史稿》(下册),齐鲁书社,1985年,第445页。

② (晋)司马彪撰,(梁)刘昭注补:《续汉书·百官志(五)》,中华书局,1965年,第3630页。

③ (晋)司马彪撰,(梁)刘昭注补:《续汉书·百官志(五)》,中华书局,1965年,第3629－3631页。

④ 汉魏洛阳城西白马寺汉墓有墓园,园中有寝殿类建筑,《中国考古学·秦汉卷》将此墓认定为列侯一级墓葬,这个认定可能有误。此墓不仅古代有皇女冢的传说,而且墓园建筑布局近似西汉帝陵,建筑规模大,类似宫殿,可能为寝殿,但是身份高于列侯者的墓葬。

北魏平城墓葬陶俑演变的阶段性

古顺芳　吕晓晶

（大同市考古研究所）

近些年来，数量众多的北魏平城墓葬的科学发掘为我们提供了丰富的实物研究资料。其中一批墓葬出土了壁画，有多位学者从各个角度进行了分析探讨，[①]表明壁画已形成一定的模式，并随着时代的发展内容也一直在变化中。此外，还有些平城墓葬出土了数量不等、形态各异的陶俑及相关器物。如太和元年（477年）宋绍祖墓、[②]太和八年（484年）司马金龙夫妇墓、[③]雁北师院52号墓[④]和2号墓、[⑤]田村M1、[⑥]大同县湖东11号墓、[⑦]阳高下深井1号墓、[⑧]七里村35号墓、[⑨]文瀛路北魏壁画墓、[⑩]云波路10号墓、[⑪]二电厂36号墓、[⑫]大同县陈庄北魏墓[⑬]和资料正在整理中的公安局石椁墓，[⑭]御昌佳园11号墓、[⑮]96号墓、[⑯]113号墓，[⑰]东信广场211号墓、[⑱]439号墓，[⑲]沙岭2号墓[⑳]等。其中宋绍祖墓、司马金龙墓、公安局石椁墓、七里村35号墓有明确纪年。本文结合这些墓葬的形制和随葬

---

① 张庆捷：《献给另一个世界的画作——北魏平城墓葬壁画》，上海博物馆：《壁上观——细读山西古代壁画》，北京大学出版社，2017年，第82－95页；韦正：《山西大同北魏墓葬壁画研究》，上海博物馆：《壁上观——细读山西古代壁画》，北京大学出版社，2017年，第96－111页；张志忠：《大同沙岭北魏壁画墓文化渊源解析》，上海博物馆：《壁上观——细读山西古代壁画》，北京大学出版社，2017年，第112－127页。

② 大同市考古研究所：《大同雁北师院北魏墓群》，文物出版社，2008年，第71－162页。

③ 山西省大同市博物馆、山西省文物工作委员会：《山西大同石家寨北魏司马金龙墓》，《文物》1972年第3期，第20－33页。

④ 大同市考古研究所：《大同雁北师院北魏墓群》，文物出版社，2008年，第27－39页。

⑤ 大同市考古研究所：《大同雁北师院北魏墓群》，文物出版社，2008年，第40－70页。

⑥ 大同市考古研究所：《山西大同南郊区田村北魏墓发掘简报》，《文物》2010年第5期，第4－18页。

⑦ 山西省考古研究所、大同市考古研究所：《山西大同县湖东北魏墓（M11）发掘简报》，《文物》2014年第1期，第28－36页。

⑧ 大同市考古研究所：《山西大同下深井北魏墓发掘简报》，《文物》2004年第6期，第29－34页。

⑨ 大同市考古研究所：《山西大同七里村北魏墓群发掘简报》，《文物》2006年第10期，第25－49页。

⑩ 大同市考古研究所：《山西大同文瀛路北魏壁画墓发掘简报》，《文物》2011年第12期，第26－36页。

⑪ 大同市考古研究所：《山西大同云波路北魏墓（M10）发掘简报》，《文物》2017年第11期，第4－20页。

⑫ 大同市考古研究所：《山西大同二电厂北魏墓群发掘简报》，《文物》2019年第8期，第15－37页。

⑬ 山西省考古研究所、大同市考古研究所：《山西大同市大同县陈庄北魏墓发掘简报》，《文物》2011年第12期，第37－46页。

⑭ 资料正在整理中。

⑮ 资料正在整理中。

⑯ 资料正在整理中。

⑰ 资料正在整理中。

⑱ 资料正在整理中。

⑲ 资料正在整理中。

⑳ 资料正在整理中。

品的变化,试将北魏平城墓葬陶俑及相关器物的发展演变分为四个阶段。

一、第一阶段:两种风格并存期

这一阶段的年代始于公元五世纪三十年代北魏占领关中之后,可延续到五世纪四十年代,处于太武帝时期。既有关陇风格的陶俑进入平城,也出现了平城新创的稚拙风格陶俑。

(一)关陇风格进入平城

西晋亡后,中原北方只有关陇地区还在发展陶俑和模型明器,十六国时期俑群的内容大大丰富了。① 咸阳市文物考古研究所编写的《咸阳十六国墓》介绍了咸阳市北部头道塬一线相继发掘的 24 座风格面貌较为相似的墓葬,包括咸阳师院的 10 座家族墓、中铁七局三处的 4 座十六国墓、文林小区的 9 座前秦墓,以及在平陵附近清理的一座十六国墓 M1,其中文林小区墓地 M49 出土前秦"建元十四年(378 年)"墓志砖铭。② 这些墓葬大为丰富了人们对关中地区十六国墓的认识,具有极其重要的意义。

图一　沙岭 M2

大同发掘的沙岭 M2 和东信广场 M211 两座北魏墓葬出土的陶俑与关陇地区十六国墓葬出土的陶俑非常相似。

435 年的大同沙岭北魏壁画墓(M7)未出现陶俑和模型明器,与其同时发掘的沙岭 M2 出土了陶俑和少量木质俑。M2 是一座长斜坡墓道方形土洞墓,坐北朝南,墓道两侧壁龛内出土有陶制动物俑、木制人形俑。墓室内西侧南北向置一具木棺,棺外置有陶侍从俑,有陶猪、羊、狗、鸡组成的禽畜俑组合,有陶灶、碓、仓、井、磨、灯组成的模型明器组合,另有陶壶、陶罐(图一)。陶侍俑根据面部特征及帽饰可分为男侍俑和女侍俑两类。男侍俑风帽后部扁平,帽裙较短、不及肩,帽檐饰二周弦纹,帽顶横向饰一棱线;女侍俑风帽的帽裙较短、不及肩,帽顶

① 倪润安:《关陇与平城之间北魏墓葬文化的互动》,《史志学刊》2016 年第 2 期,第 22-28 页。
② 咸阳市文物考古研究所:《咸阳十六国墓》,文物出版社,2006 年。

饰横向棱线，纵向压印痕，后部二凸起，代表女侍俑风帽内有发髻，帽后系结。男、女侍俑皆上身着右衽交领窄袖衣，下身着裤。男、女侍俑的面部特征与陕西咸阳中铁七局 M3：5①男俑相似，服装式样与咸阳师院 M5：18、②中铁七局 M3：5 类似，上装为右衽，下装裤子中间内凹但不分离。陶猪、狗、羊的前、后足分别并联在一起。陶猪与咸阳平陵 M1：40，③咸阳师院 M5：11，中铁七局 M3：23，咸阳文林小区 M20：3、④M44：17、⑤M61：12、⑥M113：15⑦陶猪相似。陶狗与咸阳平陵 M1：56、中铁七局 M3：2、咸阳师院 M5：8 陶狗相似。陶鸡与咸阳平陵 M1：30、中铁七局 M3：35 陶鸡相似。陶灶与咸阳平陵 M1：42 陶灶相似。陶碓与咸阳师院 M11：6⑧和咸阳文林小区 M20：15、M61：14、M113：11 陶碓相似。陶仓与中铁七局 M4：2，⑨咸阳文林小区 M20：12、M44：3、M61：10、M113：25、M113：27、M140：8⑩陶仓相似。陶井与咸阳平陵 M1：29，中铁七局 M3：14、M4：7，咸阳师院 M5：23，咸阳文林小区 M20：23、M44：20 陶井相似。葫芦形多枝灯与咸阳平陵 M1：41 多枝灯类似。沙岭 M2 出土的陶壶、陶罐是北魏平城地区的传统器形，与咸阳十六国墓葬出土的陶壶、陶罐大不相同，不具备可比性。沙岭 M2 盘口陶罐为手工成形，盘口外侈。平沿釉陶壶施酱黄色釉，细长颈，溜肩，瘦体。陶罐器形不够规整，盘口，平沿，厚唇，矮颈，溜肩，弧腹，底部较大，多为素面，口沿外施戳刺纹，肩部凹弦纹稍带粗犷，具备北魏平城较早时期的陶罐特征。十六国时期，关中地区先后被汉、前赵、后赵、前秦、后秦、夏所占据，时间从公元 316 年匈奴刘曜攻占长安至公元 431 年北魏太武帝拓跋焘灭夏。天兴五年(402 年)，道武帝对后秦用兵。始光三年(426 年)十月，太武帝率军伐夏，攻占夏弘农、蒲坂、长安。神䴥四年(431 年)，夏灭西秦，欲渡河西袭北凉沮渠蒙逊而夺其地，中途遭吐谷浑慕璝的袭击，夏国至此灭亡。⑪说明北魏与关中的后秦和大夏一直有征战发生。另太延元年(435 年)二月“诏长安及平凉民徙在京师，其孤老不能自存者，听还乡里”。⑫太平真君七年(446 年)二月“大破盖吴于杏城”，三月“徙长安城工巧二千家于京师”。⑬因此，关陇风格的陶俑应该是北魏占领关中后在平城地区较早出现的陶俑(表一)。

① 咸阳市文物考古研究所：《咸阳十六国墓》，文物出版社，2006 年，第 76－83 页。
② 咸阳市文物考古研究所：《咸阳十六国墓》，文物出版社，2006 年，第 15－22 页。
③ 咸阳市文物考古研究所：《咸阳十六国墓》，文物出版社，2006 年，第 87－102 页。
④ 咸阳市文物考古研究所：《咸阳十六国墓》，文物出版社，2006 年，第 60－64 页。
⑤ 咸阳市文物考古研究所：《咸阳十六国墓》，文物出版社，2006 年，第 52－57 页。
⑥ 咸阳市文物考古研究所：《咸阳十六国墓》，文物出版社，2006 年，第 45－49 页。
⑦ 咸阳市文物考古研究所：《咸阳十六国墓》，文物出版社，2006 年，第 37－42 页。
⑧ 咸阳市文物考古研究所：《咸阳十六国墓》，文物出版社，2006 年，第 28－33 页。
⑨ 咸阳市文物考古研究所：《咸阳十六国墓》，文物出版社，2006 年，第 83－86 页。
⑩ 咸阳市文物考古研究所：《咸阳十六国墓》，文物出版社，2006 年，第 34－37 页。
⑪ 杜士铎：《北魏史》，北岳文艺出版社，2011 年，第 79－85 页。
⑫ 《魏书》卷四上・世祖纪上，中华书局，1974 年，第 84 页。
⑬ 《魏书》卷四下・世祖纪下，中华书局，1974 年，第 100 页。

表一　北魏平城墓葬关陇风格陶俑及相关器物与咸阳十六国墓葬的比较

器物名称 / 墓葬名称	男侍俑	女侍俑	乐俑	牛	马	鳖甲车、卷棚车
沙岭 M2	M2：1	M2：3				
东信 M211	M211：38	M211：34 M211：20	M211：46 M211：43　M211：45	M211：4	M211：1	M211：21 M211：22
咸阳十六国墓	中铁七局 M3：5　咸阳师院 M5：18	中铁七局 M3：22	咸阳平陵 M1：35		咸阳平陵 M1：12 咸阳师院 M5：19	

续表一 1　北魏平城墓葬关陇风格陶俑及相关器物与咸阳十六国墓葬的比较

器物名称 / 墓葬名称	猪	狗	羊	鸡	灶	碓
沙岭 M2	 M2：38	 M2：30	 M2：40	 M2：17	 M2：24	 M2：28
东信 M211	 M211：10	 M211：8	 M211：16	 M211：14	 M211：23	 M211：26
咸阳十六国墓	 咸阳平陵 M1：40  咸阳师院 M5：11	 咸阳平陵 M1：56  咸阳师院 M5：8		 咸阳平陵 M1：30	 咸阳平陵 M1：42	 咸阳文林小区 M20：15

续表一 2　北魏平城墓葬关陇风格陶俑及相关器物与咸阳十六国墓葬的比较

器物名称 / 墓葬名称	仓	井	磨	灯	壶	罐
沙岭 M2	 M2：25	 M2：26	 M2：27	 M2：47 　M2：46	 M2：16 　M2：22	 M2：11 　M2：15
东信 M211	 M211：25	 M211：24		 M211：20	 M211：51 　M211：52	 M211：50
咸阳十六国墓	 咸阳中铁 M4：2	 平陵 M1：29	 咸阳师院 M2：13	 咸阳平陵 M1：41		

2013年发掘的东信广场M211，坐北朝南，双室土洞墓，由甬道连接的前后室均近方形，两扇石质墓门上半部分别线刻青龙、白虎，下半部都线刻武士。大部分随葬品置于前室，后室中部东西向置一具木棺，未见人骨（图二）。随葬品有釉陶卷棚车、鳖甲车，陶牛、马、男侍俑、女侍俑、乐俑等组成的侍从仪仗组合，有陶猪、羊、狗、鸡组成的禽畜俑组合，有陶灶、碓、仓、井、灯组成的模型明器组合，还有陶壶、陶罐。墓葬形制和器物放置位置与中铁七局M3（图三）近同，都是前后双室墓，前室置随葬器物，后室置棺，中间甬道相连。男侍俑身着鲜卑装，头戴风帽，帽顶有"十"字形刻痕，上身着交领衣，下身着裤。女侍俑服饰有两种：一种头戴鲜卑风帽，帽裙较长、刚刚及肩，帽顶有"十"字形刻痕，上身着交领衣，下身着裙；另一种身着汉装，头部饰"十"字形发髻，身着右衽宽袖长袍，双手拢于袖中。乐俑跽坐，皆身着长袍，手持乐器，或弹或吹，也有两种服饰特征：一种是头戴鲜卑风帽，帽裙刚刚及肩；另一种是着汉装，有头戴小冠的男乐俑，也有头饰低矮"十"字髻的女乐俑。"十"字形发髻的汉装女侍俑同咸阳平陵M1：35，咸阳师院M5：6，中铁七局M3：22，咸阳文林小区M49：4、①M61：4、M113：23女侍俑相似。"十"字形发髻的汉装女乐俑与咸阳平陵M1：35女乐俑相似。陶马头部鬃毛样式与咸阳师院M5：19、27，中铁七局M3：13，咸阳平陵M1：12，咸阳文林小区M35：2、②M69：1③陶马头部鬃毛样式相同。陶车与中铁七局M3：8，咸阳文林小区M6：1、④M44：1、M61：1陶车相似。陶猪、狗、羊的前、后足分别并联在一起。陶猪、狗、鸡与咸阳平陵M1、咸阳师院墓葬、中铁七局墓葬、咸阳文林小区墓葬出土的陶猪、狗、鸡相似。陶灶同咸阳平陵M1陶灶相似。陶碓同咸阳师院M11：6，咸阳文林小区M20：15、M61：14、M113：11陶碓相似。陶仓与

图二　东信广场M211

① 咸阳市文物考古研究所：《咸阳十六国墓》，文物出版社，2006年，第51－53页。
② 咸阳市文物考古研究所：《咸阳十六国墓》，文物出版社，2006年，第59－60页。
③ 咸阳市文物考古研究所：《咸阳十六国墓》，文物出版社，2006年，第42－44页。
④ 咸阳市文物考古研究所：《咸阳十六国墓》，文物出版社，2006年，第66－67页。

中铁七局 M4 : 2,咸阳文林小区 M20 : 12、M44 : 3、M61 : 10、M113 : 25、M113 : 27、M140 : 8 陶仓相似。陶井与咸阳平陵 M1 : 29,中铁七局 M3 : 14、M4 : 7,咸阳师院 M5 : 23,咸阳文林小区 M20 : 23、M44 : 20 陶井相似。陶灯与咸阳平陵 M1 : 41 陶灯如出一辙,上、下分体,套装在一起组合成陶多枝灯,灯柱上排列圆孔,插入小灯柱和小灯盘。在上述大批器物与关中十六国相似的同时,平城地区的文化特点也有所反映。如男侍俑和部分女侍俑、乐俑都身着鲜卑装。陶罐平沿,颈肩交界明显,粗颈、溜肩、弧腹;陶壶平沿、长颈、溜肩、瘦体,最大径在腹中部,有的陶壶颈部有竖向暗纹;釉陶壶,酱黄色釉,平沿,肩部有不规整弦纹带和水波纹带。这些陶器已都是北魏平城本地的造型特点(表一)。

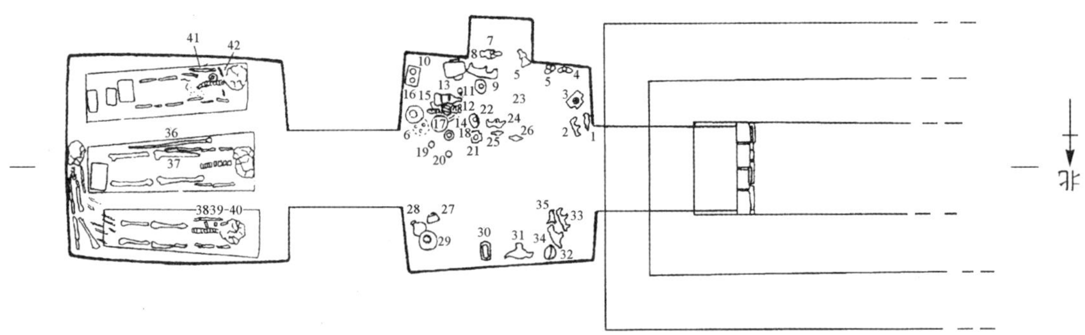

图三　咸阳中铁七局 M3

沙岭 M2、东信广场 M211 陶俑和模型明器与宋绍祖墓、司马金龙墓出土的陶俑和模型明器有明显的区别,而且均没有镇墓武士俑和镇墓兽组合,与后者的年代应不相同。咸阳平陵 M1、咸阳师院墓葬、中铁七局墓葬、咸阳文林小区墓葬多为长斜坡墓道,土坯或砖块封门,有长方形拱形顶甬道,墓室多为前后双室墓,有的墓壁略外弧凸,棺内的随葬品多为铜镜、铜钗、铜镯、铜钱、铁刀等,棺外多随葬男女陶俑、陶制牛车、禽畜俑组合、模型明器等,无镇墓武士和镇墓兽。① 而沙岭 M2 和东信广场 M211 也多具此类特征,说明它们的年代当在五世纪三十年代北魏占领关中之后,是关中地区墓葬风格传到平城的产物。

(二) 平城稚拙风格陶俑出现

2004 年末至 2005 年初发掘的大同县湖东 M11,坐北朝南,近梯形土洞墓,南端宽,北端窄,墓门偏东。木棺南北向置于墓室西侧,棺东侧放置随葬品。侍从仪仗组合有男侍俑、女侍俑、陶牛,禽畜俑组合有陶猪、羊、狗,模型明器组合有陶磨、灶,另有陶壶、陶罐(图四)。男、女侍俑头部规整,似为模制,身体中空,呈喇叭形筒状,内着圆领衣,外着交领窄袖长袍,制作粗糙肥拙。男侍俑头部帽饰可分两种:第一种头戴高顶帽,前后正中与两侧有深竖线刻痕,呈"十"字形,帽裙较短、不及肩,如 M11 : 14;第二种在帽子顶部有两个斜向上的角形装饰,如 M11 : 13。女侍俑不戴帽,齐耳短发,中部隆起向后梳,纹理清晰,

① 咸阳市文物考古研究所:《咸阳十六国墓》,文物出版社,2006 年。

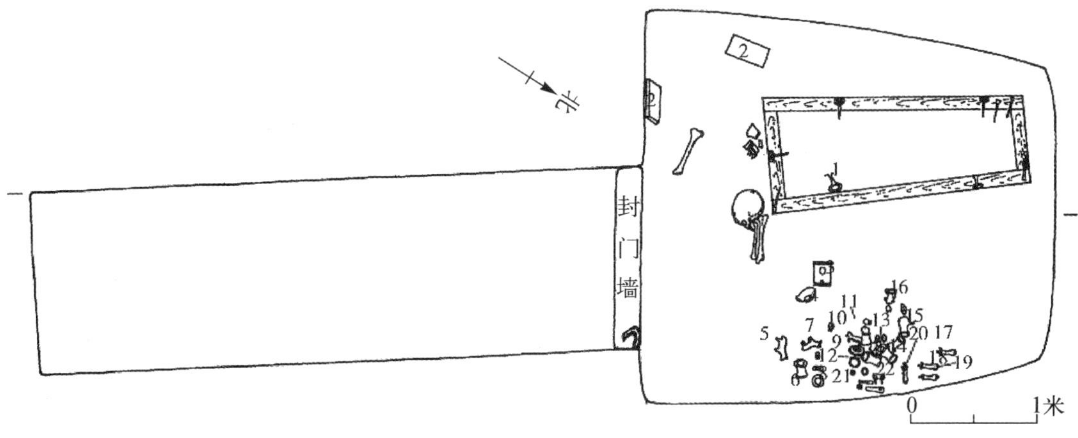

图四 湖东 M11

如 M11 : 12、M11 : 15。陶牛腿较短，与身体比例不合，陶猪、狗、羊采取了四足分立的姿势，整体造型拙稚。模型明器手工制成，制作粗糙。陶灶前有“山”字形挡火板，底部正中方形火门，与挡火板相对一侧为斜向上仰的短墙。陶磨由磨盘和磨台组成。陶碓简易，下面附架和臼分体。陶壶圆肩、平底，肩部弦纹带内夹忍冬纹，腹部饰折线暗纹（表二）。

2013 年发掘的东信广场 M439，坐北朝南，偏室土洞墓，出土男、女侍俑 6 件，禽畜俑组合有陶猪、羊、狗、鸡，模型明器组合有陶灶、碓、井、磨、灯，另有陶壶、陶罐（图五）。男、女侍俑身体中空，呈喇叭形筒状，双手置于腹部，制作粗糙。男侍俑头戴风帽，帽裙较短、不及肩，女侍俑不戴帽，脑后垂有发髻。陶猪、狗、羊四足分立，手工制作，外形稚拙。陶灶平面为半圆形，“山”字形挡火板，挡火板对面有一烟囱。陶井为圆形井桶，方形井架。陶磨由磨盘和磨台组成。陶灯为豆形。陶壶和陶罐，灰陶，器型较规整，肩部、腹部有模印纹带（表二）。

图五 东信广场 M439

东信广场 M439 和大同县湖东 M11 都是长斜坡墓道土洞墓，均坐北朝南，前者为偏室墓，后者近似偏室墓。偏室墓是平城北魏时期较常见的墓葬形

表二　北魏平城墓葬稚拙风格陶俑及相关器物

器物名称 / 墓葬名称	男侍俑	女侍俑	猪	狗	羊	鸡
大同县湖东 M11	 M11：14 　M11：13	 M11：12 　M11：15	 M11：17	 M11：7	 M11：19	
东信 M439	 M439：16 　M439：5	 M439：7	 M439：21	 M439：19	 M439：25	 M439：23

续表二　北魏平城墓葬稚拙风格陶俑及相关器物

器物名称 / 墓葬名称	灶	碓	井	磨	灯	壶	罐
大同县湖东 M11	 M11：3	 M11：22		 M11：9		 M11：4	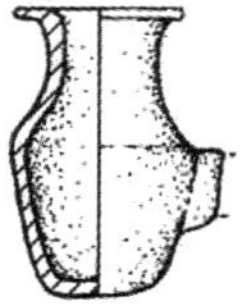 M11：21
东信 M439	 M439：12	 M439：6	 M439：11	 M439：13	 M439：14		

制,是从河西传入的。① 这两墓的陶俑和模型明器,从种类上模仿了关中十六国墓葬的做法。但陶俑试图摆脱关中十六国墓葬陶俑的造型,而不是像东信广场 M211 那样仅用鲜卑装去替换汉装。由此陶俑身体制作成喇叭筒状,帽式也多有变化。动物俑四足分立,也与关陇风格动物俑前、后足分别并联不同。不过,陶俑的制作水平整体不高,显示出稚拙不太成熟的特点。相比关中十六国,陶碓减省了碓板,陶磨则下半部变高,增加了磨台。陶壶、陶罐制作比较规整,出现忍冬纹带。这两座墓葬的陶俑是以关陇风格陶俑组合为范式,尝试创立新的风格,其年代应与关陇风格墓葬同时或稍后不久(表二)。

二、第二阶段:平城风格初成期

这一阶段的年代约相当于公元五世纪五六十年代,处于文成帝、献文帝时期。上一阶段两种风格的陶俑继续发展,并呈现出新的变化。延续关中风格路线的陶俑已全部由汉装转变为鲜卑装,如大同市公安局石椁墓、御昌佳园 M11 等;延续稚拙风格路线的陶俑,制作上较以往显精致些,如田村 M1、御昌佳园 M96 等。两种风格之间也互有借鉴,呈现出融合的趋势。

2011 年发掘的大同市公安局石椁墓,坐北朝南,发掘前墓室已被破坏。根据残存痕迹,推测该墓是方形土洞墓,墓室内置一石椁,石椁内壁铭刻有"大代和平元年(460 年)"字样,椁内置一石棺床,石棺床雕刻忍冬纹和水波纹带,两侧足部各雕一瓶装忍冬纹,中间足雕兽面纹,上着彩绘。随葬器物有釉陶女侍俑,禽畜俑组合有釉陶狗、鸡,模型明器组合有陶灯、釉陶盘、釉陶耳杯,另有单耳陶罐、四系青釉罐、青铜盆、铜镳斗(图六)。釉陶女侍俑头戴风帽,帽顶"十"字形压痕,帽后有系结压痕,身着右衽交领窄袖长襦,下着裙,有的双手袖于胸前,有的左手持耳杯、右手持陶瓶。这些俑上装虽为右衽,但风帽和长襦为典型的鲜卑民族服饰。釉陶狗与稚拙风格路线的动物俑一样四足分立。陶灯底座为覆碗形,长灯柱,圜形灯碗。釉陶盘上置陶耳杯、兽骨,陶盘上置耳杯在两晋时期的墓葬中经常见到,漆盘上置兽骨是北魏游牧民族的葬俗,因此陶盘上置陶耳杯、兽骨是大同北魏时期民族融合的体现。单耳罐,方唇、粗颈。另一青瓷四系罐,是东晋南方地区常见的器物(表三)。

2013 年发掘的御昌佳园 M11,坐北朝南,长斜坡墓道方形土洞墓,土坯封门,墓室内东西向置一木棺。随葬器物中,侍从仪仗组合有陶男、女侍俑,禽畜俑组合有陶猪、狗、羊、鸡,模型明器组合有陶磨、碓、仓、井、灶,另有陶罐(图七)。男、女陶俑的面部特征与沙岭 M2、咸阳平陵 M1 陶俑面部特征相似,但头戴帽裙较长的鲜卑风帽,身着圆领窄袖长襦,男俑下装着裤,女俑着裙。女俑风帽帽顶上有"十"字形压印痕,压印痕末端有扁圆形装饰,男女俑上衣均饰从肩到腰的交叉划线纹,腰部有腰带纹饰。动物俑的足部表现多样,陶猪的前、后足尚保留着分别并联的痕迹,陶羊为四足分立,陶狗的四足则由前、后足分别并联进一步简化为前、后足分别为板足。板足作为新样式开始出现。陶灶"山"字形挡火板,挡火板对面有一烟

① 倪润安:《光宅中原:拓跋至北魏的墓葬文化与社会演进》,上海古籍出版社,2017 年,第 142－144 页。

图六　公安局石椁墓

囱。陶碓底板较长,上有支架。陶仓由十六国风格的圆柱尖顶形变为椭圆仓体,上面附盖。陶井圆柱形井体,上宽下窄,上有“井”字形栏杆。陶磨为上下两片式磨盘,较薄。平沿罐矮粗颈,窄平沿,溜肩,鼓腹,腹部有竖向暗纹,体形较大,具备北魏平城中期的陶罐特征(表三)。

图七　御昌佳园 M11

表三　北魏平城墓葬平城风格初成期的陶俑及相关器物

器物名称 / 墓葬名称	驾牛车	陶马	男侍俑	女侍俑	胡俑	骆驼俑
大同公安局石椁墓（460年）				M1：6		
御昌佳园 M11			M11：6	M11：4		
田村 M1	M1：55、57			M1：30　M1：54	M1：68	M1：69
御昌佳园 M96	M96：17	M96：12	M96：2	M96：18		

续表三 1　北魏平城墓葬平城风格初成期的陶俑及相关器物

墓葬名称 \ 器物名称	猪	狗	羊	鸡	灶	碓	仓
大同公安局石椁墓（460 年）		 M1：7		 M1：8			
御昌佳园 M11	 M11：11	 M11：12	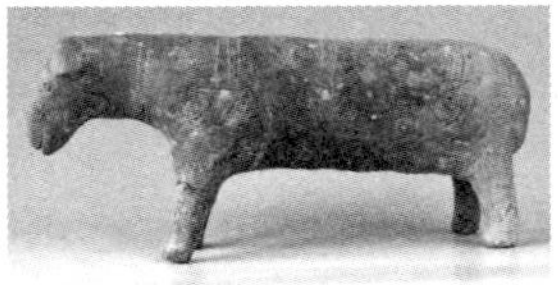 M11：9	 M11：14	 M11：18	 M11：16	 M11：20
田村 M1		 M1：59			 M1：47	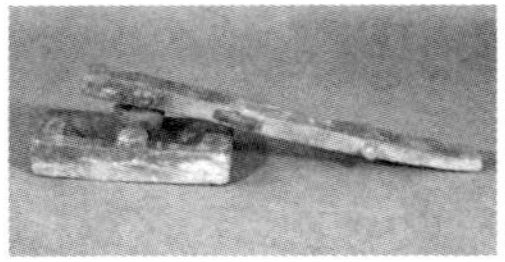 M1：75	
御昌佳园 M96	 M96：7	 M96：5	 M96：8	 M96：10		 M96：16	 M96：13

续表三 2　北魏平城墓葬平城风格初成期的陶俑及相关器物

器物名称 / 墓葬名称	井	磨	灯	毡帐模型	壶	罐	耳杯	盘(碗)
大同公安局石椁墓（460年）			 M1：3			 M1：4 　M1：5	 M1：13	 M1：1
御昌佳园 M11	 M11：19	 M11：17				 M11：21 　M11：22		
田村 M1	 M1：33	 M1：78	 M1：58 　M1：49		 M1：50 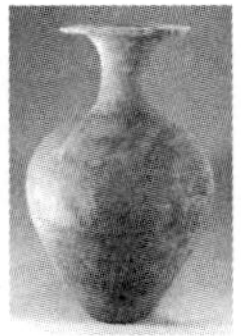　M1：51	 M1：7 　M1：11	 M1：60	 M1：3
御昌佳园 M96	 M96：11			 M96：3	 M96：4	 M96：20		

1999 年发掘的田村 M1 是长斜坡墓道砖构单室墓,坐东朝西,墓室内近北壁东西向置一雕刻精美的石棺床,石棺床上未置棺,直接置一灰枕,应是将人骨直接置于石棺床上,石棺床雕刻忍冬纹和水波纹带,两侧足部各雕一朵忍冬,中间足雕兽面(图八)。侍从仪仗组合有陶女立俑、女坐俑、胡俑、陶骆驼、陶牛车,禽畜俑组合有陶狗,模型明器组合有陶灶、碓、井、磨、灯、耳杯、盘、盏、盆、樽、槽、鼎、榼、箕、釜。另有陶壶、陶罐。陶女俑头戴风帽变高,帽顶"十"字形压痕较浅,帽后有扎带系结印,帽裙变长、接近肩部,身着左衽交领窄袖长襦,下身着裙。立俑身体呈喇叭形筒状,尚保留前一阶段稚拙风格陶俑的特点。该墓出现了前一阶段墓葬中未曾出现的胡俑、骆驼俑。根据外形和尺寸,推测胡俑可能是镇墓俑。陶狗采用四足分立姿势。模型明器种类较多。陶灶形制未变,"山"字形挡火板。陶碓简易。陶井圆筒方口,附有一半圆形水斗。陶磨由上、下磨盘组成。多枝灯主体由覆碗形底座、长灯柱、圜形灯碗组成,灯柱上排列有序的圆孔上插有小灯柱和灯盘,应是关陇风格的东信广场 M211 釉陶多枝灯发展演变而来的,灯柱由分体变为一体。陶耳杯、陶盘、陶盏数量较多,是两晋墓葬文化因素的表现。北魏太武帝正平元年(451 年)三月,"车驾至自南伐,饮至策勋,告于宗庙。以降民五万余家分置近畿"。① 所以公安局石椁墓和田村 M1 中出现有两晋文化特征的陶盘等器物也就不足为奇了。胡俑、骆驼俑直接反映了鲜卑游牧民族的日常生活。陶壶平沿变宽,溜肩,肩部、腹部用弦纹带分区,弦纹带区间有暗纹,器型高大规整,最宽处在壶腹部。陶罐器型不规整,窄平沿或盘口,矮颈,溜肩,鼓腹(表三)。

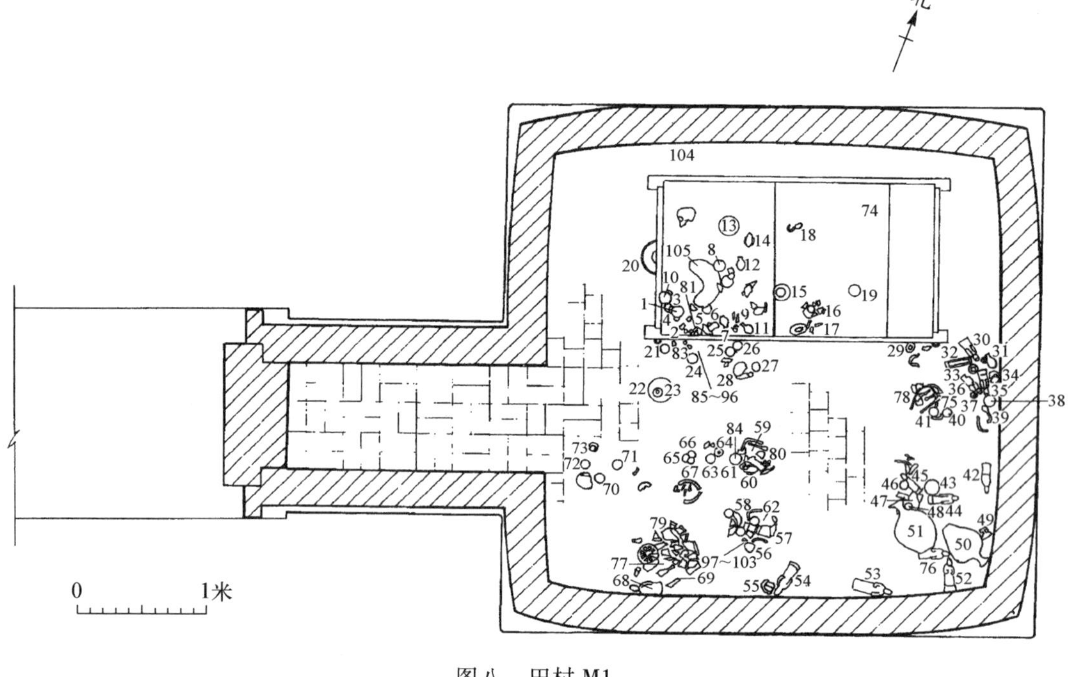

图八　田村 M1

① 《魏书》卷四下 · 世祖纪下,中华书局,1974 年,第 105 页。

2013年发掘的御昌佳园M96,坐北朝南,长斜坡墓道方形土洞墓,墓室内东西向置一棺。出土器物中侍从仪仗组合有男侍俑、女侍俑、陶马、陶制卷棚车,禽畜俑组合有陶猪、狗、羊、鸡,模型明器组合有陶碓、仓、井、磨、陶毡帐,另有陶壶、大型陶罐(图九)。男俑头戴黑色风帽,帽裙稍变长、刚及肩,身着窄袖长襦,下着裤;女俑未戴风帽,露出发髻,身着窄袖长襦,下着裙,均双手袖于腹部。男俑戴风帽、女俑不戴帽的搭配风格与前一阶段稚拙风格的陶俑相同,但制作较为精致些。陶猪、羊、狗,足部均为新样式的板足。陶碓、仓、井、磨与御昌佳园M11陶碓、仓、井、磨形制一样,不同的是M96出现了陶制毡帐模型,与田村M1陶骆驼、胡俑一样,是鲜卑游牧生活在墓葬文化中的体现。陶壶平沿略宽,敞口,细颈,溜肩,斜腹下收,肩下部最宽,肩部施弦纹带,弦纹带间饰网状暗纹,肩部、腹部饰折线暗纹。盘口罐体型较大,粗颈,圆肩,器型规整,口沿外有三周凸棱(表三)。

图九 御昌佳园M96

上述4座墓葬归为平城风格初成期,前一阶段两种风格的陶俑开始互有交融,陶俑风格各异,还没有形成统一风格。公安局石椁墓和田村M1葬具均为石棺床,石棺床上均雕刻水波纹,公安局石棺床所雕陶壶上的三角纹饰和田村M1彩绘木帐杆上的三角纹饰一样。公安局石椁墓和田村M1都出土数量较多、器形相似的陶盘和陶耳杯,公安局石椁墓的陶盘和耳杯施釉,田村M1的饰彩。因此,这两座墓葬时代相距不远,都在460年左右。御昌佳园M96的陶碓、仓、井、磨与御昌佳园M11陶碓、仓、井、磨形制一样,说明二墓时代相近。御昌佳园M11和M96的陶仓与咸阳文林小区M69：13,咸阳平陵

M1 : 43、44 陶仓①近似,分为仓桶和仓盖两部分,前二者盖桶分体,后三者连体,前者延续了后者的关陇风格。田村 M1 的牛拉卷棚车与咸阳文林小区 M6 : 1、2,M44 : 1、24 陶牛车②一样,都是长方形箱体,拱形车盖顶,也是关陇风格的保留。公安局石椁墓和田村 M1 动物俑四足分立,属于前一阶段稚拙风格的特点;御昌佳园 M11 的动物俑处于由关陇风格的前、后足并联向新样式的板足转变时期;御昌佳园 M96 动物俑全为新样式的板足。这一阶段是动物俑足部新旧样式变换、过渡的时期。田村 M1、御昌佳园 M11 的陶灶仍延续关陇风格。陶井井栏由关陇风格的三角形变为方形。陶碓形制基本保持不变。陶磨仍分薄、厚两类。田村 M1 陶壶同御昌佳园 M96 陶壶器型一致,平沿略宽、未外斜,细长颈,溜肩。田村 M1 陶罐方唇,溜肩、鼓腹。御昌佳园 M11 和 M96 陶罐颈部变粗变高,肩部变宽,御昌佳园 M96 大型陶罐口沿外有三棱外凸。这些陶壶、陶罐具有北魏平城中期陶器的风格。总之,这 4 座墓葬的陶俑进一步融入鲜卑文化特征,尤其是人物服装基本鲜卑化,关陇风格的服饰已褪去;出现胡俑、陶骆驼、陶毡房等反映鲜卑人生活状况的新器物。但前一阶段两种风格交融整合的过程还未结束,各项特征较为驳杂,尚未稳定。

三、第三阶段:平城风格成熟期

这一阶段,北魏平城墓葬出土的陶俑已经发展成熟,四大组合相对齐备,陶俑面貌和服饰出现相同的特征。年代约相当于公元五世纪七十年代至八十年代中期。相关墓葬如雁北师院 M5(即宋绍祖墓)、雁北师院 M2、御昌佳园 M113、司马金龙夫妇合葬墓等。

2000 年发掘的雁北师院 M5,据墓志记载墓主人宋绍祖葬于太和元年(477 年)。长斜坡墓道砖构单室墓,坐北朝南。出土 174 件器物,镇墓组合有镇墓兽、镇墓武士俑,侍从仪仗组合有甲骑具装俑、鸡冠帽骑马乐俑、披铠步兵俑、男侍俑、女侍俑、胡人伎乐俑、单辕轺车、双辕轺车、卷棚车、鳖甲车及陶牛、马、驴、骆驼等,禽畜组合有陶猪、狗、羊,模型明器组合有陶灶、碓、井、磨,其他有陶罐、墓铭砖、石供桌等,四大组合完备(图一〇)。镇墓武士俑,彩绘,头戴兜鍪,眼珠鼓突,面部狰狞。镇墓兽,兽面兽身,仅一件,施彩,蹲卧状。仪仗人物俑大部分彩绘,除女侍俑外,其他均在足下设有踏板。甲骑具装俑,人与马俱着铠。鸡冠帽骑马乐俑的骑兵头戴黑色风帽,上置鸡冠形装饰。披铠步兵俑,分牵缰俑和执兵器俑,外罩裲裆铠。披铠步兵俑右手握拳曲举,有孔眼,左手有的贴身下垂,有的握拳平举,拳眼向上。男侍俑,头戴黑色风帽,帽顶浑圆,帽裙长及肩背,有的身着半高圆领窄袖长袍,有的身穿左衽交领窄袖长襦,双手作持物状。女侍俑,多位于石椁内,应为墓主人贴身侍俑,头戴黑色风帽,帽裙长且宽,超肩许多,耳垂有饰物,身着左衽交领窄袖长襦,下着曳地长裙,双手拢于袖中,面庞圆润,略带微笑。胡人伎乐俑 4 件,头戴黑色风帽,深目高鼻,动作各异。陶牛、马、驴、骆驼,均在足下设有踏板。陶猪、狗、羊均是板足。单辕轺车、双

① 咸阳市文物考古研究所:《咸阳十六国墓》,文物出版社,2006 年,第 89 - 90 页。
② 咸阳市文物考古研究所:《咸阳十六国墓》,文物出版社,2006 年,第 53、56 页。

辕轺车、卷棚车、鳖甲车齐备。陶灶、陶碓同前一阶段的陶灶、陶碓基本一样，更为规整。陶井圆柱井体，宽平沿，方唇，颈部有凹槽。陶磨由陶磨和磨台两个分件合成，磨台较高。陶罐为泥质灰陶，盘口，口沿外有三棱外凸，短粗颈，溜肩，鼓腹，小平底，器表共有双线凹弦纹八周，弦纹带间刻划水波纹并装饰竖线暗纹（表四）。

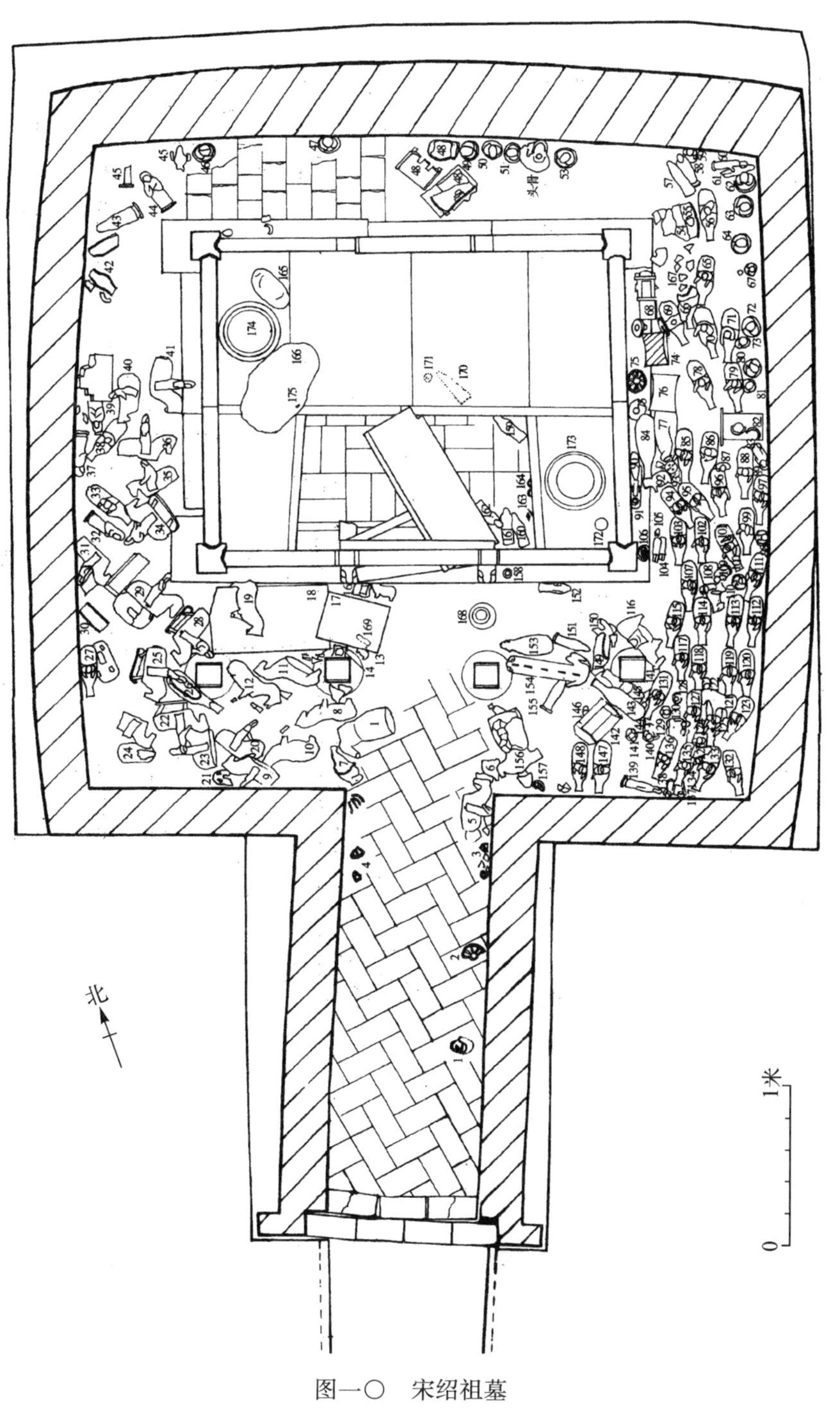

图一〇　宋绍祖墓

表四　北魏平城墓葬平城风格成熟期的陶俑及相关器物

器物名称 / 墓葬名称	镇　墓　兽	镇墓武士俑	驾牛车(鳖甲车)	驾马车(卷棚车)	轺　车	甲骑具装俑、骑马乐俑	披铠步兵俑
宋绍祖墓	 M5：154	 M5：1 　M5：156	 M5：48	 M5：74	 M5：142	 M5：24 　M5：86	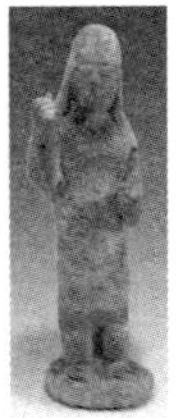 M5：140
雁北师院 M2	 M2：64 　M2：21	 M2：20 　M2：83	 M2：58	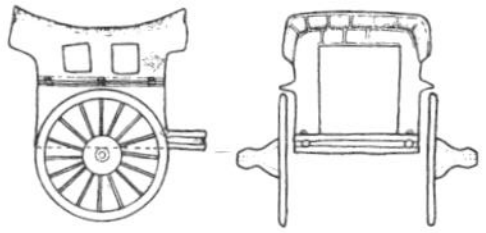 M2：65			
御昌佳园 M113		 M113：51	 M113：43	 M113：47		 M113：49	
司马金龙墓		有①		有			

① 云冈石窟研究院王雁卿女士提供信息。

续表四1　北魏平城墓葬平城风格成熟期的陶俑及相关器物

器物名称 / 墓葬名称	男侍俑	女侍俑	胡人伎乐俑	女乐俑	劳作俑	女舞俑	牛	马	驼粮驴	骆驼
宋绍祖墓	 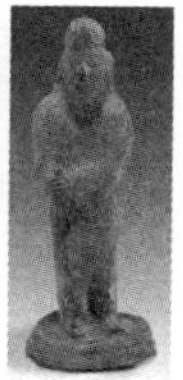 M5：32　M5：129	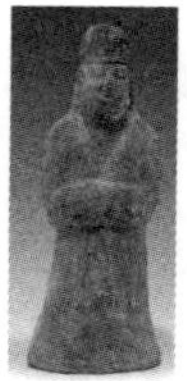 M5：160	 M5：105				 M5：55	 M5：116	 M5：145	 M5：150
雁北师院 M2	 M2：69	 M2：54	 M2：14	 M2：1		 M2：12	 M2：46	 M2：40	 M2：38	 M2：35
御昌佳园 M113	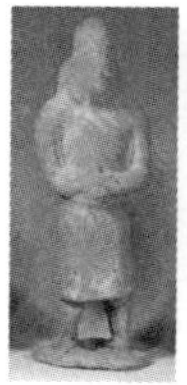  M113：19　M113：45	 M113：15	 M113：22	 M113：7	 M113：5	 M113：21	 M113：14			
司马金龙墓										 

续表四 2　北魏平城墓葬平城风格成熟期的陶俑及相关器物

器物名称 / 墓葬名称	猪	狗	羊	鸡	毡帐模型	灶	碓
宋绍祖墓	M5：92	M5：13	M5：90			M5：82	M5：91
雁北师院 M2	M2：85	M2：24	M2：81		M2：87	M2：28	M2：31
御昌佳园 M113	M113：20	M113：40	M113：46	M113：32			
司马金龙墓							

续表四 3　北魏平城墓葬平城风格成熟期的陶俑及相关器物

器物名称／墓葬名称	井	磨	多枝灯	壶	罐	其他
宋绍祖墓	 M5：83	 M5：93			 M5：168	
雁北师院 M2	 M2：34	 M2：32、33	 M2：72	 M2：74	 M2：62 　M2：88	
御昌佳园 M113	 M113：1	 M113：27	 M113：4		 M113：2 　M113：3	
司马金龙墓						 唾壶

雁北师院M2,坐北朝南,为长斜坡墓道砖构单室墓,葬有四棺。出土器物70余件,镇墓组合有镇墓兽、镇墓武士俑,侍从仪仗组合有男侍俑、女侍俑、胡人伎乐俑、女乐俑、女舞俑、卷棚车、鳖甲车及陶牛、鞍马、驴、骆驼等,禽畜俑组合有陶猪、狗、羊,模型明器组合有陶灶、碓、井、磨、灯、仓、樽、曲足案、毡帐等,其他有陶壶、陶罐、漆盘等(图一一)。镇墓

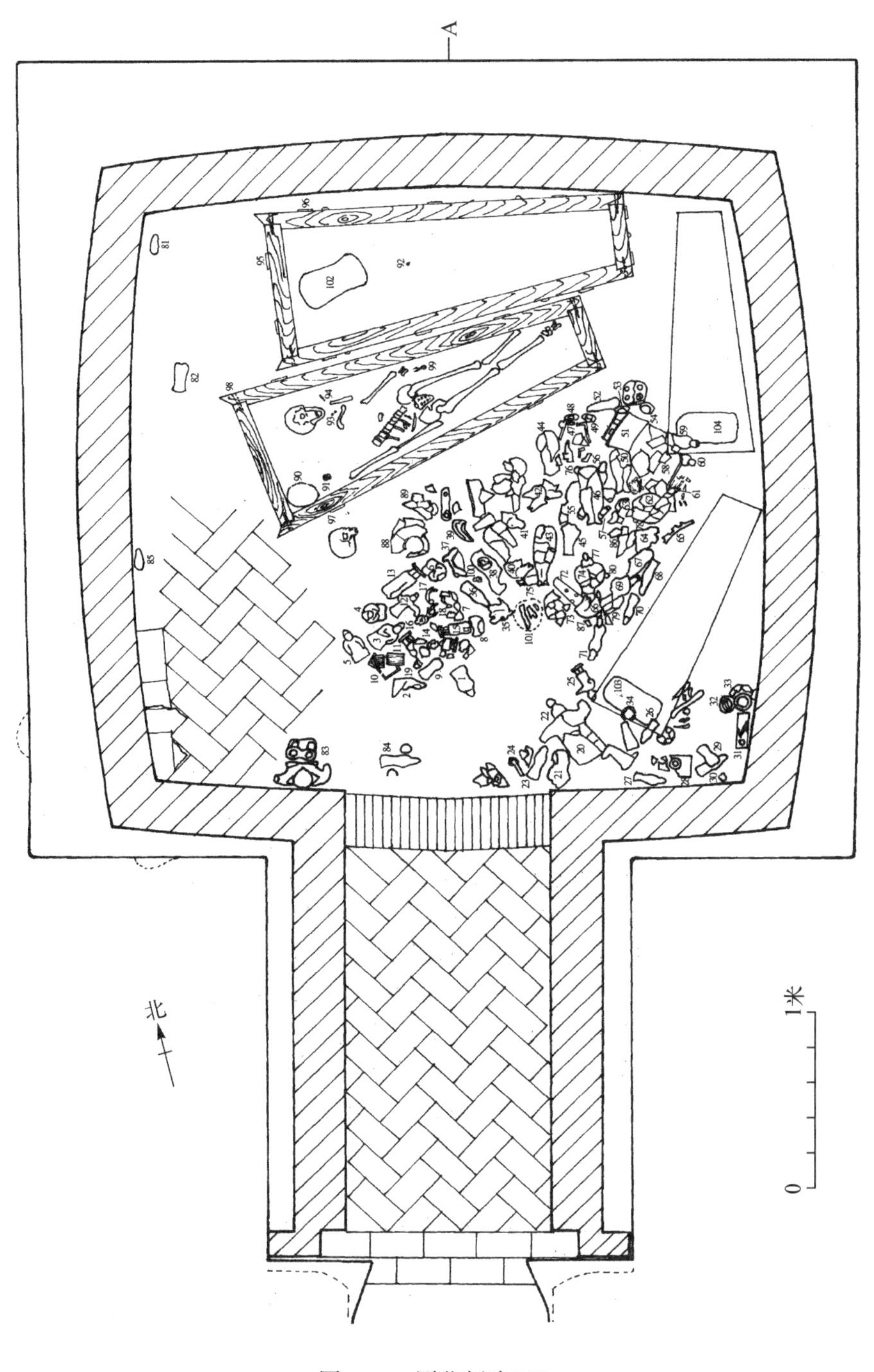

图一一　雁北师院M2

兽、镇墓武士俑、胡人伎乐俑、陶牛、鞍马的足下设有踏板。镇墓兽2件，一件兽首兽身，一件人首兽身，造型奇特夸张。镇墓武士俑2件，头戴兜鍪，身披铠甲，狰狞威武，同宋绍祖墓的镇墓武士俑相似。男侍俑，头戴黑色风帽，后面有“八”字形细褶，帽裙两侧作迎风翻卷状，身穿左衽交领窄袖长襦，下着裤，脚穿黑鞋，面部圆润丰满。女侍俑，头戴黑色风帽，风帽顶上有较深的“十”字形印，帽后有扎带系结印，帽裙较长，身着左衽交领窄袖长襦，下着长裙。胡人伎乐俑9件，深目高鼻，头戴黑色风帽，身着圆领窄袖长袍，袍上点缀花卉图案，足蹬黑色长靴，组成以杂伎缘橦为中心、其余奏乐的杂技俑群。女乐俑头戴黑色风帽，风帽顶上有较深的“十”字形印，帽后有扎带系结印，帽裙较长，身着左衽交领窄袖长襦，跽坐，弹奏不同的乐器。女舞俑2件，头戴黑色风帽，身着左衽交领窄袖长襦，下着长裙，展示着优美舞姿。陶猪、羊站立状，均为板足；陶狗趴卧，下设踏板。陶灯由灯盘、灯柱、底座、枝灯组成，与田村M1的多枝灯相似。陶壶M2：74，泥质灰陶，喇叭形口，宽平沿稍外斜，尖圆唇，细长颈，圆肩，弧腹，平底，颈、肩、腹部以弦纹带为底线，滚印三角纹，下腹部饰折线暗纹，器表通体装饰红色莲瓣纹、三角纹、忍冬纹等。陶罐均为泥质灰陶，M2：62盘口，口沿外侧有三道凸弦棱，短粗颈，圆肩，鼓腹，平底，肩部以多线弦纹为框，滚印连续波状忍冬纹一周，颈部、肩部、腹部饰折线和网格状暗纹，器表装饰红色忍冬纹和莲瓣纹等；M2：63口沿外侧下层内凹，其余特征和M2：62相同（表四）。M2男侍俑、女侍俑、胡俑及陶牛、驴、马等与宋绍祖墓的同类陶俑相似；卷棚车、鳖甲车齐备，与宋绍祖墓同类车相似；陶灶、碓、井、磨与宋绍祖墓的陶灶、碓、井、磨形制一样。而且，M2与宋绍祖墓的墓葬形制也一样，都是长斜坡墓道方形砖室墓，坐北朝南，因此两墓的年代应相近。在陶俑种类方面，M2与宋绍祖墓的不同在于新出现女乐俑、女舞俑。

2013年发掘的御昌佳园M113，坐北朝南，为长斜坡墓道偏室土洞墓。墓室面积较小，未被盗扰，随葬品四大组合齐备，保持当初下葬时的位置。俑群以骑马俑为向导，俑驾马拉卷棚车为中心，后为牛拉鳖甲车，四周环围着男侍俑、女侍俑、胡人伎乐俑、女乐俑、女舞俑、劳作女俑、禽畜俑、模型明器等。出土51件器物，镇墓组合尚存镇墓武士俑，侍从仪仗组合有骑马俑、马拉卷棚车、牛拉鳖甲车、男侍俑、女侍俑、胡人伎乐俑、女乐俑、女舞俑、劳作女俑，禽畜俑组合有陶猪、狗、羊、鸡，模型明器组合有陶井、磨、灯，另有陶罐2件（图一二）。骑马俑、男侍俑、胡人伎乐俑、陶牛、鞍马的足下设有踏板。墓门处镇墓武士俑仅余腿部，原体型应高大。骑马俑的马和拉马车的马都在额上有左右两绺整齐的鬃毛，马背上均置马鞍和障泥，与宋绍祖墓的陶马相似。卷棚车和鳖甲车与宋绍祖墓、雁北师院M2的形制一样。男俑头戴顶部略向后聚的风帽，帽顶较高，上有“十”字形印痕，帽裙较长，身着左衽交领窄袖长襦，襦长过膝，下着窄腿裤；有的双手拢于袖中，袖手处有一圆孔直通上下，圆孔内原应插物，分腿站立，有的双手自然弯曲于腹前，双手松握，原应持某物。女侍俑、女乐俑、女舞俑、劳作女俑，均头戴风帽，帽顶有“十”字形印痕。女侍俑有的身着左衽长襦，有的胸前衣饰痕迹不明显，内着曳地长裙，身体略前

图一二　御昌佳园 M113

倾,双手拢于袖中。女乐俑 6 件,坐姿,其中 2 件身着右衽交领窄袖长襦,另 4 件身着左衽交领窄袖长襦,做弹奏乐器的动作(图一三)。女舞俑 2 件,身着左衽交领窄袖长襦,内着曳地长裙,右手在前,将长袖舒展扬起,左手在后,将长袖尽情甩开。劳作女俑,蹲姿,双手做捧物状。胡人伎乐俑深目高鼻,身着圆领窄袖长袍,腰系革带,肚臀外凸,袍边底部侧摆开叉,双腿分开与肩同宽,足蹬靴,仅一件胡俑头戴风帽,其余胡俑均挽发髻于额顶上;一胡俑头部高抬,仰面朝天,右手高抬至额头做出扶竿的动作,左手叉腰,应是额上缘橦,其余胡俑做出弹奏乐器的动作,有的胡俑手中持有陶制乐器,是一组额上缘橦的杂技队伍(图一四)。陶猪、狗、羊都是板足。陶井、磨、灯与宋绍祖墓、雁北师院 M2 的有所不同,陶井井口外部下侧内凹,陶磨增加了豆形磨台。陶罐 2 件,一件为平沿罐,一件为盘口罐,均泥质灰陶。平沿罐,方唇,平沿,短粗颈,溜肩,弧腹下收,平底,肩部施两周凹弦纹,腹部施一周凹旋纹,颈部、下腹部饰折线暗纹,肩部饰网格暗纹。盘口罐,方唇,短粗颈,圆肩,弧腹下收,平底,口沿外三棱外凸,颈部饰竖线暗纹,肩部饰网格暗纹,腹部饰折线暗纹(表四)。M113 诸多陶俑和相关器物与宋绍祖墓、雁北师院 M2 所出相似,年代也应相近。相比前两座墓,M113 在陶俑种类上新增了劳作女俑。

1965 年发掘的司马金龙夫妇合葬墓有明确纪年。根据出土墓志,司马金龙妻姬辰死于延兴四年(474 年),太和八年(484 年)司马金龙下葬时,建造此墓,姬辰迁来合葬。此墓为长斜坡墓道砖室墓,坐北朝南,前后双室,前室附一耳室。共出土 450 余件器物,镇墓

图一三　御昌佳园 M113 女乐俑

图一四　御昌佳园 M113 胡人缘橦俑

组合有镇墓兽、镇墓武士俑(简报称为大型人俑),①侍从仪仗组合有卷棚车、甲骑具装、骑马乐俑、披铠步兵俑、男侍俑、女侍俑、胡人俑、女乐俑、劳作女俑②及陶牛、马、驼粮驴、骆驼等,禽畜俑组合有陶猪、狗、羊、鸡,其他有陶罐、墓志、石灯、漆屏风、青瓷唾壶、漆食榼、石雕柱础等(图一五)。镇墓兽、骑马俑、披铠步兵俑、男侍俑、胡人伎乐俑、牛、马、驴、骆驼、狗的足下设有踏板。陶俑有的施釉,有的涂彩。甲骑具装俑,人马俱着铠。骑马乐俑人马不披铠,人头戴鸡冠形风帽,吹奏乐器。披铠步兵俑外罩铠甲,右手握拳曲举,有孔眼,左手有的贴身下垂,有的握拳平举,拳眼向上,原执物皆失落。男侍俑头戴风帽,身穿

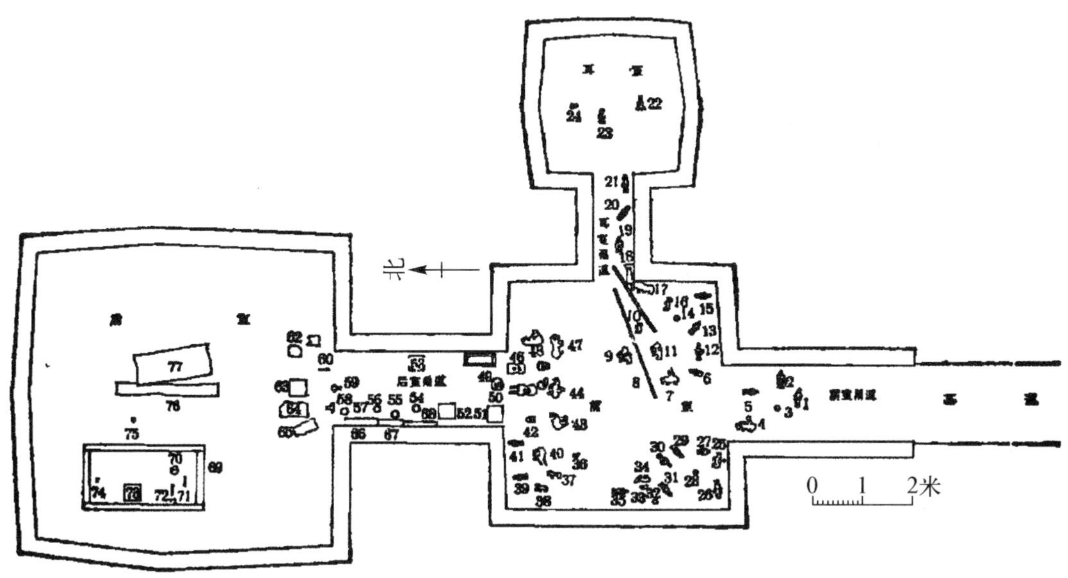

图一五　司马金龙墓

① 云冈石窟研究院王雁卿女士提供信息。
② 云冈石窟研究院王雁卿女士提供信息。

披风,拱手站立,手中有圆孔,原执物失落。女侍俑头戴风帽,帽顶较高,中间“十”字印痕,帽裙下垂至肩,身穿交领窄袖长袍,双手袖于胸前。胡人俑共8件,其中7件为伎乐俑,1件为牵驼俑;胡人伎乐俑头戴圆形风帽,身着圆领长袍,足蹬长靴。① 女乐俑,跽坐,手持乐器作奏乐状。发掘简报原将女坐俑全部归为乐俑,根据手部动作,应有部分是劳作女俑。劳作女俑,跽坐,双手置于膝上。陶猪、陶羊,为板足。陶罐(简报原称为陶壶),泥质灰陶,盘口,粗颈,口微侈,口沿外有三凸棱,溜肩,鼓腹,小底,最宽处在肩部,肩腹部有弦纹(表四)。

上述4座墓葬中,镇墓、侍从仪仗、模型明器、禽畜俑四大组合完全形成,显示出较明显的共同特征。镇墓兽、镇墓武士俑组合形制基本固定。侍从仪仗组合内容丰富,有导骑、马拉卷棚车、牛拉鳖甲车、仪仗俑、男女侍俑、女乐俑、胡乐俑等,出现陶骆驼、驼粮驴及陶质毡帐模型,女乐俑和女舞俑组成乐舞队伍,多种姿势的胡乐俑组成杂技缘橦队伍。陶马造型生动,大部分装饰有障泥和马鞍,有的为彩绘。陶猪、狗、羊,绝大部分是板足。生活用具模型的形制和组合基本固定。从陶俑种类而言,较前几个阶段大为丰富,先增加镇墓兽、镇墓武士俑、甲骑具装俑、骑马乐俑、披铠步兵俑、胡人伎乐俑等,又渐次增加女舞俑、劳作女俑,达到了北魏平城时期陶俑发展的最高阶段。这几座墓葬中,2座墓葬有明确纪年。因此,这一阶段年代可大致对应五世纪七十年代至八十年代中期,相当于孝文帝前期。

四、第四阶段:平城风格衰退期

这一阶段,平城风格开始走下坡路,呈现衰退趋势。年代在公元五世纪八十年代中期以后。相关墓葬如阳高下深井M1、大同御东文瀛路北魏壁画墓、大同二电厂M36、大同七里村M35等。

1999年11月发掘的阳高下深井M1,坐北朝南,砖构单室墓,内置单棺。出土陶制女俑,分女侍俑和劳作女俑;禽畜俑有陶猪、狗、羊;其他有石灯、陶罐、一人擒二龙牌饰、漆盘、耳杯等(图一六)。陶俑泥质灰陶,火候较低,胎质疏松。女侍俑,立姿,头戴风帽,帽顶高耸,帽裙长,身着交领窄袖长襦,衣饰涂红,双手袖于腹前。女劳作俑,坐姿,有的跽坐,有的单腿跪地,有的站立、抬起右脚做踩碓动作。陶猪、狗、羊,均为板足。石灯器形较大,由灰白色砂岩制成,底座分两层,下层方形,上层圆形,八棱形灯柱,灯盘为圜底圆钵状。陶罐分平沿罐和短颈罐两种。平沿罐M1∶1,宽平沿稍外斜,颈、肩、腹部各施一周双弦纹夹忍冬纹带。短颈罐M1∶4,直口微敞,横长鼓腹,颈、肩、腹部施弦纹带,颈、肩部的弦纹带间夹饰忍冬纹(表五)。

① 王雁卿:《北魏平城胡人的考古学观察》,《中国魏晋南北朝史学会第十届年会暨国际学术研讨会论文集》,北岳文艺出版社,2011年,第567－577页。

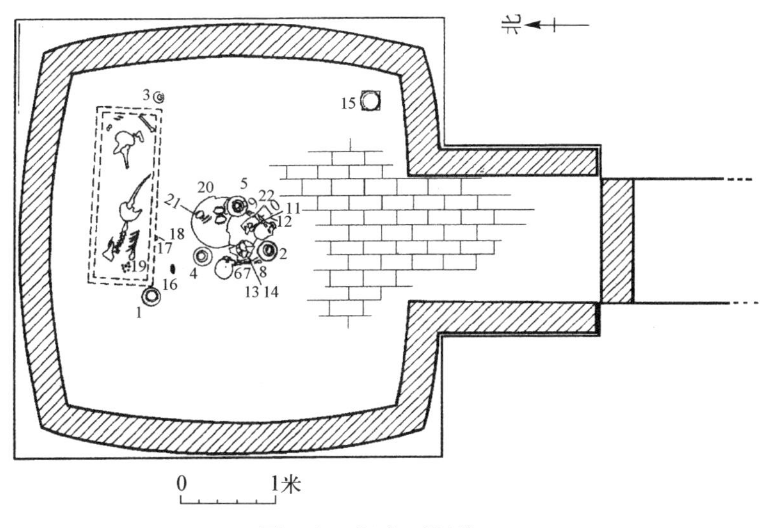

图一六　阳高下深井 M1

2009 年 5 月发掘的大同御东文瀛路北魏壁画墓，坐北朝南，为长斜坡墓道砖构单室墓，墓室四壁、顶部、甬道绘有壁画，墓内砖砌棺床。出土器物 36 件，其中陶俑 7 件，有女侍俑、劳作女俑；禽畜俑有陶鸡；模型明器有陶灶、仓（原发掘简报定为罐）、井、磨、灯，另有陶罐、釉陶壶、陶盆等（图一七）。陶俑风帽帽顶高耸，帽裙长，风帽顶部有“十”字印痕、后部有系结印痕。陶俑姿态多样，女侍俑为立姿，双手袖于腹前；劳作女俑的姿势与阳高下深井 M1 的基本相同。陶鸡造型简易。陶灶、陶仓、陶磨、陶井、陶灯较以往变化不大。釉陶壶体形小，矮扁，施褐色釉或黑色釉，有的宽平沿略外斜，肩部、腹部施弦纹带。陶罐有平沿罐和盘口罐两种，器型规整，质地坚硬，烧成温度高，制作工艺成熟。平沿罐，平沿略外斜，肩腹部施凹弦纹带，颈部、下腹部饰竖线暗纹；盘口罐，肩部饰凹弦纹、网格状暗纹，颈部、腹部饰竖线暗纹（表五）。

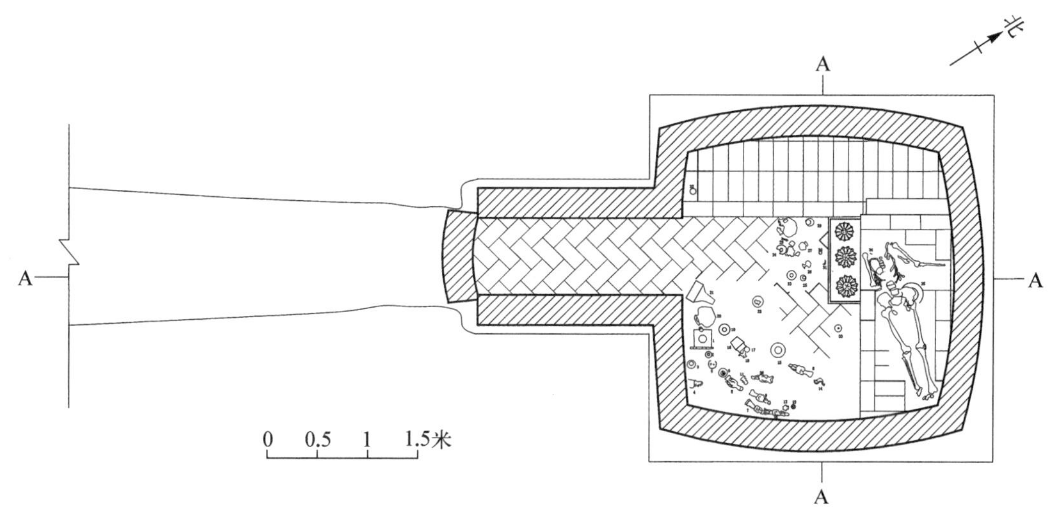

图一七　文瀛路北魏壁画墓

表五　北魏平城墓葬平城风格衰退期陶俑及相关器物

器物名称／墓葬名称	女侍俑	劳作女俑	猪	狗	羊	鸡
阳高下深井 M1	 M1：11	 M1：12　M1：13　M1：14	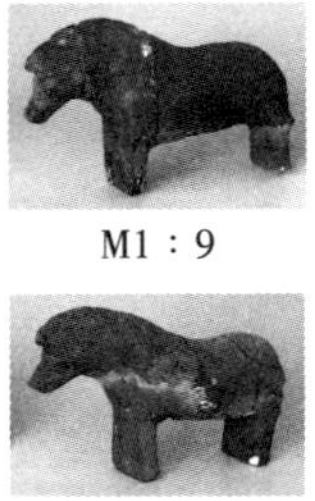 M1：9　M1：10	 M1：6	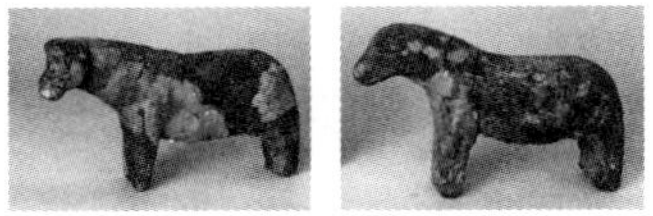 M1：7　M1：8	
文瀛路北魏壁画墓	 M1：5	 M1：4　M1：10　M1：9				 M1：18
二电厂 M36		 M36：1　M36：20　M36：6	 M36：8	 M36：10	 M36：27	
七里村 M35	 M35：11	 M35：18　M35：13	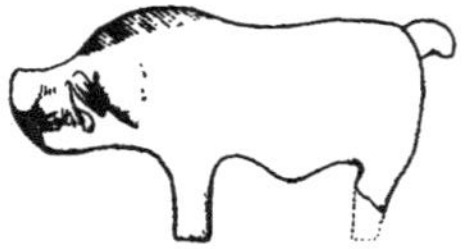 M35：12			

续表五　北魏平城墓葬平城风格衰退期陶俑及相关器物

器物名称 / 墓葬名称	灶	碓	仓	井	磨	多枝灯（石灯）	壶	罐	其他
阳高下深井 M1						 M1：15		  M1：1　M1：4	 M1：16 铜牌饰
文瀛路北魏壁画墓	 M1：1		 M1：29	 M1：16	 M1：6	 M1：21	 M1：30	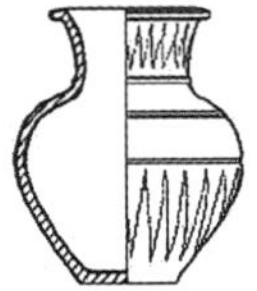  M1：35　M1：15	 M1：3 陶盆
二电厂 M36	 M36：19	 M36：13	 M36：2	 M36：24	 M36：5	 M36：30		 M36：3	
七里村 M35						 M35：1			

2002 年发掘的大同二电厂 M36,坐北朝南,为长斜坡墓道带耳室砖室墓。随葬品多集中于耳室,陶器大多施褐色釉。陶俑是生活气息浓厚的劳作女俑;禽畜俑为釉陶猪、狗、羊;模型明器包括釉陶灶、碓、仓、井、磨、灯;其他有釉陶罐、石井(图一八)。劳作女俑头戴风帽,帽顶较高,帽顶"十"字形压痕明显,左衽交领窄袖长襦,有踩碓俑、操作陶磨俑、执箕俑、执炊俑、观察石井俑。陶猪、狗、羊,均为板足。釉陶盘口罐,口沿外有三道凸弦棱,粗颈,圆鼓肩,最宽处在肩上部,下腹斜收,小底。釉陶直领罐,褐色釉,直口,平肩,肩上饰一周莲花瓣装饰,下腹斜收,小底(表五)。

图一八　大同二电厂 M36

2001 年 5 月发掘的大同七里村 M35,坐北朝南,为方形单室砖墓。出有太和八年(484 年)墓志砖,墓主人为建威将军、建兴太守杨众庆。出土陶俑、陶猪、陶多枝灯等(图一九)。陶俑有立姿的女侍俑,有坐姿的劳作女俑。陶猪又开始四足分立,不用板足。陶多枝灯灯柱高(表五)。

这 4 座墓葬反映出一个很明显的情况是四大组合解体,镇墓组合和侍从仪仗组合急剧衰退,模型明器组合、禽畜俑组合尚保持稳定。镇墓组合基本不见;侍从仪仗组合中仅有女侍俑被保留下来,与劳作女俑组合后,体现出浓厚的家居生活气息,而不是此前那种外向型的出行意象。484 年可能是成熟期与衰退期的分界线。这一年的司马金龙夫妇合葬墓尚保持着成熟期的特征,七里村 M35 杨众庆墓却已是衰退期的特征。当然两墓墓主人之间有着明显的等级差别。杨众庆墓在四大组合上的从简状态,也许与等级有关。但

图一九　大同七里村 M35

这种做法在衰退期发展成为主流风气。在北魏晚期都城洛阳地区,迄今未有发现孝文帝迁洛后至宣武帝时期的陶俑,①可见平城时代与洛阳时代的衔接阶段是墓葬陶俑完全衰落的过程。而这正是平城墓葬衰退期陶俑所表现出的趋势。所以,衰退期的上限不早于五世纪八十年代中期,下限可能在迁洛前后,大致相当于孝文帝后期或稍晚。

五、结　　语

北魏道武帝拓跋珪“(天兴元年)秋七月,迁都平城,始营宫室,建宗庙,立社稷”。② 太武帝拓跋焘时期,“扫统万,平秦陇”。③ 随着关中的平定,关陇地区十六国墓葬形制和随葬器物风格特征传入了平城,出现了陶俑具有明确关陇风格的墓葬。几乎同时,平城也试

① 倪润安:《光宅中原: 拓跋至北魏的墓葬文化与社会演进》,上海古籍出版社,2017 年,第 238 页。
② 《魏书》卷二 · 太祖纪,中华书局,1974 年,第 33 页。
③ 《魏书》卷四下 · 世祖纪下,中华书局,1974 年,第 109 页。

图对关陇风格进行改造，创制具有自身特点的陶俑，由此出现了一批稚拙风格的墓葬陶俑。此为平城墓葬陶俑发展的第一阶段。

太武帝之后，文成帝、献文帝时期北魏政权相对稳定，经济进一步恢复，太武帝统一北方的重大成果得以巩固下来，来源不同的墓葬文化因素日趋融合。前一阶段两种风格的陶俑开始相互渗透、交融，趋向一体，鲜卑文化特点日益加重，但共同的文化面貌还没有形成，导致陶俑个性多样纷呈。如公安局石椁墓陶俑施釉，田村 M1、御昌佳园 M96 陶俑饰红彩，大多头戴鲜卑风帽，但服饰、面部特征各具特点，不大相同。公安局石椁墓、田村 M1 的陶猪、狗、羊四足分立，御昌佳园 M11、M96 动物俑已大多变为板足。模型明器形态各异，陶仓由第一阶段的尖圆顶一体形变为带盖的圆柱形，陶井方口或圆口，井架或有或无，陶灯形制多样，有豆形灯、多枝灯。这一时期开始出现陶制毡帐模型，表明鲜卑游牧生活因素进一步深入到墓葬文化中。陶壶、陶罐制作相对规整，种类增多，开始出现大型陶壶、陶罐。陶壶平沿，溜肩，斜腹，小底。陶罐平沿，盘口，溜肩，斜腹，底部较大。大型陶罐底部变小。这个阶段开始出现石椁、石棺床和石灯，原料大部分与大同武周山云冈石窟的山体石质相同，时间上也和云冈石窟开凿一致。也就是说，从五世纪中叶开始，北魏平城墓葬中开始大量出现的石椁、石棺床和石灯制品，应该是云冈石窟雕凿的副产品。此为平城墓葬陶俑发展的第二阶段。

孝文帝前期，在冯太后和孝文帝的统治下，平城的经济文化进一步得到发展，墓葬文化形成统一的成熟风格。随葬俑群及相关器物形成固定的四大组合，即镇墓组合、侍从仪仗组合、禽畜俑组合和模型明器组合，陶俑个性特征减少，共性增多。这时期的陶俑面部丰满圆润，体形圆硕，头戴风帽，帽顶上有“十”字形印痕，后有系结痕，每类陶俑动作相似，风格统一。侍从仪仗组合中，以马拉车、牛拉车为中心，周围环绕着甲骑具装、男女侍俑，并有骑马乐俑、女乐俑、女舞俑、胡人伎乐俑组成的乐队。动物俑绝大多数为板足。模型明器有统一风格，陶井圆柱体，陶磨增加了磨台，陶制毡帐模型数量增多。陶壶平沿变宽并稍外斜，颈部变细，肩部较平，底部变小。陶罐以盘口罐为主，盘口外有三凸棱，烧制火候高。石椁和石灯继续大量使用。此为平城墓葬陶俑发展的第三阶段。

孝文帝后期，随葬陶俑及相关器物呈现出衰落的趋势，制作工艺退步，变得粗糙。这一阶段，镇墓兽、镇墓武士俑很少出现；侍从仪仗组合仅存女侍俑，与前一阶段新出现的劳作女俑相配，显示出浓厚的家居生活气息。禽畜俑组合和模型明器组合基本保持成熟期特征，略有变化，如陶灯灯柱变高，石灯数量变少。陶壶在这一时期少见，出现体形较小、壶体矮扁的釉陶壶。直领陶罐数量增多。此为平城墓葬陶俑发展的第四阶段。

综上所述，北魏太武帝时期平城墓葬陶俑及相关器物引入了关陇风格，并逐渐融入鲜卑文化特点，到孝文帝前期实现了风格的基本统一，形成了完备的四大组合，然后转向衰退，最终在迁洛前后渐渐结束了在平城地区的发展演变。

北周墓葬面貌的形成及其影响

徐斐宏
（北京大学考古文博学院）

北魏覆亡，中国北方东西分裂，与南朝形成三国鼎峙局面。后北周灭齐，杨隋继之，终完成了统一中华的历史任务。上述历程中，北周政权扮演了关键角色。对于北周的历史影响问题，史家多从关陇集团、府兵制等角度切入，成果颇丰。而墓葬文化方面，北周墓葬在北朝隋唐之际墓葬演进过程中的地位亦不应被忽视。

北周墓葬研究中，倪润安的成果最具代表性。他以硕士论文为基础，①发表多篇文章，探讨了北周墓葬地上设施、②地下结构、③随葬俑群④等问题，对北周墓葬特征有较全面的论述，建立了北周墓葬的分期框架。倪润安在研究中，尤其强调墓葬变化与礼制的联系。总体而言，尽管相关研究数量有限，⑤但北周墓葬面貌已得廓清，这为之后研究奠定了较为坚实的基础。

就目前情况看，关于北周墓葬面貌的成因、北周墓葬文化在隋唐时期的影响等问题，尚缺乏系统论述，仍有一定讨论空间。本文欲从梳理墓葬材料出发，概述北周墓葬面貌，并阐释北周墓葬面貌的渊源及形成背景，进而分析北周墓葬文化对关中隋唐墓葬的影响。

一、北周墓葬面貌概述

西魏北周，一脉相承。不过，目前所见西魏墓葬数量太少，⑥难以成为独立的研究对象，故而本研究将以北周纪年墓葬材料为基础（表一）。

---

① 倪润安：《西魏北周墓葬研究》，北京大学硕士论文，2001年。

② 倪润安：《北周墓葬"不封不树"辨析》，《中国典籍与文化》2006年第2期。

③ 倪润安：《北周墓葬的地下空间与设施》，《故宫博物院院刊》2008年第1期。

④ 倪润安：《北周墓葬俑群研究》，《考古学报》2005年第1期。

⑤ 史君墓、安伽墓、李诞墓、康业墓等北周时期来华外国人墓葬自发现后即成为学界热点，然而绝大多数研究者着眼于这些墓葬的特殊性，讨论集中在墓主族属、信仰等问题，而将这些墓葬视作北周墓葬纳入同时期墓葬文化大背景中的研究则非常有限。

⑥ 目前西魏墓材料较完整者仅侯义墓与谢婆仁墓，分别见咸阳市文管会、咸阳博物馆：《咸阳市胡家沟西魏侯义墓清理简报》，《文物》1987年第12期；刘卫鹏：《咸阳西魏谢婆仁墓清理简报》，《考古与文物》2003年第1期。蓝田发现的西魏纪年墓形制破坏严重，仅有随葬品信息，见阮新正：《陕西蓝田县发现的西魏纪年墓》，《考古与文物》2006年第2期。至于早年发掘的姬买勖墓、邓子询墓，目前只有零星报道，只能略知其概况，分别见陕西省文物保护研究院：《二十世纪五十年代陕西考古发掘资料整理研究·下》，三秦出版社，2015年，第62－64页；陕西省文物保护研究院：《二十世纪五十年代陕西考古发掘资料整理研究·上》，三秦出版社，2015年，第137－139页。近年发现了吐谷浑晖华公主与乞伏孝达合葬墓，晖华公主虽初葬于西魏，但如简报作者所言，此墓面貌最后形成时间为北周初年，详见陕西省考古研究院、陕西历史博物馆、长安区旅游民族宗教文物局：《陕西西安西魏吐谷浑公主与茹茹大将军合葬墓发掘简报》，《考古与文物》2019年第4期。

表一　北周纪年墓葬情况汇总表

墓主-年代	墓　主　身　份	墓葬样式	墓道长①	天井	墓室尺寸(长×宽)	墓向	相关设施与葬具	俑数
独孤信-557②	柱国大将军(正九命)、雍州刺史、河内公	长方土洞	28	3	?	183	木墓门	3
李诞-564③	赠邯州刺史	方形砖室	?	?	(3.56-3.65)×(3.62-3.88)	180	石墓门;石棺	0
董氏与王士良-565④	大将军、广昌公夫人	方形土洞带后室	竖井	—	3.3×(3.2-3.4)+3.04×(1.04-1.4)	178	木质棺椁	11
宇文猛-565⑤	汾州刺史、大将军(正九命)	方形土洞	*50*	5	3.5×3.6	192	墓道1龛;砖砌棺床;木质棺椁	100
张猥-567⑥	雍州骆谷镇将	方形土洞	8	—	2.0×2.14	178	—	0
拓跋虎-569⑦	骠骑大将军(九命)	方形土洞	?	?	?	南	—	11
李贤-569⑧	河西公,赠柱国大将军(正九命)	方形土洞	*44.7*	3	3.85×4	175	甬道1龛;墓室铺砖;木质棺椁	255
韦舒-571⑨	都督(七命),柱国豳文公礼曹	方形土洞	*21*	2	2.3×(2.5-2.85)	180	木棺	0
康业-571⑩	大天主,赠甘州刺史	方形土洞	?	?	(3.3-3.4)×(3.3-3.4)	179	石墓门;围屏石榻	0
拓跋氏-571⑪	骠骑大将军、新昌公夫人	方形土洞	*24.3*	2	2.8×(2.98-3.02)	177	木棺	61

① “墓道长”指斜坡墓道长度,即墓道开口至甬道口的坡底长度,涵盖了过洞、天井等设施的长度。报道中墓道总长未直接给出但能根据文字或图像信息求得者,表中将以斜体表示。因各种原因墓道长度不得而知的,表格中将以“?”表示。若墓道并非斜坡墓道而采用竖井的形式,则仅在表格中标注“竖井”。本表长度单位均为米。

② 陕西省文物保护研究院:《二十世纪五十年代陕西考古发掘资料整理研究·下》,第74-77页。

③ 程林泉:《西安北周李诞墓的考古发现与研究》,西北大学考古学系、西北大学文化遗产与考古学研究中心:《西部考古(第一辑)》,三秦出版社,2006年,第391-400页。

④ 负安志:《中国北周珍贵文物》,陕西人民美术出版社,1993年,第109-130页。王士良葬于隋开皇三年(583年),未对墓葬面貌造成大的变化。

⑤ 耿志强:《宁夏固原北周宇文猛墓发掘报告与研究》,阳光出版社,2014年。

⑥ 西安市文物保护考古所:《西安南郊清理两座小型北周墓》,《文博》2011年第2期。

⑦ 咸阳市渭城区文管会:《咸阳市渭城区北周拓跋虎夫妇墓清理记》,《文物》1993年第11期。

⑧ 宁夏回族自治区博物馆、宁夏固原博物馆:《宁夏固原北周李贤夫妇墓发掘简报》,《文物》1985年第11期。李贤葬于天和四年(569年),夫人吴辉大统十三年(547年)卒,天和四年迁葬。

⑨ 陕西省考古研究院:《西安南郊韦曲北塬北朝墓发掘简报》,《考古与文物》2015年第5期。

⑩ 西安市文物保护考古所:《西安北周康业墓发掘简报》,《文物》2008年第6期。

⑪ 陕西省考古研究院:《陕西咸阳邓村北周墓发掘简报》,《考古与文物》2017年第3期。

续表

墓主-年代	墓主身份	墓葬样式	墓道长	天井	墓室尺寸(长×宽)	墓向	相关设施与葬具	俑数
独孤宾-572①	骠骑大将军(九命)、武阳县开国伯	方形土洞带后室	14.75	3	2.35×(2.45-2.6)+2.4×(1.28-1.35)	175	木棺?	19
匹娄欢-572②	大将军(正九命)、普安公,赠少傅	方形土洞	33.1	3	?	南偏西	石棺	7
步六孤须蜜多-572③	谯国公夫人	方形土洞带后室	?	2	3.2×3.5+3×1.2	南偏东	木墓门;木质棺椁	?
叱罗协-575④	车骑大将军、南阳郡开国公,赠骠骑大将军(九命)	方形土洞带后室	*60*	6	3.8×3.8+2.7×1.7	187	墓道4龛;前室铺砖;木质棺椁	206
田弘-575⑤	柱国大将军(正九命)、少保、襄州刺史,赠少师	方形土洞带一后室一侧室	45.3	5	(3.14-3.26)×(3.18-3.27)+3.32×(0.99-1.46)+2.78×(0.93-1.34)	180	墓室铺砖;木质棺椁	9
王德衡-576⑥	仪同大将军(九命)、新市县开国侯	方形土洞	35.72	3	3.06×4.35	195	石墓门;木质棺椁	108
郭生-576⑦	西魏武功郡守	方形土洞带侧室	*27*	2	3×3×1.8+2.4×(0.72-1)	165	石墓门;石棺、木棺	0
莫仁诞-577⑧	车骑大将军,赠上开府仪同大将军(九命)	方形土洞	*20.3*	3	3×(2.65-2.75)	170	木质棺椁	0
宇文俭-578⑨	宇文泰八子,益州总管、谯王、大冢宰,赠上柱国(正九命)	方形土洞	44	5	3.6×3.65	南偏东	木墓门	131

① 陕西省考古研究院:《北周独孤宾墓发掘简报》,《考古与文物》2011年第5期。
② 陕西省文物保护研究院:《二十世纪五十年代陕西考古发掘资料整理研究·下》,第65－69页。
③ 陕西省文物保护研究院:《二十世纪五十年代陕西考古发掘资料整理研究·下》,第70－73页。
④ 负安志:《中国北周珍贵文物》,第10－36页。
⑤ 原州联合考古队:《北周田弘墓》,文物出版社,2009年。
⑥ 负安志:《中国北周珍贵文物》,第36－59页。
⑦ 陕西省考古研究院:《北周郭生墓发掘简报》,《文博》2009年第5期。郭生原葬于西魏恭帝三年(556年),建德五年(576年)改与妻韩氏合葬。
⑧ 陕西省考古研究院:《北周莫仁相、莫仁诞墓发掘简报》,《考古与文物》2013年第3期。
⑨ 陕西省考古研究所:《北周宇文俭墓清理发掘简报》,《考古与文物》2001年第3期。

续表

墓主-年代	墓 主 身 份	墓葬样式	墓道长	天井	墓室尺寸（长×宽）	墓向	相关设施与葬具	俑数
莫仁相-578①	将军（正九命）、定安公、丹州刺史	方形土洞	*34.6*	4	3.3×3.3	168	生土棺床；木质棺椁？	84
独孤藏-578②	大都督（八命）、武平公	方形土洞带一后室一侧室	*26.5*	3	(2.5–2.52)×(2.6–2.82)+2.7×(0.8–1.4)+1.72×(0.74–0.8)	175	木墓门；木质棺椁	68
若干云-578③	上开府大将军（九命）、任城郡开国公、梁州刺史	方形土洞带后室	*26*	3	(2.2–2.21)×(2.2–2.4)+2.6×(1.16–1.3)	179	后室铺砖；木质棺椁	138
宇文邕-578④	北周武帝	方形土洞带后龛	68.4	5	通长5.5，墓室宽3.8，后龛宽1.96–2.36	170	墓道4龛；木墓门；前室铺砖；木质棺椁	150
尉迟运-579⑤	上柱国（正九命）、秦州主管、卢国公	方形土洞	*42.5*	5	3.4×3.7	172	墓前石刻；木质棺椁	11
安伽-579⑥	大都督（八命）、同州萨保	方形砖室	*27.4*	5	3.64×3.68	180	石墓门；围屏石榻	0
史君-580⑦	凉州萨保	方形土洞	*41*	5	3.5×3.7	186	石墓门；墓室铺砖；房形石椁	0
韦孝宽-580⑧	郧国公、相州总管，赠太傅、上柱国（正九命）	方形土洞	41.7	5	3.8×(3.8–4.2)	182	墓室地面一坑	？

① 陕西省考古研究院：《北周莫仁相、莫仁诞墓发掘简报》。
② 贠安志：《中国北周珍贵文物》，第76－93页。
③ 贠安志：《中国北周珍贵文物》，第60－76页。
④ 陕西省考古研究所、咸阳市考古研究所：《北周武帝孝陵发掘简报》，《考古与文物》1997年第2期。北周武帝宇文邕卒于北周宣政元年（578年），皇后阿史那氏葬于隋开皇二年（582年）。
⑤ 贠安志：《中国北周珍贵文物》，第93－109页。夫人贺拔氏葬于隋仁寿元年（601年）。
⑥ 陕西省考古研究所：《西安北周安伽墓》，文物出版社，2003年。
⑦ 西安市文物保护考古研究院：《北周史君墓》，文物出版社，2014年。
⑧ 戴应新：《北周韦孝宽夫妇合葬墓》，《故宫文物月刊》1998年第16卷第9期。

这些墓葬集中分布于今陕西西安、咸阳一带与宁夏固原地区，两地墓葬面貌一致，并未体现地域差别。根据材料实际情况，本文将从墓葬形制、俑群与墓葬等级表现三个角度，来勾勒北周墓葬的基本面貌。

关于北周墓葬地上设施，考古材料非常有限，①形制研究集中于墓葬地下部分。北周墓葬形制最大特点，在于土洞墓占绝对主流，上自帝王下至普通官吏通用之（图一）。砖室墓目前仅见李诞墓和安伽墓两例，墓主均为来华外国人。北周墓葬主室规模均甚狭窄，鲜有边长超过四米的例子，于墓室后壁或侧壁开辟龛状墓室以安置葬具的做法则颇为流行。北周墓葬中，普遍采用斜坡墓道，②墓道设3个以上天井的做法较为常见。

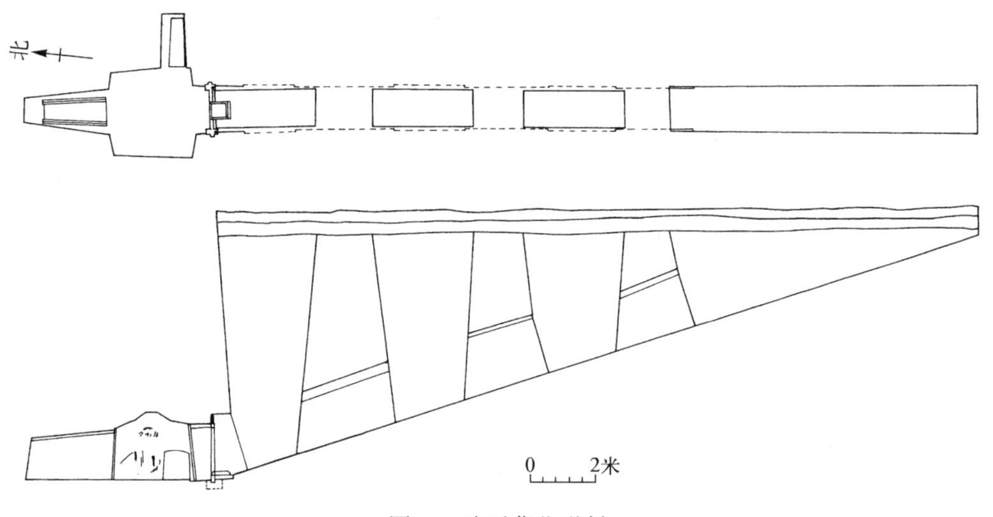

图一 独孤藏墓形制

（采自负安志：《中国北周珍贵文物》，陕西人民美术出版社，1993年，第78页）

北周随葬品以陶俑为大宗。陶俑的使用似仅限品官，③目前尚无单座墓葬出土陶俑超过300件的例子。北周陶俑造型特征明显，镇墓兽呈匍匐状，人物俑均半模制成，平背、矮小、做工粗糙（图二）。倪润安以建德年为界将北周陶俑分作前后两期，符合实际情况。④组合方面，杨泓将北朝俑群分作镇墓俑、出行仪仗、侍仆舞乐与包括模型明器在内的庖厨操作俑四组，⑤北周俑群亦由此四组构成，唯其中不见舞乐俑。另外值得一提的是，北周墓葬多仅随葬鞍马而少见牛车。就目前所知，牛车见于新昌公夫人拓跋氏墓、谯国夫人步六孤须蜜多墓、谯国太夫人权氏墓⑥与吐谷浑晖华公主夫妇墓⑦。这些墓葬，或无男性墓主，或由女

① 倪润安：《北周墓葬“不封不树”辨析》。

② 王士良墓用竖井墓道，是为特例。

③ 目前发现的北周官员墓中，墓主官阶在正七命以下者寥寥，这一群体是否能随葬陶俑是个值得进一步关注的问题。

④ 倪润安：《北周墓葬俑群研究》。

⑤ 杨泓：《北朝陶俑的源流、演变及其影响》，《中国考古学研究》编委会：《中国考古学研究——夏鼐先生考古五十年纪念论文集》，科学出版社，1986年，第268－276页。

⑥ 邢福来、李明：《咸阳发现北周最高等级墓葬》，《中国文物报》2001年5月2日第1版。

⑦ 陕西省考古研究院、陕西历史博物馆、长安区旅游民族宗教文物局：《陕西西安西魏吐谷浑公主与茹茹大将军合葬墓发掘简报》。

性墓主先葬。可见在西魏北周墓葬中,偶有出现的牛车不仅显示出了较明确的性别指向性,似乎还具备一定等级意义。

图二　北周武帝孝陵出土的部分陶俑

(采自陕西省考古研究所、咸阳市考古研究所:《北周武帝孝陵发掘简报》,《考古与文物》1997 年第 2 期,第 9-23 页)

北周墓葬等级表现整体模糊,能彰显墓主品级的因素非常有限。无论墓室形制、规模,抑或陶俑数量、种类,均未显示出与墓主身份之间的明确关联。墓葬天井、小龛之数量,亦难言有制度化表现。细究之,唯墓道长度存在一定等级指示意义。北周时期品官墓墓道长度基本均在 20 米以上,且墓主品级在正九命以上的墓葬中,①除莫仁相墓与匹娄欢墓外,墓道长度均超过了 40 米,武帝孝陵墓道甚至近 70 米,九命以下品官墓葬则鲜见墓道超过 40 米的例子。② 墓道长度与墓主身份总体呈现出了对应关系。

同时,来华外国人似不受北周墓葬等级制度的束缚。上文已提到李诞、安伽二人用砖室墓,在土洞墓室大行其道的北周墓葬中显得颇为特殊;另一方面,北周来华外国人墓葬均使用石葬具与石墓门,而其他北周墓尚不见使用石葬具的确证,③石墓门也非常少见。

综上可知,北周墓葬普遍使用土洞墓,随葬半模平背俑,等级表现较为模糊,整体呈现出较为粗陋的面貌。这种情况的成因相对复杂,颇有分析、讨论的空间。

二、论北周墓葬面貌的成因

概言之,北周墓葬所受影响主要来自两方面,一为关中本地既有的墓葬传统,一为宇

① 包括建于北周,墓主最后下葬于隋的墓葬,例如鹿善夫妇墓,鹿善北周下葬时官至正九命。鹿善墓材料见陕西省考古研究院、咸阳市文物考古研究所:《陕西咸阳隋鹿善夫妇墓发掘简报》,《考古与文物》2013 年第 4 期。

② 叱罗协墓墓道长约 60 米,仅次于武帝孝陵,而墓主最高官衔为九命,未达正九命。叱罗协为宇文护心腹,曾官至柱国大将军,随着宇文护见诛而"免黜罢归",后被武帝重新启用为屯田总监。叱罗协能使用这种规格的墓葬和他"旧望隆重"是分不开的,不能排除背后还有宇文邕许其厚葬以示宽大的可能。

③ 匹娄欢墓出土的石棺,可能是其妻西魏时期下葬时的葬具。郭生墓的石棺可以确定是郭生西魏时期下葬时使用的葬具,石棺中上下叠压三具遗骸,郭生在最下,未受扰动,显然不是北周时期重新入殓的。

文氏政权出于自身需要对墓葬文化进行的改造。

先说北周墓葬中体现本地墓葬传统的一面，这主要体现在墓室中开龛状后室、侧室与随葬平背俑两点上。

北周墓葬多见于墓室开龛状后室或侧室以置葬具的现象，这种做法应属本地传统。关中十六国墓葬中，类似做法即不少见；①关中北魏墓中，陕西邮电学校 M2 开有东西两龛状侧室，该墓出土永安五铢两枚，②故年代应在北魏末年；姬买勖墓、韦彧墓③则均是西魏时期于墓室中开龛状侧室的实例。倪润安提出前后室墓是北周建德前期(572 年以后)随着武帝礼制改革出现的新事物，④然而，保定五年(565 年)王士良夫妇墓的材料并不支持倪润安的观点，对此，他以隋代王士良入葬后经过改建才形成了前后双室的形态作为解释。然而从王士良墓平面图能看出，该墓玉佩出土于前室西侧棺内，与官员朝服葬有关，⑤棺中埋葬的应为王士良而非董氏，换言之隋代王士良入葬时直接置于前室的可能性更大，似不存在改建墓室的情况。总之在北周墓室开龛置葬具问题上，本地传统似乎是应被首先考虑的方面。

北周墓葬流行的平背俑与关中北魏、西魏陶俑一脉相承，也是延续本地做法的结果。这一点杨泓早已提出，⑥张全民则进行了系统论述。⑦ 细言之，北周陶俑面貌紧承西魏，而西魏陶俑相对当地北魏陶俑而言，制造水平不见提升，尺寸反有所缩水。⑧ 宇文氏初据关中，战事不断，国用亦不充裕，明器手工业在此环境下实无进步之可能。另一方面，北周陶俑在发展过程中制作水平逐步提高，倪润安论文中归纳出北周陶俑存在自“旧式”向“新式”的演变，此现象正体现了明器质量的提升。⑨ 这种演变亦应结合当时历史背景考察。天和三年(568 年)“齐请和亲，遣使来聘”，⑩周齐通使，北方两政权关系趋于缓和，关中社会、经济发展环境改善，为明器生产水平提升提供了有利条件，北周陶俑新、旧两式过渡恰发生在这一时期。

另一方面，宇文氏政权亦有对北周墓葬面貌加以塑造，最突出、最关键的一点即土洞墓的使用。

北周时除来华外国人外，普遍使用土洞墓，这并非关中传统。北魏时，关中砖室墓并

---

① 咸阳市文物考古研究所：《咸阳十六国墓》，文物出版社，2006 年。

② 咸阳市文物考古研究所：《陕西邮电学校北朝、唐墓清理简报》，《文博》2001 年第 3 期。

③ 韦彧墓尚未见正式报道，目前可参考的信息主要来自田小利、孙新民、穆晓军：《长安发现北朝韦彧夫妇合葬墓》，《中国文物报》1999 年 11 月 14 日第 1 版。韦彧葬于北魏，而其妻柳氏葬于西魏，以目前发布的材料，尚不能排除韦彧墓侧室开于西魏的可能，故而此处将之视作西魏的例子。

④ 倪润安：《北周墓葬的地下空间与设施》，第 62－67 页。

⑤ 韦正：《东汉、六朝的朝服葬》，《文物》2002 年第 3 期。

⑥ 杨泓：《北朝陶俑的源流、演变及其影响》，第 273－274 页。

⑦ 张全民：《略论关中地区北魏、西魏陶俑的演变》，《文物》2010 年第 11 期。

⑧ 这一点韦彧夫妇墓体现得非常明显，韦彧葬于北魏孝昌二年(526 年)，随韦彧下葬的陶俑一般在 25 厘米以上，而夫人柳氏葬于西魏大统十六年(550 年)，属于她的陶俑尺寸在 13－16 厘米之间。

⑨ 倪润安：《北周墓葬俑群研究》。

⑩ 令狐德芬等：《周书》卷五《武帝上》，中华书局，1971 年，第 75 页。

不少见,杨舒墓、①邵真墓②均用砖室,西魏时期,抚军将军姬买勖仍使用砖室墓。由来华外国人使用砖砌墓室,可知北周时并不缺乏建筑砖室墓的条件与技术。这种情况下,北周墓葬上自武帝下至一般官吏普遍用土洞墓室,原因很可能在于北周政权对丧葬活动进行了管制。换言之,当时墓葬制度,限制了砖室墓的使用。

而土洞墓被广泛使用,会带来一系列连锁反应,北周墓葬中诸多现象均与此有关。

广泛采用土洞墓室,会面临一大问题,即土洞墓室规模会受土壤条件限制。就既有考古材料看,自东汉至隋代,关中地区土洞墓室尚不见长宽均超过 4.5 米的例子。③ 换言之,以关中的自然条件,挖掘 4.5 米见方的洞室很可能已近极限。故而即便是北周武帝,所用墓室规模也不过 4 米见方,与人臣无异。北魏洛阳时代,墓葬等级在形制方面主要体现于墓室面积,墓室面积与墓主身份总体成正比,这种做法为东魏北齐所继承。④ 而在同时期关中地区,墓室规模因使用土洞而受到限制,因此,以墓室面积区分等级的做法显然难以实施,墓葬等级只能转而由墓道长度来彰显,上文已经说到,北周品官墓普遍采用 20 米以上的墓道,正九命以上官员墓葬墓道则超过 40 米,正体现了这一点。

北周墓葬天井数量的激增,应是墓道长度与墓主身份挂钩后的连锁反应之一。北周以前,关中墓葬不乏于斜坡墓道开天井的例子,但数量不超过 2 个。⑤ 而北周时起,拥有 3 个以上天井的墓葬大量出现。这一现象,若结合北周墓葬等级表现考察,亦不难得到解释。当墓道长度成为体现墓主身份的重要载体,大体量斜坡墓道的施工势必更为频繁,由考古材料看,墓道长度超过 20 米的例子在关中东汉墓中非常少见,在十六国、北魏墓中略有增多,但仍属少数;⑥而目前已发现的北周墓中,墓道长度在 20 米以上者占到了一半以上。在墓道整体增长的情况下,施工效率问题无疑会愈发凸显。与大开挖相比,多开天井在墓道实际施工中具有技术层面的优势,能提供更多作业面,减少土方量,大大提高施工效率。⑦ 在墓道长度彰显墓主等级、对长斜坡墓道需求增加的背景下,在墓道建设中开多天井的做法显然更易得到普及,即为天井数量的增加提供了契机。

北周墓葬壁画保存普遍不佳,不过根据残存的一些材料,可见天井数量的增多又进一步影响了北周墓葬壁画的题材与布局。东魏北齐壁画墓墓道多绘制通幅出行仪仗场面,湾漳大墓、⑧茹茹公主墓⑨等均是典型例证,而北周高等级墓葬中天井、过洞部分不具备绘

---

① 崔汉林、夏振英:《陕西华阴北魏杨舒墓发掘简报》,《文博》1985 年第 2 期。

② 陕西省文物管理委员会:《西安任家口 M229 号北魏墓清理简报》,《文物参考资料》1955 年第 12 期。

③ 关中地区东汉至北朝土洞墓墓室尺寸的统计可参考李云河:《关中地区东汉至北周墓葬的考古学研究》,北京大学博士论文,2018 年,附表 A – E;关于隋墓墓室尺寸的统计可参考拙著:《北朝晚期至唐初墓葬的演变》,北京大学博士论文,2018 年,表 3、4。

④ 关于北魏洛阳时代与北齐墓葬等级问题,讨论颇多,最近成果见王音:《北朝晚期墓葬形制研究——以北魏洛阳时代至北齐都城地区的墓葬为例》,《故宫博物院院刊》2018 年第 3 期。

⑤ 李云河:《关中地区东汉至北周墓葬的考古学研究》,附表 A – D。

⑥ 李云河:《关中地区东汉至北周墓葬的考古学研究》,附表 A – D。

⑦ 傅熹年:《唐代隧道型墓的形制构造和所反映的地上宫室》,文物出版社编辑部:《文物与考古论集》,文物出版社,1986 年,第 322 – 343 页。

⑧ 中国社会科学院考古研究所:《磁县湾漳北朝壁画墓》,科学出版社,2003 年。

⑨ 磁县文化馆:《河北磁县东魏茹茹公主墓发掘简报》,《文物》1984 年第 4 期。

制此类大幅壁画的条件。李贤墓是目前所见壁画保存最完整的北周墓葬，该墓对天井、过洞东西两侧壁面的处理方式为绘制不连续的单幅人物形象，并在人物上部绘制红色条带，①宇文猛墓情况类似，安伽墓天井两侧壁人物则有边框围绕。② 这种图像配置直接影响到了潼关税村隋墓，③并在唐代进一步衍生为以影作木构为边框在内绘制人物的形式。

宏观来看，北周墓葬的面貌是以关中本地墓葬传统为基础并根据自身需要加以改造的结果，改造的核心，在于土洞墓被全面使用。这一局面的成因则应结合当时历史背景进行考察。北魏覆灭后，主要政治遗产为关东政权所继承，而关中政权则“融治关陇集团胡汉民族之有武力才智者，以创霸业”，④受洛阳影响有限。这种情况下，北周墓葬面貌很难不受关中本地传统影响。另一方面，关中政权在政治、经济、文化等方面均是当时三大政权中落后的一方，⑤故创设府兵以夯实军事基础、虚饰《周官》以增强内部凝聚力，这些举措无非都是“穷则思变”之举。土洞墓得到推广，正与当时关中政权相对贫弱的历史背景相关。土洞墓是一种相对节俭、简便的做法，而营建砖室墓时，备砖会对丧家造成不小的负担，⑥显然，前者容易获得关中统治者的接纳与推广。北周品官墓不用石质葬具、罕见石门等石质设施的现象，亦能从这一角度得到解释。要言之，北周墓葬面貌整体粗陋、简朴，与关中政权面临的实际情况有密切关联。

历史进程是带有偶然性的，起先处于弱势地位的北周在与北齐的争夺中笑到了最后，杨隋篡周，结束了中华的分裂，统治者同样出自关陇集团的李唐最终取代隋朝，创立了有世界影响的大统一帝国。在这一历史进程中，北周墓葬文化中若干因素亦渗透进了关中隋唐墓葬，对后者的面貌造成了不容忽视的影响，其中，以土洞墓的使用影响最为显著而深远。

三、北周墓葬文化对关中隋唐墓葬的影响：以形制为中心

关中隋墓相比北周墓葬而言，虽然在陶俑形态等方面发生了明显的变化，但因延续了北周时使用土洞墓的基调，故而并未较北周墓葬发生本质上的变化。

根据刘呆运的整理，⑦可知关中隋墓在形制方面仍以斜坡墓道土洞墓为绝对主流，墓道开多天井的做法亦得延续，与北周时相比主要变化在于墓室开龛置葬具的做法迅速消失。目前所知隋墓形制的特例，来自两座隋代皇室成员墓葬——潼关税村隋墓与李静训墓，⑧它们分别以圆形砖室与竖穴土坑作为墓室。

① 宁夏回族自治区博物馆、宁夏固原博物馆：《宁夏固原北周李贤夫妇墓发掘简报》，《文物》1985 年第 11 期。
② 陕西省考古研究所：《西安北周安伽墓》，文物出版社，2003 年，第 6－10 页。
③ 陕西省考古研究院：《潼关税村隋代壁画墓》，文物出版社，2013 年。
④ 陈寅恪：《隋唐制度渊源略论稿 · 唐代政治史述论稿》，生活 · 读书 · 新知三联书店，2001 年，第 234 页。
⑤ 黄永年：《六至九世纪中国政治史》，上海书店出版社，2004 年，第 41－47 页。
⑥ 周一良：《魏晋南北朝史札记》，中华书局，2007 年，第 189－190 页。
⑦ 刘呆运：《关中地区隋代墓葬形制研究》，《考古与文物》2012 年第 4 期。
⑧ 中国社会科学院考古研究所：《唐长安城郊隋唐墓》，文物出版社，1980 年，第 3－28 页。

土洞墓继续作为主流形制,导致在关中隋墓中,同样存在墓道长度与墓主等级挂钩的现象。刘呆运在论文中提出了类似观点,惜未详述。① 关中隋墓按照墓道长度可分三等:墓道超过 30 米者墓主为李和、②姬威、③独孤罗④等人,官品均在从一品以上,被认为属废太子杨勇的潼关税村壁画墓墓道更是超过了 50 米;墓道长度在 10 米以上、30 米以下者墓主均为品官,官阶一般不高于正二品;墓道在 10 米以下者墓主基本无品级。⑤ 天井数量与墓道长度存在模糊的相关性,但两者未表现出严格的对应关系。

土洞墓可以满足割据政权一时的需要,但对于大一统帝国而言终究显得过于简陋。杨坚篡周基本属和平过渡,加之隋代国祚短暂,墓葬面貌难以发生根本改变。关中墓葬面貌整体性的变化,至李唐始告完成,具体表现即建立了一套以砖室墓的使用为核心的墓葬等级制度。

宿白、⑥齐东方⑦指出,唐代关中地区砖室墓的使用与墓主身份挂钩,安史之乱以前砖室墓墓主一般为三品以上官员或贵族,这点已为学界广泛接受。考虑到北周、隋代砖室墓于关中式微但并未断绝,仍有上文提到的李诞墓、安伽墓、潼关税村隋墓等实例,故而唐代关中砖室墓的使用,应被理解为一种本地既有但非主流的墓葬建筑方式被重新纳入丧葬制度,且被赋予了等级意义。

同时,唐代墓葬等级制度的形成并非一蹴而就,唐高祖、太宗时期墓葬材料中,砖室墓目前仅见淮安郡王李寿墓⑧与太宗女长乐公主墓⑨两例,同时期两位正三品官员——左卫将军独孤开远⑩与民部尚书戴胄⑪则仍旧使用土洞墓。这种情况显示高宗以前,砖室墓使用人群尚未推广至三品以上官员,墓葬等级制度仍处于草创期。

综合上述情况,可见唐代砖室墓使用制度的逐步形成体现出了独立发展的特点,并无受外来影响的证据,本质上是对于北周以来土洞墓传统的破坏与改造。另一方面,唐墓仍普遍采用长斜坡墓道,北周时于墓道开多天井的做法入唐以后仍旧流行。

---

① 刘呆运:《关中地区隋代墓葬形制研究》,第 91 页。

② 陕西省文物管理委员会:《陕西省三原县双盛村隋李和墓清理简报》,《文物》1966 年第 1 期。

③ 陕西省文物管理委员会:《西安郭家滩隋姬威墓清理简报》,《文物》1959 年第 8 期。

④ 赵强、姜宝莲、郭明卿:《隋独孤罗墓的发现和研究》,《华夏考古》2017 年第 2 期。

⑤ 此前,有多位研究者涉及关中隋墓的等级问题,其中以孙秉根的论述最有代表性,详见孙秉根:《西安隋唐墓葬的形制》,《中国考古学研究》编委会:《中国考古学研究——夏鼐先生考古五十年论文集(二)》,科学出版社,1986 年,第 151 - 190 页。他强调隋墓等级基本符合《通典》卷八六中"三品已上"、"七品已上"、"八品已下,达于庶人"的划分方式,之后申秦雁、齐东方、石文嘉等研究者或多或少受到了这一论断的影响。细究之,《通典》的相关记载仅涉及丧礼中"輴车"一项,而《隋书》卷八《礼仪三》有更为系统、详细的规定,涉及监丧、诸重、輴车、执绋、碑碣等方面,综观《隋书》关于丧礼的规定,可见三、四品之间并不能构成一条绝对明确的界限,现有的墓葬材料亦难以支持隋三品以上官员墓葬较其他墓葬存在明显差异的论点,七、八品之间似乎也不构成显著等级界限。

⑥ 宿白:《西安地区的唐墓形制》,氏著:《魏晋南北朝唐宋考古文稿辑丛》,文物出版社,2011 年,第 148 - 159 页。

⑦ 齐东方:《试论西安地区唐代墓葬的等级制度》,北京大学考古系:《纪念北京大学考古专业三十周年论文集(1952 - 1982)》,文物出版社,1990 年,第 286 - 310 页。

⑧ 陕西省博物馆、陕西省文管会:《唐李寿墓发掘简报》,《文物》1974 年第 9 期。

⑨ 昭陵博物馆:《唐昭陵长乐公主墓》,《文博》1988 年第 3 期。

⑩ 陕西省文物保护研究院:《二十世纪五十年代陕西考古发掘资料整理研究 · 下》,第 89 - 94 页。

⑪ 张小丽、朱连华:《唐太宗民部尚书戴胄夫妇墓的新发现》,《文物天地》2015 年第 12 期。

四、论周隋之际陶俑形态的"突变"

关中隋墓基本延续了北周时期奠定的基调。不过,在陶俑方面,入隋以后北齐风格陶俑在短时间内取代了既有的北周样式陶俑(图三),变化不可谓不大,将此现象称为"突变"应不过分。陶俑的变化容易给人造成周隋墓葬变化剧烈的观感,影响研究者对周隋墓葬关系的判断。因此,关于陶俑"突变"的性质,实有讨论的必要。

图三　潼关税村隋墓出土的部分陶俑

(采自陕西省考古研究院:《潼关税村隋代壁画墓》,文物出版社,2013 年)

分析周隋陶俑突变问题,需了解关中隋俑的面貌,于此问题,张全民有较系统的归纳。[①] 他在文中亦涉及了周隋陶俑变化问题,从陶俑造型、工艺等角度,论证了关中隋俑"突变"是关中陶俑受北齐邺城风格陶俑影响的结果,可从。[②]

周隋之际关中陶俑形态"突变"显然不是陶俑风格的自然演进能解释的,这一现象背后很可能涉及工匠流动。若结合考古发现与具体历史事件,可进一步推测邺城工匠流入关中具体时间可能为 580 年,以韦孝宽平尉迟迥作乱为契机。目前所知年代最晚的北周墓葬即于平尉迟迥之乱当年下葬的韦孝宽墓,此墓陶俑尚无受关东影响的痕迹,而开皇二年(582 年)李和墓中,已经出现关东风格陶俑。工匠于尉迟迥之变后进入关中,所造成的影响恰不至于在平乱当年下葬的韦孝宽墓中体现出来,而此后他们的产品在北周故地被

① 张全民:《略论关中地区隋墓陶俑的演变》,《文物》2018 年第 1 期。

② 张全民:《略论关中地区隋墓陶俑的演变》,第 78 页。另外,张全民认为北周风格陶俑至开皇末期才淡出关中,此说不确。北周风格陶俑与受关东影响的新式陶俑共存的情况集中于开皇九年(589 年)以前,585 年皇甫谦墓、586 年刘侠墓、589 年张綝墓使用北周风格陶俑的同时,582 年李和墓、585 年宋虎墓、586 年侯子钦墓、589 年宋忻墓中均已使用新式陶俑。至于王士良墓、尉迟运墓、侯子钦墓、吕武墓、王昌墓等例,或涉及墓主跨朝代合葬,或为迁葬墓,这些墓葬中的北周风格陶俑应随葬于北周,不应以这些墓葬最后形成的年代讨论北周风格陶俑的消失时间问题。

接受,又能与李和墓的情况相契合。

另一方面,周隋之际关中陶俑的“突变”仅限于陶俑工艺与形态层面,并未影响陶俑组合。文帝时期相对于北周的变化非常有限,绝大多数北周陶俑种类均被保留,北周墓葬中只见鞍马而不出牛车的特征也得以延续(表二)。新增的门吏俑、缀饰摇叶的骑马仪仗俑等品种源自北齐,但无一得到普及。关中隋俑若干特点至隋炀帝时才初见端倪。

表二　北周与隋代陶俑组合比较表

时 段	镇 墓	仪 仗	侍仆舞乐	庖厨操作
北 周	镇墓兽、镇墓武士	甲骑具装俑、鼓吹骑俑、风帽骑俑、甲士俑(-)、小冠俑、风帽俑、笼冠俑、鞍马、胡人俑	侍女俑	持箕俑、踏碓俑(-)、烧火俑(-)
隋文帝	镇墓兽、镇墓武士、门吏俑(±)	甲骑具装俑、鼓吹骑俑、风帽骑俑、饰摇叶骑俑(±)、小冠俑、风帽俑、笼冠俑、幞头俑(+)、鞍马、胡人俑	侍女俑	持箕俑
隋炀帝	镇墓兽、镇墓武士	笼冠骑俑(+)、女骑俑(+)、幞头骑俑(+)、小冠俑、风帽俑、笼冠俑、幞头俑(+)、鞍马、胡人俑	侍女俑、舞乐俑(±)	持箕俑

注:“(-)”代表入隋后消失,“(+)”代表较北周时期新增并流行,“(±)”代表较北周时期新增但并未流行。

论者多将周隋之际陶俑“突变”的深层次原因归结于礼制的变化,以倪润安的观点最具代表性,他认为“从俑群分期和型、式变化深受礼制变迁的影响来看,北周俑群是西魏、北周最高统治者强力操纵礼制的衍生品,注定了它们一旦失去统治者的支持,也就缺乏足够的自我生存能力,难以长期维持”。具体说来,开皇三年(583 年)牛弘等人新定礼制决定了北周风格陶俑“被抛弃、被取代”的命运。① 然而正如上文所示,周隋之际关中陶俑形态虽然有“突变”,但该时段俑群组合并无大的变化。如果说礼制变化影响墓葬陶俑,那为何陶俑形态能受到显著影响而陶俑组合却基本维持原状?况且除了陶俑组合之外,在墓葬形制、等级表现等方面,隋初墓葬与北周墓葬相比均未发生本质变化。退一步说,牛弘修改礼制是开皇三年以后的事件,新礼制又如何能影响到开皇二年(582 年)李和墓中的陶俑?

上文已经提到,北周陶俑以半模平背为特征,代表了北周墓葬中延续本地北魏时期墓葬文化的一面;而在相对平稳的社会背景下,北周陶俑也呈现出了逐步改良、质量逐步提高的趋势,具体表现即倪润安所论陶俑自“旧式”向“新式”的演变。北方统一后,长安成为国都,关东的文化与资源向西汇聚属大势所趋,北齐风格陶俑造型更为生动,质量明显优于带有关中“乡野鄙俗”色彩的北周风格陶俑,其在关中的迅速流行,属于符合常理的结果。《隋书》卷七三“梁彦光传”称:“齐亡后,衣冠士人多迁关内,唯技巧、商贩及乐户之家移实州郭。”②“州郭”应指随着邺城被毁而兴起的相州。这条记载,似综合了北周灭齐

① 倪润安:《北周墓葬俑群研究》,第 46 页。
② 魏徵:《隋书》卷七三《梁彦光传》,中华书局,1973 年,第 1675 页。

与隋平尉迟迥之乱两大事件造成的变动,前一次变故中,迁入关中者由“衣冠士人”构成,而由考古材料,可推测后一次变故或造成了邺城工匠的东移,为关中陶俑带来了全新的面貌,不过,这一全新面貌仅限于陶俑形态与工艺,并未触及陶俑组合,换言之,关中隋俑较北周陶俑发生的深层次变化实际非常有限。

五、小　　结

北周墓葬可被视作宇文氏政权结合关中既有墓葬传统与自身现实需要的产物,具体说来,关中传统体现于龛状侧室、平背俑等方面,而北周时建立了使用土洞墓的制度,导致了多天井长斜坡墓道长度与墓主身份挂钩等一系列现象。北周墓葬总体呈现出粗糙、简陋的面貌,与同时期代表北魏以来“正统”的北齐墓葬相比差异明显。

隋代关中引入北齐陶俑造型,取消了在墓室中开龛状后室、侧室的做法,标志着关中隋墓对当地北魏以前旧俗的舍弃。然而,由于土洞墓使用制度的延续,造成关中隋墓在形制与等级制度上与北周类似,而陶俑的变化亦只停留在形态层面。由此可见,关中隋墓演进的主旋律,仍旧是对北周墓葬的继承。

关中唐墓在隋代基础上,更进一步,重新将砖室墓纳入等级序列,打破了北周以来全面采用土洞墓的传统,逐步形成了一套富有自身特色的墓葬等级制度。

由此可见,北周隋唐之间关中墓葬文化虽有受外来影响,但主流是独立发展。

在论及隋唐墓葬文化渊源时,研究者多引述陈寅恪的著名论断:“隋唐之制度虽极广博纷复,然究析其因素,不出三源:一曰(北)魏、(北)齐,二曰梁、陈,三曰(西)魏、周。……此(西)魏、周之源远不如其他二源之重要。”①在礼仪、文化、政治制度等领域,西魏北周一源在隋唐时期造成的影响确实有限。然而墓葬文化的演进遵循自身特点,直接套用上述论断未免牵强。如本文所述,隋代至唐初,源自北齐的因素并未动摇关中墓葬的基本面貌,墓葬中来自南朝的影响目前看来更是无从谈起,而北周一源在关中隋唐墓葬文化形成过程中则占有举足轻重之地位。

① 陈寅恪:《隋唐制度渊源略论稿·唐代政治史述论稿》,第1-2页。

高平龙渠村广禅侯庙与广禅侯信仰[①]

彭明浩　陈　豪

（北京大学考古文博学院、北京大学中国考古学研究中心）

位于高平市郊龙渠村的广禅侯庙，受城市建设影响，濒临倒塌，但通过现场调查，可知其大殿仍存元代木构，与庙内元至元年间创修石碑记文对应。在此基础上，对广禅侯信仰由宋至今的发展演变做一贯通性梳理，可知广禅侯信仰源于宋真宗封神泰山并对周边的亭亭山封侯一事，元代是广禅侯信仰勃兴的时期，该庙建筑和石碑是现存最早的元代广禅侯信仰实例，碑文所记信仰故事不同于其发源的山东地区，是广禅侯信仰流传演变的重要标本，也是道教信仰与民间信仰融合发展的见证。该庙具有重要的历史价值，亟待妥善修缮保护。

一、缘　　起

2018年4月，北京大学考古文博学院文物建筑专业在高平市东郊南赵庄二仙庙调查测绘。[②] 庙内留有一块元代重修碑，详细记载大殿宋初创建及后期几次维修经过，其碑阴更是详列周边各村捐资人名，为考察金元时期当地村落、社会提供了重要信息。调查团队中，刘未副教授对该碑碑文进行了详细记录，并决定依照碑阴所列村名逐一走访周边现存村落，查找其中可能存在的历史遗痕。龙渠村即其中重要的村落（碑中记为“龙曲村”），且该村另有一块元碑被收录于《三晋石刻大全》[③]中，为晋东南地区较为少见的广禅侯庙的创建碑，碑文还记载了广禅侯信仰的来历，尤为引人注意。

测绘间隙，我们开车来到位于现高平市南郊的龙渠村。沿路询问村民，均未详古庙所在，幸从卫星地图上可见村西北高地有座疑似古庙的建筑群。我们按图索骥，来到庙前，心里一沉——古庙在城郊新建的高层住宅楼下，已被侵夺得只剩中轴线上三座建筑，庙宇荒废，长满杂草，残破不堪：前面的山门遭火焚只剩框架，中间的戏台淹没在垃圾和草丛中，唯

---

① 本文受教育部人文社科重点研究基地重大项目“宋元时期民间信仰的考古学观察——以晋东南的遗迹遗物为中心”（16JJD780003）、国家自然科学基金“基于社会史视角的中国古代乡村宗教建筑研究——以宋元时期山西南部地区为例”（51878007）资助。

② 该庙大殿是一座新发现的宋代建筑，因后代重修改造，原来一直被认定为清代建筑，并没有保护级别，调查简报见北京大学考古文博学院等：《山西高平南赵庄二仙庙大殿调查简报》，《文物》2019年第11期，第59－77页。

③ 刘泽民、李玉明主编：《三晋石刻大全·晋城市高平市卷》，三晋出版社，2011年，第60－61页；另见于王树新主编：《高平金石志》，中华书局，2004年，第178页。

后面的大殿尚可进入(图一)。大殿残瓦断椽之下,斗栱、梁架尚存,粗略一看,便知年代不晚,似与碑文所记创建年代相符。然遍寻庙内,不见所录元碑,仅在大殿前廊西墙上看到残缺的空洞(图二),疑即原元碑所在位置,虽其高度与《三晋石刻大全》中所记石碑尺寸相当,但宽度却大出不少,我们不敢肯定这就是元碑所在,自然也无从得知该庙是否为广禅侯庙,遍问周边村民也无人知晓,考虑到庙宇有坍塌可能,我们趁天黑前对大殿进行了扫描测绘。

图一　高平龙渠村广禅侯庙调查时状态

图二　高平龙渠村广禅侯庙大殿前廊西墙上碑碣空洞

回来后我们仍心系该庙,其作为早期建筑,值得好好保护,若放之任之,一两年内估计就要塌毁。为明确该庙性质,我们仔细将《三晋石刻大全》上元代石碑周边的砖与现状空洞周边的砖一一比对,发现确是同一处地点!只是该石碑左边原当还有另一块石碑,一起遗失后,才留下现在较宽的空洞。这样,就可初步确定该庙为广禅侯庙,大殿建筑年代也可以与碑文互印,成为一座有明确纪年的元代建筑。

借 6 月再到高平考察之机,我们专门拜访高平市文物局局长李琳,向他说明了该庙的历史价值。李局长非常重视此事,上报市领导,很快得到市委批复,督促辖地筹措资金妥善保护并修缮。同时他还发来早年文物局普查该庙时的照片(图三、四),与我们的推断相同,当时大殿前廊西墙上果真并列有两块石碑,分别为元至元创修碑与明万历重修碑。李局长还派人去寻访元、明两碑,才知是村民见庙毁后拆除到村委保存。该庙的性质、沿

图三　高平龙渠村广禅侯庙大殿旧貌(第三次文物普查照片,李琳提供)

图四　高平龙渠村广禅侯庙原碑碣(第三次文物普查照片,李琳提供)

革借助这些材料可进一步做实，在此基础上，我们重新扫描测量了该庙大殿，并对该庙建筑、碑文以及背后的广禅侯信仰进行了一定整理，这里将相关情况报告如下。

二、高平龙渠村广禅侯庙

1. 建筑概况

广禅侯庙位于龙渠村西北，龙运新城小区东侧，北距高平市中心约3千米。这一带地势较周边高约10米，原当是近村的高埠。

庙坐北朝南，因小区建设，周边围墙及配殿都已拆毁，仅残存中轴线上山门①、戏台、大殿三座主要建筑（图五）。大殿地势较高，往前至戏台、山门地势渐低，较西侧小区路面低近2米。大殿轴线与山门、戏台轴线有约5度的偏角，前后建筑基址当非同时兴建。大殿与戏台间距约26米，戏台与山门之间只有1米间距（图六）。

图五　高平龙渠村广禅侯庙现状

2. 大殿

庙内现存大殿为早期建筑，单檐悬山顶，面阔三间，明间宽2.52米，东西次间分别宽2.46米、2.57米，进深四椽，前檐出廊，廊深1.29米，殿内深4.7米。大殿坍塌严重，地面堆满砖瓦灰土，唯殿前可见一段东西向台基，边缘距前檐柱中线约1.13米（图七、图八）。

① 庙院墙已毁，建筑基址被倒塌堆积遮覆，无法廓清庙宇范围及各建筑相互关系，考虑此建筑位于中轴线最前端，且具有门廊，暂称其为“山门”，但其后与戏台之间只有1米间道，且戏台南侧偏西开门，不与该建筑相对，则其性质存疑，也可能是在庙外添建的小祠堂。

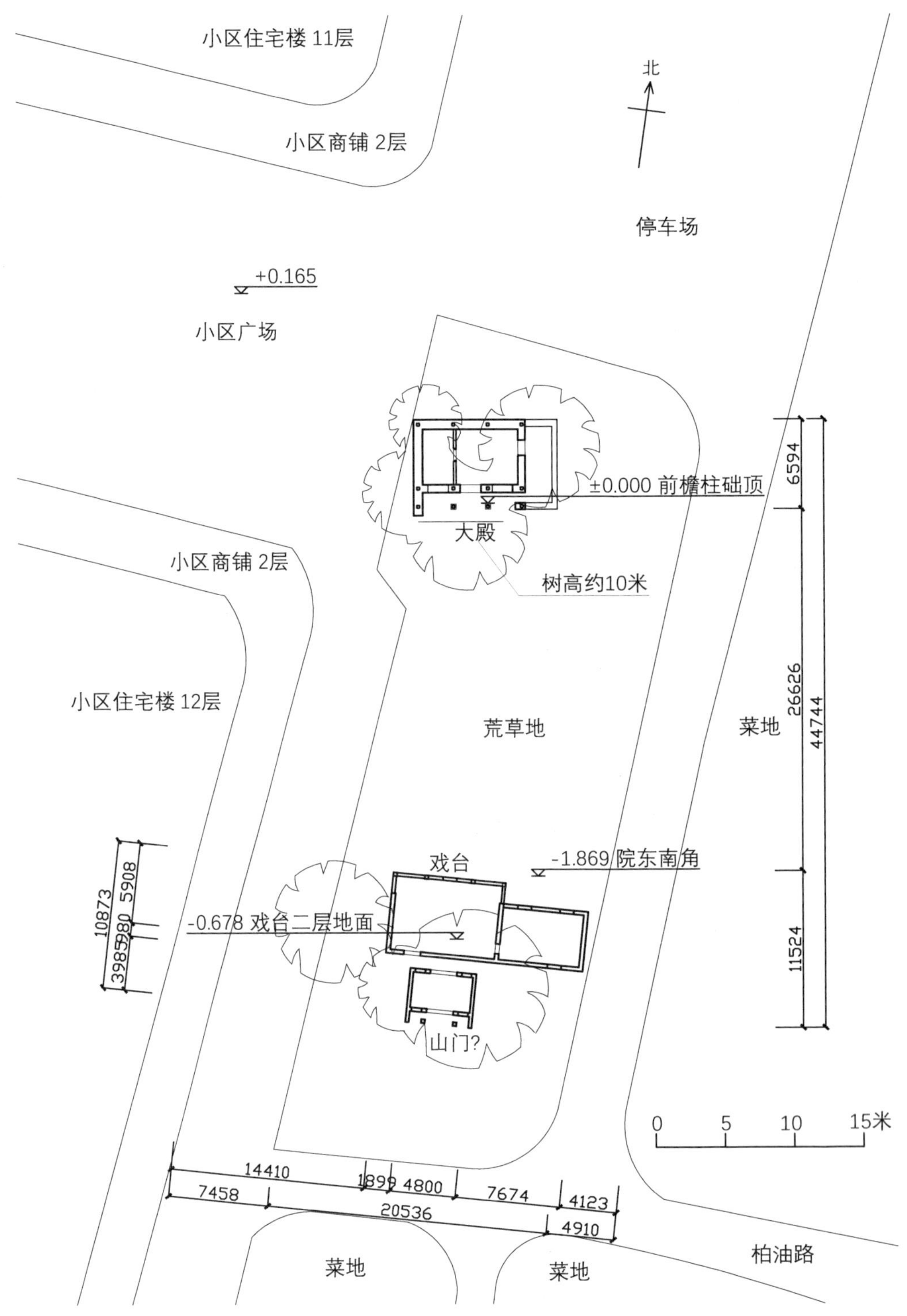

图六　高平龙渠村广禅侯庙总平面图

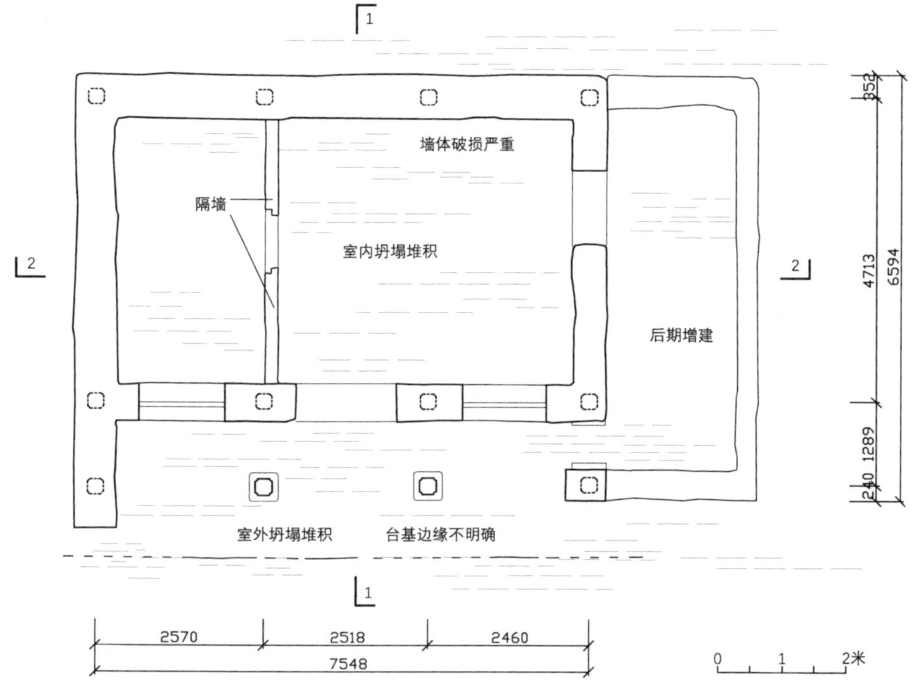

图七 高平龙渠村广禅侯庙大殿平面图

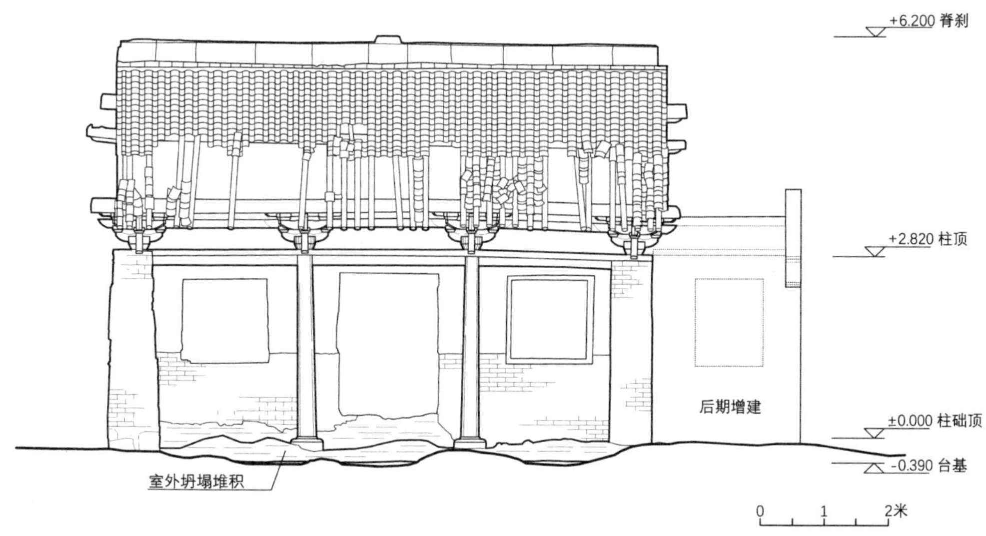

图八 高平龙渠村广禅侯庙大殿南立面图

前檐廊下石柱，平面见方，均抹角内凹，上下收分明显，高 2.82 米，柱底方 29 厘米，柱顶方 26 厘米，抹角 5 厘米，内凹 1 厘米。

柱上设阑额、普拍枋承托斗栱，阑额断面高 15、宽 5 厘米，普拍枋高 8、宽 22 厘米。

斗栱布局疏朗，无补间铺作，柱头斗栱四铺作单昂，明间两柱头铺作使用讹角栌斗，两侧使用方形栌斗。昂为假昂,琴面,昂嘴厚度适中,昂身下端刻双瓣华头子,昂上令栱抹斜,中出耍头,作内凹的蚂蚱头,上承替木托撩檐槫。斗栱里转出楮头托耍头后尾(图九、十)。栌斗底至撩檐槫上皮高 71 - 76 厘米,足材平均高约 22 厘米,厚 10 厘米(四个铺作的具体测量数值见下表一)。

图九　高平龙渠村广禅侯庙大殿柱额斗栱

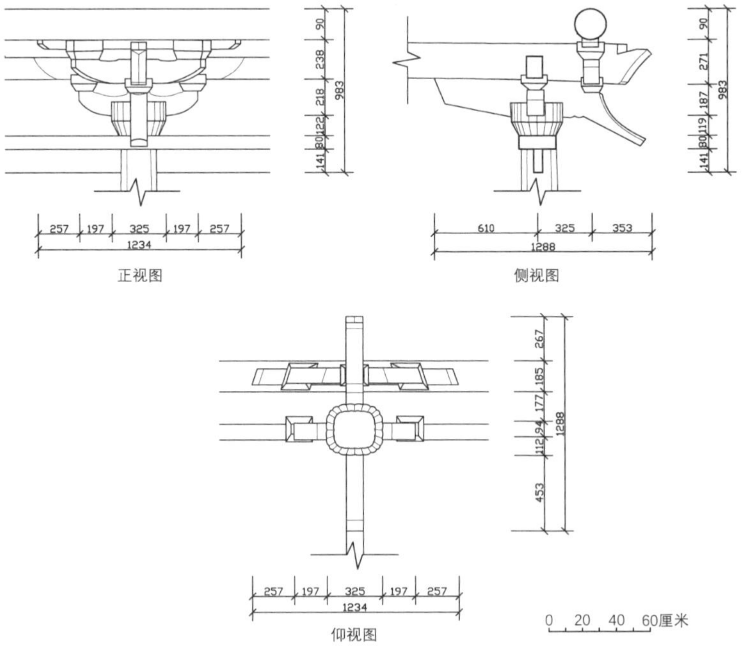

图十　高平龙渠村广禅侯庙大殿前檐柱头铺作

表一　广禅侯庙大殿前檐铺作材高宽

斗栱编号(由西至东)	1	2	3	4
斗栱总高(栌斗底至撩檐榑上皮)	709.2 毫米	734.9 毫米	765.4 毫米	755.3 毫米
耍头材高	238.7 毫米	241.8 毫米	250.9 毫米	214.0 毫米
耍头材宽	112.0 毫米	101.9 毫米	99.4 毫米	94.6 毫米
昂材高	215.2 毫米	227.4 毫米	203.0 毫米	239.4 毫米
昂材宽	109.1 毫米	101.7 毫米	102.7 毫米	97.6 毫米

大殿梁架，四架椽屋后三椽栿压前劄牵用三柱，劄牵前出耍头，断面高 23、宽 10 厘米，三椽栿为自然弯材，前端断面直径 25 厘米，后端断面直径 32 厘米。殿内三椽栿之上的梁架后期有改换，在三椽栿前后端设蜀柱承平梁，平梁除中部设蜀柱外，前后加施两柱，将原两架椽分隔为四架椽，脊榑下蜀柱托丁华抹颏栱，叉手与其相交托脊榑两侧(图十一、图十二、图十三)。

图十一　高平龙渠村广禅侯庙大殿梁架

大殿柱额、斗栱、大梁具有明显的金元建筑风格，其斗栱出假昂，昂嘴厚度适中，但较金中前期的昂嘴偏厚，昂底双瓣华头子、栱面抹斜，符合该地区金末元初建筑特征，与碑记至元创建年代吻合。大殿大梁之上的构件后期更换，可能与明万历的重修相关。

晋东南地区有明确纪年的元代建筑不多，龙渠广禅侯庙大殿建筑形制与碑文所记创建年代一致，历史价值突出，可作为该区域元代建筑的一个重要标尺。

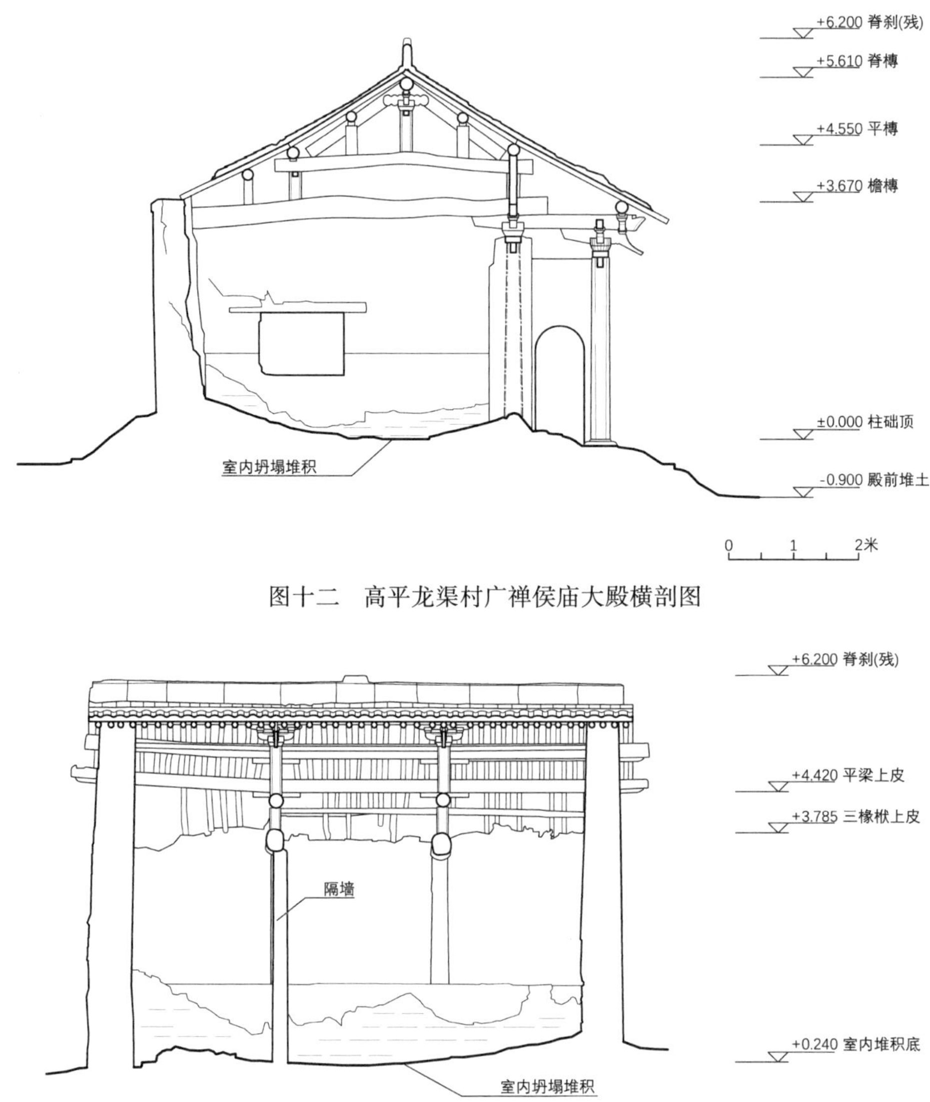

图十二　高平龙渠村广禅侯庙大殿横剖图

图十三　高平龙渠村广禅侯庙大殿纵剖图

3. 碑文

大殿西墙原存元、明两块碑碣，根据第三次文物普查照片和《三晋石刻大全》等材料，能完全录出两碑主要文字(见附录)。

元至元二十三年(1286 年)《创修广禅侯庙记》记广禅侯信仰故事，最为重要：

夫广禅侯者，乃宋赵真宗祥符七年秋八月驾谒亳州太清宫，至一山，名曰孤山店，其夜御驾宿于此。时，众马皆病不起。帝曰：“异哉！”问土居之民，此处有何神？答曰：“此山名孤山，有神曰通圣郎君，牛马之疾祭之皆愈。”帝曰：“郎君称之，乃无禄之神也。"于是,帝封为广禅侯。当下一行御马如故,其神灵有如此者。

这是现在所知山西境内关于广禅侯信仰最早最明确的记载(详见后文)。碑继载龙曲村南社杨世英等,纠集数人成立牛王社,创修广禅侯庙,庙规模较小,大殿面阔三间,至元二十二年(1285年)开工,一年时间即完工。碑后表列结功缘人姓名,其中有来自璩庄①的功德主。

明碑未见著录,从普查照片中可辨认出正文,但文后布施姓名多漫晦不识。碑载里人焦思明、田应运等于万历四十七年(1619年)重修该庙,时村名已由"龙曲"改为"龙渠",碑后姓名之首即为医官田应运,其后诸人中,为生员者均单独标明。

另戏台脊檩下有民国四年(1915年)彩绘舞楼三楹题记,可知现戏台虽为单层建筑,但可称为舞楼,其始建年代在民国以前,但建筑形制早不过明。

三、广禅侯信仰

广禅侯信仰在现存晋东南早期庙宇中较为罕见,但龙渠村广禅侯庙内元碑详细记载了宋真宗驻跸太清宫孤山,赐封山神为广禅侯的故事,这一信仰故事的来源与流传演变,尚待较全面的梳理。②

1. 来源:宋真宗封禅泰山赐亭亭山广禅侯

广禅侯之来源,为宋真宗大中祥符元年(1008年)十月封禅泰山,并封周边山神为侯,其中泰山南亭亭山被封为广禅侯。

《宋大诏令集》卷一百三十七"典礼"二十二,大中祥符元年十月辛亥"加号仁圣天齐王诏":③

> 节彼岱宗,载乎祀典,列九州之镇,冠五岳之雄,眷言封勒之区,允谓神灵之府,朕肃承景贶,恭展上仪,惟肸蚃之垂休,乃纷纶而荐瑞,宜增美号,以报神功,泰山天齐王宜加号仁圣天齐王,修饬庙宇祭器,又封咸灵将军为炳灵公,令兖州加葺祠庙,封泰山涌泉庙为灵派(泒?)侯,④亭亭庙为广禅侯,兖州邹县峄山庙为灵岩侯,各遣官致告祭。

《宋史》卷一百二礼志第五十五:⑤

> 真宗封禅毕,加号泰山为仁圣天齐王,遣职方郎中沈维宗致告,又封威雄将军为炳灵公,通泉庙为灵泒侯,亭山神庙为广禅侯,峄山神庙为灵岩侯,各遣官致告。

---

① 该村尚存,现位于龙渠村西10里。

② 已有研究可参看延保全:《广禅侯与元代山西之牛王崇拜》,《山西师大学报(社会科学版)》2003年第4期,第43-47页。

③ 司义祖整理:《宋大诏令集》卷一百三十七"典礼"二十二,中华书局,1962年,第483页。

④ 下文所引《宋史》称"咸灵将军"为"威雄将军","涌泉庙"为"通泉庙"。

⑤ (元)脱脱等:《宋史》卷一百二志第五十五,中华书局,1985年,第2486页。

时亭亭山上即创建广禅侯祠,并遣秘书丞、直史馆姜屿致祭。祭告文刻为石碑,立于祠内,至民国时期尚存,唯碑下截缺损,见《金石续编》①、《山左金石志》②、《泰山志》③,以校民国《重修泰安县志》④所录:

> 封广禅侯敕并祭告文
>
> (封号敕)
>
> 敕亭亭山庙,惟彼灵祠,载于祀典,导长源而善利,耸峻(下阙)上封礼崇,咸秩俾疏,荣于侯爵,用介祉〔于〕蒸民,可封广(下阙)
>
> (祭告文)
>
> 维大中祥符元年岁次戊申十一月戊午朔四日辛酉,皇帝遣秘书丞、直史馆姜屿致祭于广禅侯。朕奉若元符,升中乔岳,惟神爵秩,幽赞成功,特加封爵之美称,用答储祥之休应,仍令致奠,以答神明。〔尚飨〕
>
> (行书在县南亭亭山)

综上可知广禅侯原为泰山仁圣天齐王配祀之神,由真宗泰山封禅而起,亭亭山庙为广禅侯主祠。

2. 演绎:元代山东山西的广禅侯信仰故事

现不多见宋金时期的广禅侯庙。但元代广禅侯庙的遗迹遗物,在今山东、山西两省尚存有若干,碑文、方志中也有广禅侯信仰故事的记载。

山东

元代山东广建广禅侯庙。亭亭山广禅侯主祠于元代重修,民国《重修泰安县志》卷二⑤载:

> 广禅侯祠。县南亭亭山,宋真宗祥符元年封山神为广禅侯,遣秘书丞、直史馆姜屿致祭,有御制碑。元知州张郁、知县张佺重修,又有明嘉靖九年十月重修碑记,浦正撰并书。

莱阳县、黄县元代即有广禅侯庙。康熙《山东通志》卷二十:⑥

> 广禅侯庙,在莱阳县西,元延祐间建,明正统六年修。

---

① (清)陆耀遹撰,陆增祥校订:《金石续编》卷一四,清同治十年刻本,第一页。

② (清)毕沅、阮元:《山左金石志》卷十五,清嘉庆二年刻本,第四十页。

③ (清)金棨:《泰山志》卷一六,金石,清嘉庆十三年刊本,第五页。

④ (民国)葛延瑛、吴元禄修,孟昭章纂:民国《重修泰安县志》卷十三,艺文志,民国十八年泰安县志局铅印本,第三十九页。

⑤ (民国)葛延瑛、吴元禄修,孟昭章纂:民国《重修泰安县志》卷二,舆地志,“封广禅侯敕并祭告文”条,民国十八年泰安县志局铅印本,第七十二页。

⑥ (清)赵祥星修,钱江纂:康熙《山东通志》卷二十,祠祀,清康熙四十一年刻本,第十五页。

同治《黄县志》卷二：①

广禅侯庙在泉水疃，不知创自何年，至元间徐百户尝修之，雍正间徐国臣等重修。

民国《潍县志稿》载元皇庆元年（1312年）《修牛神庙记》碑：②

修牛神庙记

盖闻神者灵也，冥冥无幽不通，或知者寡矣。如在其上，如在其左右，如影之随形，响之应声，又何相去远哉。兹者潍阳正南三十里，风景绝伦一方所，幽微罕见，村名逯家庄，所属第十都。地厚桑麦肥秾，人稠烈成街衕。地秀人贤，园林幽落。修文人面戴颜回，习武者身同子路。长寿老彭祖相挨，富贵人石崇可比。于庄东有一神祠，乃广禅侯通圣郎君行马之官牛羊将军是也。世居权口，绵绵亘乎千古，于所积有年矣。时有本庄巨户范荣，欲观行祠，庙貌不存，唯余基址，荆棘荒凉，无人整齐，安忍坐视。荣发虔诚心，舍捐囊，赌场工，□□于大德九年，就古基重修瓦庙三间，为之以新。率乡中信士之众，化缘钱裰，同成胜事。不三载之间，捏塑神像，一堂胜事俱完备矣。功既成矣，岁亦丰矣，愿既酬矣，心亦满矣。然备胜美之妆严，上阙永年之铭记。于是招名匠以镌石，年代常存，用传不朽。因属予著其始末，再三辞不获已，以鄙言实纪其重修之岁月云耳。

大元皇庆元年十二月上旬日　社长范全男范荣立石

（右碑高公尺一尺三寸三分，广六寸三分三厘，十四行，行三十字，正书。在县南乡小北□庄，牛神庙，按昌乐上□延祐创修牛羊将军庙，碑引宋搜神记③云宋真宗加封神为广禅侯通胜郎君，与此碑同）。

元延祐元年（1314年）张起岩《重修德胜庙记》记载了宋真宗封亭亭山为广禅侯的基本史实，还演绎了一段富有情节的信仰故事。见乾隆《福山县志》卷十一：④

福山县治之西南二十里有奇曰王家庄，稍北三里许岗阜隆起，岭岫盘旋，山腹幽邃，前若砥平，其中神祠一所，榜曰德胜之庙……后经兵革之余，其庙隳坏，本社耆属王宽等复为修理，岁久驯致，疏陋宽之，孙王喜克继其祖志，期于缮完……按宋真宗大中祥符元年东封礼成，遂由亭亭山往祠阙里，驻跸于山之下，上泉之野，驺骑咸若钳吻，不食者竟日，侍臣以闻，上异之，且命祷焉，莫俎未彻，龁饮如故，以是封其神为广禅侯。德胜之名不经见，今世俗谓神刘其姓，以十八郎呼之……自兹以往，阖境之内

---

① （清）尹继美：同治《黄县志》卷二，营建志，清同治十年刻本，第八页。

② （民国）常之英：《潍县志稿》卷四十一，金石第七至八页，"元牛神庙碑"条，《中国地方志集成·山东府县志辑41》，凤凰出版社，2004年，第204－205页；参见李修生主编：《全元文》第24册，卷七四七，凤凰出版社（原江苏古籍出版社），1998年，第89－90页。

③ 按后文平遥白龙潭广禅侯庙碑亦云搜神记故事，或广禅侯为通胜郎君、德胜将军之言始自宋人仿东晋干宝《搜神记》所著异本。

④ （清）何乐善修，萧劼、王积熙纂：乾隆《福山县志》卷十一，文翰志，清乾隆二十八年刻本，第二十七至二十八页。

灾沴消弭,畜牧茁壮,遂安养孳息之牲,无夭伤堕殰之虞,以被神无穷之惠者,未必不自王氏启之也,是为记,时延祐元年闰二月之吉。

这一演绎故事增加了封禅细节:真宗路经亭亭山,牛马病,祈山神,病愈,封为广禅侯,为耕牛祈祷,将广禅侯与牛马驺骑产生联系。除通圣郎君、德胜之名外,上文还称广禅侯名刘十八郎,另有认为广禅侯名为刘十琨者。

同治《黄县志》卷二:①

广禅侯庙……今合莱山行宫为一庙,府志称侯,即牛神,祀者为耕牛祈蕃,庙碑称侯姓刘,名十琨,尝为民御水患,皆无明据,通志云宋真宗封亭亭山之神为广禅侯说近是矣。

山西

山西地区也保存较多元代广禅侯庙的遗迹遗物,并流传有另一版本的宋真宗封广禅侯的信仰故事,如龙渠村创建碑所述,该故事叙事模式与山东版本类似,但故事中的地点却为亳州太清宫。此版本故事,还见于下述(1)、(2)两例,但均非直接材料,另下述(3)、(4)、(5)三例,虽未记信仰故事,但留有元代题刻和相关遗物,也值得注意。

(1) 临汾魏村牛王庙

该庙现存早期舞楼,元至元二十年(1283 年)创建,至治元年(1321 年)重修。重修时立有碑记,但原碑已毁,清光绪二十四年(1898 年)重刻"牛王庙元时碑记":②

临汾县西北魏村牛王庙,历数十余载,神之世谱有自来矣。宋真宗祥符七年秋八月,驾谒亳州大清宫,至一山名孤山店,其夜御驾宿于此,众马皆病,帝曰:"异哉!"问土居之民,"此处有何神庙?"居民答曰:"孤山有神曰通圣郎君,祭之无不应也。"于是帝封为广禅侯,一行御马如故,有家存焉,历代享祭,降其后世,祠而神之……一乡信士,大枣北孙继先、南羊村左仲文、暨和村张都等,访蓬荜谓予曰:牛王之祠,祭祀久矣,其神妙不可测,合境受赐,六畜平安,将合以答神之休!恳予为记,刊之琬琰,以传不朽。

(2) 平遥白龙潭广禅侯庙

该庙创建于宋末,元至元二十三年(1286 年)重修碑见于光绪《平遥县志》卷一:③

至元乙酉(1285)秋七月既望,故人王信臣踵门而告予曰,距五里之南地约两舍,有谷曰洪,上通绵峰,下达汾州,两崖对峙,壁立千仞,长松古柏,蒙翳乎其间,奇禽怪

① (清) 尹继美:同治《黄县志》卷二,营建志,清同治十年刻本,第八页。

② 柴泽俊:《山西临汾魏村牛王庙元代舞台》,杨鸿勋、刘托主编:《建筑历史与理论》第 5 辑,中国建筑工业出版社,1997 年,第 183－189 页;刘泽民、李玉明主编:《三晋石刻大全 · 临汾市尧都区卷》,三晋出版社,2011 年,第 272 页。

③ (清) 恩端修,武达材、王舒萼纂:光绪《平遥县志》卷一,地舆志,清光绪八年刻本,第十一、十二页。

兽,鸣乎其内,谷有巨潭,名曰白龙潭……宋末有好事者,作新庙于斯潭之上,仍以广禅侯额揭之,每遇六畜之灾,亦许禳谢,其应如响。兵尘之后,化为焦土,破瓦颓垣,无复存者,而荒烟白露,苍莽灭没,独余废址于榛丛茀草之中,过者太息……则请益坚盖祠,所谓广禅使者,按搜神记,宋真宗祥符七年驾谒亳州大清宫,夜次孤山店,时御马皆病不起,帝怪而问之,此地有何神祠,土人以通圣郎君答之,具述灵异,遂封之次侯爵,马亦顿愈。俗有呼白牛将军,后人所在为之立祠观……明年十月望日,本县直学武亮记并书,大元至元二十三年王京立。

(3) 灵石葫芦头村广禅侯庙

该庙位于村西北,现存一进院落,建筑损毁严重。大殿前廊墙上原嵌有元泰定元年(1324年)《重建广禅侯庙碑》,著录于《三晋石刻大全·晋中市灵石县卷》,①现已遗失:

吾同村葫芦头重建广禅侯之庙,前者创建之时,施地基之人左亨、闫海、左元、左海、闫疑修造了毕,又于大德七年(1303年)仲秋上旬六日,或经地震摇撼倒塌,基址损坏。村众议得,谨发虔心,束砌全堂,方可完备,微有功德,维郡品答芳名开立于后。

该庙元代创建,经大德七年地震后于元末重修立碑,说明时人大震后重修广禅侯庙的迫切要求,反映了当时广禅侯信仰的流行程度。庙内尚存明嘉靖十年《葫芦头重修广禅侯庙碑记》,碑文也见诸《三晋石刻大全》。②

(4) 壶关四家池广禅侯庙

该庙元代新修庙碑记载壶关内王里众老有会曰乡约,合议新修牛王神广禅侯庙,历经波折庙成,保社牛羊苗壮之事。载于《山右石刻丛编》③和光绪《壶关县续志》,④录文可相互补充:

广禅侯庙碑

(碑高二尺九寸七分,广一尺七寸二分,二十行,行三十七字,正书,今在壶关县四家池。)

维大元国晋宁路潞州壶关县三老乡内王村新修广禅侯庙记

前乡贡进士元惟一撰

……壶林之南,有聚落曰内王里,其里众老有会曰乡约。……一日,众友议曰:兹约虽云美矣,然所以未尽善也,何则,无神以宗之。众曰:将安适从?中间会长姜添曰:牛王神,往古来今我农家之当祀……于是鸠工集金,选木辇石,以构大宇。厥功将兴,适丁事阻……仍旧作新,未期而厥功告成,雕墙峻宇,阶阤一新,神像巍巍,诚一时之壮观。甫年载间,本社牛羊苗壮,皆曰:甚得我广禅侯庙之祐矣……

岁在癸酉(1333年)至顺季秋哉生明越翌日记

① 刘泽民、李玉明主编:《三晋石刻大全·晋中市灵石县卷》,三晋出版社,2010年,第12页。
② 刘泽民、李玉明主编:《三晋石刻大全·晋中市灵石县卷》,三晋出版社,2010年,第41页。
③ (清)胡聘之:《山右石刻丛编》卷三十四,清光绪二十七年刻本,第六至八页。
④ (清)胡燕昌修,杨笃纂:光绪《壶关县续志》卷下,金石,清光绪七年刻本,第五五至五六页。

(5) 泽州霍秀牛王庙

该庙位于村东北,现存一进院落,前山门,后大殿,两侧配殿围合。现建筑主体结构大多经明清改造,但山门尚存早期遗构,其面阔三间,前檐石柱上下收分明显,四角抹边,可能较早,此外较明确的是当中所嵌的石门框(图十四),其门额正中有元皇庆元年(1312年)题记:

本社张荣同弟张德施门一合,皇庆元年四月二日。

图十四　霍秀牛王庙山门石门框及内外题记

但门额背面却有金承安五年(1200 年)题记:

武略将军飞骑尉环州司狱□□,长男张介次男张□次□七□长孙□□,承安五年四月功毕。

门额正面打磨,题记较晚,背面粗糙,反而题记较早,但元代题记内容又言施门一事,与其所题对象吻合,且石门框表面素平无雕饰,并非泽州地区金末的石作风格,则元代题记更可能为创修石门所记,而其门额或利用了早期旧料,才在背面有较早的金代题记。

另成化《山西通志》①所载各县广禅侯庙，亦可作为补充：

广禅侯庙有四：一在崞县东南二十五里上封都庙前，有水名神池，真宗祥符二年驾诣亳州大清宫，夜宿孤山店，众马不能起，帝怪问其地有何神，居民对曰此地有通圣郎君，俗呼牛羊将军，祭必有应，帝祭之，遂封为广禅侯，马行如故，因立庙焉。国朝洪武十五年重建，有司岁以五月五日致祭；一在石州城内来远坊，元癸未十三年建；一在洪洞县城东一十八里范村，洪武十三年建；一在汾西县城内礼义坊娲皇庙傍；一在孝义县南一十里司马村，元大德十一年建。

其中崞县广禅侯庙还见于明万历《太原府志》卷十四：②

崞县　广禅侯祠　县东南二十五里上封都庙前，有水名神池，祥符年建。

清乾隆《崞县志》卷四③亦载：

凭牛神庙　在县东南三十里凭牛山，宋祥符二年真宗驾幸亳州夜宿孤山店，众马不能起，帝怪问其故，居民曰此地有通圣郎，俗呼牛羊将军，甚著灵异，帝祭之，马起如故，因敕封广禅侯庙祀焉，明洪武暨万历丙子巳未相继重修，每岁五月初五日致祭。

其他地区

除山东、山西外，其他地域早期广禅侯信仰相关遗迹和碑刻保留很少，比较重要的有河北涿州北海县《创修牛王德胜将军行宫庙记》，见于《陶斋藏石记》：④

涿州北海县第十九都西木茁村功德维首田彬

创修牛王德胜将军行宫庙记

于戊辰年间窃见牛王神通广大，保护四方乡村六畜孳荣，□时无转运之灾，八节有大赖之庆，大哥孙荣茂、二哥任润、田彬，纠集社内耆老人等

谨立香炉一座永为□□

劝农社长□嵓

……

时大元致和元年（1328 年）九月□□乙卯日

……

记文未载信仰故事，只述及牛王神通、村众筹建香炉，但从碑首称牛王为德胜将军，与山东福山碑记中的称谓一致，推测该地域信仰系统当主要受山东影响。

---

① （明）李侃修，胡谧纂：成化《山西通志》卷之五，祠庙，民国二十二年景钞明成化十一年刻本，第十二页。
② （明）关廷访修，张慎言纂：万历《太原府志》卷十四，祀典，明万历四十年刻本，第十页。
③ （清）邵丰鍭、顾弼修，贾瀛纂：乾隆《崞县志》卷四，坛庙，清乾隆二十二年刻本，第四页。
④ （清）端方：《陶斋藏石记》卷四十三，《石刻史料新编》第一辑第十一册，新文丰出版公司，1982 年，第 8416－8417 页。

另河南民国《续荥阳县志》有“广禅侯庙石祭几铭”条,[①]铭文不详:

> 广禅侯庙石祭几铭,曹珏撰,元圭正书,至元三十年(1293 年)三月,在槐中保张村庙崔府君神座前。

河南山西地理相接,信仰互有影响。崔府君神即为山西长子地区流传的民间信仰。

综上可知,广禅侯信仰源于宋真宗封禅泰山,赐泰山南之亭亭山神以广禅侯封号。根据现存遗迹遗物,直至元代,广禅侯信仰方流行于中原北方地区,并与保佑牛马牲畜健康平安有关。这种信仰的兴起与演变可能与元代统治者注重农业生产有一定关系。[②] 有意思的是,广禅侯的故事随着信仰的流行逐渐演绎,出现两个不同版本。山东信仰故事源于本地泰山封禅的史实,演绎出山神治愈牛马的故事情节,而山西将故事的主要地点改为亳州太清宫。太清宫为道教著名宫观,其所在鹿邑,被认为是老子出生地,受历代帝王重视,唐玄宗、宋真宗等均谒此宫,宋末兵焚后,金大定甲辰(1184 年)大修,元初再修,时极盛的全真教长春宫真人李志常委派石志玉、李志秘等统筹重建,后又派张崇道、王志谨等主持事务[③]。可以说,太清宫在道教信仰中有标志性地位,那么,山西信仰故事普遍改泰山为太清宫的这一特别调整,就很可能与道教有关。且道教本有纳五岳山神入其信仰体系的传统[④],而广禅侯信仰故事中的人物事迹,也与道教关系密切。宋真宗笃信道教,尤其反映在大中祥符之后[⑤],而此年号的更改,本即源自真宗君臣假借神人降“天书”赐符瑞一事[⑥],该年封禅泰山,也是真宗称夜梦神人,告以六月降天书于泰山[⑦]。这在全国掀起了崇道热潮,各地献芝草、嘉禾、瑞兽不计其数。泰山之后,宋真宗于大中祥符四年至汾阴祭后土[⑧]、七年至太清宫祭老子[⑨],也均以奉“天书”为由。因此,宋真宗大中祥符元年封禅泰山一事,实则

---

① (民国)卢以治修,张炘纂:民国《续荥阳县志》卷十一,民国十三年铅印本,第十五页。

② 相关历史背景已有讨论,此不赘述。参见延保全:《广禅侯与元代山西之牛王崇拜》,《山西师大学报(社会科学版)》2003 年第 4 期,第 43 – 47 页。

③ 参见《大元奉元明道宫修建碑铭并序》,《菊潭集》卷三,第四十三至四十五页,藕香零拾本,中华书局,1999 年,第 463 – 464 页;杨宝顺:《老子故里在鹿邑:鹿邑太清宫新发现大量古碑碣和建筑遗迹》,《中原文物》2000 年第 3 期,第 73 – 77 页。

④ 雷闻:《五岳真君祠与唐代国家祭祀》,荣新江主编:《唐代宗教信仰与社会》,上海辞书出版社,2003 年,第 35 – 83 页。

⑤ 任继愈主编:《中国道教史》,上海人民出版社,1990 年,第 465 – 472 页。

⑥ “夜将半,朕方就寝,忽一室明朗,惊视之次,俄见神人,星冠绛袍,告朕曰:‘宜于正殿建黄箓道场一月,当降天书大中祥符三篇,勿泄天机。’朕悚然起对,忽已不见,遽命笔志之”。(宋)李焘撰:《续资治通鉴长编》卷六十八,点校本,中华书局,2004 年,第 1518 页。

⑦ “(大中祥符元年)五月丙子,上复梦向者神人,言来月上旬复当赐天书于泰山,即密谕王钦若”。(宋)李焘撰:《续资治通鉴长编》卷六十九,点校本,中华书局,2004 年,第 1549 页。

⑧ “(大中祥符四年正月)丁酉,车驾奉天书发京师……(二月)辛酉,具法驾诣脽坛,夹路燎火,其光如昼,甬道盘屈,周以黄麾仗。初,路由庙南,上以未修谒,不欲乘舆辇过其前,令凿路由庙后。至是从新路至坛次,服衮冕登坛,祀后土地祇,备三献,奉天书于神坐之左,以太祖、太宗并配,悉如封禅之礼”。(宋)李焘撰:《续资治通鉴长编》卷六十八,点校本,中华书局,2004 年,第 1708 – 1711 页。

⑨ “(大中祥符七年正月)壬寅,车驾奉天书发京师……己酉,三鼓,具法驾赴宫,时密雪骤霁,自奉元至太清十余里,夹道设笼灯燎台,左右执炬间之,焜煌如昼。五鼓,上奉玉币酌献,读册文,命太尉封石匮”。(宋)李焘撰:《续资治通鉴长编》卷六十八,点校本,中华书局,2004 年,第 1862 页。

是其有意识地推动道教信仰的行为,与大中祥符七年拜谒亳州太清宫有相同的属性。那么广禅侯信仰故事中,“宋真宗”、“大中祥符”这一人物一时间元素,其实均有浓厚的道教内涵,山西故事未改变这一故事核心,只将地点调整为与道教关系更明确的太清宫,就可内化于道教的信仰体系,也更便于向普通大众传播。同时,金末元初这一时期,也是道教大发展时期,山西地区全真教极盛,现存早期道观也大多兴建于这一时期①,在这样的历史背景下,广禅侯信仰被纳入道教之中,并在山东之外的地区广为流传,也就在情理之中。

3. 附会:明清至今的牛马王信仰

广禅侯专管牛马为代表的六畜,与百姓生活息息相关,类似功能的神祠经久不衰。明清时期,中原北方地区牛王庙、马王庙、水草庙十分常见,也多作为配神祭祀于各民间祠庙之中,但其来源和信仰故事却渐不为人知,少有人知道广禅侯的来历。

山东地区,莱阳广禅侯庙来历已为推测,雍正《山东通志》卷二十一②记:

莱阳县广禅侯庙:在县西境,元延祐间建,志称未详何神,按宋真宗封奉符之亭亭山为广禅侯,世多建庙祀之,疑即此也。

也有附会为本地神祇的。光绪《曹县志》卷六③载:

黄堽庙,县西北三十里,土人相传本土地祠,唐某年间驾经其地,驻跸一宵,因封广禅侯,蓝瑞记略曰庙号黄堽,源流既远,莫能上溯,求其往迹,近而可凭者,成化丁亥土人某协同某某等重整其故……

这种含混为本地神祠,或将帝王驻跸之地瞽言为临近地点的说法,还可见于山西、河北等地区,如前述壶关四家池广禅侯庙元碑未载信仰故事,后人已不知其来历,光绪《壶关县续志》卷下④在元碑后附案语:

案潞城有广禅山,此云广禅侯,未详所自,而祀为牛王,事涉不经,文亦鄙俚,录以存古,不因乡曲委巷之言而摈之也。

道光《偏光志》地理志:⑤

马神庙与火神庙并宇,明成化六年巡抚李视建,正德十三年武宗驻跸,封马神为

---

① 程越:《金元时期全真道宫观研究》,齐鲁书社,2012 年,第 10 - 22 页。

② (清)岳濬、法敏修,杜诏纂:雍正《山东通志》卷二十一,秩祀志,第二十三页,清乾隆元年刻本。后代修志时对修建年代的记录或讹“广禅侯祠,在县西境,宋元祐间建,旧志未详何神。按宋真宗封奉符之亭亭山为广禅侯,世多建庙祀之,疑即此也”,(清)杨士骧等修,孙葆田等纂:宣统《山东通志》卷三十八,疆域志第三,建置,民国二十三年影印本,第 1473 页。

③ (清)陈嗣良修,孟广来、贾乃延纂:光绪《曹县志》卷六,祠祀志,清光绪十年刻本,第九页。

④ (清)胡燕昌修,杨笃纂:光绪《壶关县续志》卷下,金石,清光绪七年刻本,第五五至五六页。

⑤ (清)卢承业原编、马振文增修:道光《偏关志》地理志,庙祀,清道光间刊,民国四年铅印本,第二十三页。

广禅侯,迄今神牌镌刻垂记。

乾隆《正定府志》卷八:①

(平山)牛王庙,在城西北孤山桥,宋真宗驻跸于此,故封。

另有不知神之来历,也不见帝王驻跸故事的记载。
如乾隆《榆次县志》卷八:②

又有水草庙,初不知何神,问之则马祖也。

乾隆《阳城县志》卷三:③

若夫三灵水草,西关有三灵庙山头村有水草庙,盖不识其所祀之何神,而里俗相淫惑也,故不与诸祠并列云。

由上可见,即使在广禅侯信仰的起源地山东地区,人们也逐渐淡忘其来历,附会出当地本土故事,其他地区更是将其演化为本地山神。

这种附会的情况,直到近代仍在持续,尤以阳城水草庙广禅侯一事影响最大。此事源于当地乡绅所称手抄文稿,录至庙内明永乐十六年古碑,但现已不存,其文记广禅侯故事为宋徽宗政和四年与金人战后,战马皆病,路经汾河,得阳城人常顺救治,后封其为广禅侯,此信仰故事显由宋真宗封禅故事改造而来,但通过中国畜牧兽医学会举办广禅侯学术讨论会宣传,将常顺封为带有现代意味的"兽医始祖",使其具有了现代意义,④虽当时已有质疑之声,⑤但仍得到了普遍的承认,现在仍有广泛的影响。当然,此信仰故事的是非已无辩证必要,不过其反映的后代对广禅侯信仰来源认知的缺失,及乡人附会广禅侯为本地人神的情况,值得从学术层面细致剖析其背后的历史动因、牵涉的人群及运作的过程,无疑是研究民间信仰发展变迁的一个鲜活标本。

四、结　　语

综上,广禅侯信仰源于宋真宗封禅泰山并对周边的亭亭山封侯一事。元代该信仰兴盛,主要分布于中原北方地区。山东地区延续真宗封禅泰山故事,但演绎出广禅侯专管牛马的原委,山西地区同样出现相似的故事演绎,但地点却在亳州太清宫孤山。这种转变可能受到道教的影响。明清时期,各地已逐渐淡忘广禅侯信仰的来历,仅知其为专管牛马之

① (清)郑大进纂修:乾隆《正定府志》卷八,坛庙,清乾隆二十七年刻本,第十九页。
② (清)钱之青修,张天泽、王系纂:乾隆《榆次县志》卷八,杂志,清乾隆十五年刻本,第九页。
③ (清)杨善庆修,田懋纂:乾隆《阳城县志》卷三,坛庙,清乾隆二十年刻本,第九页。
④ 陆宝印:《广禅侯学术讨论会在山西省阳城县举行》,《中国兽医杂志》1987年第2期;于船:《关于广禅侯和水草庙的问题》,《中国兽医杂志》1987年第8期,第49－50页;王明儒:《"水草庙"、"广禅侯"学术考究》,《郑州牧专学报》1988年第1期,第20－26页。
⑤ 刘伯伦:《广禅侯来历的真相》,《中国兽医杂志》1995年第3期,第53页。

神,多附会其为地方本土神灵,其故事原型、封神原因、时间、地点及对象随时代和地区的不同多有适应性改造,形成各自不同的民间信仰故事(表二)。

表二 广禅侯信仰故事流传演变主线

主要地区	北　宋	元	明　清	近现代
山东	宋真宗封禅泰山,封亭亭山为广禅侯	宋真宗封禅泰山,路经亭亭山,山神治马,封广禅侯	1. 怀疑与宋真宗封禅泰山相关 2. 某帝路经本地驻跸,封祠神为广禅侯	
山西		宋真宗驾谒大清宫,路经孤山,山神治马,封广禅侯	1. 不清楚来历 2. 某帝路经本地驻跸,封祠神为广禅侯	宋徽宗战金,经汾河,得阳城人常顺救治战马,封常顺为广禅侯

高平城郊龙渠村的广禅侯庙,建筑和石碑保存至今,是现存最早的元代广禅侯信仰实例。碑文所记广禅侯信仰故事版本,是这一信仰在时间演变和空间流布中的重要标本,也是道教信仰与民间信仰融合发展的见证,具有重要的历史价值。由于现代城市建设,广禅侯庙已濒临倒塌,亟待妥善修缮保护。

测绘制图:陈豪、杨佳帆、刘云聪

摄影:彭明浩

附　　录

庙内元碑

附图一　元碑旧照(第三次文物普查照片,李琳提供)

创修广禅侯庙记　里人董怀英书

窃闻圣不可知乃曰神之谓也，功明于后，宜奕世/以祀之。夫广禅侯者，乃宋赵真宗祥符七年秋八月/驾谒亳州太清宫，至一山，名曰孤山店，其夜御驾/宿于此。时，众马皆病不起。帝曰："异哉!"问土居之民，/此处有何神？答曰："此山名孤山，有神曰通圣郎君，/牛马之疾祭之皆愈。"帝曰："郎君称之，乃无禄之神/也。"于是，帝封为广禅侯。当下一行御马如故，其神/灵有如此者。自时厥后，诸处立祠，宜尔农民，岁时/常祀。今者龙曲南社杨世英等，纠率里人，首倡其/事，从而和之者数人，立为一社，目之曰牛王社，欲/修庙貌，以极尊严，既叙伯仲之情，靡有亲疏之异。/于是众口一辞，同谋计虑，各输己缗数千，易材鸠/工。杨文秀于馆之西北隅施地基一所，创建庙三/间。自至元二十二年兴修，二十三年功毕，丹青绘/饰，焕然一新。惟冀神明降鉴，一方无疫疠之灾，福/祐潜垂六畜，保兴生之庆。仍开具修庙结功缘人/姓名于右。

□□：焦林、杨全、宋端、杨世英、刘深、靳珏。

壕庄：郭琇、赵和、杨良、刘沛、刘泽、史德/马进、王正、田直、刘用、赵□、王从/苏成、张立、杨春、刘注、王诚、张小叔。

时至元二十三年岁次丙戌三月晦日记。

刊石人：杨全、王从、杨春。

庙内明碑

附图二　明碑旧照(第三次文物普查照片，李琳提供)

重修广禅侯庙记 玄门弟子侯冲天

龙渠村旧有广禅侯庙，考左壁碑记，/盖创自至元年间也，其来岁久，风雨倾/颓，里人焦思明田应运等窃见废坠，深用/疚心，于是率诸善士，捐金输粟，共襄盛/举，重兴脩葺,绘塑神像,内外焕然一新,/因记之以不没人善云,时大明/万历四十七年七月七日,□庠田□□书丹。

布施姓名,开列于左:

医官田应运同长男田大有次男生员田大艮施银七两五钱。

生员田荆……(后文多模糊不清)

庙内戏台脊檩下题记

时民国肆年四月望日□□大社黄道吉日,彩绘舞楼三楹,画匠田□玉,自□画以后,千祥云集,百福驿臻,三班维首仝立,是为记耳。

2019年6月,高平市文物局局长李琳发来数张施工照片,告诉我市局已筹集资金抢修了广禅侯庙,大殿梁架以下的主体结构基本得以保存,并在原位置归安了元碑,这对于没有任何保护级别且行将倒塌的历史建筑而言,已是极好的归宿,也是我们在发现它时所未曾想到的。在如此短的时间,抢救这座被城市新建住宅区包围的小庙,矛盾、仓促、无奈都在所难免,我能想到李局长等一线的文物工作者所经历的艰辛,也能体会他们看到庙成后的欣喜,惟愿多些人、多些时间,去守护这些见证人类历史却饱经劫难的文化遗产。

2020年4月5日补记

高平龙渠广禅侯庙大殿修缮照片(李琳提供)

御窑厂遗址出土青花瓷的初步研究

马仁杰[1]　钟燕娣[2]　崔剑锋[3]　秦大树[4]　江建新[5]　谢西营[6]

（1－4. 北京大学考古文博学院；5. 景德镇陶瓷考古研究所；

6. 浙江省文物考古研究所）

景德镇作为世界瓷都，从古至今经历了一个漫长的发展历程。景德镇何时开始制瓷，尚在讨论之中。① 可以确定的是，至迟在五代，景德镇已经生产青白瓷。宋代以烧制青白瓷为主，同时大量仿烧名窑名品。元代景德镇设浮梁磁局，创烧出成熟的青花瓷，地位日益重要。明代设御窑厂，景德镇窑逐渐成为全国制瓷中心。

景德镇御窑厂集中了优秀的陶工，使用景德镇地区最优质的原料和进口原料，生产不计成本，代表了明清瓷器制造的最高水平，而明清两代几乎所有的瓷业技术创新都发生在御窑，有代表性的技术突破，瓷器制作原料的改进，窑炉、窑具的改良与创制等。对于景德镇御窑厂的考古发掘工作已经开展了数十次。2014 年多家单位联合对御窑厂进行发掘，取得了重大收获，清理出了从元末至清末民国时期的地层。② 本文首先从文献记载、科技分析等角度对古代青花料的研究情况进行简单的梳理，继而结合御窑厂遗址出土青花瓷样品的科学分析结果，重点关注青花钴料的时空演变框架。

一、古代青花料的科技分析简介

古代青花料按照产地可以大致分为进口青花料和国产青花料。进口青花料包括苏麻离青和回青等。国产青花料资源丰富，国内很多地方都有产出，主要产地有江西、浙江、云南、广西等地。通常认为进口青料呈色艳丽，有晕散和铁锈斑，而国产青料呈色灰暗。实际上，不同时期的青花显色各有特色，钴矿的加工处理方式，钴料本身 Fe、Mn、Co 等致色元素的含量以及烧成状态等诸多因素都会影响青花发色状况。③

青花料的科技分析历来是古陶瓷科技考古的热点和焦点。铁锰比是青花料科技研究中的基石，国外学者最先利用 Fe/Mn 比区分不同种类的青花料。上硅所的前辈学者根据 Fe/Co、Mn/Co 比值，梳理了元明清时期青花瓷钴料特点。相关研究成果收录在《中国科

① 李家治：《中国科学技术史・陶瓷卷》，科学出版社，1998 年，第 314 页。

② 秦大树、钟燕娣等：《景德镇御窑厂遗址 2014 年发掘收获与相关问题研究》，《文物》2017 年第 8 期。

③ 陈尧成、张志刚等：《景德镇元明清青花的着色和显微结构特征》，《中国陶瓷》1981 年第 2 期。

学技术史·陶瓷卷》等文献中,时至今日仍在相关研究中广泛应用。① 基于铁锰钴比值,结合特定微量元素,进行大范围跨文化的文物比对,可以进一步探讨几大文明圈相互间的贸易交流、技术传播的时空路径。D. Hill 研究指出萨珊和早伊斯兰时期釉陶器具有高 Ni、Cu 的特点,与伊朗 Anarak 矿脉特点一致。②

然而传统的科技分析实践,对于一些重要的考古学问题,仍旧很难有确切的结论。如宣德、正德朝青花瓷用料的问题,有着截然相反的认知。特别是宣德时期,因为涉及官窑青花瓷用料何时开始发生转变这一重要而敏感的历史节点,格外受到考古学家的关心。另一方面,关于进口青花料"苏麻离青"、"回青"的确切产地,科技分析结果亦是众说纷纭,从南非到地中海东岸,从西亚、中亚到中国云南、东南亚,尽管大多数是相互冲突的。其关键在于无法明确测得的微量元素差异究竟指征的是产地还是工艺,这一基础问题尤为关键。③

近期,更多学者开始借助 FIB-TEM 等精密仪器分析古代青花瓷样品,重点关注青花料区域残留的致色颗粒,其保留的成分结构信息更接近于原矿,更具有产源研究意义。④ 郭演仪对元青花釉层中残留颗粒进行微区分析,结果显示落马桥、湖田窑和元大都出土的 6 片元青花中残留的钴料颗粒均为砷化物,低 Fe,高 Ni、Cu。⑤ 姜晓晨阳在其博士论文《宣德青花钴料的显微分析研究》中回顾了青花瓷科技考古的研究现状,主要可以归结为年代分期、产源判定、呈色机理、烧成制度等几大研究领域。并且展示了运用 FIB-TEM 所取得的最新成果,得出宣德青花混合两种不同地质结构的钴矿,分别为高砷进口青料和高锰国产青料的结论。⑥

二、古代青花料的文献记载与研究

景德镇从五代制瓷以来,历经宋元时期,至明清达到顶峰。但是记载景德镇制瓷工艺的史籍大多集中于明清时期,宋元时期对景德镇制瓷工艺的详细记载不多。文献中记载的青花料名称和种类多样,见图一。有些青花料的名称并不是专用的,常常也指代一类药石,明确记载用于青花料的物质很少。

文献中最早记载的一类青花料是"无名异"。明宣德礼部尚书吕震编纂的《宣德鼎彝谱》以及明晚期宋应星《天工开物》中都记载无名异可用于绘制青花。但是南朝至宋文献

① 李家治:《中国科学技术史·陶瓷卷》,科学出版社,1998 年,第 364-383 页。

② David V. Hill, Robert J. Speakman and Michael D. Glascock, "Chemical and mineralogical characterization of Sasanian and Early Islamic glazed ceramics from the Deh Luran Plain, southwestern Iran", *Archaeometry* 46.4(2004), pp.585-605.

③ 姜晓晨阳:《宣德青花钴料的显微分析研究》,中国科学院大学,2017 年。

④ 姜晓晨阳:《宣德青花钴料的显微分析研究》,中国科学院大学,2017 年。

⑤ 郭演仪、钱伟君:《几片元代民窑青花瓷片的研究——关于元青花瓷钴蓝色料的新发现》,《'05 古陶瓷科学技术 6 国际讨论会论文集》,上海科学技术文献出版社,2005 年。

⑥ 姜晓晨阳:《宣德青花钴料的显微分析研究》,中国科学院大学,2017 年。

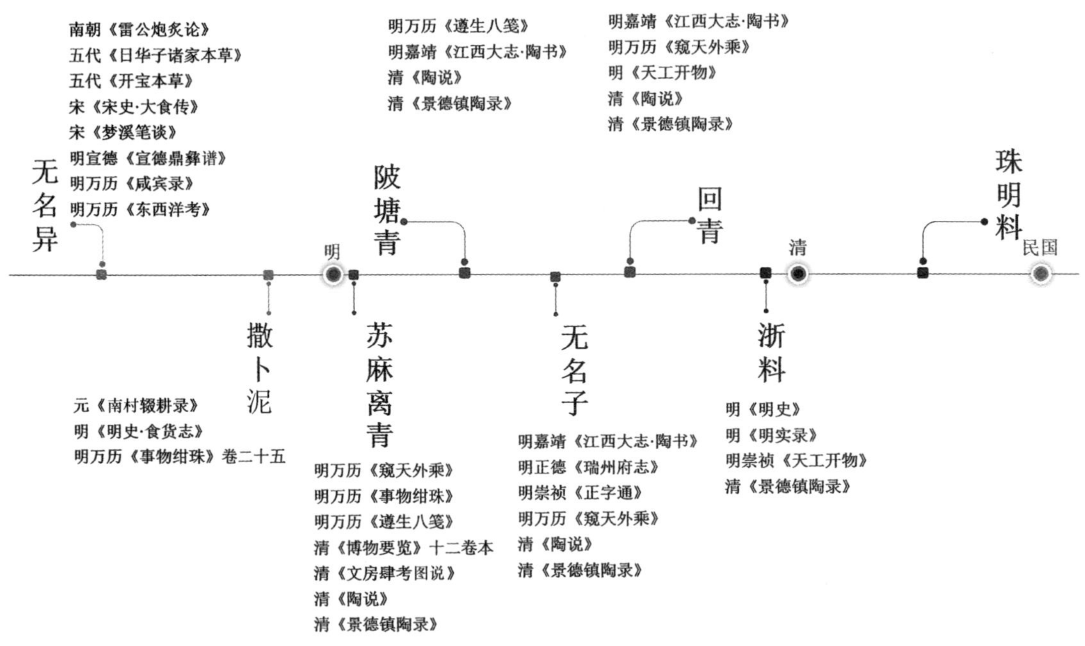

图一　记载青花料的古代文献

中记载的无名异都是产自西域波斯的药石。南朝《雷公炮炙论》中提到的“无名”，宋人唐慎微注解其为无名异。五代药书《开宝本草》记载“无名异出大食国，生于石上……嚼之如饧”。① 显然，无名异在唐代以前称为无名，五代时期才定名为无名异。《宣德鼎彝谱》中对外国朝贡之物有过明确的国别记录，如“日本国生红铜”，而无名异只是单单列出，其应是一类本国出产之物。② 无名异最开始是作为西域神药进贡的，随着国产无名异的发现，渐渐探索出青花料的用途。

元代文献中记载过一类绿色的石头“撒卜泥”。元末陶宗仪《南村辍耕录》中记载：“撒卜泥，下等带石，浅绿色。”③《明史 · 食货志》也有“绿撒孛尼石”的记录。其发音与“苏勃泥”以及“苏勃泥青”接近，曾被认为是一类进口青花料。另据随郑和出海的马欢在游记《瀛涯胜览》天方国一节中的记载，“堂之左有司马仪圣人之墓。其坟垄俱是绿撒不泥宝石为之。长一丈二尺，高三尺，阔五尺”，④可知所谓 sabuni 只是绿色的大理石，与古文献中的性状描述一致，它与青花料没有关系。

实际上，元青花使用的青花料是苏麻离青，这是一类西域进口的青花料，在元至明早期的官窑青花瓷中曾被大量使用过。明万历以后的文人笔记以及陶书中对此有过详细记录。《窥天外乘》、《事物绀珠》、《遵生八笺》等文献中记载，明永宣时期，官窑使用苏麻离青或苏浡泥青作为青花料，到了成化时期，这类青花料已经用完，开始使用国产青花料平等青。清

① 转引自李时珍：《本草纲目》，人民卫生出版社，1963 年，第 426 页。
② 汪庆正：《青花料考》，《文物》1982 年第 8 期。
③ 陶宗仪：《南村辍耕录》，中华书局，1959 年，第 42 页。
④ 马欢：《瀛涯胜览》，《丛书集成初编》，商务印书馆，1936 年，第 38－43 页。

代的陶书大体参考这几则文献,互相传抄,存有误记。自李调元《博物要览》开始,苏麻离青被误记为苏泥渤青,此后《文房肆考图说》、《陶说》、《景德镇陶录》等书中都继续误用。①

成化官窑青花清新淡雅的发色风格或许与文献中记载的国产平等青的使用有关。关于平等青的产地、沿用时期可参见明嘉靖时期的江西参政王宗沐编辑的《江西大志·陶书》。其中记载,“旧陂塘青产于本府乐平一方,嘉靖中,乐平格杀,遂塞”。② 可知陂塘青,也就是平等青产于江西乐平境内,到了嘉靖中期已经难以获取。

年号	唐	宋	元	洪武	永乐	宣德	正统景泰天顺	成化	弘治	正德	嘉靖	万历	天启	崇祯	清初	乾隆	雍正	晚近
进口料			撒卜泥	苏麻离青	苏麻离青	苏麻离青												
混合料											回青 石子青	回青 石子青						
国产料						无名异		陂塘青	陂塘青	无名子		浙料	浙料	浙料	浙料	浙料	浙料	珠明料

图二　文献记载青花料使用情况

正德朝是明代中晚期的过渡时期,文献中对于正德朝官窑青花用料情况的记载莫衷一是。正德十年《瑞州府志》记载上高县天则岗产无名子,景德镇用以绘画瓷器。这一时期使用的“无名子”即是《江西大志》中记载的乐平“石子青”。明万历《窥天外乘》载“回青者,出外国。正德间,大珰镇云南,得之,以炼石为伪宝,其价初倍黄金。已知其可烧窑器,用之果佳”。③ 这段文献表明,大珰镇守云南的时候,获得过回青料,其是由矿石经过煅烧熔炼制成的,价值远远高于黄金。

明嘉靖、万历时期,另一类发色效果艳丽的进口料——回青,开始大量运用于官窑青花瓷的生产中。《江西大志·陶书》载“陶用回青,本外国贡也。嘉靖中遇烧御器,奏发工部,行江西布政司贮库时给之,每扛重百斤……回青纯则色散而不收;石青加多则色沉而不亮。每两加石青一钱,谓之上青。四六分加,谓之中青。……中青用以设色,则笔路分明。上青用以混水,则颜色青亮。真青混在坯上,如灰色然。石青多则黑”。④ 这则文献

① 温睿:《苏麻离青考辨》,《故宫博物院院刊》2017年第1期。

② 王宗沐纂修,陆万垓增修:《江西省大志》卷七,影印明万历二十五年(1597年)刊本,成文出版社有限公司,1989年。

③ 王世懋:《窥天外乘》,沈节甫辑:《记录汇编》(四),书目文献出版社,1994年,第2235-2236页。

④ 王宗沐纂修,陆万垓增修:《江西省大志》卷七,影印明万历二十五年(1597年)刊本,成文出版社有限公司,1989年。

详细记载了回青料的产地、分类、配给、使用等管理体制。进口的回青料容易晕散,不能单独使用,需要将其与石子青按照一定比例混合,发色方能纯然一色。这类回青料一直沿用到万历朝。

《明神宗实录》(卷三零一)载:"万历二十四年闰八月……癸未,先是奏回青出吐鲁番异域,去京师万余里,去嘉峪关南数千里,而御用回青系西域四'夷'大小进贡,买之甚难。因命甘肃巡抚田东设法召买解进,以应烧造急用,不许延误。"同书卷四一九记载,"(三十四年)乙亥,江西矿税太监潘相,以矿撤觖望移住景德镇,上疏请专理窑务。又言,描画瓷器须用土青,惟浙青为上,其余庐陵、永丰、玉山县所出土青颜色浅淡,请变价以进,从之"。综合以上两则文献,万历二十四年以后,回青料已难以获取,开始使用浙江出产的青花料。这一时期的浙料不同于瑞州无名子、乐平陂塘青等国产料,已为上品,色泽不再灰暗。

这种以浙料为贵的现象,一直延续到清乾隆时期。清乾隆《南窑笔记》载:"料有数种,产于浙江、江西、两广。以出白土者为上品,红土次之,沙土最下……江西料差次于浙料,而广料又次于江西矣……嘉窑有回青料石。胭脂胎、铁胎二种,俱出西洋,今不能得。"①其中记录了青花料的产地、分级、加工方式以及加工后的分级使用,提到浙料最优,广料最次。至于重用云南的珠明料,那是很晚近的事情了。

依据以上文献记载,并结合一定的眼睛观察和科技分析成果,学者们对于古代青花料演变的时空框架提出了不同的看法。可分为宏大叙事和微观解构两大方面,前者关注历朝青花料的使用情况,后者重点考释某一青花料的名称和产地。

汪庆正先生在《青花料考》一文中对元明清时期记载青花料的文献进行过系统地梳理。② 值得关注的几处观点有,文中认为发色昏暗的洪武青花使用了国产料。③《宣德鼎彝谱》中记载的青花料无名异与药用无名异应是同一物,由于古人对于一类物质的区分往往只局限于它的性状和使用功能,故存在混用是难免的。另据陈尧成考证,陶书以及药书中记载的无名异可能混杂,因为无名异泛指一类铁锰结核物,性状特征比较一致,但是钴的含量不定。④ 文中还指出,正德朝的青花用料情况复杂。万历以后浙料居于主要地位应该与煅烧工艺的使用相关。

马文宽先生沿用无名异可用作青花料的观点,并认为唐青花使用的钴料就是同时期本草书目中记载的无名异,是西域进贡的。实际上唐青花钴料成分较为特殊,低铁低锰,不含砷,与后来的进口料以及西亚钴矿的微量元素特征都不符。⑤ 马文宽先生认为发色艳丽的伊朗型元青花使用的是进口料,而发色昏暗的菲律宾型元青花使用的是国产料。苏麻离青这类进口料来自伊朗,就是伊朗文献中提到的 sulaimani。结合科技分析数据,马文宽先生指出宣德时期使用过混合料,御窑厂出土青花试料盘也表明平等青这类国产料

① 张九钺:《南窑笔记》,广西师范大学出版社,2012 年。
② 汪庆正:《青花料考》,《文物》1982 年第 8 期。
③ 科技分析表明,这类洪武青花使用的仍旧是进口料。
④ 陈尧成、郭演仪等:《无名异的探讨》,《文物》1996 年第 6 期。
⑤ 陈尧成、张福康等:《唐代青花瓷器及其色料来源研究》,《考古》1996 年第 9 期。

始用于宣德时期。①

进口青花料的研究始终是学者争论的焦点。对于"苏麻离青",文献中存在过几个相近的名称,"苏浡泥青"和"苏麻尼青",它们的得名和产地,学者们提出过不同的见解。一类观点认为它们是国外青料名的音译。另一类观点认为青料名取自于产地名。② F. Hirth 在论文"Ancient Chinese Porcelain"中提到苏麻离青的发音与 smalt 非常接近,而苏泥勃可能是音译自德国著名的 smalt 产地 Schneeberg。③ 叶喆民等认为苏麻离青就是 smalt。④ 不过 smalt 在永乐宣德时期还未出现,多数学者认为苏麻离青可能是来自西亚,是西亚当地产青花料的音译。纽约大都会博物馆的区志仁曾经对古代文献做了归纳,他认为苏麻离青以及《大明会典》中曾出现的苏莱曼之名均来自波斯的陶瓷青料 Sulaimani,而苏浡泥青、苏泥勃青等名称可能只是获得的贸易渠道不同或者是来自不同时期。⑤

另一大主流观点认为苏麻离青的名称来自原产地的地名。Geoffrey R. Sayer 认为苏麻离青、苏泥勃青和苏麻尼青的"苏"代表苏门答剌,是苏门答剌进贡的回回青的另外的名字。⑥ 傅振伦先生则认为苏泥勃青应该解释为苏泥和勃青,是来自苏门答剌国(今苏门答腊岛北部)和勃泥国(今加里曼丹岛)的青料的合称。⑦ 梁寿子认为"苏麻离青"和"苏勃泥青"不是同一词的异译,而是同时代不同南洋古国出产的青花料,反映了郑和下西洋的历史。⑧

温睿指出文献记载的苏门答剌国朝贡的苏麻离青并不是指代出产地,其指代的可能只是朝贡贸易的中转地。苏门答剌当地没有陶瓷业,本身也不出产钴矿。永乐、宣德时期跟随郑和出使西洋的费信和马欢在其著述《星槎胜览》和《瀛涯胜览》中都有关于苏门答剌的风土人情和当地物产的记述,但是并没有提到有青料出产,这与同时期西亚地区的情况完全不同。苏门答剌地理位置优越,自古贸易兴盛,有作为贸易中转地的便利条件。苏门答剌邻近地区均没有进贡苏麻离青的记录。连邻近国都无法获取,那么其很可能不是原产地。⑨

至于回青,陈尧成认为回青的成分特征以及使用时间很接近 smalt,是一类蓝色玻璃,需研磨成粉使用。⑩ 温睿认为回回、回是古代对于伊斯兰人的称呼。回青就是指代伊斯兰地区出产的青花料。⑪ 梁寿子从发色、性状的角度指出,嘉靖回青料不具有玻璃

① 马文宽:《唐青花瓷研究——兼谈我国青花瓷所用钴料的某些问题》,《考古》1997 年第 1 期。

② 温睿:《苏麻离青考辨》,《故宫博物院院刊》2017 年第 1 期。

③ F. Hirth, "Ancient Chinese Porcelain", *Journal of the China Branch of the Royal Asiatic Society* (1888), pp.129-202.

④ 叶喆民:《中国古陶瓷科学浅说》,轻工业出版社,1960 年,第 82-84 页。

⑤ Watt, J. C. Y, "Notes on the use of cobalt in later Chinese Ceramics", *Arts Orientals* 11(1979), pp.63-85.

⑥ Sayer, G. R, *Ching-te-chen Tao-lu*, London: Routledge and K Paul, 1951, p.43.

⑦ 傅振伦:《明代瓷器工艺》,朝花美术出版社,1955 年,第 7 页。

⑧ 梁寿子:《明初青花料"苏麻离青"与"苏浡泥青"及相关称谓的考察》,《南方文物》2015 年第 2 期。

⑨ 温睿:《苏麻离青考辨》,《故宫博物院院刊》2017 年第 1 期。

⑩ 陈尧成:《回青的科学解释》,《'09 古陶瓷科学技术 7 国际讨论会论文集》,上海科学技术文献出版社,2009 年。

⑪ 温睿:《明代回青管理制度探析》,《西部考古》第七辑,三秦出版社,2013 年,第 368-374 页。

的特征。清代《文房肆考图说》中记载“嘉窑御器用回青,捶碎有朱砂斑者,曰上青,有银星者曰中青”,可见古人关于回青料外观的描述,与古代钴蓝玻璃 smalt 的状态完全不同。①

三、御窑厂出土青花瓷的科技分析

景德镇御窑厂遗址第二次大规模主动性考古发掘情况表明,此区域为制瓷作坊区,使用年代主要为明中期正德至明晚期嘉靖年间,并在清初再次作为作坊区域使用。② 发掘资料共可以分为九期,按生产情况可分为四个阶段。即前御器厂时期、御器厂建立以后的官作运营时期、御器厂生产制度转变期和御窑厂恢复期。明御器厂建立在元代后期到明初景德镇窑业生产的核心地区,但并不是生产水平很高的一处地点。这可能是出于明初制瓷业均衡发展的考虑。成化、正德时期,御器厂逐步达到官窑彩瓷生产的高峰。嘉万时期,御器厂的生产模式发生了变化,形成了贡御瓷器和商品化瓷器同时生产的模式。清初御窑厂复建,生产水平迅速达到高峰。③

景德镇瓷窑有官窑与民窑之分,前者为帝王服务,不惜工本,质量精益求精,烧造的产品应反映了制瓷业科学和艺术的最高水平。而民窑产品质量较粗糙,但生产量大。起到了民用瓷和外贸瓷的供应作用。结合相关研究成果,笔者尝试对景德镇御窑厂遗址出土的一批官窑以及民窑青花瓷的制作工艺进行初步的研究和探索,以了解民窑与官窑青花在原料、配方乃至工艺上的差异和共性。采用无损分析的技术手段,主要关注青花瓷胎、釉、彩三方面的工艺技术信息,并与开化龙坦出土的浙江青花进行对比分析,尝试探究青花浙料的成分特征和使用情况。

(一)样品及分析方法

本文分析青花瓷样品共 49 件,如图三所示,全部出自景德镇珠山御窑厂遗址 5 个探方以及 6 个遗迹的不同层位中,统计见表一。其中元青花 3 件,成化青花 1 件,正德青花 7 件,嘉靖青花 10 件,明晚期青花 6 件,康雍青花 12 件,晚清民国青花 5 件,另外还有 4 件嘉万时期以及 1 件康熙时期的青花缸片。

表一 御窑厂遗址出土青花瓷片样品数量统计

	元	成化	正德	嘉靖	明晚期	康雍	晚清民国	缸片
官窑		1	5	5		6	1	5
民窑	3		2	5	6	6	4	

① 梁寿子:《明初青花料“苏麻离青”与“苏浡泥青”及相关称谓的考察》,《南方文物》2015 年第 2 期。
② 江建新、钟燕娣等:《江西景德镇明清御窑厂遗址 2014 年发掘简报》,《文物》2017 年第 8 期。
③ 秦大树、钟燕娣等:《景德镇御窑厂遗址 2014 年发掘收获与相关问题研究》,《文物》2017 年第 8 期。

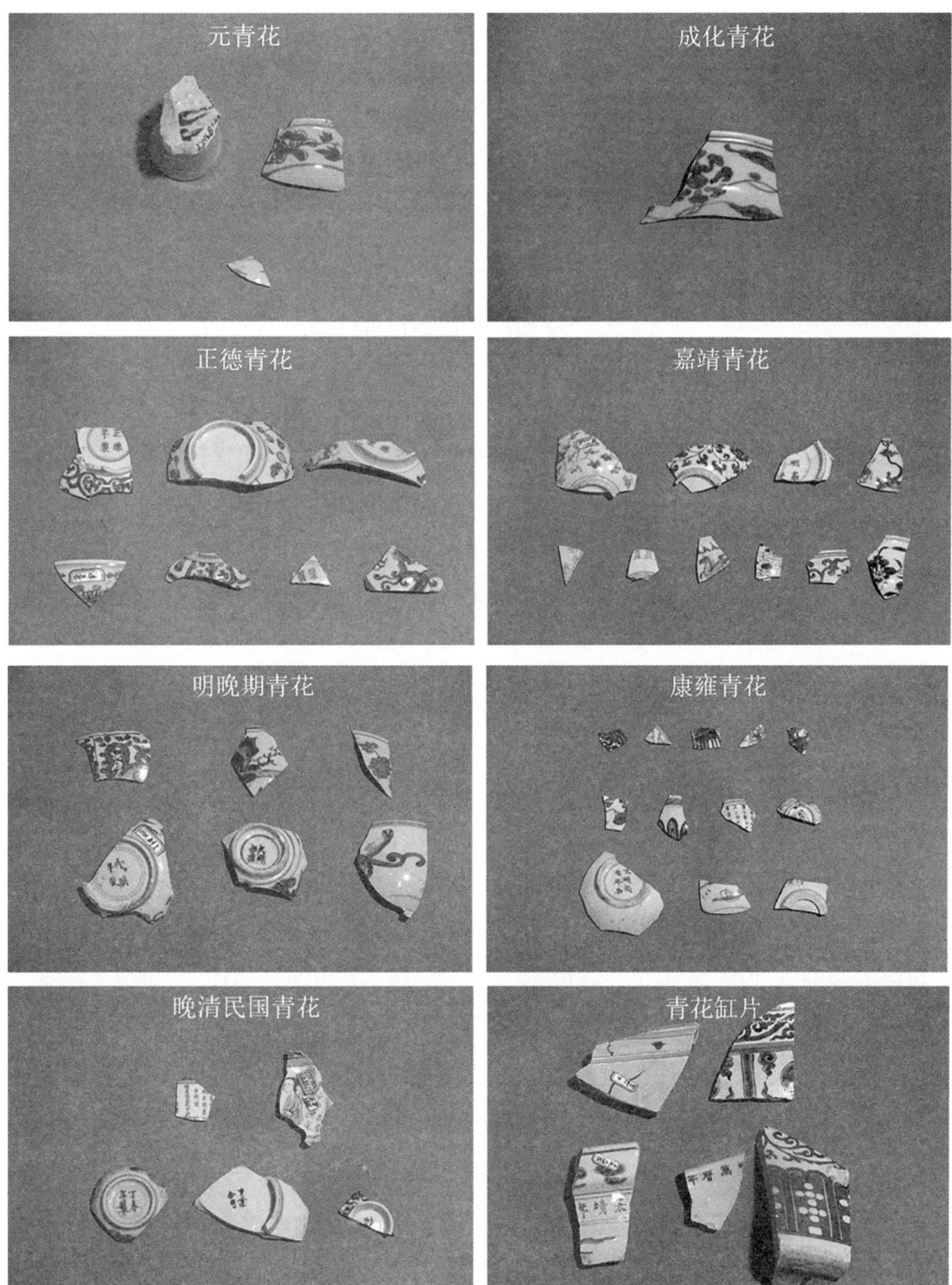

图三 御窑厂遗址出土青花瓷样品

采用 ED - XRF 能量色散 X 荧光光谱仪测定瓷器样品胎、釉、彩的主量元素含量。所用仪器型号为日本堀场制作所 Horiba Inc.生产的 XGT - 7000 型 X 荧光显微镜。分析条件为 X 射线入射光斑直径: 1.2 毫米;X 光管管电压: 30 kV;X 光管管电流: 0.029 mA;数据采集时间 120 s。

采用 Thermo Fisher 研制的 Niton XL3t600 型便携式能量色散 X 射线荧光分析仪测定青花钴料的微量元素含量。该仪器具备土壤、矿石、合金等多个测定模式。配置 Au 靶和高性能微型 X 射线激发管,测试电压 30 kV,工作电流 40 μA。配备电子冷却 Si - PIN 探测器,工作温度- 35℃。窗口材料为有机薄膜(MOXTEK AP3.3 膜),此种有机薄膜对于轻元素的特征谱线有较高的透过率。测试模式设定为土壤模式,测试时间 60 s。

(二) 分析结果

1. 胎

官窑青花瓷胎中主量元素含量的均值和标准差参见表二。民窑青花瓷胎中主量元素含量的均值和标准差参见表三。

表二　官窑青花瓷胎主量元素含量统计(wt%)

胎	成化青花		正德青花		嘉靖青花		康雍青花		晚清民国青花	
	均值	方差	均值	方差	均值	方差	均值	方差	均值	方差
Na_2O	0.67	0.00	0.74	0.95	0.70	0.01	1.21	1.04	1.07	0.48
MgO	0.00	0.00	0.65	0.22	0.68	0.36	0.54	0.35	0.84	0.58
Al_2O_3	18.75	0.00	21.23	2.43	20.65	1.15	23.25	0.94	22.86	0.98
SiO_2	72.91	0.00	70.62	6.81	70.49	9.54	69.52	1.45	68.89	1.81
P_2O_5	0.41	0.00	0.09	0.01	1.28	4.29	0.28	0.08	0.27	0.09
K_2O	3.26	0.00	3.47	0.06	3.40	0.21	2.66	0.43	3.22	0.78
CaO	1.53	0.00	1.18	1.55	1.56	2.69	1.34	0.56	1.26	1.31
TiO_2	0.44	0.00	0.10	0.01	0.08	0.00	0.06	0.00	0.07	0.00
MnO	0.23	0.00	0.02	0.00	0.03	0.00	0.22	0.05	0.33	0.40
Fe_2O_3	1.61	0.00	1.09	0.06	1.13	0.00	0.93	0.01	1.19	0.23

表三　民窑青花瓷胎的主量元素含量统计(wt%)

胎	元青花		正德青花		嘉靖青花		明晚期青花		康雍青花		晚清民国青花	
	均值	方差	均值	方差	均值	方差	均值	方差	均值	方差	均值	方差
Na_2O	0.88	0.15	0.72	0.00	0.63	0.00	0.64	0.00	0.85	0.37	0.78	0.10
MgO	0.96	0.42	0.35	0.25	0.47	0.19	0.93	0.34	1.05	0.28	0.56	0.25
Al_2O_3	21.78	0.36	21.25	5.68	21.19	3.16	21.89	4.75	22.62	3.39	22.55	0.69

续表

胎	元青花		正德青花		嘉靖青花		明晚期青花		康雍青花		晚清民国青花	
	均值	方差	均值	方差	均值	方差	均值	方差	均值	方差	均值	方差
SiO_2	68.93	0.14	72.46	8.61	66.64	17.83	69.74	11.63	68.74	11.98	69.06	2.23
P_2O_5	0.08	0.01	0.24	0.02	3.28	7.65	0.50	0.94	0.14	0.03	0.27	0.12
K_2O	3.59	0.12	3.14	0.24	3.23	0.01	3.77	0.14	3.28	0.07	3.57	0.19
CaO	1.33	0.82	0.59	0.17	2.64	4.36	1.18	0.83	1.87	1.49	1.43	1.57
TiO_2	0.20	0.00	0.09	0.00	0.14	0.00	0.11	0.00	0.09	0.00	0.06	0.00
MnO	0.15	0.01	0.03	0.00	0.05	0.00	0.09	0.00	0.09	0.00	0.41	0.49
Fe_2O_3	2.11	0.09	1.16	0.01	1.66	0.10	1.36	0.13	1.28	0.11	1.31	0.20

2. 釉

官窑青花瓷釉中主量元素含量的均值和标准差参见表四。民窑青花瓷釉中主量元素含量的均值和标准差参见表五。

表四 官窑青花瓷釉主量元素含量统计(wt%)

釉	成化青花		正德青花		嘉靖青花		康雍青花		晚清民国青花	
	均值	方差	均值	方差	均值	方差	均值	方差	均值	方差
Na_2O	0.84	0.00	0.65	0.28	0.94	0.06	1.25	0.87	1.40	1.09
MgO	0.49	0.00	0.36	0.15	0.69	0.03	0.38	0.12	0.66	1.29
Al_2O_3	12.87	0.00	12.18	0.75	12.51	0.10	12.97	3.64	13.50	0.17
SiO_2	74.63	0.00	76.18	0.70	74.44	5.92	76.01	5.91	71.95	10.87
P_2O_5	0.00	0.00	0.05	0.00	0.44	0.71	0.18	0.02	0.16	0.08
K_2O	4.85	0.00	5.37	0.33	4.62	1.05	3.37	0.43	2.93	0.01
CaO	5.07	0.00	4.13	0.41	5.25	6.97	4.69	1.63	7.52	5.27
TiO_2	0.03	0.00	0.02	0.00	0.04	0.00	0.02	0.00	0.10	0.00
MnO	0.08	0.00	0.09	0.00	0.09	0.00	0.12	0.02	0.27	0.08
Fe_2O_3	1.13	0.00	0.96	0.02	0.97	0.02	1.03	0.04	1.52	1.15

表五 民窑青花瓷釉主量元素含量统计(wt%)

釉	元青花		正德青花		嘉靖青花		明晚期青花		康雍青花		晚清民国青花	
	均值	方差	均值	方差	均值	方差	均值	方差	均值	方差	均值	方差
Na_2O	1.40	1.09	1.64	1.36	1.17	0.43	0.64	0.29	2.35	2.74	2.82	2.82
MgO	0.66	1.29	0.67	0.15	0.41	0.17	0.32	0.15	0.68	0.73	1.85	1.85

续表

釉	元青花		正德青花		嘉靖青花		明晚期青花		康雍青花		晚清民国青花	
	均值	方差	均值	方差	均值	方差	均值	方差	均值	方差	均值	方差
Al_2O_3	13.50	0.17	12.42	0.24	12.42	0.44	11.62	8.24	12.37	3.11	11.19	11.19
SiO_2	71.95	10.87	75.37	1.55	74.17	2.04	75.21	8.76	73.75	10.31	75.63	75.63
P_2O_5	0.16	0.08	0.03	0.00	0.18	0.07	0.22	0.03	0.07	0.01	0.21	0.21
K_2O	2.93	0.01	4.10	0.01	4.43	0.46	3.58	0.69	3.69	0.91	2.63	2.63
CaO	7.52	5.27	4.74	0.01	6.45	1.99	7.28	4.77	5.94	2.64	4.75	4.75
TiO_2	0.10	0.00	0.02	0.00	0.02	0.00	0.04	0.00	0.03	0.00	0.03	0.03
MnO	0.27	0.08	0.05	0.00	0.06	0.00	0.08	0.00	0.11	0.01	0.05	0.05
Fe_2O_3	1.52	1.15	0.98	0.00	0.71	0.00	1.02	0.05	1.00	0.05	0.84	0.84

3. 青花料

景德镇御窑厂遗址出土的官窑和民窑青花瓷的青花料分析结果分别见表六和表七。

表六　官窑青花料的 Fe、Mn、Co 含量(wt%)

釉　色	类　型	出土编号	MnO	Fe_2O_3	CoO	Fe_2O_3/CoO	MnO/CoO	Fe_2O_3/MnO
成化青花	QHP－GaI	H26	0.18	1.68	0.25	6.72	0.72	9.33
正德青花	QHW	GA2－1	0.22	0.9	0.09	10.00	2.44	4.09
正德青花	QHW－BaII	3315⑥d－2	1.23	1.2	0.29	4.14	4.24	0.98
正德青花	QHW－Bc	3315⑨－23	0.22	1.66	0.15	11.07	1.47	7.55
正德青花	QHW－Ca	H20－2	0.59	1.26	0.18	7.00	3.28	2.14
正德青花	QHW－MbI	Q5－1	0.35	1.48	0.05	29.60	7.00	4.23
嘉靖青花	QHW－AaII	F9－4	1.28	1.41	0.22	6.41	5.82	1.10
嘉靖青花	QHW－GbI	3415②c	0.24	1.01	0.24	4.21	1.00	4.21
嘉靖青花	QHW－GfI	3316④b－34	1.98	0.96	0.3	3.20	6.60	0.48
嘉靖青花	QHWMbII	3315⑨－22	0.54	0.9	0.08	11.25	6.75	1.67
嘉靖青花	QHW－MbIII	3315⑨－18	0.49	1.24	0.21	5.90	2.33	2.53
康雍青花	QHW	3316④a	0.42	0.9	0.06	15.00	7.00	2.14
康雍青花	QHW	3316④b－1	1.77	0.89	0.3	2.97	5.90	0.50
康雍青花	QHW	3316④b－2	2.66	1.29	0.48	2.69	5.54	0.48
康雍青花	QHW	3316④b－3	2.06	0.95	0.34	2.79	6.06	0.46
康雍青花	QHW－DII	3316④a－12	0.46	1.11	0.05	22.20	9.20	2.41

续表

釉　色	类　型	出土编号	MnO	Fe_2O_3	CoO	Fe_2O_3/CoO	MnO/CoO	Fe_2O_3/MnO
康雍青花			0.94	0.98	0.09	10.89	10.44	1.04
晚清民国青花	QHW	3316③	1.63	1.78	0.38	4.68	4.29	1.09

表七　民窑青花料的 Fe、Mn、Co 含量(wt%)

釉　色	类　型	出土编号	MnO	Fe_2O_3	CoO	Fe_2O_3/CoO	MnO/CoO	Fe_2O_3/MnO
元青花	QHB - Aa	H6①- 21	0.07	0.67	0.01	67.00	7.00	9.57
元青花	QHB - Aa	H6①- 23	0.74	6.59	0.48	13.73	1.54	8.91
元青花	QHB - Ae	H6③- 12	0.11	1.61	0.09	17.89	1.22	14.64
正德青花	QHW - BaI	3316⑩b - 1	0.88	1.05	0.12	8.75	7.33	1.19
正德青花	QHW - BaII	3316⑩a - 2	0.84	1.14	0.12	9.50	7.00	1.36
嘉靖青花	QHW	3315⑨- 15	0.34	0.67	0.02	33.50	17.00	1.97
嘉靖青花	QHW - Bc	3315⑨- 6	0.18	0.85	0.02	42.50	9.00	4.72
嘉靖青花	QHW - FcI	3315⑨- 9	1.6	2.68	0.2	13.40	8.00	1.68
嘉靖青花	QHW - LaII	3315⑨- 13	0.19	0.8	0.02	40.00	9.50	4.21
嘉靖青花	QHW - NaII	F9 - 3	0.48	0.79	0.08	9.88	6.00	1.65
明晚期青花	QHW	3315⑥b - 8	2.31	1.91	0.33	5.79	7.00	0.83
明晚期青花	QHW - AfI	3316⑥a - 11	1.56	0.96	0.3	3.20	5.20	0.62
明晚期青花	QHW - AlII	3316⑦a - 1	5.62	1.54	0.29	5.31	19.38	0.27
明晚期青花	QHW - GeI	G1 - 21	0.47	0.81	0.03	27.00	15.67	1.72
明晚期青花	QHW - KbI	3316⑥a - 17	2.22	1.6	0.36	4.44	6.17	0.72
明晚期青花	QHW - Le	3315⑥c - 12	0.87	1.06	0.13	8.15	6.69	1.22
康雍青花	QHB 仿成化	3314④c	0.57	1.04	0.12	8.67	4.75	1.82
康雍青花	QHW	3315④b - 27	1.11	1.06	0.18	5.89	6.17	0.95
康雍青花	QHW - FgII	3315④b - 36	0.26	0.86	0.02	43.00	13.00	3.31
康雍青花	QHW - Q	3316④a - 18	1.6	1.12	0.2	5.60	8.00	0.70
康雍青花	QHW - RbII	3316④a - 17	1.21	1.56	0.05	31.20	24.20	1.29
康雍青花	QHW - RCII	3316④c - 15	0.44	1.23	0.05	24.60	8.80	2.80
晚清民国青花	QHP - DbII	3316③- 1	2.66	1.49	0.25	5.96	10.64	0.56
晚清民国青花	QHW	3014②	1.32	1.14	0.12	9.50	11.00	0.86
晚清民国青花	QHW	3314③	0.37	1.06	0.02	53.00	18.50	2.86
晚清民国青花	QHW	3316②	0.39	0.57	0.1	5.70	3.90	1.46

(三)相关问题讨论

1. 胎配方的演变

研究二元配方起源的关键切入点在于瓷胎中 SiO_2 与 Al_2O_3 含量的时间变化。高岭土添加量的增加,往往伴随着 SiO_2 含量的下降和 Al_2O_3 含量的上升,尤以 Al_2O_3 含量的上升更为显著。以往分析表明,元、明时期景德镇生产的瓷器胎中,Al_2O_3 含量都较低,其值大多在 18%-22%之间,$SiO_2/Al_2O_3>3$。到了明末清初,胎中 Al_2O_3 便明显上升到 23%-24%,$SiO_2/Al_2O_3<3$。瓷胎中 22%的 Al_2O_3 含量似乎成为了一个天然的不可突破的界限。通过淘洗提高瓷石中 Al_2O_3 含量的可能被排除,其效果有限,同时成本高难度大,大规模运作不符合陶瓷业发展的经济规律。如果是瓷石掺高岭土的二元配方,那么其中的高岭土掺入量介于 0 - 20%。① 显然这样不稳定的制瓷技术不符合御窑厂的工艺水准,或者说这实际上是一个杂质含量波动很大的一元配方。

本文分析数据符合以往总结规律,景德镇民窑和官窑青花瓷胎的化学组分基本同步。如图四,将御窑厂官作运营时期出土的成化官窑、正德官窑、嘉靖官窑青花瓷以及清代康雍官窑青花对比分析,并补充上元青花和明晚期民窑青花的数据,可以大致窥探青花瓷胎料成分的历时性变化。可知御窑厂遗址出土的元青花和明晚期以前的官窑青花瓷胎中 Al_2O_3 含量都很低,几乎没有超过 22%的,仅一件正德青花瓷碗(GA2 - 1)胎中 Al_2O_3 含量达到 23.23%。相关数据分析为探究二元配方起源提供了新的参考和依据。

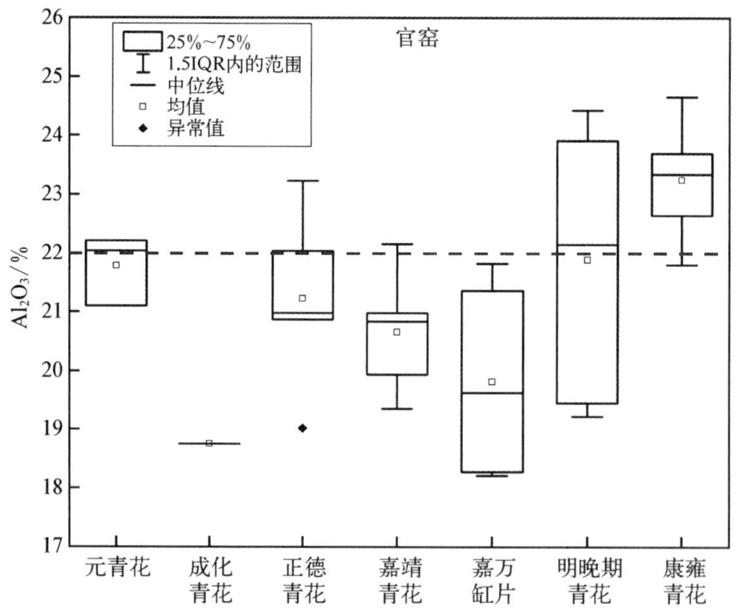

① 翁彦俊等:《景德镇落马桥窑址南宋和元代青白瓷胎釉分析——兼议“二元配方”起源》,《东方博物》2015 年第 3 期。

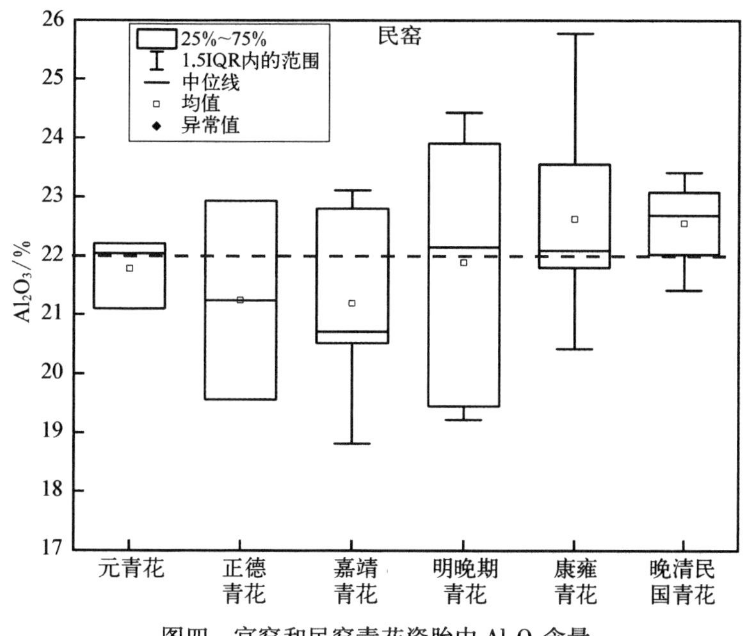

图四　官窑和民窑青花瓷胎中 Al_2O_3 含量

元末孔齐在《至正直记》中提到了元代景德镇地区开发的一种新瓷土——饶州御土，这是在这一时期新被确认的官土，其烧制出的瓷器，“世亦难得佳者”。明代景德镇设立“御器厂”，开始使用来自新正都麻仓山的“官土”，又称“麻仓土”。以往分析表明，御土和麻仓土都是一类伴生高岭土的风化瓷石矿，使用这样的一元配方或者说天然的二元配方可以大大提高瓷胎中 Al_2O_3 的含量。御土和麻仓土的差别在于助熔剂的含量，御土含有更高的 Na_2O，麻仓土杂质较多。落马桥窑址生产的用来贡御或者供官府使用的印三爪、四爪和五爪龙纹以及印“枢府”、“金玉”和“福禄”等款的卵白瓷，其生产原料很可能就是“饶州御土”。① 落马桥民窑生产的青白瓷与明代早中期景德镇生产的瓷器瓷胎成分接近，说明元代民窑可能就已使用麻仓土。万历前后，麻仓土的开采变得艰难。政治和经济的双重压力迫使陶工们寻找改进原料配方的方法。麻仓土的奥秘逐渐被陶工识破，陶工开始探索人为掺用高岭土的方法。

值得关注的是，嘉万时期的青花缸片胎中 Al_2O_3 含量很低，两件嘉靖缸片 Al_2O_3 含量只有 18%左右。瓷缸这类大器胎壁厚，器形大，烧成难度很大，其胎土成分应当是人为调控原料比例的结果。如果继续使用麻仓土一种原料，则极其容易出现生烧的问题，无法满足贡御的质量要求。《江西大志 · 陶书》详细记载了“大样鱼缸”、“二样鱼缸”、“大样瓷缸”、“二样瓷缸”的胎土成分中各个原料的比例，以大样鱼缸为例，“每只约用官土百八十斤，余干不土百三十斤，坯屑五十斤，石末一升，石斛纸五十张，釉土五十斤，炼灰三十斤，造成缸坯约重二百斤”。其中的官土应该就是麻仓土，石末、余干不土等为高硅质原料。

① 徐文鹏等：《景德镇落马桥红光瓷厂窑址出土元代白瓷成分分析及工艺研究》，《故宫博物院院刊》2017 年第 1 期。

以上记载反映了陶工们为解决生烧难题,在反复实践中逐渐探索出了麻仓土中添加石末、不土的方法,大大降低了烧结难度。①

与同时期的官窑青花瓷相比,以商品性生产为目的的民窑青花瓷胎中,Al_2O_3含量超过 22%的在各个时期都有一定比例,表明民窑与官窑制胎原料上的相似性。民窑是无法获取官土或者麻仓土的,但这不意味着与御土或麻仓土成分类似的原料都被官府管控,显示出这类伴生高岭土的瓷土矿实际上在景德镇周边地区广泛分布。在宋代官窑制度真正形成以后,民窑与官窑始终是一个长期并存与相互影响的关系。官窑长期被宫廷垄断,很长一段时期内,民窑制瓷工艺深受官窑的影响。瓷土原料在瓷器成型上的局限迫使着民窑发展新的制瓷工艺。各个时期瓷胎中 Al_2O_3含量超过 22%的在民窑中都有很高的比例,显示出民窑陶工对于官土奥秘的摸索。明末宋应星在《天工开物》中就记载了当时景德镇民窑采用的二元配方工艺,“土出婺源、祁门两山。一名高梁山,出粳米土,其性坚硬;一名开化山,出糯米土,其性粢软。两土和合,瓷器方成”。② 表明这一时期民窑陶工已探索出人为添加高岭土改性的方法。

2. 釉配方的演变

本文分析官窑青花瓷样品中,成化青花、正德青花、嘉靖青花部分样品釉中 CaO/K_2O 比值很低(见图五)。至明晚期以后,钙釉又渐渐回归主导地位。民窑青花瓷釉的成分变化有类似的现象,元青花 CaO/K_2O 比值在 1.6 – 3.0 之间。正德民窑青花样品中 CaO/K_2O

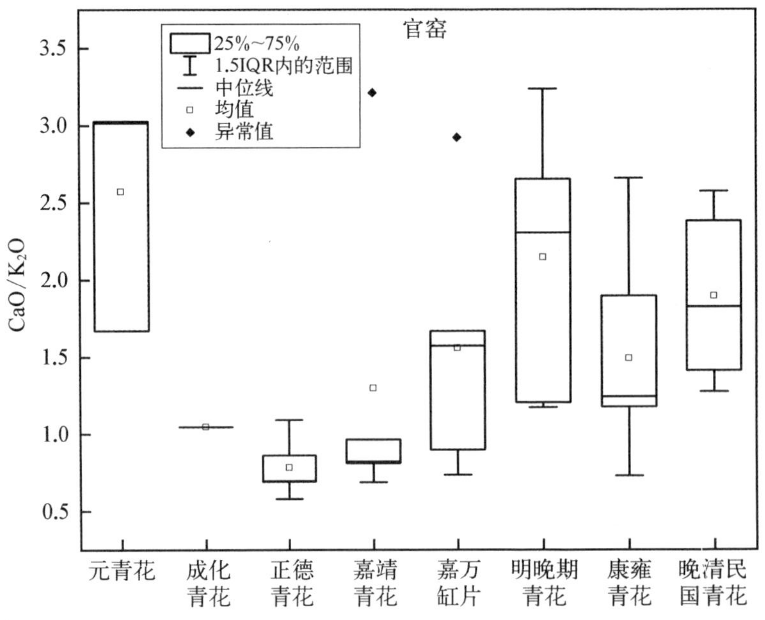

① 肖红艳等:《景德镇瓷器生产“二元配方”起源初探——兼论高岭土开发历史》,《故宫博物院院刊》2019 年第 3 期,待刊。

② 宋应星:《天工开物》卷中“陶埏 · 白瓷”,商务印书馆,1967 年。

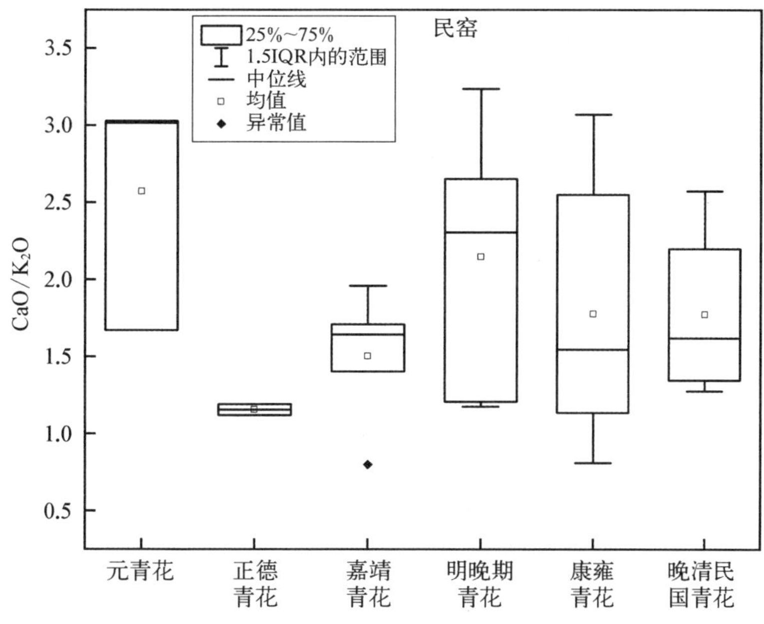

图五　官窑和民窑青花瓷釉中助熔剂含量

比值显著降低，介于 1 - 1.2。嘉靖以后，民窑青花瓷釉中 CaO/K_2O 比值开始上升，远远高于正德民窑青花。1 件明晚期民窑的青花碗(3315⑥b - 8)釉中 CaO/K_2O 比值达到 3.24，釉层透明光亮，具典型钙釉特征。王昌燧在《科技考古进展》中即已总结了明代青花瓷釉配方中 K 含量的变化趋势，指出明中期的成化青花 K_2O 含量最高，达到 5%以上。① 明中期官窑青花清新典雅的发色效果与这一时期官窑青花瓷釉采用的钙碱釉或碱钙釉配方密切相关。

明中期以后，官窑和民窑生产的青花瓷中都出现了一类偏钙碱釉的器物，反映了民窑对于官窑创新工艺的模仿。这类瓷器釉中 K_2O 含量较高，而 CaO 含量低于钙釉瓷器。我们知道，釉灰通常为熟石灰和草木灰炼制而成，是釉中 CaO 的主要提供者。而釉果则是以 K_2O 为主要助熔剂。景德镇工匠通常情况下按照釉灰 8%- 25%、釉果 75%- 92%的比例调配传统的高温钙釉。这样烧成的瓷釉，高温流动性好，釉层清澈透明。本文测试的部分钙碱釉瓷器应该使用了高釉果的配方。这样的配方会使得釉在高温下黏度大大增加，降低烧成难度，但会使釉中气泡增大，产生乳浊效果。这亦是南宋以后龙泉窑等青釉瓷器玉质感较强的主要原因。

实际上古代瓷器釉面乳浊现象的产生有诸多原因。瓷釉中的钙长石析晶、不同组分的液液分相以及残留的气泡都会形成感官上的乳浊感，由于这些组分的微观尺寸接近自然光的波长，产生的米氏散射使釉面趋于均一，不再透明。落马桥元代卵白釉和青白釉釉色接近，但卵白釉失透感更强，其釉中 Na、K 的高含量是导致这一现象的主要原因。

① 王昌燧：《科技考古进展》，科学出版社，2013 年。

3. 青花用料的演变

Fe、Co、Mn 三种元素是青花色料的主要着色元素,反映着花色料的基本组成。由于青花色料在釉中的熔融、扩散,Fe_2O_3、CoO、MnO 在釉中的绝对含量往往不能反映色料的真实组成,而三者之间的比值比较稳定,MnO/CoO 和 Fe_2O_3/CoO 比常被用来探讨问题。① 本文采用 ED-XRF 进行微区分析,所得青花料处成分数据包含釉面信息干扰,处理数据时首先依据瓷釉的化学组成计算色料对釉的稀释比,进而得到青花料本身的元素信息。

图六所示散点图十分分散,表明各时期青花料的成分差异比较大。本文分析的 3 件元青花、1 件成化官窑青花以及部分嘉靖官窑青花钴料成分具有高铁低锰的成分特征,对应进口钴料的使用。大部分正德官窑青花料中 MnO/CoO 比值较高,对应国产石子青的使用。个别正德官窑样品 Fe_2O_3/CoO 比值很高,不排除使用过文献记载的回青这类进口料。嘉靖时期部分样品存在混合使用国产料和进口料的情况。文献记载康熙、雍正时期官窑使用的应该是浙江产的青花料,其成分上亦具有高锰低铁的特征。明代民窑青花钴料明显具有高锰低铁的特征,说明使用了国产钴土矿。部分民窑青花瓷钴料中 Fe_2O_3/CoO 比值很高,如一件嘉靖民窑青花,发色浅淡昏暗,但是其钴料成分中 Fe 的实际含量并不高,Co 含量过低导致 Fe_2O_3/CoO 比值异常。

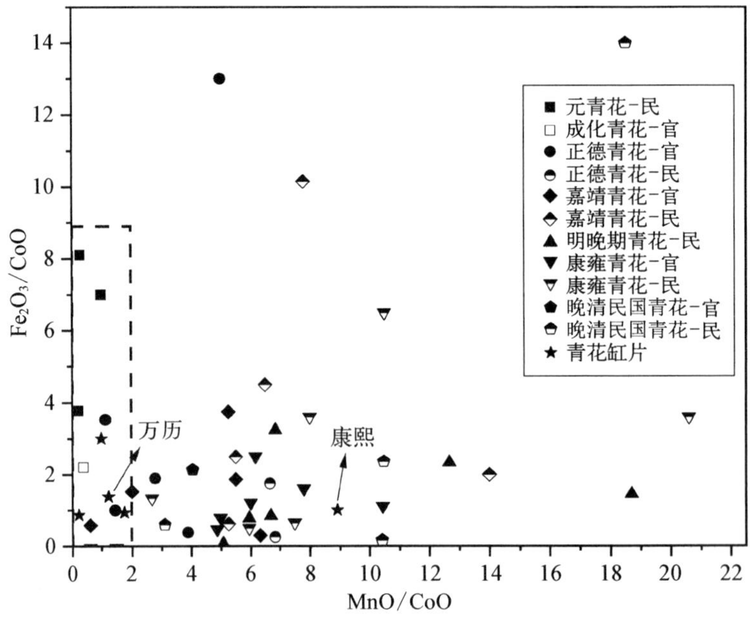

图六 官窑和民窑青花瓷青花料中 Fe_2O_3/CoO-MnO/CoO 散点图

① 胡东波等:《景德镇明代御窑遗址出土瓷器分析研究》,科学出版社,2011 年。

元代景德镇烧造的御用、民用青花瓷都用低锰高铁型的进口钴料，也就是苏麻离青。而到了明代洪武开始，情况大变。除了官窑继续使用进口钴料外，民窑已经无法得到这种进口钴料。这一事实表明，景德镇在元代时，市场上可以买到进口钴料，民窑也可以使用。① 这一情况或许与两个因素有关，其一是当时青花瓷烧造量还不大，进口钴料足够。其二是当时的“浮梁瓷局”仅是监制御用青花瓷，采用“官搭民烧”的方式，因而政府尚未控制所有的瓷业资源。到了明代初期，洪武朝在景德镇设置了御窑厂，置官监督烧造御用瓷器。同时民窑烧造青花瓷蓬勃发展，战乱影响了运输、贸易，所需钴料已无法满足供应，御窑厂限制了所有重要的制瓷资源，包括质量很好的进口钴料和优质高岭土矿。这一情况促使民窑采用国产钴料制作青花瓷。

文献记载表明，成化青花使用的是江西乐平出产的陂塘青，本文分析的成化青花样品具有进口料的成分特征，或许延续使用了前朝遗留的苏麻离青。正德朝作为明中期、明晚期的过渡时期，文献记载其青花用料情况莫衷一是，科技检测亦揭示出正德官窑青花用料的复杂情况，石子青这类国产料、回青这类进口料可能都使用过。《江西大志 · 陶书》记载，嘉靖官窑青花使用的是回青加石子青的混合料配方。万历以后，回青难以获取，同时国产料发色效果大大改善，明晚期民窑以及清代康雍时期官窑使用的青花料应该都是浙江出产的浙料。

4. 青花浙料

青料成分中高锰低铁的现象是国产料的一大共同特征，以往分析往往只限于此，难以对国产青料的类别和产地进行更加细致的甄别。结合青花料的微量元素特征，笔者尝试借助多元统计分析区分各类青花料，展示于此，有待讨论。2017 年，浙江开化龙坦窑址出土了一批与“正德庚午年造”纪年器共存的青花瓷，有望成为民窑青花最早使用“浙料”的实证。依据前人总结 PXRF 测试方法，笔者尝试测定御窑厂遗址和开化龙坦窑址出土青花瓷钴料的微量元素含量。对所得成分数据进行仔细甄选，将含量低于检出限的元素剔除。分析时借助稀释比的概念，扣除青料处的表层釉面成分影响，并且筛选出典型元素，便于分类探讨。

图七分别为御窑厂民窑和官窑出土青花瓷青料处的 Ni－As 二元散点图，将二者分别与龙坦青花瓷的成分数据进行比对。可见龙坦青花瓷样品 Ni 含量波动很大，具有高 Ni 低 As 的成分特征，可划分为多个区间，其数据点基本覆盖御窑厂民窑青花瓷的分布范围，与御窑厂官窑青花瓷存在较多差别。

具体而言，民窑青花瓷中，大部分嘉靖民窑所用青料 As 含量略高，与其余时期民窑所用国产料存有一定差别。但是由于龙坦青花瓷样本的分布十分散乱，仍在其所对应的钴料范围之内。原料和工艺的差别都会影响釉下青花料的微量元素含量，尚且不能进一步

---

① 承焕生等：《景德镇元、明、清民窑青花的 PIXE 研究》，《'05 古陶瓷科学技术 6 国际讨论会论文集》，上海科学技术文献出版社，2005 年。

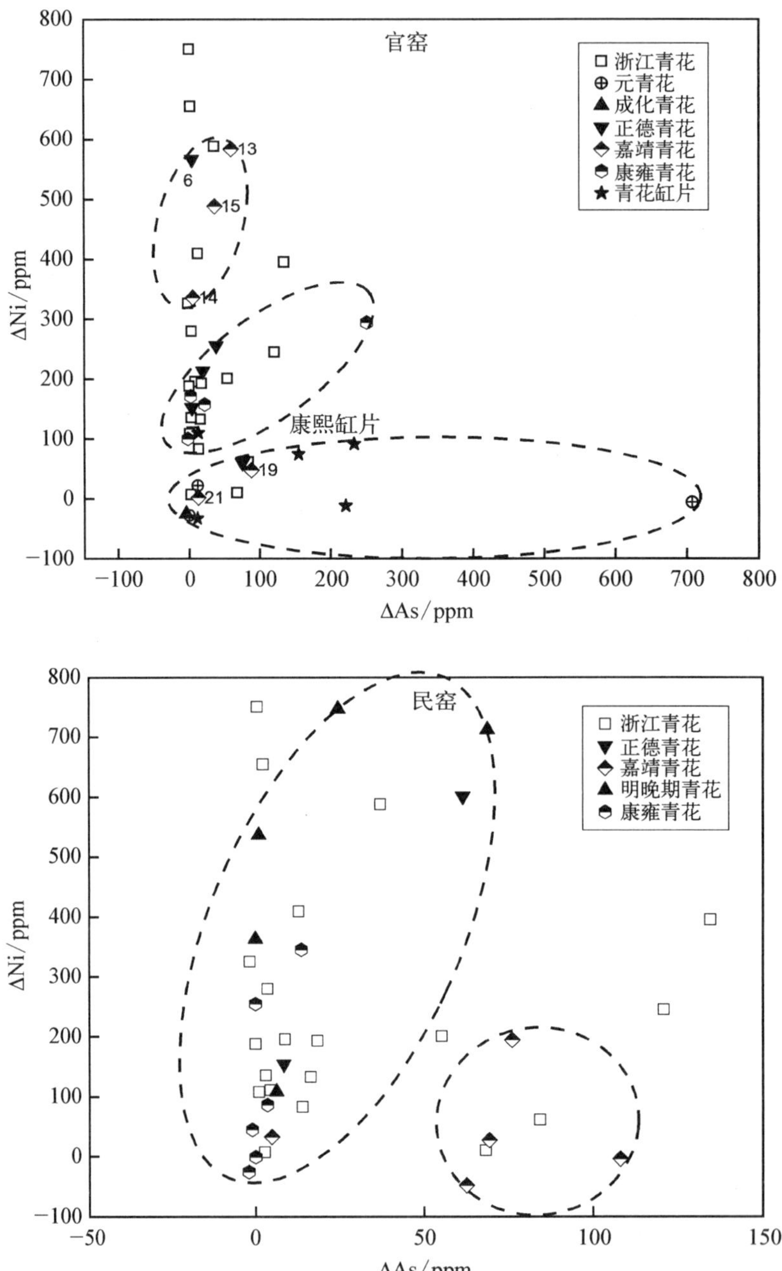

图七　官窑和民窑青花瓷青花料中 Ni - As 散点图

区分出民窑所用各类国产钴料的具体产地,如无法区分平等青和浙料。

至于官窑青花瓷,不同时期特点显著,可分为三个区域,高 As 低 Ni 区域,高 Ni 低 As 区域,中 As 中 Ni 区域,说明不同时期官窑青花瓷用料情况存在变化。其中高 As 低 Ni 区域对应官窑所用进口料的范围,包括有元青花、成化青花、嘉万时期青花缸片等样本,这一区域与浙江青花瓷区分较大。除此之外,使用过不同类别国产料的官窑青花瓷都位于浙江青花瓷的范围内，这是由国产料的成分共性所决定的，未来有必要结合各地国产料的具体成分信息进行更加细致的区分。初步的分析结果仍旧能与铁锰比的分类相互佐证。部分嘉靖官窑青花瓷处于高 Ni 低 As 的区域，倒与国产料的成分特征较为一致，实际上属于文献记载的回青加石子青的混合配方。中 Ni 中 As 的区域包含有较多康雍青花的样本，为官窑所用浙料的区域，其 Ni、As 含量都很低，与大部分龙坦青花瓷有别。

四、结　论

景德镇窑业从古至今经历了一个漫长的发展历程，取得过多项重大的技术突破。其中景德镇陶工除了对瓷器胎釉配方改良创新外，还继承并拓展了釉下青花的原料来源。青花瓷在十四世纪已形成广泛的贸易网络和跨区域的产业分工，并在此基础上有力地推动了不同地区的文化和审美融合。青花钴料携带有丰富的地质学信息，其赋存状态和伴生元素因地域成矿特点的不同存在很大差异，这使得钴料在产源研究上具有重要价值。

各个时期青花瓷的用料问题一直是学界研究的热点和焦点。古代文献中记载的青花料名称和种类多样。有些青花料的名称并不是专用的，常常也指代一类药石，明确记载用于青花料的物质很少。根据史籍记载，元青花和明洪武、永乐、宣德时期官窑青花用料为苏麻离青，成化官窑开始使用国产陂塘青，正德官窑开始使用国产石子青，嘉靖、万历时期官窑使用进口料回青和国产料石子青的混合配方，万历以后一直到清代，国产浙料占据主流。

借助科技手段可以进一步分析古代青花瓷的用料情况以及明确钴料的产地。本文对御窑厂遗址出土的历代官窑以及民窑青花瓷的制作工艺进行了检测分析，比较了民窑与官窑青花在原料和配方上的异同，并与浙江青花用料情况进行对比，初步得到以下结论。

景德镇民窑和官窑青花瓷胎的化学组分基本同步。明初官窑制胎采用御土或麻仓土，民窑制胎使用与之成分类似的天然二元配方。万历以后，官窑所用麻仓土业已枯竭，民窑陶工渐渐摸索出瓷石中添加高岭土改良瓷胎性能的方法。明代中期，官窑和民窑生产的青花瓷中都出现过一类钙碱釉的器物。这一时期官窑青花清新典雅的发色效果即与制釉采用的高釉果配方密切相关，也体现了民窑对于官窑创新工艺的模仿。

本文分析的成化官窑青花样品具有进口料的成分特征，或许延续使用了前朝遗留的苏麻离青。文献对于正德朝青花用料情况的记载莫衷一是，科技检测亦揭示出正德官窑青花用料的复杂情况，石子青这类国产料、回青这类进口料可能都使用过。嘉靖官窑青花使用的是回青加石子青的混合料配方。万历以后，回青难以获取，明晚期民窑以及清代康雍时期官窑使用的青花料应该都是浙江出产的浙料。

微量元素分析进一步揭示出国产青料的成分特征。初步的分析结果能与铁锰比的分类相互佐证。结合青花料的 Ni、As 含量，龙坦青花瓷样品与官窑进口料青花瓷差别显著，与其余官窑和民窑青花瓷样品皆有重合。使用过不同类别国产料的青花瓷都位于浙江青花瓷的范围内,这是由国产料的成分共性所决定的,未来有必要结合各地国产料的具体成分信息进行更加细致的区分。

附记:崔剑锋为本文通讯作者。本文在写作过程中受到社会科学重大基金“非洲出土中国古代外销瓷与海上丝绸之路研究(项目号:15ZDB057)”以及社会科学一般基金“西周早中期青铜器矿料来源的铅同位素考古研究(项目号:18BKG017)”的资助。

试论如何运用贝叶斯统计处理碳十四数据

宋　殷

（北京大学考古文博学院）

一、引　　言

20世纪90年代，贝叶斯统计被引入西方考古学界，①牛津大学的博士克里斯托佛·兰姆西（Christopher Ramsey）于1995年公布了用于碳十四数据校准的应用软件OxCal。② 随着夏商周断代工程的开展，“贝叶斯统计”以“系列样品拟合”的面貌出现在中国考古学界，并在很大程度上影响着断代工程碳十四测年部分的结果。③

自从夏商周断代工程的报告简本④发布以来，国内外对此有着各种各样的评论。⑤ 其中不乏学者对“系列样品拟合”这一处理碳十四数据的方法提出质疑。⑥

正如俞伟超在《关于“考古地层学”问题》和《关于“考古类型学”的问题》两篇文章中指出的那样，在“不同时期形成的文化层和遗迹单位，是按时间早晚，自下而上地依次堆积而成的”这一规律以外，还存在“塌陷地层”和“倒装地层”的情况；⑦同时，类型学也存在“类型学的这种研究，就方法论本身最基本的能力来说，主要在于能够找出物品形态变化的逻辑过程，而不一定是历史的具体过程”的情况，也就是类型学顺序并不一定反映时间

---

① Buck, C.E., Kenworthy, J.B., Litton, C.D., Smith, A.F.M., “Combining archaeological and radiocarbon information: a Bayesian approach to calibration”, *Antiquity* 65(1991), pp.808－821; Buck, C.E., Litton, C.D., Smith, A.F.M., “Calibration of radiocarbon results pertaining to related archaeological events”, *Journal of Archaeological Science* 5(1992), pp.497－512; Buck, C.E., Litton, C.D., Scott, E.M., “Making the most of radiocarbon dating: some statistical considerations”, *Antiquity* 68(1994), pp.252－263; Buck, C.E., Cavanagh, W.G., Litton, C.D., *Bayesian Approach to Interpreting Archaeological Data*, Chichester: Wiley, 1996, p.402.

② Ramsey, C.B., “Radiocarbon calibration and analysis of stratigraphy: The OxCal Program”, *Radiocarbon* 2(1995), pp.425－430.

③ 蔡莲珍、仇士华：《贝叶斯统计应用于碳十四系列样品年代的树轮校正》，《考古》1999年第3期；仇士华、蔡莲珍：《关于考古系列样品碳十四测年方法的可靠性问题》，《考古》2001年第11期；张雪莲、仇士华：《夏商周断代工程中应用的系列样品方法测年及相关问题》，《考古》2006年第2期。

④ 夏商周断代工程专家组：《夏商周断代工程1996－2000年阶段成果报告·简本》，世界图书出版社，2000年。

⑤ 李润权：《交流与争鸣：记中外学者关于夏商周年代的一场论战》，《考古》2003年第2期。

⑥ 蒋祖棣：《“系列样品”的考古质疑》，北京大学考古文博学院，中国国家博物馆编：《俞伟超先生纪念文集·学术卷》，文物出版社，2009年，第66－84页。

⑦ 俞伟超：《关于“考古地层学”问题》，苏秉琦主编：《考古学文化论集（一）》，文物出版社，1987年，第1－32页；又收入俞伟超著，王然编：《考古学是什么：俞伟超考古学理论文选》，中国社会科学出版社，1996年。

上的早晚顺序。① 鉴于以上两点,考古地层学和考古类型学都均非完美。当然,碳十四测年也非完美(如有些学者所指出,碳十四样本有可能无法反映堆积单位形成的年代,可能是早期或晚期的样品),但是如果我们将三种研究年代学的方法同时并行使用,却有可能弥补彼此的不足,达到意想不到的效果。而要达到三种方法的融合,则不能不对贝叶斯统计建模方法有更深入的理解。

俞伟超还在《关于"考古类型学"的问题》一文中指出:"但一种东西,如果有 A、B、C 三个渐变的形态,孤立地观察就可能是依 A、B、C 的顺序而变,也可能是依 C、B、A 的顺序演化。要判定他只能是 A→B→C 而不能是 C→B→A,除了有纪年性的物品为依据外,按目前利用自然科学来断定物品绝对年代的能力而言,还是要靠层位关系来解决问题。"②当存在类型学与地层学两种标尺的时候,虽然每一种标尺可能有例外之处,但首先要假定某种方法是更可靠的,以此来验证另一种方法。在本文的论述中,笔者认为存在先用地层学验证碳十四数据,再用地层学、碳十四数据共同验证类型学分期模型的研究顺序。其原因为类型学分期模型是人力对原始材料进行处理后的产物,可以反映整体文化的变迁,而地层学与碳十四测年属于技术层面,是获得原始材料的方法,因此从地层学到碳十四测年再到类型学分期模型的顺序应是研究的自然顺序。只不过现有的碳十四送样测年周期太长,测试经费高昂而类型学分期模型的建立易于在田野开展,碳十四测年往往被放到类型学作业之后以验证类型学分期的结果,而这样做大大减弱了碳十四测年作为确定绝对年代的意义,简简单单地成为贴在分期框架上的"年代标签"。然而随着公布的原始考古材料和有效测年数据的增加,我们可以利用这些材料对以往的研究结果进行评价与反思。

然而需要指出的是,"系列样品拟合"并不是如某些学者所认为的那样完全凭借某些考古学家的主观推断来决定最终的年代结果。为了便于和之前的"系列样品拟合"进行区分,本文将主要从原理和方法操作上对"贝叶斯统计处理方法"进行一系统的阐述,同时试图解答笼罩在一些考古学家心头的关于"贝叶斯统计处理方法"的疑问。在此基础之上,笔者将阐述如何开展有关考古学文化的年代学研究的一些看法。

二、解密贝叶斯统计

统计学可以分为经典统计与贝叶斯统计两大类。经典统计即我们平时所熟知的统计,诸如从装有九个红球和一个白球的袋子里抽出一个白球的概率是多少的问题。而贝叶斯统计即在考虑一系列其他因素以后,用"抽白球有经验的概率"与"抽白球有经验的

---

① 俞伟超:《关于"考古类型学"的问题》,俞伟超主编:《考古类型学的理论与实践》,文物出版社,1989 年,第 1 – 35 页;又收入俞伟超著,王然编:《考古学是什么:俞伟超考古学理论文选》,中国社会科学出版社,1996 年。

② 俞伟超:《关于"考古类型学"的问题》,俞伟超主编:《考古类型学的理论与实践》,文物出版社,1989 年,第 11 页;又收入俞伟超著,王然编:《考古学是什么:俞伟超考古学理论文选》,中国社会科学出版社,1996 年。

前提下抽中白球的概率”的乘积来衡量“抽中白球的情况下有抽白球经验的概率”。

举一个例子，①假设有一个认陶片的考试，考试题目是从下述五块陶片中选出晚商文化的陶片，而五块陶片分别为：彩绘红陶钵残片、白陶鬶残片、篮纹黑灰陶残片、粗绳纹灰陶无实足根分裆鬲裆部残片、卷平沿扉棱联裆柱足鬲残片。很明显，具有认陶片能力的人认出正确陶片的概率是100%而没有认陶片能力的人认出正确陶片的概率是20%。我们不能直接得知某人是否具有认陶片的能力，只能通过考试结果来判断。如果一个人认出正确陶片的概率很高，比如接近100%，那么我们有较高的概率判断该人具备认陶片的能力。

换句话说，一个人具备认陶片能力的概率为“先验概率”，在认出正确陶片的情况下该人具备认陶片能力的概率为“后验概率”，而在一个人具备认陶片能力的情况下正确认出陶片的概率为“似然函数”。②

再举一个例子，假如某人买从西安飞北京的转机票，可供选择的航班有十架次，在没有其他限制条件的情况下选择每一班的概率是10%。而如果考虑到买转机票的航班必须要在该人到达西安之后起飞，即只能下午五点以后从西安起飞，则可供选择的航班只有四架次，选择后四班航班的概率从10%增加到了25%，而选择前六班航班的概率从10%降低到0%，这可以看作是“先验条件”即“转机起飞时间只能在下午五点之后”对最终结果的影响。如果该人最终有较大的概率选择后四架次的航班，则该人有很高的概率是“五点之前转机到达西安”。

碳十四数据的贝叶斯统计模型极其类似于买转机票的情况，即某一考古单位中的样品年代只有在另一考古单位中的样品年代之后（依据叠压打破关系，即先验条件）才有“意义”（年代概率非零），否则其年代概率为零。也就是说被校准曲线校准后的数据之间只有符合“一定早晚顺序”的部分年代概率存在，其他不满足该条件的部分年代概率为零。因此我们可以看到“先验条件”对“测年结果”即“似然函数”的影响，二者的乘积与“得到一定的测年结果的前提下样品年代具备一定先后顺序”的概率成正比。

因此，所谓的“先验条件”相当于西方考古学理论中的“context”，或可以翻译为“背景”，即可能会影响最终观测结果的各种因素。而考古学家的主要任务就是从“支离破碎”的观测结果（包括调查、发掘以及各种分析得到的数据）来试图复原影响观测结果的因素（历史事件、文化习俗或社会变化）的这一过程。需要注意考古学家的思路是：影响最终数据结果的因素并不事先可知，而需要通过对数据本身的解读去逆推这类因素，因此存在由实验考古、民族考古学、埋藏学等等构成的“中程理论”。

如此就很容易理解以往碳十四测年工作者和考古学家之间的矛盾所在。碳十四工作者在进行系列样本拟合过程中要假定“考古学提供的层位先后关系”是正确的，从而得到更加精准的测年结果；而考古学家却认为“层位先后关系并不一定代表样本绝对年代的先

① 改编自 Buck, C. E., Cavanagh, W. G., Litton, C. D., *Bayesian Approach to Interpreting Archaeological Data*, Chichester: Wiley, 1996, pp.66 - 67.

② 蔡莲珍、仇士华：《贝叶斯统计应用于碳十四系列样品年代的树轮校正》，《考古》1999年第3期。

后”,符合考古学家通过现象逆推过程的研究路径。

实际上贝叶斯统计并不仅仅是通过将先验条件与似然函数相乘得到后验概率的过程,还存在利用一致性参数(Agreement Indices)来“检验”先验条件的这一反馈过程,[①]而这一反馈过程还涉及校准曲线走向的影响,比较复杂,笔者将在后文中详细讨论。需要提前说明的是,在校准曲线没有那么“平缓”的时间段,利用一致性参数去检验先验条件的正确与否是可行的。测年结果是测年数据、校准曲线、贝叶斯统计建模之间的平衡博弈,校准曲线并不是在所有时间段都有同样的校准后的误差范围,这意味着在某些时间段(如校准曲线较为“平缓”的时间段)先验条件无法被验证是否正确,因此某些考古学家对于“样本代表性”的疑问可能是无法解决的。

三、三种类型的时间序列与样本采集注意事项

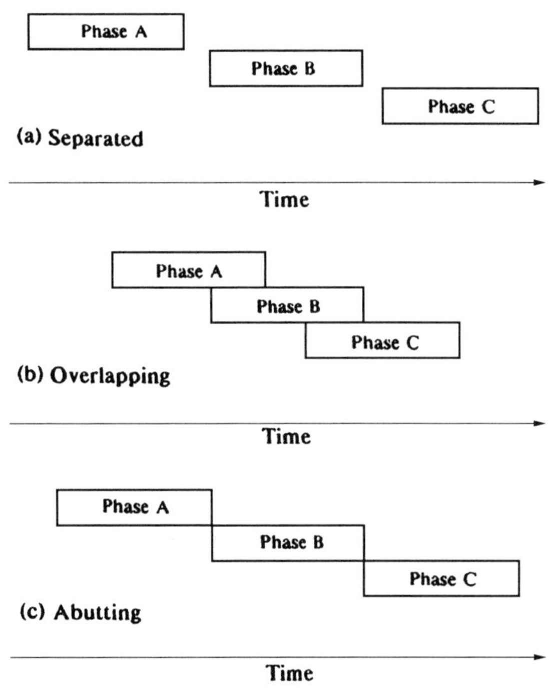

图一　三种类型的时间序列示意图(a为非连续型,b为重叠型,c为连续型)

(Buck, C. E., Cavanagh, W. G., Litton, C. D., *Bayesian Approach to Interpreting Archaeological Data*, Chichester: Wiley, 1996, p.218)

为了便于对碳十四年代的校正与贝叶斯统计处理,牛津大学的克里斯托佛·兰姆西(Christopher Ramsey)教授开发了OxCal软件[②]并之后不断地进行更新,OxCal软件使用的相关文献可以很容易搜索到。[③]

OxCal软件中最核心的概念是“序列”(Sequence),所谓的“序列”既可以理解为地层叠压的序列,湖相沉积的序列,也可以理解为类型学的序列。而一个序列中年代不分先后的单位被归类为一个“阶段”(Phase)。根据序列中每一个阶段的开始与结束时间是否相接续、是否分离和是否重叠,我们可以把序列分为三种,即非连续型序列、连续型序列和重叠型序列(如图一所示)。

三种类型的时间序列各有不同的应用场合:如湖相沉积由于是连续的沉积过程,可以近似看作连续型序列;考古地层

① 事实上,蔡莲珍和仇士华在介绍贝叶斯统计的时候也提出了这一点。参见蔡莲珍、仇士华:《贝叶斯统计应用于碳十四系列样品年代的树轮校正》,《考古》1999年第3期。

② Ramsey, C.B., “Radiocarbon calibration and analysis of stratigraphy: The OxCal Program”, *Radiocarbon* 2(1995), pp.425－430.

③ 参看: https://c14.arch.ox.ac.uk/oxcalhelp/ref.html。

学沉积由于存在遗址废弃一段时间无人居住的情况，有可能存在非连续型序列（如赤峰夏家店遗址的夏家店下层与夏家店上层之间存在年代差）；类型学序列由于存在旧的器物与新的器物共存的情况，可以视为重叠型序列，当然如果过渡时间足够短则可以视为连续型序列，而 OxCal 新推出的梯形模型（Trapezium Phase Modeling）则可以视为对重叠型序列的改进。① 通过使用图二所示的代码，我们可以在 OxCal 中实现三种类型的时间序列。

依据俞伟超，进行“考古类型学”分析的一般步骤分为七步，分别为：

1. 确定物品的共存关系；
2. 归纳共存器物的组别；
3. 按层位关系初分各组别的早晚；
4. 确定器别和选择典型器物；
5. 确定各器别内的型别和式别；
6. 根据器物组合和各种器别的型、式变化来划分期别；
7. 寻找不同类型期别的对应关系。

这其中第二步“归纳共存器物的组别”是很关键的一步，因为分得过粗和过细都不利于最终的类型学研究。而且需要注意，同一组别内的器物形态和组合相近，可以看作“序列”中的一个“阶段”（在该组内年代不分早晚）。因此，通过把“组”看作“阶段”，类型学的分析结果可以很顺利地翻译成贝叶斯统计模型，唯独需要注意类型学模型在翻译过程中需要酌情采用连续型序列或重叠型序列。

样本年代与考古遗迹单位年代之间的关系也是个重要问题。

西方学者曾经总结了四类样本的代表性：②

A：完全确认：测年的样本来自考古样本本身。如墓里的人骨、树干做的独木舟、车轮、房柱、陶器中的有机材料（掺合料）等；

B：较高概率：被测年的有机材料与被诊断的考古发现之间有直接的功能上的联系。如：伴随有随葬品的墓葬的炭化木棺、伴出陶片的灰坑中出土的植物种子、大瓮中的木炭、房屋地板上的火膛等；

C：存在概率：被测年的有机材料与被诊断的考古发现虽然不具有直接的功能上的联系，但是有机材料的数量以及其大小支持其与考古发现之间存在联系。如：垃圾坑或活动层中的木炭的浓度；

D：有可能存在概率：类似于 C，但是有机材料个体较小且分布分散。如：活动面中的“深色土”或墓葬中的木炭颗粒。

除了以上四类样品的分类，还需要注意的是加速器质谱法（AMS）的优势虽然包括所需样品量大大减少，但这也带来了被测样品与考古单位是否“同时”这一问题，如老鼠洞

① Bronk Ramsey, C., Lee, S., “Recent and planned developments of the program OxCal”, *Radiocarbon* 55(2013), pp.720 – 730.

② Aitken, M.J., *Science-based dating in archaeology*, New York: Longman Incorporation, 1990, p.90.

或后期扰乱都可以使晚的样品进入早的单位中,因此这类样品的埋藏学情况需要被仔细考虑。比如地层或灰坑中浮选出的植物种子或零散出土的骨头样品,其年代代表性都值得怀疑。如果灰坑中存在关节连接完好的人或动物的肢骨,可以认为该人或动物的骨骼未经过后期扰乱,大体上反映了灰坑的埋藏年代。

如果这么多的样品都不可靠,那我们如何保证测年结果的可靠性? 正如笔者在上文中提到"测年结果是测年数据、校准曲线、贝叶斯统计建模之间的平衡博弈",在某些情况下测年样品的年代和考古单位的年代差会大于贝叶斯统计建模后得到的误差,有些情况下会小于其误差,这就意味着在一些情况下我们可以通过某数据较低的一致性参数(Agreement Indices)(小于 60%)来确定某样品的年代被高估或被低估,而某些情况下我们则没有那么幸运,由于贝叶斯统计建模后的样品年代误差大于测年样品和考古单位的年代差的原因。

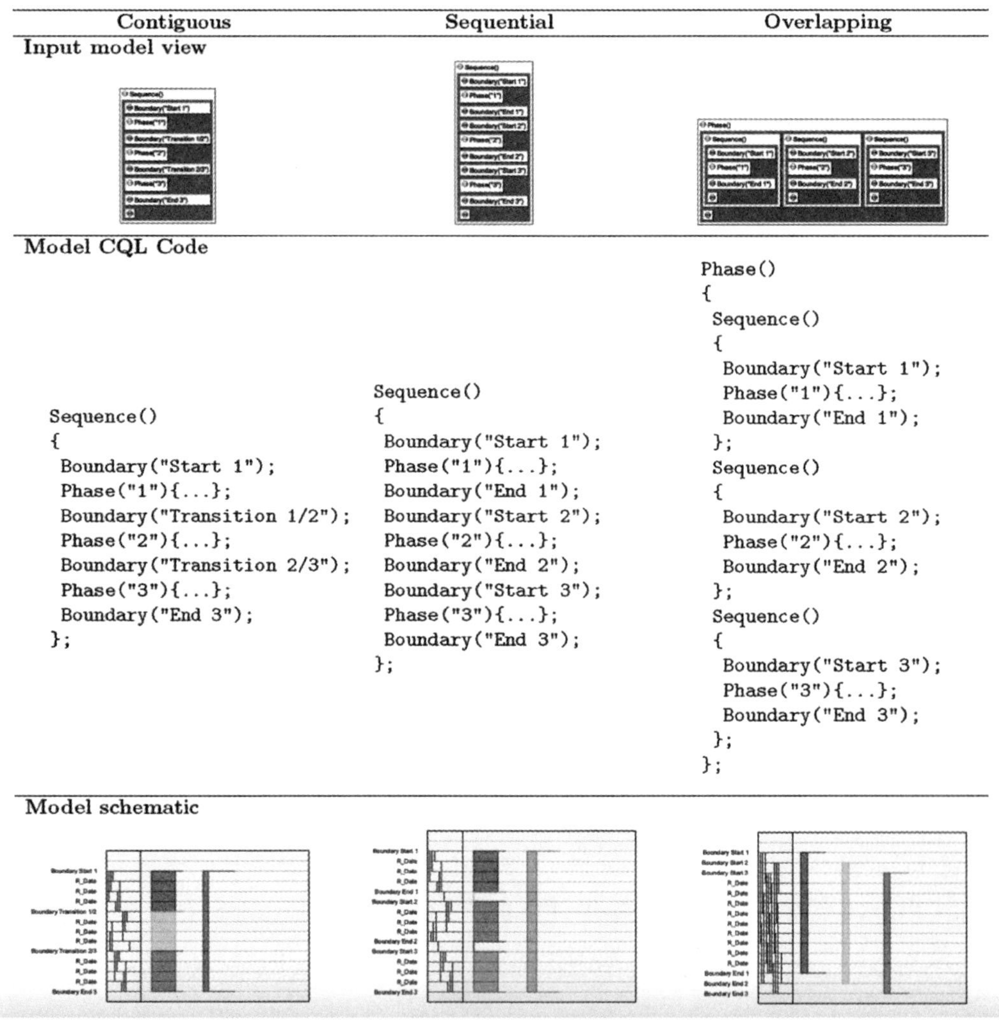

图二　三种类型的时间序列代码举例

(Bronk Ramsey, C., "Bayesian analysis of Radiocarbon dates", *Radiocarbon* 1[2009], p.349)

四、一致性参数(Agreement Indices)与模型评估

一致性参数(Agreement Indices)①是OxCal中反映测年数据与贝叶斯统计模型之间匹配程度的一个百分比,其在OxCal程序运行的结果中会自动得出,其数值越高(接近100%或超过100%)表示数据与贝叶斯统计模型之间的匹配性越好,数值越低(低于60%)则表示数据与贝叶斯统计模型之间的匹配性较差。

在最终的运算结果中,模型中的每个数据都有一个一致性参数,用A表示,其反映了该数据在贝叶斯模型中的年代概率分布面积与单纯经过校准曲线校准后的年代概率分布面积的比值,该比值越低说明该数据越有可能"原本不在模型中的这个位置",即该数据的相对年代存在混乱的可能性。而贝叶斯模型有一个模型的一致性参数 A_{model},其值反映了模型整体与数据的匹配性,该值越低说明该模型"越有可能是错误的",或"大部分数据都出错",但鉴于后一种情况发生的概率太低,现实中往往是发生了前一种情况。

因此,可以说一致性参数是评价贝叶斯模型的"灵魂参数"。接下来,笔者将以夏家店下层文化的年代研究为例,举例说明一致性参数如何用来评估模型。本次讨论以已发表的碳十四年代数据为数据库,对比两个分期模型的一致性参数,②从而判断哪种分期模型与测年数据之间更匹配。为了方便起见,本次讨论所用的序列模型均为连续型序列。

首先笔者将已发表的碳十四数据依据实验室编号、测年方法、考古单位、数据、误差、文献出处等六项信息逐条列出。③

ZK-176,气体计数法,赤峰蜘蛛山遗址H42木炭,3855±90。《放射性碳素测定年代报告(三)》

① Ramsey, C. B., "Radiocarbon calibration and analysis of stratigraphy: The OxCal Program", *Radiocarbon*, 2 (1995), pp.425-430.

② 对夏家店下层文化进行分期的学者包括李经汉、郭大顺、张忠培、李伯谦、赵宾福、段天璟、王立新和卜箕大等人。由于夏家店下层文化测年数据最多的是燕北药王庙类型,燕南大坨头类型和壶流河类型的测年数据几乎没有,因此不在讨论范围内。其中赵宾福和前四位先生的分期主要以北票丰下遗址为支撑,缺少建平水泉等新发现的遗址。王立新、卜箕大的分期和段天璟的分期考虑了较新发表的大甸子墓地和建平水泉的材料,因此在本文中予以对比研究,分别命名为分期模型一和分期模型二。

③ 中国科学院考古研究所实验室:《放射性碳素测定年代报告(三)》,《考古》1974年第5期;中国科学院考古研究所实验室:《放射性碳素测定年代报告(四)》,《考古》1977年第3期;中国社会科学院考古研究所实验室:《放射性碳素测定年代报告(五)》,《考古》1978年第4期;中国社会科学院考古研究所实验室:《放射性碳素测定年代报告(六)》,《考古》1979年第1期;中国社会科学院考古研究所实验室:《放射性碳素测定年代报告(七)》,《考古》1980年第4期;中国社会科学院考古研究所实验室:《放射性碳素测定年代报告(八)》,《考古》1981年第4期;中国社会科学院考古研究所实验室:《放射性碳素测定年代报告(一一)》,《考古》1984年第7期;中国社会科学院考古研究所实验室:《放射性碳素测定年代报告(一五)》,《考古》1988年第7期;中国社会科学院考古研究所实验室:《放射性碳素测定年代报告(二〇)》,《考古》1993年第7期;中国社会科学院考古研究所实验室:《放射性碳素测定年代报告(二一)》,《考古》1994年第7期;中国社会科学院考古研究所考古科技实验研究中心:《放射性碳素测定年代报告(二四)》,《考古》1997年第7期;中国社会科学院考古研究所考古科技实验研究中心:《放射性碳素测定年代报告(二五)》,《考古》1999年第7期;中国社会科学院考古研究所考古科技实验研究中心:《放射性碳素测定年代报告(二六)》,《考古》2000年第8期。

ZK－153,气体计数法,北票丰下南区第九、十探方第三层木炭,3450±80。《放射性碳素测定年代报告(四)》

ZK－402,液闪法,昭乌达盟大甸子遗址 M454 出土木质葬具,3290±90。《放射性碳素测定年代报告(五)》

ZK－480,液闪法,昭乌达盟大甸子遗址 M759 出土朽木,3320±85。《放射性碳素测定年代报告(六)》

ZK－604,液闪法,辽宁省康平县胜利公社顺山屯遗址,1977 年 9 月采自探沟下层木炭,3255±90。《放射性碳素测定年代报告(七)》

ZK－699,液闪法,辽宁省建平水泉大队遗址 T15H 南第五层木炭,3670±90。《放射性碳素测定年代报告(八)》

ZK－1208,液闪法,内蒙古自治区敖汉旗范杖子遗址 M79 棺木,3440±95。《放射性碳素测定年代报告(一一)》

ZK－1209,液闪法,内蒙古自治区敖汉旗范杖子遗址 M84 棺木,3410±75。《放射性碳素测定年代报告(一一)》

ZK－695,液闪法,辽宁省建平水泉大队遗址 T26 第四层房址 F41 内木炭,3440±75。《放射性碳素测定年代报告(一一)》

ZK－2015,液闪法,河北省蔚县前堡遗址第二地点 M203 人骨,3340±170。《放射性碳素测定年代报告(一五)》

ZK－2016,液闪法,河北省蔚县三关遗址 M2008 人骨,3155±105。《放射性碳素测定年代报告(一五)》

ZK－2017,液闪法,河北省蔚县三关遗址 M2011 人骨,3165±80。《放射性碳素测定年代报告(一五)》

ZK－2018,液闪法,河北省蔚县三关遗址 M2012 人骨,3080±195。《放射性碳素测定年代报告(一五)》

ZK－2019,液闪法,河北省蔚县三关遗址 M2021 人骨,3005±80。《放射性碳素测定年代报告(一五)》

ZK－2020,液闪法,河北省蔚县三关遗址 M2022 人骨,2830±100。《放射性碳素测定年代报告(一五)》

ZK－2222,液闪法,辽宁省朝阳市龙城区热电厂遗址 T13 第二层木炭,3435±55。《放射性碳素测定年代报告(一五)》

ZK－2223,液闪法,辽宁省朝阳市龙城区热电厂遗址 T6 第三层木炭,3335±250。《放射性碳素测定年代报告(一五)》

ZK－2224,液闪法,辽宁省朝阳市龙城区热电厂遗址 T6 第四层木炭,3480±75。《放射性碳素测定年代报告(一五)》

ZK－2225,液闪法,辽宁省朝阳市龙城区热电厂遗址 T6 第四层 F20 木炭,3620±135。

《放射性碳素测定年代报告(一五)》

ZK－2651,液闪法,内蒙古自治区赤峰西道点将台遗址 T103 第十三层木炭,3185±55。《放射性碳素测定年代报告(二〇)》

ZK－2652,液闪法,内蒙古自治区赤峰西道点将台遗址 T104 第六层木炭,3233±58。《放射性碳素测定年代报告(二〇)》

ZK－2718,液闪法,内蒙古自治区敖汉旗宝国吐乡兴隆洼遗址Ⅰ区 T575F217 第二层木炭,3537±85。《放射性碳素测定年代报告(二一)》

ZK－2719,液闪法,内蒙古自治区敖汉旗宝国吐乡兴隆洼遗址Ⅰ区 T583K128 第二层木炭,3994±112。《放射性碳素测定年代报告(二一)》

ZK－2934,液闪法,内蒙古喀喇沁旗大山前遗址Ⅰ区 H12 木炭,3725±400。《放射性碳素测定年代报告(二四)》

ZK－2935,液闪法,内蒙古喀喇沁旗大山前遗址Ⅰ区 H34 木炭,3068±75。《放射性碳素测定年代报告(二四)》

ZK－2938,液闪法,内蒙古喀喇沁旗大山前遗址Ⅰ区 T111 第二层木炭,3321±70。《放射性碳素测定年代报告(二四)》

ZK－2939,液闪法,内蒙古喀喇沁旗大山前遗址Ⅰ区 T408 第四层木炭,3308±83。《放射性碳素测定年代报告(二五)》

ZK－2941,液闪法,内蒙古喀喇沁旗大山前遗址Ⅰ区 T434F19 木炭,3364±79。《放射性碳素测定年代报告(二五)》

ZK－3017,液闪法,内蒙古喀喇沁旗大山前遗址Ⅳ区 M1 木炭,3051±51。《放射性碳素测定年代报告(二六)》

ZK－3022,液闪法,内蒙古喀喇沁旗大山前遗址Ⅳ区 H199 第一层木炭,2882±108。《放射性碳素测定年代报告(二六)》

ZK－3025,液闪法,内蒙古喀喇沁旗大山前遗址Ⅳ区 H210 第三层木炭,3279±55。《放射性碳素测定年代报告(二六)》

ZK－3032,液闪法,内蒙古喀喇沁旗大山前遗址Ⅳ区 H240 第四层木炭,3051±56。《放射性碳素测定年代报告(二六)》

ZK－3033,液闪法,内蒙古喀喇沁旗大山前遗址Ⅳ区 H306 木炭,3090±57。《放射性碳素测定年代报告(二六)》

ZK－3034,液闪法,内蒙古喀喇沁旗大山前遗址Ⅳ区 H294 第一层木炭,2941±55。《放射性碳素测定年代报告(二六)》

ZK－3035,液闪法,内蒙古喀喇沁旗大山前遗址Ⅳ区 F62 第二层木炭,3074±57。《放射性碳素测定年代报告(二六)》

ZK－3036,液闪法,内蒙古喀喇沁旗大山前遗址Ⅳ区 F66 第二层木炭,3093±77。《放射性碳素测定年代报告(二六)》

参考分期模型一：①

第一段：建平水泉第五层及第五层下开口的 F61、J25 和 H53，蜘蛛山遗址 T1②F、G 及 H42；

第二段：丰下南区下层的 T8④、T17⑤、T23⑥等，水泉遗址诸探方统一划分的第 4 层及 H125、F25、H36、H103，三官甸子城子山 T3②，白斯朗营子塔山 F1、F2，蜘蛛山遗址 T1②E、H1，四分地东山嘴 H1、F8、H6 等；

第三段：丰下南区中层(第三层)、T101③，南山根 T10④、T5④、H28，三角城子南台子 H1，破庙子 M1，水泉 H86、H49，药王庙 T1③、T4③、F2，蜘蛛山 H40、T2④B、T1②B，四分地东山嘴 H2、H5、H11、F2、F5，小河沿南台地 F12，大甸子遗址 T1④、H1，大山前 96KDIG6、F8H1，平顶山 F101，三官甸子城子山 H2、F2、T3①；

第四段：丰下南区上层(即第二层)、T102②F8、T101②，南山根 T1③、T4③、T10③，药王庙 T1①，夏家店 T9④，大甸子 H3、H6，大山前 96KDIG2，平顶山 M109，水手营子 M1 等；

第五段：丰下 T20②H1，小榆树林子 T1 上层，大甸子遗址 T3③，范杖子 M25，库伦格尔林 M1、M2 等。

笔者将符合条件的测年数据列入分期模型一的分段表，得到表一。

表一　依据分期模型一的夏家店下层碳十四数据的分段表

遗　址	第一段	第二段	第三段	第四段	第五段
蜘蛛山	ZK－176				
北票丰下			ZK－153		
大甸子			ZK－402		ZK－480
建平水泉	ZK－699	ZK－695			

笔者在 OxCal4.3② 中将表一的信息转化为贝叶斯模型，得到图三的贝叶斯统计模型，并运算得到图四的最终结果。

由图四可以看出，分期模型一的 A_{model} 达到了 74.2%，证明数据与模型之间的匹配程度较好(A_{model}>60%)，下面尝试把分期模型二转换为贝叶斯统计模型并进行运算。

依据分期模型二：③

早期，以丰下⑤，大甸子 T1④，96KDIIF2，药王庙 F2、T1③，南山根 H26，蜘蛛山 T1②G 等单位为代表。

中期早段，以丰下④，大甸子 H1，96KDIF8H1、96KDIH136②，南山根大部分单位，水泉 F61、J25 等单位为代表。

① 王立新、卜箕大：《关于夏家店下层文化的几个问题》，《博物馆纪要》第 13 集，韩国檀国大学校中央博物馆，1998 年；又见王立新：《先秦考古探微》，科学出版社，2016 年，第 153－155 页。

② 本文所有贝叶斯统计模型设计与运算均在 OxCal4.3 下运行。

③ 段天璟：《二里头文化时期的文化格局》，吉林大学博士论文，2005 年，第 102 页。

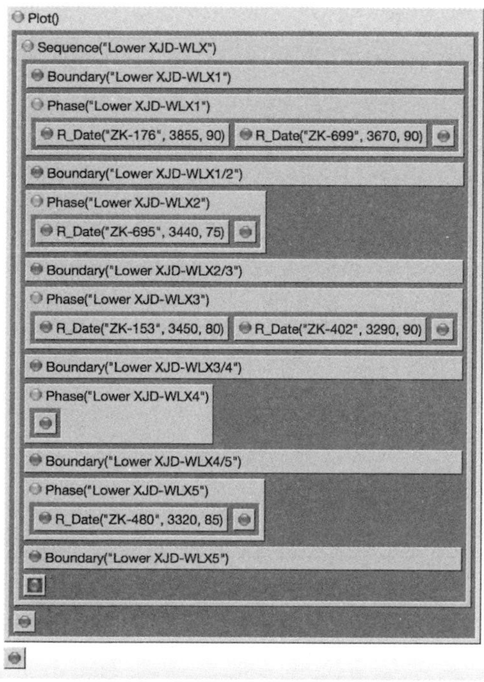

图三 分期模型一的贝叶斯统计模型

Name Show all Show structure	Unmodelled (BC/AD)						Modelled (BC/AD)						Indices A_{model}=74.2 $A_{overall}$=77.8					Select All Visible	Page break
	from	to	%	from	to	%	from	to	%	from	to	%	A_{comb}	A	L	P	C		
	Warning! Duplicate names - Lower XJD-WLX1																		
Boundary Lower XJD-WLX5							-1631	-1420	68.2	-1736	-1176	95.4					98.5	✓ 19	☐
R_Date ZK-480	-1727	-1503	68.2	-1874	-1426	95.4	-1644	-1497	68.2	-1726	-1417	95.4		107.1			99.8	✓ 18	☐
▲ Phase Lower XJD-WLX5																		✓ 17	☐
Boundary Lower XJD-WLX4/5							-1678	-1527	68.2	-1753	-1448	95.4					99.9	✓ 16	☐
Phase Lower XJD-WLX4																		✓ 15	☐
Boundary Lower XJD-WLX3/4							-1737	-1600	68.2	-1847	-1526	95.4					99.9	✓ 14	☐
R_Date ZK-402	-1682	-1457	68.2	-1871	-1327	95.4	-1758	-1629	68.2	-1869	-1579	95.4		66.6			99.9	✓ 13	☐
R_Date ZK-153	-1882	-1683	68.2	-1965	-1534	95.4	-1771	-1644	68.2	-1870	-1610	95.4		108.4			99.9	✓ 12	☐
▲ Phase Lower XJD-WLX3																		✓ 11	☐
Boundary Lower XJD-WLX2/3							-1829	-1677	68.2	-1905	-1626	95.4					99.9	✓ 10	☐
R_Date ZK-695	-1878	-1664	68.2	-1944	-1535	95.5	-1891	-1748	68.2	-1961	-1681	95.4		98.5			99.9	✓ 9	☐
▲ Phase Lower XJD-WLX2																		✓ 8	☐
Boundary Lower XJD-WLX1/2							-2080	-1843	68.2	-2201	-1734	95.4					99.8	✓ 7	☐
R_Date ZK-699	-2197	-1933	68.2	-2337	-1773	95.4	-2192	-1966	68.2	-2282	-1896	95.4		110.1			99.9	✓ 6	☐
R_Date ZK-176	-2462	-2206	68.2	-2570	-2038	95.4	-2260	-1982	68.2	-2407	-1939	95.4		64.5			99.8	✓ 5	☐
▲ Phase Lower XJD-WLX1																		✓ 4	☐
Boundary Lower XJD-WLX1							-2343	-2044	68.2	-2612	-1942	95.4					98.1	✓ 3	☐
▲ Sequence Lower XJD-WLX																		✓ 2	☐

图四 分期模型一转换的贝叶斯统计模型运算结果

中期晚段，以丰下③，蜘蛛山晚期地层，96KDIG2⑫、⑬，水泉④、⑤等单位为代表。

晚期，以丰下②，大甸子 H6、T3③，药王庙 T1①，平顶山 F101、H107、H111、H114、H115、H302 等单位为代表。我们将丰下 T20②H1、T102②F8 等单位也划入该期。

依此分期将数据放入，得到表二。

表二　依分期模型二的夏家店下层碳十四数据的分段表

遗　　址	第一段	第二段	第三段	第四段
蜘蛛山	ZK－176			
北票丰下			ZK－153	
大甸子	ZK－402			ZK－480
建平水泉			ZK－699	

笔者在 OxCal4.3 中将表二的信息转化为贝叶斯模型，得到图五的贝叶斯统计模型，并运算得到图六的最终结果。

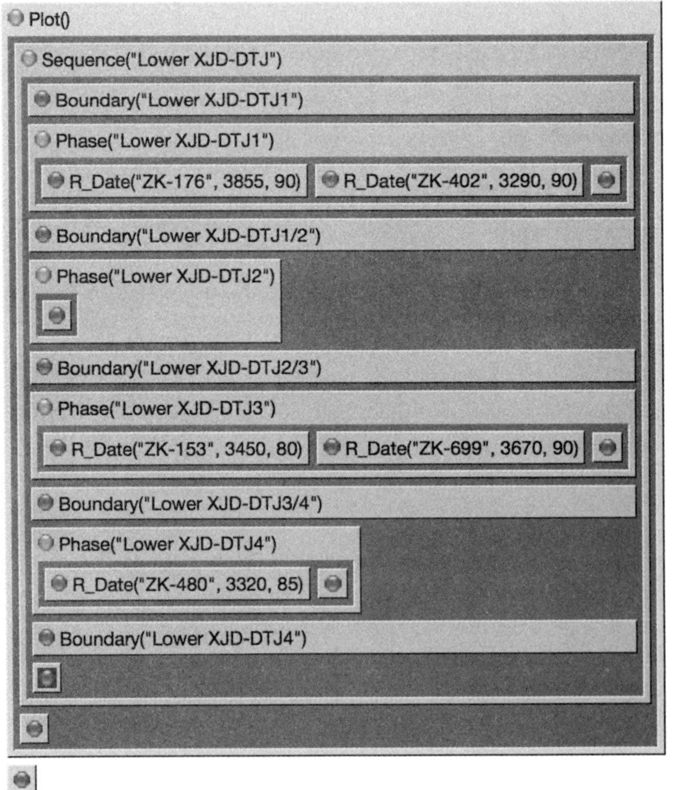

图五　分期模型二的贝叶斯统计模型

Name Show all Show structure	Unmodelled (BC/AD)						Modelled (BC/AD)						Indices A_{model}=10.9 $A_{overall}$=12.9					Select All Visible	Page break
	from	to	%	from	to	%	from	to	%	from	to	%	A_{comb}	A	L	P	C		
	Warning! Duplicate names - Lower XJD-DTJ1						Warning! Poor agreement - A= 12.9% (A'c= 60.0%) Warning! Poor agreement - A= 10.9% (A'c= 60.0%)												
▼ Sequence Lower XJD-DTJ																		☑ 2	☐
Boundary Lower XJD-DTJ1							-2333	-1920	68.2	-2673	-1796	95.4					97.7	☑ 3	☐
▼ Phase Lower XJD-DTJ1																		☑ 4	☐
R_Date ZK-176	-2462	-2206	68.2	-2570	-2038	95.4	-2248	-1894	68.1	-2431	-1827	95.4		50.2			99.6	☑ 5	☐
							Warning! Poor agreement - A= 50.2% (A'c= 60.0%)												
R_Date ZK-402	-1682	-1457	68.2	-1871	-1327	95.4	-2014	-1837	68.2	-2127	-1770	95.4		7.6			99.8	☑ 6	☐
							Warning! Poor agreement - A= 7.6% (A'c= 60.0%)												
Boundary Lower XJD-DTJ1/2							-1926	-1790	68.2	-2032	-1719	95.4					99.8	☑ 7	☐
Phase Lower XJD-DTJ2																		☑ 8	☐
Boundary Lower XJD-DTJ2/3							-1875	-1751	68.2	-1974	-1696	95.4					99.9	☑ 9	☐
▼ Phase Lower XJD-DTJ3																		☑ 10	☐
R_Date ZK-153	-1882	-1683	68.2	-1965	-1534	95.4	-1833	-1698	68.2	-1917	-1656	95.4		115.3			99.9	☑ 11	☐
R_Date ZK-699	-2197	-1933	68.2	-2337	-1773	95.4	-1841	-1699	68.2	-1947	-1683	95.4		24.2			99.9	☑ 12	☐
							Warning! Poor agreement - A= 24.2% (A'c= 60.0%)												
Boundary Lower XJD-DTJ3/4							-1806	-1661	68.2	-1897	-1577	95.4					99.8	☑ 13	☐
▼ Phase Lower XJD-DTJ4																		☑ 14	☐
R_Date ZK-480	-1727	-1503	68.2	-1874	-1426	95.4	-1749	-1570	68.2	-1875	-1464	95.4		95.6			99.8	☑ 15	☐
Boundary Lower XJD-DTJ4							-1748	-1469	68.2	-1881	-1142	95.4					98.1	☑ 16	☐

图六　分期模型二的贝叶斯统计模型运算结果

由图六的结果可以看出,分期模型二的 A_{model} 为 10.9%,远远低于 60%这一标准,因此可以认为该分期模型与碳十四数据之间并不匹配,具体原因为何仍有待进一步研究。

一致性参数低的可能性有可能是因为模型有问题,也有可能是样品年代不能代表考古单位的年代。在某些情况下,样品年代的变动可以很大地改变一致性参数,使得原本“合理”的模型(A_{model}>60%)变得“不合理”(A_{model}<60%)。因此我们需要评估,现实中样品年代与考古单位的年代差“可能”有多大,是否大到足以影响最终对模型的评估? 下面笔者将举一个例子来说明这一问题。

假设存在晚商时期的三个考古单位互相打破,假设为YX3→YX2→YX1,三个单位中各取一个测年样品,分别编号为 YX1(1)、YX2(2)、YX3(3)。碳十四测年结果为 YX1(1)= 2950± 30,YX2(2)= 2900±30,YX3(3)= 2970± 30。于是我们可以设计得到如图七所示的贝叶斯统计模型,并运算得到图八的结果。

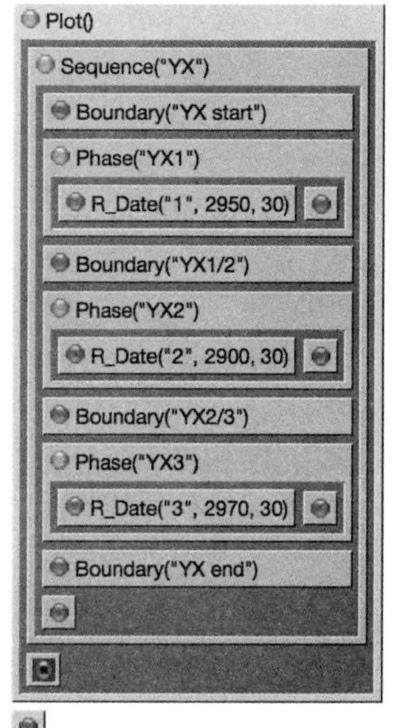

图七　晚商贝叶斯统计模型

Name Show all Show structure	Unmodelled (BC/AD)						Modelled (BC/AD)						Indices A_{model}=65.4 $A_{overall}$=75.5					Select All Visible	Page break
	from	to	%	from	to	%	from	to	%	from	to	%	A_{comb}	A	L	P	C		
Boundary YX end							-1179	-1079	68.2	-1207	-993	95.4					96.8	✓ 12	
R_Date 3	-1230	-1127	68.2	-1281	-1058	95.4	-1184	-1090	68.2	-1199	-1052	95.4		82.5			98.7	✓ 11	
▲ Phase YX3																		✓ 10	
Boundary YX2/3							-1191	-1116	68.2	-1204	-1063	95.4					99.1	✓ 9	
R_Date 2	-1123	-1024	68.2	-1207	-1004	95.4	-1196	-1111	68.2	-1210	-1076	95.4		66.5			99.1	✓ 8	
▲ Phase YX2																		✓ 7	
Boundary YX1/2							-1207	-1125	68.2	-1222	-1083	95.4					99.1	✓ 6	
R_Date 1	-1215	-1118	68.2	-1260	-1051	95.4	-1216	-1149	68.2	-1256	-1094	95.4		112			98.7	✓ 5	
▲ Phase YX1																		✓ 4	
Boundary YX start							-1234	-1144	68.2	-1318	-1076	95.4					96.6	✓ 3	
▲ Sequence YX																		✓ 2	

图八　晚商贝叶斯统计模型运算结果

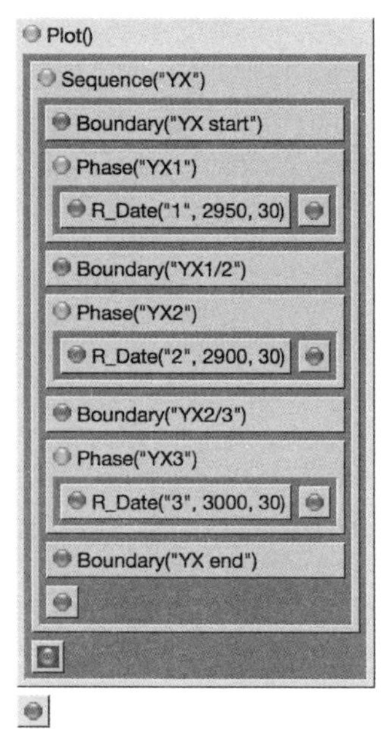

图九　修改后的晚商贝叶斯统计模型

可以看到 A_{model} 勉强大于 60%，但如果我们更改数据 YX3(3)为 3000±30(图九)，则会得到如图十所示的不同结果。可以看到此时的 A_{model}<60%。同时，笔者在以上两个例子中有意设置了第三个碳十四年代数据要早于第一个碳十四年代数据，而依据层位关系第一个年代样品所处的考古单位要早于第三个样品所处的考古单位。有趣的事，软件在对未修改的晚商模型进行运算的时候“没有发现”这一颠倒的事实(A_{model}>60%)，这可以归因于校准曲线在晚商时间阶段较平缓，比如从 2950±30 这一数据的校正结果可以看出校准曲线在这一时段趋势比较平缓(图十一)，因此通过这一例子我们可以更好理解为何说“测年结果是测年数据、校准曲线、贝叶斯统计建模之间的平衡博弈”。

因此，从贝叶斯统计建模的角度说，越是“陡峭”的校准曲线区间，越“容易”发现层位错乱的测年样品，而越是“平缓”的校准曲线，越“不容易”发现层位错乱的测年样品。这决定了测年结果受分期模型的影响程度是与校准曲线的性质有关系的。因此，在更“陡峭”的校准曲线区间，我们也更“容易”验证某位考古学家的分期模型。

五、考古学背景下的数据解读

由上述的夏家店下层文化两种分期框架的对比研究中可以看出，考古学上的“分组”过程直接影响了最终分期结果，如果一个单位的分组有问题则会大大降低最终模型的一

Name / Show all / Show structure		Unmodelled (BC/AD) from	to	%	from	to	%	Modelled (BC/AD) from	to	%	from	to	%	Indices A_{model}=45.3 $A_{overall}$=48.8 A_{comb}	A	L	P	C	Select All Visible	Page break
								Warning! Poor agreement - A= 48.8%(A'c= 60.0%) Warning! Poor agreement - A= 45.3%(A'c= 60.0%)												
Boundary YX end								-1181	-1109	68.2	-1211	-1020	95.4					95	☑ 12	☐
R_Date 3		-1282	-1134	68.2	-1377	-1126	95.4	-1180	-1126	68.2	-1209	-1059	95.4		48.2			97.9	☑ 11	☐
								Warning! Poor agreement - A= 48.2%(A'c= 60.0%)												
▲ Phase YX3																			☑ 10	☐
Boundary YX2/3								-1185	-1135	68.2	-1212	-1089	95.4					98.1	☑ 9	☐
R_Date 2		-1123	-1024	68.2	-1207	-1004	95.4	-1193	-1143	68.2	-1215	-1099	95.4		52.8			98.3	☑ 8	☐
								Warning! Poor agreement - A= 52.8%(A'c= 60.0%)												
▲ Phase YX2																			☑ 7	☐
Boundary YX1/2								-1204	-1149	68.2	-1228	-1110	95.4					98.6	☑ 6	☐
R_Date 1		-1215	-1118	68.2	-1260	-1051	95.4	-1215	-1156	68.2	-1256	-1119	95.4		113.5			98.4	☑ 5	☐
▲ Phase YX1																			☑ 4	☐
Boundary YX start								-1230	-1153	68.2	-1324	-1112	95.4					95.9	☑ 3	☐
▲ Sequence YX																			☑ 2	☐

图十 修改后的晚商贝叶斯统计模型运算结果

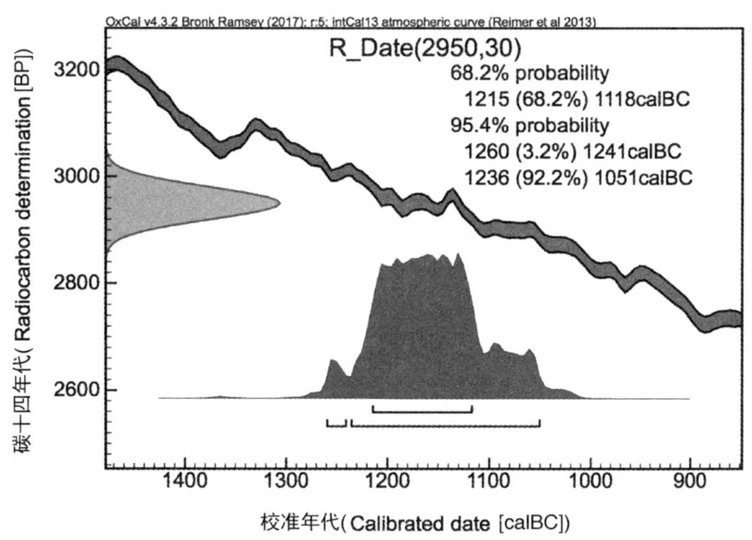

图十一 对 2950±30 数据的校正结果

致性参数 A_{model}，从而使得测年数据和模型之间不匹配。因此，笔者在此鼓励从类型学研究到碳十四数据贝叶斯统计建模研究的连贯性，即基于已公开发表的材料和数据，或者考古学家学会 OxCal 软件的使用，或者测年工作者参与到类型学作业中去。

当然，考古学者也可以质疑某些数据的一致性参数低于 60%可能是由于样品年代不能代表考古单位的年代，而不是考古单位的分组有问题。这就需要我们对尽可能多的典型单位进行有计划性的取样测年。然而可惜的是，考古工作者多限于经费的限制且往往为了解决研究中的具体问题而送样测年,这就更需要考古学家和测年工作者倾力合作,通过将已测数据放入类型学分期框架中建立各考古学文化的年表,并在之后的发掘和研究中有针对性地选取属于"分期框架中有效测年数据较少的期段"的测年样品进行测年,不断丰富该期段的典型单位和有效测年数据。

同时,在遗址数量和测年样品数量足够多的情况下,针对某一考古学文化的年代学研究还需要分遗址来讨论,分别建立贝叶斯统计模型。不同遗址之间互相比较,与地理信息系统(GIS)结合以确定文化的扩散、传播模式。诸如某文化的第一期是在哪些遗址首先出现,然后怎样扩散出去,第二期是在哪些遗址出现,然后怎样扩散出去等等。

相信随着考古学家与测年工作者的协同合作,考古学文化的时间本质和内涵将逐渐被揭露出来。

本文的写作缘起来自一次北大考古文博学院碳十四实验室内部的组会报告,在本文的写作过程中,笔者受到了来自吴小红、宝文博、潘岩等老师的宝贵教导,特在此一并表示感谢!

水玻璃体系材料加固土体影响因素的研究

周双林　杨　琴　李艳红

（北京大学考古文博学院）

引　言

在我国，采用高模数钾水玻璃材料（PS 材料）用于土遗址防风化化学加固已经有二十几年的时间，PS 材料主要成分为高模数硅酸钾，由市售硅酸钾与无定形二氧化硅于反应釜中反应，提高模数制成。PS 成品为微黄色或无色液体，取决于原料的杂质含量，最佳模数 PS 原液浓度在 26%左右，使用时可根据需要稀释。PS 材料使用的方法为先根据使用要求确定稀释倍数，计算并量取所需的水，再分别称取所需的交联剂（$Al_2[SiO_3]_3$）、固化剂（$CaSiF_6$）加入量好的水中，搅拌均匀。然后将加入固化剂和交联剂的水溶液倒入量好的 PS 原液中，最后加入约 1×10^{-6}的扩散剂（亚甲基二磺酸钠，NNO），搅拌均匀，便可以喷洒使用。① 固化剂和交联剂的用量可以调节 PS 的固化速度，需要根据加固对象进行实验确定，固化剂一般加入量为 2%；扩散剂用于提高稳定性和增强渗透性。

使用 PS 材料加固土质文物的原则是低浓度多次喷涂渗透加固，每次喷涂都有相当的间隔时间。待第一次加固的土体完全干燥后再进行第二次、第三次甚至多次加固。在使用中遵循低浓度多次渗透的加固原则，使 PS 的渗透梯度尽量平缓，可以获得较大的渗透深度。

一、PS 材料加固土体出现的问题

PS 材料在使用中有加固强度高，耐候性好，价格低廉，制造容易，施工方便的优点。但是这种材料在使用中也发现一些问题，如对干燥的土遗址加固时产生泛白现象；潮湿的被加固体难以渗入，加固效果不好；对特别松散的土体、紧密土体加固效果差；加固后土体颜色有所加深；加固剂渗透深度较浅等。

PS 材料在使用中某些情况下会出现“泛白”的现象，“泛白”也有人称为泛碱、长白

---

① 李最雄：《丝绸之路古遗址保护》，科学出版社，2003 年，第 49 页。

毛,在甘肃秦安大地湾陶窑、新疆交河故城墙基、新疆库木吐喇遗址和洞窟、内蒙古大窑遗址四道沟地层剖面离石黄土层、辽宁凌源牛河梁遗址、河南新郑郑韩故城车马坑遗址等的加固中都出现了泛白现象(图一)。

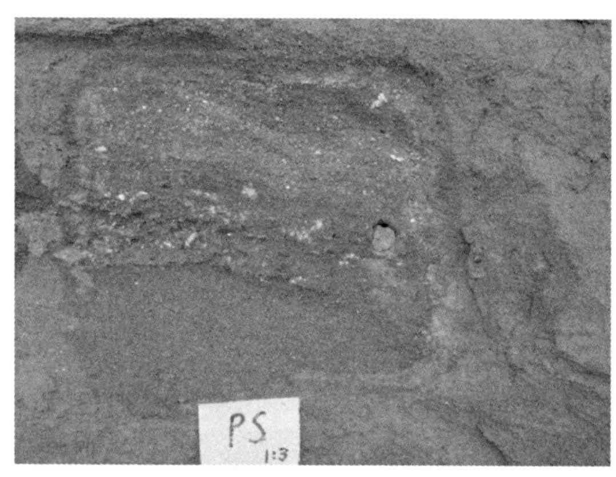

图一　PS 材料加固库木吐拉、牛河梁遗址土壤表面泛白现象

工业应用中发现,钾水玻璃较之钠水玻璃,不容易出现泛白现象,结合国外水玻璃材料用于石质文物保护的效果,也是钾水玻璃要优于钠水玻璃。但是钾水玻璃用于岩土文物保护中,仍有不少人对其出现的"泛白"现象提出了质疑,并且由此而产生了争议。

针对这些质疑,李最雄等人认为,所谓的"泛白物"有以下两种情况:①

一种是由于 PS 材料中的水分挥发过程中将土壤中的易溶物带到土壤表面,泛白物为土壤中的可溶盐,多为 $NaCl$、Na_2SO_4等。这种情况经常出现在含盐量多的地区,特别是土建筑接近地面的部分,采取的解决方法为预先喷洒几次净水,使表层一定深度的盐分结晶析出,进行清除后再用 PS 材料进行加固;如果还在喷洒 PS 后出现泛白,可以用软毛刷及时对盐分进行清理;对于无法清除的盐分,在最后一次喷洒加固时往 PS 材料中加入适量遗址黏土,起到固定和遮盖的作用。

另一种是因渗透性差造成 PS 在遗址表面凝固泛白,泛白物为二氧化硅,如室外土遗址表层的致密层使 PS 渗透性差,容易在表面凝固产生泛白物质;施工时温度过高,水分挥发快,导致渗透性下降,在墙表面泛白等。对于难以渗入的情况,如土体表面的致密硬壳可以在使用材料之前除去,并且避免在高温下使用 PS 材料;如果土体潮湿致密也会导致 PS 材料对土体的渗透性差,在土体表面固化形成二氧化硅。

这两种泛白的情况都不是加固材料本身的酥碱,不会影响到加固后的土体的稳定性和耐久性,可以从改进操作工艺上得到解决。

这两种解释考虑了材料的性质和施工工艺,而没有考虑到土壤复杂体系本身性质对 PS 材料作用产生的影响。PS 材料在不同的地区使用出现不同的情况,本文尝试对土体

---

① 李最雄:《丝绸之路古遗址保护》,科学出版社,2003 年,第 49 页。

中金属阳离子对水玻璃体系材料加固中的影响，特别是对出现“泛白”现象的影响进行实验研究，并探讨使用硅酸季铵改性的可能性。

二、水玻璃加固土体影响因素的实验研究

在采用水玻璃体系作为土壤加固剂加固土体时，土壤本身性质和特性会对加固过程产生影响。这方面的影响在土壤黏合剂等方面的研究中已有所涉及，但是对用于土遗址文物保护中的PS材料尚无系统研究。研究PS材料在使用过程中是否有类似的现象，也许能揭示PS材料使用中出现问题的原因，并为材料的改进、加固效果的提高找到方向。

为了了解土体中金属阳离子含量对PS材料渗透固化的影响，设计了如下的实验：考古遗址土壤溶出物对PS固化的影响实验、金属离子溶液与PS材料的相互作用实验、含大量可溶盐的土样与PS材料的作用实验。

（一）土壤及土壤溶出物对PS加固的影响

土壤中的可溶盐成分在干燥的状态下呈晶体，或者是以离子状态进入矿物的片层中，而在含水的时候，溶解在水中形成稀薄的溶液。非盐碱土的土壤溶液浓度不超过0.1%，却对土壤的各种物理化学性质起着重要的作用。

土壤中的常见无机阳离子有Ca^{2+}、Mg^{2+}、K^{+}、Na^{+}、NH_4^{+}等，无机阴离子有NO_3^{-}、Cl^{-}、HCO_3^{-}、SO_4^{2-}等。无机阳离子特别是高价无机阳离子是水玻璃材料良好的快速固化剂，在土壤中如果存在大量的高价无机阳离子，会加速PS材料的固化，对材料的渗透产生影响。为了检验土壤中离子对PS材料加固的影响，选取三个遗址的土壤，包括杜陵遗址、山海关长城遗址、周口店猿人遗址2号地点，由北京师范大学化学分析实验室进行离子色谱分析，得到土样中的阴阳离子含量，见表一。

表一　土样中阴、阳离子含量

土样来源	土样中阴、阳离子含量（mg/kg）						
	Na^{+}	K^{+}	Mg^{2+}	Ca^{2+}	Cl^{-}	NO_3^{-}	SO_4^{2-}
杜陵（DL）	61.03	3.75	7.23	121.59	3.94	9.62	62.35
山海关（SHG）	196.01	38.93	40.78	414.19	154.56	464.83	771.43
周口店（ZKD）	5.39	7.25	8.05	166.85	3.72	5.66	51.63

1. 实验目的

观察土壤以及土壤淋洗液与PS材料的作用，观察是否出现泛白的现象，确定土壤中

的无机离子是否对 PS 的加固过程产生影响。

2. 样品和方法

(1) 样品制备

① PS 加固材料的配制：所用 PS 材料为敦煌研究院 PS 生产厂生产的 PS 材料，使用时进行稀释。用移液管准确移取 25 mL PS 原材料于 100 mL 容量瓶中，加纯净水稀释到 100 mL，配置成 PS 原液 : H_2O = 1 : 3 的 PS 材料。

② 取杜陵(DL)、周口店北京人遗址(ZKD)、山海关宁海东墙(SHG)、洛阳天子架六博物馆(LY)四个遗址的土，粉碎过 8 目筛，喷水调到合适湿度后放置数天。称取湿重 145－150 克左右的土，用北京工具厂生产的抗压试模压制成 Φ50×50 毫米的圆柱状样品，制得土样若干(其中山海关土样为 Φ50×100 毫米)。

③ 土壤溶液制备：取杜陵(DL)、周口店北京人遗址(ZKD)、山海关宁海东墙(SHG)、洛阳天子架六博物馆(LY)等几个遗址的土，过 20 目筛，称取每种土 100 克(精确到 0.01 克)，置于 250 mL 锥形瓶中，加入 200 mL 纯净水，振荡摇匀，使土壤中的可溶性盐分提取到溶液中，静置澄清，将上层清水过滤待用。

(2) 实验方法

① 用滴管取配好的 PS 溶液，从制备的土样顶部缓慢滴加，直到完全渗透，观察现象。

② 分别取少量各地土壤淋洗液于培养皿中，缓慢滴加 PS 材料，一次为 1 滴，观察实验现象。

3. 实验现象

采用 PS 材料加固四个遗址的重塑土样，其中山海关土样在滴加 PS 和干燥后均出现白色沉淀；杜陵的土样在滴加 PS 过程中无变化，在土样干燥 48 h 后出现泛白现象；其他的土样则无变化(表二)。

表二　PS 加固各地土样现象

土　样　来　源	滴加 PS 的现象	自然干燥后现象(48 h)
杜陵(DL)	无	土样上表层和侧壁泛白
周口店(ZKD)	无	无
山海关(SHG)	土样表层出现白色沉淀	土样表层有白色沉淀
洛阳(LY)	无	无

采用 PS 材料滴加四个遗址土的淋洗液，山海关的土壤淋洗液产生白色沉淀，其他的土样未出现肉眼可见的变化(表三)。

表三　PS 与各地土样淋洗液的作用

土样淋洗液	滴加 PS 后现象
杜陵(DL)	无明显现象
周口店(ZKD)	无明显现象
山海关(SHG)	产生白色沉淀
洛阳(LY)	无明显现象

4. 结论和讨论

实验中杜陵的土样在用 PS 加固后有泛白现象,而淋洗液滴加 PS 没有产生白色沉淀。由离子色谱结果可知,杜陵土样可溶盐含量高,以 Na^{+}、Ca^{2+}离子居多,用 PS 材料加固后,在水分挥发过程中,土壤内部盐分的外迁与富集导致可溶盐在土壤表面汇集结晶,产生白色沉淀,这些白色的沉淀物大部分遇水可溶,这种泛白属于可溶盐在水分挥发作用下迁移到表面造成。

山海关土样在滴加 PS 材料时,立即在土样表面产生白色沉淀,且大部分沉淀不溶于水。在水分未挥发时土样颜色较深,白色沉淀难以看出,在土壤干燥后则较为明显。山海关的土样取自宁海城东墙,其中有城墙修筑时人为添加的石灰等材料,导致土壤中阴阳离子增多,特别是 Ca^{2+} 达到 414.19 mg/kg, Ca^{2+} 可以加速水玻璃固化,使之迅速固化,故 PS 材料渗透进入土样后几秒钟内就在表面出现了少量的白色沉淀。

(二) 金属离子溶液与 PS 材料的作用

1. 实验目的

检验 PS 材料与不同价态和浓度的金属阳离子作用产生沉淀的情况。

2. 实验方法

(1) 配制 1 mol/L 的 $NaCl$、KCl、$CaCl_2$、$MgCl_2$、$FeCl_3$、$AlCl_3$溶液,分别取少量倒入培养皿中,缓慢滴加配制好的 PS 溶液,观察现象。

(2) 分别取浓度为 0.1 mol/L、0.01 mol/L、0.02 mol/L、0.005 mol/L、0.004 mol/L、0.003 mol/L、0.002 mol/L 的 $CaCl_2$溶液,滴加 PS 材料,观察反应结果。

3. 实验现象

实验结果见表四和表五。

表四　不同价位金属阳离子与 PS 材料作用

溶　液	滴加 PS 材料后实验现象
NaCl	无
KCl	无
$CaCl_2$	立刻出现大量白色沉淀
$MgCl_2$	立刻出现大量白色沉淀
$FeCl_3$	立刻出现少量黄色沉淀
$AlCl_3$	立刻出现大量白色沉淀

从表四可见,一价金属离子的溶液在短时间内不会导致 PS 的胶体破坏,而二价以上的金属离子可以立即导致 PS 材料胶体破坏,产生沉淀。

表五　不同浓度 $CaCl_2$ 溶液与 PS 作用

$CaCl_2$ 溶液浓度(mol/L)	滴加 PS 材料后实验现象
0.1	立即出现白色沉淀
0.01	立即出现白色沉淀
0.02	立即出现白色沉淀
0.005	约 15 min 后出现白色沉淀
0.004	出现少量白色沉淀
0.003	出现极少量白色沉淀
0.002	无明显现象,久置后出现白色沉淀

从表五可见,不同浓度的 Ca^{2+} 对 PS 的稳定性有不同的影响:高浓度的 $CaCl_2$ 溶液瞬间可导致 PS 材料的胶体破坏而变白,降低浓度,出现胶体破坏的时间延长,而当浓度降低到一定程度时,就不会出现泛白现象。

4. 结论与讨论

从实验可见,高价金属离子有较强的聚沉能力,二价和二价以上的金属离子都容易导致 PS 材料的胶体破坏而变白,当浓度非常低的时候没有出现变白现象。

出现泛白现象的主要原因是 PS 呈胶体状态,这种用一价离子稳定的胶体,在高价离子的作用下,容易产生破坏而沉淀。离子价态越高,凝聚作用越强。

实验的结果说明当被加固的土壤中含有浓度达到一定程度的二价或二价以上的金属阳离子的情况下,用 PS 加固容易出现问题,这也就给 PS 材料的使用对象进行了界定,在这种土体上应该慎用 PS 材料。

同时,该结果也和土壤及土壤溶出物对 PS 材料的影响的实验结果相印证。山海关遗址土样中阴阳离子含量极高，尤其是 Ca^{2+}，因而在淋洗液和 PS 滴加及干燥后均出现白色沉淀；而杜陵遗址和周口店遗址土样中二价金属离子远低于山海关遗址，故这两个遗址中的二价金属离子含量还不足以引起 PS 材料胶体的破坏，因而周口店遗址土样用 PS 材料加固并未出现泛白现象。而杜陵遗址则是因为土样中 Na^{+} 含量略高，致使其可溶盐在 PS 干燥过程中向表面迁移，在淋洗液中并无变化。

（三）PS 加固含金属阳离子模拟土样

1. 实验目的

用 PS 材料加固混有不同金属阳离子模拟的高盐土，探讨土壤中金属阳离子对 PS 材料加固过程的影响。

2. 实验方法

（1）将取自昌平的土压制成的 Φ50×50 毫米土样，然后在土样中滴加不同的无机溶液，待干燥后用 PS 材料加固，观察现象，结果见表六。

（2）取昌平土，过 8 目筛，喷 $CaCl_2$溶液。以每 150 克土加入 0.15 mol 材料的比例，配置混有 $CaCl_2$溶液的高盐土壤。混合后放置，使水分和盐分布均匀。取 150 克左右湿土用北京工具厂生产的抗压试模压制成 Φ50×50 毫米的圆柱状样品，制得样品若干，用 PS 材料加固该土样，观察现象，结果见表七。

3. 实验现象

表六　PS 材料与含不同金属离子土样的作用

样品编号	土样处理	现　象	48 h 后现象	干燥后滴加 PS 的现象
5	滴加 1 mol/L NaCl	颜色加深	土样上表层有粉化现象，侧上方出现白色结晶	PS 材料被迅速吸收，土样颜色加深
6	滴加 1 mol/L $CaCl_2$	颜色加深	下侧出现轻微泛白	土样表面与水接触角增大，约 15 s 后吸收第一滴 PS 材料，表面出现少量白色沉淀
7	滴加 1 mol/L $FeCl_3$	反应剧烈，出现气泡	上表层呈现出孔状	PS 迅速吸收，出现少量白色沉淀

表七　PS 材料加固含钙土壤

样品编号	实 验 步 骤	现　　象	48 h 后现象
9	用滴管滴加水	土样颜色加深	土样上表面出现小裂纹
10	滴加 PS 材料	滴加 PS 后约 10 s 开始在上表面出现白色沉淀，阻碍材料下渗，渗透速度减慢	土样上表面为白色沉淀所覆盖

4. 结论和讨论

实验中为了向土样中混入金属阳离子,采取了向制好的土样中滴加各种溶液和直接将土壤与 $CaCl_2$溶液混合两种方法。

土样中滴加 NaCl 溶液,土样干燥后可溶盐在上方析出,形成白色晶体,但用 PS 材料加固时并没有影响;滴加 $CaCl_2$溶液的土壤,$CaCl_2$含量不多,滴加 PS 后出现白色沉淀,但沉淀较少。土样上滴加 $FeCl_3$溶液立即发生剧烈反应,产生气泡,生成孔状物,再与 PS 作用产生沉淀。

混入 $CaCl_2$溶液的土样由于氯化钙有强烈的吸湿性,在空气中的干燥速度明显低于普通土样,并且在同样条件下自然干燥后的含水量大于没有添加 $CaCl_2$的土样。土样 9、10 材料相同,制作方法相同,分别用不同的方法处理。

样品 9 用水滴加,自然干燥,结果表明该土样中含有的可溶盐在水分完全渗透再自然挥发的情况下,不会在表面出现可溶盐结晶。

样品 10 采用 PS 进行滴加处理,滴加后迅速出现发白现象,是因为 PS 材料遇到土样中含有的大量钙离子时在很短的时间内发生反应,消耗材料,并且生成白色沉淀,堵塞空隙,阻碍材料进一步渗透。经检验,在形成的白色沉淀中,仅部分可溶于水,说明表面沉积的白色固体中多数为二氧化硅不溶物。

(四) 硅酸季铵复合 PS 材料改性

针对 PS 材料在加固过程中的泛白问题,尝试对 PS 材料加入添加剂改性。文献指出,硅酸季铵粉末和硅酸钠配合作为黏合剂使用,可避免硅酸钠使用中的泛白问题,并可提高成形物的耐水性,①因为季铵离子可以吸附在二氧化硅的表面,不会促进硅溶胶的胶化或者沉淀,反而对二氧化硅颗粒起到稳定的作用。硅酸季铵最大的特征是在 SiO_2高达 50% 的时候,仍然能够保持很低的黏度。

采取了在高模数钾水玻璃中加入四甲基氢氧化铵的方法,制成较低模数的硅酸钾与硅酸季铵复合水玻璃(简称复合水玻璃)。选取含不同量氯化钙的土样和四甲基氢氧化铵不同用量的复合水玻璃,以正交法的思路设计实验,选取最优性能配比。

实验的土样混入氯化钙的方式如前,分别为每个样品(土湿重 150 克左右,干重 137 克左右)约含氯化钙 4.2 克、2.1 克、1.7 克,分别称为高钙土、中钙土、低钙土;配制纯 PS 和 PS∶四甲基氢氧化铵体积比分别为 3∶1、2∶1、1∶1 的加固剂。加入四甲基氢氧化铵的 PS 材料依然为无色透明液体,具有很低的黏度。用滴管分别取加固剂滴加在含钙量不同的土样上,实验结果见表八。

---

① 化学工业出版社组织编写:《中国化工产品大全》第二版上卷,化学工业出版社,1998 年,第 298 页。

表八 硅酸季铵复合 PS 材料加固含钙土样

	PS	硅酸季铵/3∶1	硅酸季铵/2∶1	硅酸季铵/1∶1
高钙土	严重泛白	中度泛白	中度泛白	轻微泛白
中钙土	严重泛白	轻微泛白	极轻泛白	极轻泛白
低钙土	中度泛白	无泛白	无泛白	无泛白

由实验可知,含大量钙离子的土样在用 PS 材料加固时都出现明显的表面泛白,在 PS 材料中加入四甲基氢氧化铵可以减轻这种泛白,并且显著提高材料对土体的渗透性能。对于含钙量较低的土样,加入少量四甲基氢氧化铵即可取得显著效果,而含钙量较高的情况下,则需要大量四甲基氢氧化铵(至少 1∶1)才能得到比较理想的结果。

采用硅酸季铵材料可提高加固剂对土壤的渗透能力,与四甲基氢氧化铵对 PS 的稳定有关。关于四甲基氢氧化铵加入量对 PS 加固材料固化时间、固化后强度、耐水性、颜色变化、杀菌性能等的影响需要进一步的实验验证。另外,本实验只采用简单的制备手段得到硅酸季铵复合钾水玻璃,如果采用其他方法制备硅酸季铵,或许有更好的效果,这也给 PS 材料的改性提出了方向。

三、结论与讨论

土壤加固剂加固土壤有两个过程,首先是材料对土体的渗透,然后加固剂在土体内部吸附迁移,相互作用或者与土体作用,固化成为一个整体,起到连接的作用。

PS 溶液加固土体的时候,带入的大量钾离子在土壤胶体表面进行交换和吸附作用,这种作用既是土壤团聚的作用力,也是加固后在土壤表面出现钠的可溶盐的一大原因。土壤中阳离子代换能力如下:

$$Fe^{3+}>Al^{3+}>H^{+}>Ca^{2+}>Mg^{2+}>NH_4^{+}>K^{+}>Na^{+}$$

使用 PS 材料时,材料中含有的大量 K^+ 与土壤胶体上吸附的 Na^+ 交换,使 Na^+ 游离于水溶液中,随着水分挥发在土壤表面处再次结晶,所以在加固产生的可溶盐中,都是以钠盐居多。这种泛白现象是由材料本身的局限性造成的。

本研究的实验还表明,对于高含盐量的土壤,特别是含高钙、镁、铁等高价阳离子的土壤,在用 PS 材料加固时容易在加固表面瞬间固化,产生白色沉淀,造成表面泛白现象,影响材料的渗透和加固,其反应过程以氯化钙为例,解释如下:

钾水玻璃的水解反应

$$K_2O \cdot nSiO_2+mH_2O \rightarrow 2KOH+nSiO_2 \cdot (m-1)H_2O\text{(硅酸凝胶)}$$

钾水玻璃与氯化钙的反应

$$K_2O \cdot nSiO_2 + CaCl_2 + mH_2O \rightarrow nSiO_2 \cdot (m-1)H_2O + Ca(OH)_2 + 2KCl$$（瞬间发生）

以上反应表明氯化钙可加速钾水玻璃的水解,促进硅溶胶和硅酸凝胶迅速生成,并且产生白色 $Ca(OH)_2$。这是 PS 在土体加固中出现泛白问题的另一原因。

因此,可以对 PS 材料泛白的两种解释进行一个补充。

首先,由 NaCl、Na_2SO_4 等土壤中易溶盐引起的泛白,归根结底是采用了水作为溶剂,加固剂中含有大量的钾离子造成的结果,土壤胶体对阳离子的吸附和交换在其中起到重要作用。

其次,当土壤中高价金属阳离子含量过高的时候,用 PS 材料加固土体时会出现表面泛白现象,并且影响 PS 材料的进一步渗透。也就是说,被加固的土体性质对加固效果也有直接影响。

基于以上结论,PS 材料并不是对所有干燥的土壤都适合。在气候干旱、地下水位高的地方,往往容易在土壤表面形成高盐的土壤,在这种地区的土遗址考虑加固材料时,应当避免使用水玻璃类材料。另外建议在对干燥的土体进行加固前,首先检验土体中的可溶盐含量和成分,避免在加固中出现问题。本研究还尝试水玻璃材料中引入硅酸季铵或者说季铵离子,有可能在解决材料泛白、增强渗透性方面起到作用。

斯瓦西里考古研究概述①

丁　雨

（北京大学考古文博学院）

英文中的Swahili（中文音译为斯瓦西里，下同），根植于阿拉伯语中的“Sahil”，有边缘或海岸之意，在阿拉伯地理中也常有“贸易港口”之意。② 斯瓦西里地区今常用来指代非洲东部大致从索马里摩加迪沙（Mogadishu）到莫桑比克赤布尼（Chibuene）一线绵延约两千英里的沿海地带，其包括了非洲大陆东部边缘地区和众多离岸岛屿（图一③）。从地理位置来看，这一地区处于非洲大陆与印度洋的交界地带，自古便是各类人群的接壤之地。不同背景的人群在海岸地带交流、碰撞、融合，由此逐渐形成了富有特色的海岸人群和相应的文化，即斯瓦西里人与斯瓦西里文化。斯瓦西里地区是印度洋贸易圈和非洲贸易圈的重要组成部分，但在1498年达·伽马绕过好望角之前，这一地区的情况鲜见于各类文献。因此对这一地区1498年之前历史的研究，主要仰赖于考古学、语言学、人类学等学科的探索。

斯瓦西里考古一般以斯瓦西里人所创造的诸多文化遗存为主要研究对象。从1948年英国学者柯克曼（J.S. Kirkman）发掘格迪（Gedi）遗址算起，围绕斯瓦西里人群及其文化开展的考古工作与研究已有70多年的历史，相关成果十分丰硕。不过，由于斯瓦西里考古工作与研究主要由欧美学者和非洲学者进行，东亚学者参与相对较少，因此，相关研究成果和研究进展在东亚地区的刊布也相对较少。然而，从宏观空间来看，东亚与东非地区位于海上丝路的东西两端，两地人群都是印度洋贸易的重要参与者，彼此之间互为重要的供货商和消费者。了解、探索斯瓦西里地区的历史，对研究古代印度洋的贸易情况和古代海上丝绸之路的实质地位颇有必要。正因如此，本文拟回顾斯瓦西里考古的历程，对斯瓦西里考古研究的重要成果和涉及的主要问题予以介绍，并试图对中国学界参与这一研究的意义进行初步探讨。

---

① 本研究为国家社科基金青年项目“9－15世纪斯瓦西里地区考古学文化研究”（编号16CKG016）研究成果之一。

② Mark Horton and John Middleton, *The Swahili*, Oxford：Blackwell Publishers Ltd, 2000, p.16.

③ 本图改编自马克·霍顿上加报告，原图参见：M. C. Horton, *Shanga: The Archaeology of a Muslim Trading Community on the Coast of East Africa*, London：The British Institute in East Africa, 1996, p.2.

图一　东非沿海地区的主要聚落

一、斯瓦西里考古产生的背景与萌芽(1948年以前)

1498年葡萄牙人绕过好望角后,东非沿海地区进入欧洲人的视野。达·伽马等欧洲航海者记录了在东非地区的见闻,其中零星记录了斯瓦西里地区相关的口述传说与历史。① 这些记录产生于现代人类学、考古学出现之前,虽是航海活动的副产品,但却对研究早期历史具有重要参考价值,同时也是欧洲各类考察活动的先声。

此后随着欧洲势力的渗透,前往非洲的欧洲人数量不断增多,欧洲人对非洲的记录在数量上大大增加,甚至堪称"浩如烟海"。② 不过,一方面,在1880年之前,欧洲诸国对非洲的掌控有限,只有少数地点处在欧洲国家的直接统治之下,非洲大陆有80%的地盘仍由本土人控制,这一情况影响了相关记录的广度;③另一方面,众多欧洲记录者的身份复杂,包括了传教士、商人、旅行家、移民等,其水平参差不齐,记录重点亦有差别,这则影响了此类记录的深度。

在众多记录者中,地理探险家是探索非洲地理和地表遗存的先锋,其在非洲的活动于19世纪中叶及其以后渐入高潮,涌现出如利文斯通(David Livingstone)、史丹利(Sir Henry Morton Stanley)、伯顿(Sir Richard Francis Burton)等一系列卓有成就的人物。这些探险者除对非洲自然地理颇有兴趣外,也对非洲地区的人类遗存有所记录。在这一过程中,东非斯瓦西里地区的众多大型遗址获得了相应的关注。如曾到访东非沿海地区的著名探险家伯顿爵士,他以旅行笔记的形式按日期记录了他的东非行程。他先后抵达桑给巴尔、蒙巴萨、基尔瓦等重要聚落,并专门造访了其中的大型遗址。如在基尔瓦,他认为大型石质清真寺遗址废墟令人印象深刻,还简单记录了其中某些废墟的结构。"装饰了波斯瓷砖的朝拜龛"、"周边是设拉子谢赫的墓葬"④等描述,暗含了他对这些建筑来源的认知——这些建筑至少受到过强烈的外部影响。而之后伯顿对基尔瓦历史的回顾和对其阿拉伯来源的追溯,表明他很显然受到了葡萄牙人看法和基尔瓦编年史的影响。⑤ 伯顿的著作(*Zanzibar: City, Island and Coast*)出版时,他已经声名在外,其影响力使得他对东非沿海遗存的看法广为传播,亦具有一定的代表性。

以地理探险家为代表的众多先驱对非洲地区的深入探索,客观上加深了殖民者对非洲地区的了解,为瓜分非洲奠定了知识基础。1884年,欧美列强于柏林会议瓜分非洲。根据这次会议,东非地区主要由英国、德国、葡萄牙、意大利、法国五个国家占领,这些国家

---

① G. S. P. Freeman-Grenville, *The East African Coast: Select Documents from the First to the Earlier Nineteenth Century*, London: Clarendon Press, 1962.

② I.赫尔贝克:《十五世纪以来的文字资料》,J.基-泽博主编:《非洲通史·第一卷》,中国对外翻译出版公司,1984年,第92页。

③ A.阿杜·博亨:《面对殖民挑战的非洲》,A.阿杜·博亨主编:《非洲通史·第七卷》,中国对外翻译出版公司,1991年,第4页。

④ Richard F. Burton, *Zanzibar: City, Island and Coast*, London: Trinsley Brothers, 1872, pp.358–359.

⑤ Richard F. Burton, *Zanzibar: City, Island and Coast*, London: Trinsley Brothers, 1872, pp.362–363.

分别掌控大体相当于今肯尼亚、坦桑尼亚、莫桑比克、索马里、马达加斯加的区域。在斯瓦西里地区的核心地带——肯尼亚和坦桑尼亚沿海地区,角逐的主角是英国和德国。柏林会议后,两国继续在东非扩张,于1890年完成对这一地区的瓜分,英国占领了肯尼亚、乌干达和桑给巴尔等地,德国则控制了坦噶尼喀、卢旺达和布隆迪。① 不过德国在东非地区的殖民相当短暂,②一战战败之后,坦噶尼喀由英国委任统治。由此斯瓦西里地区的中心地带基本为英国所掌控。得殖民之便,一些英国人展开了对斯瓦西里地区聚落更深入的调查,并在此基础上展开了对其历史更系统的撰写。斯蒂甘德(C.H. Stigand)、皮尔斯(F.B. Pearce)、因格拉姆斯(W.H. Ingrams)、格雷(Sir John M. Gray)等人的著述是这一时期此类探索的代表。

这四位作者均曾服务于英国驻东非的政府部门或军队,受教育程度较高。斯蒂甘德是一位军人,于1899年加入皇家西肯特军团,驻扎于缅甸和英属索马里,1901年调至英王非洲步枪团,进驻英属东非。其驻东非期间对当地风土民情多有兴趣,因此进行了记录和整理,于1913年出版著作(*The Land of Zinj*)。③ 此书首章撰述东非地区历史,便注意区分史源,从外部史源和斯瓦西里史源两个方面予以叙述。在当时,来自斯瓦西里地区的口述史材料为全新的材料,对这些材料的使用颇具开拓性。④ 在完成对东非地区历史的介绍后,斯蒂甘德结合自己的实地考察情况,介绍了蒙巴萨、拉穆群岛等重要地点,其中提到了部分遗址。除此之外,斯蒂甘德还对当地民族、语言及物质文化等众多信息进行介绍与辨析,并配以表格或照片,殊为难得。此书包含的诸多考古学、人类学、语言学材料,对多个学科均具参考价值。

与斯蒂甘德的实地考察相比,皮尔斯的工作更进一步。皮尔斯少校曾驻东非地区承担行政工作,⑤其著述(*Zanzibar: the Island Metropolis of East Africa*)全书分三大部分,第一部分介绍了桑给巴尔及东非沿海地区的历史,其中葡萄牙人到达前的历史占到了三分之一的篇幅;第二部分主要介绍桑给巴尔和奔巴的现状,包括人口、族群、经济、手工业等信息;第三部分则是皮尔斯的创新,他首次系统介绍了隐藏于桑给巴尔和奔巴丛林中的波斯人、阿拉伯人的遗址废墟,引发了人们对这些遗存的关注。皮尔斯对这些遗址、废墟的调查颇具考古性质,在普吉尼(Pujini)遗址,为了弄清建筑遗址的基础结构,他甚至还进行了小规模的发掘。⑥ 他详细描绘了这些遗址所见的遗迹、遗物,其中就包括了对遗址中所出中国瓷器的罗列和统计。囿于当时的出版条件,书中虽刊布少量地图和遗存的黑白照片,

---

① 具体瓜分步骤可参见舒运国:《英德对东非的瓜分和争夺》,《铁道师院学报(社会科学版)》,1989年第1-2期,第39-44页。

② 尽管时间不长,但德国人也对其统治区域进行过一定的考察活动,参见H.N. Chittick, *Kilwa: an Islamic trading city on the East African coast*, Nairobi: British Institute in Eastern Africa, 1974, pp.11-13.

③ C. H. Stigand, *The Land of Zinj*, London: Frank Cass & Co. Ltd., 1966(first edition 1913).

④ H. H. Johnson, "The Land of Zinj", *Journal of the Royal African Society*, vol.12, no.48, 1913, pp.354-358.

⑤ H. H. J., "Book Reviewed: Zanzibar: The Island Metropolis of Eastern Africa", *Journal of the Royal African Society*, vol.19, no.76, 1920, pp.333-334.

⑥ Francis B. Pearce, *Zanzibar, The Island Metropolis of Eastern Africa*, New York: E. P. Dutton and Company, 1920, p.381.

却未能充分刊登遗物照片。除此之外,皮尔斯还邀请专家,另辟专章,介绍了桑给巴尔和奔巴岛的自然史,颇具特色。皮尔斯被后来的考古学者称为“业余考古学家”,①他的工作显然受到了后来专业考古学家的认可。

因格拉姆斯 1919 - 1927 年任职于桑给巴尔,其著述的原始资料基本来源于他在当地的收集,这也是其工作在多年后仍然受到称许的重要原因。② 因格拉姆斯的著述(*Zanzibar: Its History and Its People*)结构安排如其书名,共分两大部分,第一部分阐述桑给巴尔的历史,第二部分则介绍当地民族的方方面面。与皮尔斯不同,因格拉姆斯并未刻意强调当地遗址,而只是在行文必要时有所提及。③ 著述结构也透露出作者更为清晰的学科区分。

约翰·格雷爵士是这一时期此类研究的集大成者。格雷毕业于剑桥大学国王学院,在学期间修习历史专业。1920 年他作为律师前往非洲处理殖民事务,一度曾担任桑给巴尔首席法官(1943 - 1952)。在非期间,他利用业余时间对东非的多个遗址进行了调查研究,并对一些文物资料予以了收集和报道,还披露了一些早期西方人在东非的活动。其众多成果刊载于《坦噶尼喀记录》(*Tanganyika Notes and Records*)和《乌干达期刊》(*Uganda Journal*)。他的主要著作包括“A History of Kilwa”④ *The British in Mombasa, 1824 - 1826*、⑤*History of Zanzibar from Middle Ages to 1856*⑥ 等。与前述诸人不同,格雷的研究专注于东非地区,其在东非历史研究方面的贡献当时甚至有“无人能与之媲美”的溢美之词。⑦ 时人评价格雷的工作“他更像一个古物学家而非历史学家”,⑧这一论述虽然意在批评格雷的著述缺少对历史事实的讨论,却也透露出格雷选取材料和叙史的倾向。或许正因如此,格雷的工作颇受后来的考古学者和人类学家好评,认为他是一位专业的而非业余的历史学者,⑨甚至认为他的著述能够取代前述诸人的成果。⑩

在欧洲列强殖民东非的背景之下,19 世纪末至 20 世纪上半叶对斯瓦西里地区历史

① Juma Abdurahman, *Unguja Ukuu on Zanzibar: An archaeological study of early urbanism*, Uppsala: Afrikansk Och Jämförande Arkeologi, 2004, p.18.

② Iain R. Smith, “Review: Zanzibar: Its History and Its People by W. H. Ingrams; Zanzibar: The Island Metropolis of Eastern Africa by F. B. Pearce; Dhow Chasing in Zanzibar Waters by G. L. Sulivan”, *The Geographical Journal*, vol.134, no.3, 1968, pp.424 - 425.

③ W.H. Ingrams, *Zanzibar: Its history and Its People*, Abingdon: Frank Cass & Co. Ltd, 1967(First edition 1931).

④ J.M. Gray, “A history of Kilwa”, *Tanganyika Notes and Records*, no.31, 1951, pp.1 - 24; J.M. Gray, “A history of Kilwa II”, *Tanganyika Notes and Records*, no.32, 1952, pp.11 - 37.

⑤ J. M. Gray, *The British in Mombasa, 1824 - 1826: being the history of Captain Owen's Protectorate.* London: Macmillan, 1957.

⑥ J.M. Gray, *History of Zanzibar from Middle Ages to 1856*, Oxford: Oxford University Press, 1962.

⑦ Editors of TNR, “Editorial: In honor of Sir John Gray, Kt., M.A., F.R.G.S.”, *Tanganyika Notes and Records*, no.53, 1959, pp.145 - 147.

⑧ John E. Flint, “Review: History of Zanzibar from the Middle Age to 1856”, *Bulletin of the School of Oriental and African Studies, University of London*, vol.26, no.3, 1963, pp.678 - 678.

⑨ James Kirkman, “Obituary: Sir John Gray”, *Azania*, vol.IV, 1969, p.vii.

⑩ John Middleton, “Review: *The Land of Zinj: Being an Account of British East Africa, Its Ancient History and Present Inhabitants.* by C. H. Stigand; *Zanzibar: The Island Metropolis of Eastern Africa.* by F. B. Pearce; *Zanzibar: Its History and Its People.* by W. H. Ingrams”, *Man*, vol.3, no.2, 1968, pp.332 - 333.

的探索主要由欧洲人进行。这一背景也决定了后来斯瓦西里考古工作及研究的开展,在很长一段时间里也以欧美学者为主导。在专业考古学者进入斯瓦西里研究领域之前,早期探索者虽然有相当部分并未接受过专业的文史学科训练,但往往接受过良好教育,其知识水平和个人素质在社会中相对较高,因此有能力完成具有一定水准的著作。同时,这些著作往往立足于作者本人的实践经历,他们的所闻所见后来未必能够全然保留下来为后人所知,就此而言,这些记录中的某些部分具备一手资料的价值。这些工作为此后斯瓦西里考古工作和研究的开展奠定了基础。另一方面,考古学、人类学、现代语言学等能够研究文献稀少地区的历史的重要学科,几乎都是在 19 世纪后半叶到 20 世纪初逐渐成熟并产生影响的。从伯顿(1872)到格雷(1962)著作结构、内容安排的变化,可以明显观察到这些学科影响力的逐步彰显。这一背景对斯瓦西里考古工作的出现具有促动作用。不过,在真正的考古工作开始之前,众多遗存对书写斯瓦西里地区历史的作用终究有限。

二、斯瓦西里考古研究的早期阶段(1948－1980 年)

1948 年,柯克曼被任命为格迪(Gedi)国家公园的负责人,开始了对格迪遗址的正式考古发掘。此项持续 11 年的发掘,是首次围绕斯瓦西里文化遗存开展的专业考古发掘工作,其揭开了斯瓦西里考古的序幕。

对于柯克曼本人来说,东非的这份工作也为他带来了终身志业。柯克曼出生于 1906 年。他毕业于剑桥大学,曾于 1934 年在莫蒂默 · 惠勒爵士的指导下参加过梅登堡(Maiden Castle)的发掘,之后又在詹姆斯 · 斯塔基的领导下参与过中东《圣经》中的城市拉吉的发掘。[①] 从格迪遗址开始,柯克曼先后主持发掘了基普瓦(Kilepwa)、[②]塔克瓦[③](Takwa,位于拉穆群岛)、拉斯 · 穆库穆布[④](Ras Mkumbuu,位于奔巴岛)、乌瓜纳[⑤](Ungwana,位于塔纳河老河口)、耶稣堡[⑥](Fort Jesus,蒙巴萨重要堡垒)等众多东非沿海遗址,其足迹遍布英属东非(大体相当于后来的肯尼亚、坦桑尼亚两国范围)沿海地区的重要聚落。在考古调查与发掘的基础之上,柯克曼发表了众多考古报告和研究著述,其几乎凭借一己之力,初步建立了系统的斯瓦西里考古体系,为斯瓦西里考古研究的开创做出了重要贡献。

---

① Thomas H. Wilson, "James Kirkman and East African Archaeology", *Paideuma*, Bd.28, 1982, pp.3－6.值得一提的是,两年后,即 1936 年夏鼐先生亦在惠勒爵士的指导下参加了梅登堡的发掘,这或许是 20 世纪 60 年代,夏鼐先生关注到柯克曼等人东非考古成果的原因。

② J.S. Kirkman, "The Excavation at Kilepwa", *Antiquaries Journal*, 32, 1952, pp.168－184.

③ J.S. Kirkman, "Takwa-The Mosque of the Pillar", *Ars Orientalis*, vol.2, 1957, pp.175－182.

④ J.S. Kirkman, "Excavations at Ras Mkumbuu Pemba", *Tanganyika Notes and Records*, no. 53, 1959, pp.161－178.

⑤ J.S. Kirkman, *Ungwana on the Tana*, The Hague: Mouton & Co., 1966.

⑥ J.S. Kirkman, *Fort Jesus: A Portuguese Fortress on the East African Coast*, Oxford: Clarendon Press, 1974.

柯克曼对格迪的发掘与研究，是斯瓦西里考古研究中一项具有开创意义和典范意义的工作。柯克曼编撰的格迪遗址考古报告共有两本。*The Arab City of Gedi* 出版于 1954 年，其主要介绍遗址中的大清真寺。① 全书主要分为遗址（the site）、遗物（the finds）两大部分。前一部分主要介绍遗址中的各类遗迹。与目前中国的考古报告规范不同，柯克曼首先介绍了清真寺概况和各个时段的清真寺、清真寺周遭的墓葬、建筑方法等内容，即先介绍带有分期性质的发掘结果，然后再介绍地层堆积情况。如此安排可能是考虑到两点：一是清真寺存在翻修、改扩建现象，暴露于地表的建筑遗迹建造时段不一，有必要先做区分；二是地层堆积情况主要是建筑墙体间的堆积情况，其和建筑本身建造时代略有区别。也正因地表存在较多残垣断壁，柯克曼发掘时将发掘区分为若干区块并进行编号，并编制了复杂的表格将各区块堆积单位情况与其根据建筑遗迹所划分的 6 个地层组进行对应。但是其为说明发掘情况配备的线图仅仅说明了发掘区的位置，而未能将各区域之间的界线标注清楚，这影响了发掘信息的有效传递。而在地层堆积说明部分大量引用后文中出现的遗物分类结果，亦打乱了原有的阅读顺序。在遗物部分，柯克曼将遗物分成“陶瓷”和“其他遗物”两大部分予以介绍，前者包括当地陶器和外来陶瓷两部分，后者包括珠子、垂饰（Pendant）、骨骼、铜器、钱币、纺轮（陶制）、玻璃、金、铁、象牙、铅、贝、银、石等部分。陶瓷是最重要的出土遗物，也是柯克曼论述的重点。柯克曼一般先根据产地、质地、颜色、纹饰等信息进行分类介绍，之后则以器型作为分类的主要标准，给出分类方案，辅之以与地层组对应的表格。在完成遗迹遗物介绍后，报告无总结无结语。但从全书题目和行文中亦可看出柯克曼对格迪遗址的基本观点：即这是一座阿拉伯城市。另一本报告 *Gedi: the Palace* 出版于 1963 年，其主要刊布格迪宫殿遗址的发掘情况。② 这本报告以及之后柯克曼撰写乌瓜纳（仅包含遗址部分，无遗物介绍）、耶稣堡等遗址的考古报告均采用了类似的结构和体例。作为斯瓦西里考古的先行者，柯克曼的工作方法无疑对后人有重要参考意义。其撰写报告的体例和方法为奇蒂克等人所继承和发展，基尔瓦、曼达等重要遗址考古报告的写作均基本沿袭了格迪报告的结构安排，这实际也显露出柯克曼工作方法的影响。

考古学自诞生以来便是“混血儿”——它虽立足于田野调查和发掘，但其实施和研究过程，却需要多种资源和多学科研究的支持。有些学者虽非纯粹的考古学者，但在其他方面为推动斯瓦西里考古的发展做出了重要贡献。弗里曼·格伦威尔（Greville Freeman-Grenville）便是其中的典型代表。

弗里曼·格伦威尔出生于 1918 年。他毕业于牛津大学伍斯特学院（Worcester College），其专业为现代史。1951 年，他被派往坦噶尼喀政府部门，主要负责教育方面的工作。在坦期间，出于工作需要和个人兴趣，踏查了沿海地区的众多宫殿、墓葬、清真寺遗

① J.S. Kirkman, *The Arab City of Gedi: Excavations at the Great Mosque, Architecture and Finds*, London: Oxford University Press, 1954.

② J.S. Kirkman, *Gedi, the Palace*, The Hague: Mouton, 1963.

址,并开始在业余时间展开对斯瓦西里早期历史的研究。1956 年,他撰写了题为 *The Medieval History of the Coast of Tanganyika*①(《坦噶尼喀海岸的中世纪史》,1962 年出版)的博士论文,由此获得牛津大学博士学位。虽然弗里曼的研究主要依赖于文献资料,但其在此书中关注到出土钱币对于研究当地年代的价值,同时其在论述中注重利用已有的考古、文物材料,并在书后列出了坦噶尼喀沿岸众多历史遗址。值得一提的是,弗里曼也是较早关注到斯瓦西里地区出土中国陶瓷的学者。② 弗里曼在利用考古材料的同时,也十分重视文献的价值。他通晓阿拉伯语、斯瓦西里语等多种语言,这为其利用充分利用各类文献提供了良好条件。其出版于 1962 年的 *The East African Coast-select documents from the first to the earlier nineteenth century* 摘录、翻译了 1 世纪至 19 世纪各地文献和东非海岸有关的部分,既有西方的《红海回航记》、《地理学》,也有中国段成式的《酉阳杂俎》、赵汝适的《诸蕃志》,还有中东的《伊本·白图泰游记》,以及东非当地的《基尔瓦史》等等,③内容丰富、翔实、全面。此书出版之后即成为研究东非海岸历史的必备工具书。

弗里曼的历史研究推动了考古研究的纵深,而其参与的另一项活动则为斯瓦西里地区考古工作提供了更多的资源和支持。据马克·霍顿对弗里曼生平的追溯,1953 年,在伦敦大学亚非学院非洲史名家罗兰·奥利弗(Roland Oliver)组织的非洲史会议上,众多学者形成共识,认为非洲众多的古代遗址迫切需要系统性的调查。为了充分把握这次会议带来研究机遇,弗里曼多方联络,于 1955 年促成著名考古学家莫蒂默·惠勒爵士等人造访东非,并担任专业向导。惠勒、弗里曼与从马林迪赶来的柯克曼汇合,考察了基尔瓦、马菲亚岛等地,实地调研完成后,当地地方长官主持召开会议,正式提出要组建研究所承担考古和历史研究工作,并组建文物部门,同时政府当即提供了一座位于巴加莫约(Bagamoyo)的空置大楼。这座大楼后来确实为文物部门所用,而研究所则于 1959 年在达累斯萨拉姆成立。④ 这一研究所最初名为英国东非历史考古研究所(British Institute of History and Archaeology in East Africa),1970 年其更名为英国东非研究所(British Institute in East Africa,简称 BIEA)。其总部后来由达累斯萨拉姆迁往内罗毕。这一研究所后来成为支持和进行东非地区(不只沿海的斯瓦西里地区)考古研究的最重要研究机构之一。弗里曼在其成立过程中牵线搭桥,这是其对斯瓦西里考古的特殊贡献。

当时,由于早期考古学家如路易斯·利基(Louis Leakey)等人的研究兴趣和成就,东非地区考古的重点在早期石器时代,即探索整个人类的早期历史,而非研究当地居民的历

① G.S.P. Freeman-Grenville, *The Medieval History of the Coast of Tanganyika*, London: Oxford University Press, 1962.

② G.S.P. Freeman-Grenville, "Chinese porcelain in Tanganyika", *Tanganyika Notes and Records*, no.41, 1955, pp.63 - 66.

③ G.S.P. Freeman-Grenville, *The East African Coast: Select Documents from the First to the Earlier Nineteenth Century*, London: Clarendon Press, 1962.

④ Mark Horton, "Greville Freeman-Grenville, FSA, 1918 - 2005", *Azania*, vol.40, 2005, pp.163 - 165; Mortimer Wheeler, "Foreword", H.N. Chittick, *Kilwa: an Islamic trading city on the East African coast*, Nairobi: British Institute in Eastern Africa, 1974, pp.v - vi.

史。英国东非研究所成立之后,迅速扭转了这一局面,尤其在斯瓦西里考古方面成就卓著。在这一过程中,其首任所长奇蒂克(H. Neville Chittick)主持了一系列斯瓦西里海岸最重要遗址的发掘,功不可没。

奇蒂克是英国人,生于1923年。① 1957年他被从苏丹调往坦噶尼喀,担任文物管理员,1961年被任命为BIEA的首任所长。其担任所长22年,直至临近去世方才卸任,既为BIEA的发展做出了重要贡献,也在BIEA留下了深刻的印迹。1966年,依托于BIEA,奇蒂克主持创办*Azania*,这本年刊后来成为研究撒哈拉以南非洲最为重要的国际学术期刊之一。来到东非地区后,奇蒂克的研究重点全面转向斯瓦西里考古。其主持的最著名工作莫过于1961年马菲亚岛(Mafia Island)相关遗址、②1958－1865年基尔瓦遗址、1965－1978年曼达遗址的保护和发掘,其中又以后两者最为人所瞩目。

基尔瓦是斯瓦西里地区最重要的遗址之一。它曾控制东南非地区的黄金出口,是13－14世纪斯瓦西里地区最为兴盛的聚落,深入参与了古代印度洋贸易。奇蒂克调往坦噶尼喀后,便开始了对这一地区的考察和研究,从1959年起,奇蒂克便开始发表与基尔瓦相关的诸多研究。③ 1974年出版的基尔瓦报告,④是奇蒂克多年在基尔瓦进行考古工作和相关研究的重要总结,也是集中反映其研究情况的代表作。

基尔瓦地区主要包括北部的基尔瓦岛、南部的松戈岛(Songo Island)和位置居中的桑杰·亚·卡提(Sanje ya Kati)三个岛屿。奇蒂克主持的发掘工作,以基尔瓦岛东北角的基尔瓦城为中心。据奇蒂克估算,基尔瓦城遗址占地面积约一平方千米。这一占地规模在目前所见的斯瓦西里遗址中居首位。因此奇蒂克并未采用全面揭露的方法,而是在城内城外的重点地区分散布置发掘区域。从发掘方法来看,由于基尔瓦城遗迹集中地区,地表往往留存有众多石墙遗存,因此奇蒂克的发掘方法较为灵活。原则上,他遵守探方法,采用5×5米的探方发掘,但在不同的地表条件下也多有变通。与柯克曼相比,奇蒂克更加注重地层情况的披露,几乎每处布方区域,均配有详尽的地层剖面图。这一做法,似乎是受到了惠勒的影响。惠勒强调探方法,强调隔梁剖面的重要作用,因为通过剖面能够看到遗址的垂直序列,有利于遗址的分期研究。⑤ 或许正因如此,在奇蒂克的报告安排中,紧跟

① "Hubert Neville Chittick 1923－1984",*Azania*, vol.XIX, 1984, pp.1－5;一说1924年。

② H.N. Chittick, *Kisimani Mafia: Excavations at An Islamic Settlement on the East African Coast*, Dar es Salaam: Government Printer, 1961.

③ H.N. Chittick, "Notes on Kilwa", *Tanganyika Notes and Records*, no.52－53, 1959, pp.179－203; H.N. Chittick, "Kilwa and the Arab Settlement of the East African coast", *Journal of African History*, Ⅳ(2), 1963, pp.179－190; H.N. Chittick, "The East African Coast and the Kilwa Civilization", *East Africa and Present*, Paris: Presence Africaine, 1964, pp.49－62; H.N. Chittick, "Kilwa: a Preliminary Report", *Azania*, vol.I, 1966, pp.1－36; H.N. Chittick, "A Coin Hoard from near Kilwa", *Azania*, vol.II, 1967, pp.194－198; H.N. Chittick, "Two Traditions about the Early History of Kilwa", *Azania*, vol.III, 1968, pp.197－200; H.N. Chittick, "On the Chronology and Coinage of the Sultan of Kilwa", *Numismatic Chronicle*, XIII, 1973, pp.192－200.

④ H.N. Chittick, *Kilwa: an Islamic trading city on the East African coast*, Nairobi: British Institute in Eastern Africa, 1974.

⑤ Mortimer Wheeler, *Archaeology from the Earth*, Baltimore: Penguin Books, 1956 (First pulished 1954), pp.56－105.

其后的便是各个发掘区域的分期分析。

基尔瓦报告分两册,第一册主要披露遗迹,第二册介绍遗物。从报告内容来看,奇蒂克选择的发掘点主要是石质建筑较为集中的地点,其对基尔瓦石质建筑遗迹的介绍极为详尽,不仅绘制了详细的结构平面图,披露了地层,甚至在遗物部分仍用大量篇幅介绍了和石质遗存密切相关的刻铭和图像。在遗物部分,受弗里曼影响,奇蒂克比柯克曼更重视钱币,他将钱币的介绍顺序放置于外来陶瓷之前——当然,从多年来的考古发现来看,基尔瓦地区确实也是出土各类钱币较多之处。同时,对钱币的深入研究对于分期也确有帮助。除此之外,奇蒂克对外来陶瓷、当地陶器、玻璃、石器、象牙、金属、珠子也辟有专章。从奇蒂克对陶瓷的分析来看,其分类借鉴了当时已有研究,立足于胎釉形彩等器物特点,对资料的披露较为详尽,对后来的东非陶瓷研究颇有借鉴意义。从报告结构来看,基尔瓦报告沿袭了格迪报告的方式,先介绍基尔瓦的简况、文献历史情况以及分期成果,之后再分别对遗迹、遗存进行介绍。奇蒂克的分期研究实际上是文献研究与考古成果结合的产物,其立足于带有时代特征遗迹遗物的分析,但在介绍某些遗物(如伊斯兰釉陶)的时候,奇蒂克又以遗址的年代框架为序进行介绍,这不免给人以互为因果、循环论证之感。另一方面,或受当时学科发展的局限,奇蒂克未能对动植物标本的收集和研究予以足够重视,因此在报告中只有少量篇幅涉及人和动物的骨骼遗存。

基尔瓦之后,奇蒂克又在另一处重要遗址曼达①进行了考古发掘工作。基尔瓦是 12－13 世纪崛起重要城镇,曼达则是兴盛于 9－10 世纪的贸易中心。从曼达的考古报告来看,奇蒂克在曼达延续并巩固了他在基尔瓦的工作方法,同时也有一些进步。比如在基尔瓦的报告中,除珠子等遗物外,缺少其他遗物的统计数据,在曼达报告中则加入了对陶瓷、玻璃等一些遗物的统计结果。

柯克曼、弗里曼、奇蒂克等人对斯瓦西里地区遗存及历史的研究,具有开拓性,且具有示范意义。众多资料的披露,使得学界有机会重新审视当地文明的形成、发展,及其与外部世界的联系。不过,囿于条件,其资料刊布方式亦存在明显缺陷,比如彩图过少、统计数据相对较少,不利于后人根据其成果进行再研究。而随着研究的深入和更多不同背景学者的加入,早期学者的研究取向也遭遇了挑战。

三、斯瓦西里考古研究取向之争(1980 年至今)

从 19 世纪中后期探险者关注到东非独特的废墟遗址起,人们就开始思考创造这些宏伟石质建筑背后人群和文明的起源问题。早期的探险者和“业余”学者都关注到了东非沿海地区的众多遗存与中东地区阿拉伯人、波斯人的关联,有些学者甚至明确提出斯瓦西

① H.N. Chittick, *Manda; Excavation at an Island Port on the Kenya Coast*, Nairobi: The British Insititute in East Africa, 1984.

里人是阿拉伯人、波斯人的后裔，或是阿拉伯人、波斯人与当地人结合的子孙。① 此类观点的提出者，未必带有主观恶意，但是由于提出者以及提出观点的时间节点，都处于殖民背景之下，因此不可避免地会让人将古今情境联系起来。另一方面，客观来讲，斯瓦西里地区石质建筑、外来陶瓷、外来钱币等遗存，确实也更容易引起研究者的关注。所以，这一境况和由此产生的观点倾向，也对早期的斯瓦西里考古工作者产生了深刻影响。柯克曼的格迪报告、奇蒂克的基尔瓦报告（副标题为“东非沿海的一座伊斯兰贸易城市”），从报告标题开始，就宣布了这两位最重量级考古学者对其所研究的考古学文化的看法。从基尔瓦的报告中，可以明显看到奇蒂克对于基尔瓦编年史和考古学证据的综合运用，而基尔瓦编年史是明显倾向于“外来文明主导”这一叙事的，认为基尔瓦的建立与设拉子移民关系密切。在更能凸显观点的论著和论文集中，早期学者对于斯瓦西里文明外部来源的强调则更为明显。在柯克曼 1964 年出版的重要著作 *Men and Monuments of the East African Coast* 中，柯克曼指出“东非的历史建筑不属于非洲人，而是属于阿拉伯人和阿拉伯化的波斯人，这些人和非洲人混血，但是在文化上，他们全然和围绕在他们身边的非洲人不同”；②奇蒂克编纂、1975 年出版的论文集 *East Africa and the Orient* 集中展现了当时学界对于东非地区外部文化因素的看法，奇蒂克在爬梳各方文献及考古证据后，列举了东非沿海地区人群的构成。前三类人——无论是纯粹的阿拉伯人，或是阿拉伯-非洲人，还是皈依伊斯兰教的非洲人，都会被称为斯瓦西里人，占主导地位，而非洲当地的“部落成员”，是“居住于聚落之外或是最近才进入聚落中”的。③

作为斯瓦西里考古的先驱，柯克曼、奇蒂克等人影响巨大，其观点获得了广泛传播。至 20 世纪 80 年代，随着非洲本土知识精英的成长和斯瓦西里历史研究的进一步深入，此类外部起源的观点引起了众多学者的反思。出生于肯尼亚的詹姆斯·阿伦（James de Vere Allen）是较早对外部起源观点提出质疑的学者，早在 1974 年，他就在重新审视肯尼亚北部沿海各类材料的基础上，对外部起源的种种观点逐条反驳。④ 1981 年时，他撰文探讨东非沿海聚落的性质时，认为考古学家取得的诸多材料，未必能很好地证明基尔瓦编年史之类的文献，甚至可以导向相反的观点，阿伦认为，由于考古学家阅读文献后先入为主，所以他们更容易去思考石质建筑、外来陶瓷之类遗存的来源，而鲜少考虑数量更多的茅草屋柱洞和当地陶片。⑤ 阿伦虽非考古工作者，但是对考古工作中的问题却洞若观火，提出的批评也相当尖锐。历史学者斯皮尔（Thomas Spear）则尝试采用结构分析的方法，试图通过反思斯瓦西里起源的设拉子故事，并结合口述史材料，找出斯瓦西里起源的

---

① C.H. Stigand, *The Land of Zinj*, London: Frank Cass & Co. Ltd., 1966(first edition 1913), p.116.

② J.S. Kirkman, *Men and monuments on the East African coast*, London: Lutterworth, 1964, p.22.

③ H.N. Chittick, “The Peopling of the East African Coast”, H.N. Chittick & R.L. Rotberg(eds.), *East Africa and the Orient*, New York: Africana Publishing Company, 1975, pp.16 – 43.

④ James de Vere Allen, “Swahili Culture Reconsidered: Some Historical Implications of the Material Culture of the Northern Kenyan Coast in the Eighteenth and Nineteenth Centuries”, *Azania*, vol.9, pp.105 – 138.

⑤ James de Vere Allen, “Swahili Culture and the Nature of East Coast Settlement”, *The International Journal of African Historical Studies*, vol.14, no.2, 1981, pp.306 – 334.

新线索。① 与此同时,语言学家通过对斯瓦西里语和其他语言的对比分析,也提出了与斯瓦西里文明外部起源说相对的观点。语言学者德雷克·诺斯(Derek Nurse)和斯皮尔运用历史语言学的方法分析斯瓦西里语后指出,多数阿拉伯词源的词汇可能要在 1500 年之后才进入斯瓦西里语,在 18 世纪之前,阿拉伯语都未能对斯瓦西里语有强烈影响。斯瓦西里语植根于非洲的班图语,和班图语中的萨巴基语言分支关系密切。② 这意味着,从语言学来看,在斯瓦西里人形成的早期阶段,本土影响可能更为重要。

在 20 世纪 80 年代前后斯瓦西里历史研究领域内各类学者集体反思的氛围下,考古学者并未落后。这一阶段的考古工作呈现出一些新的特点。首先,越来越多的非裔学者加入考古的队伍中去。不过,早期投入考古工作的非洲学者多经受西方教育,其中的佼佼者多有剑桥大学、牛津大学等知名院校的学术背景,因此其研究方法因袭西方甚多。其次,东非本土的考古机构也纷纷建立,对本国考古学者展开的工作予以支持。只是,在考古工作方法和研究方向上的进展,仍是由外来学者率先打开局面。

毕业于剑桥大学的马克·霍顿 1980 - 1988 年对上加遗址的发掘,是新一轮研究取向下最早进行的大规模系统发掘。在上加的正式报告出版之前,马克·霍顿根据上加发掘的阶段性成果,已经就斯瓦西里文明的本土渊源进行了一系列论述。③ 他还根据刚出版不久的曼达报告,重新评估了曼达出土资料提供的证据和线索。④ 在 1996 年出版的上加遗址考古报告中,马克·霍顿明确反思了前人发掘与研究中的问题:"有利于斯瓦西里人亚洲起源的考古证据,很有可能是发掘方法、调查设计和遗物复原方法的结果。这一问题包括三个方面:发掘集中于有石质建筑遗存的遗址……发掘进行时,石头墙体会被辨认,但木骨泥墙却会因发掘技术而被忽略……遗物的收集比较随意,很少过筛……"⑤这样的批评,类似于中国学界对考古学的史学影响的反思,⑥从中也透露出马克·霍顿对上加遗址发掘的要求。

上加遗址位于拉穆群岛的帕泰岛南部,其名不见于古代文献。遗址地表保留有一些石质建筑遗存,这些遗存占地面积约 15 公顷,规模较大。马克·霍顿在上加多个重点地区布方(Trench,报告中缩写为 Tr),但也并未忽视次要区域,在边界地带和疑似遗迹地带均布有探沟(Test Pit,报告中缩写为 TP),这样的方法,这样的设计,使得研究者有可能较为全面地了解聚落情况。马克·霍顿对地层的揭露较为细致,他不仅关注石质建筑的变

---

① Thomas Spear, "The Shirazi in Swahili Traditions, Culture and History", *History in Africa*, vol.11, 1984, pp.291 - 305.

② Derek Nurse and Thomas Spear, *The Swahili: Reconsturcting the History and Language of an African Society, 800 - 1500*, Philadelphia: University of Pennsylvania Press, 1985, p.14, p.51.

③ M.C. Horton, *Shanga 1980: An Interim Report*, Nairobi: National Museums of Kenya; M.C. Horton, *The Early Settlement of the Northern Swahili Coast*, Ph.D, University of Cambridge, 1981.

④ M.C. Horton, "Asiatic Colonization of the East African Coast: The Manda Evidence", *Journal of the Royal Asiatic Society*, no.2, 1984, pp.202 - 213.

⑤ M.C. Horton, *Shanga: The Archaeology of a Muslim Trading Community on the Coast of East Africa*, London: The British Institute in East Africa, 1996, p.4.

⑥ 赵辉:《怎样考察学术史》,《考古学研究(九)》,文物出版社,2012 年,第 820 - 835 页。

迁,同时也对木质、茅草建筑留下的柱洞予以关注和记录,因此较好地揭示了上加聚落从建造木质建筑到石质建筑的过程。霍顿对遗物的披露非常详尽,不仅包含了之前报告中均会提到的当地陶器、外来陶瓷、玻璃器、钱币、珠子等,还另辟专章,邀请动物考古学者对出土动物遗存进行报告和分析。同时,霍顿也注重利用科技成果,在分期断代时,对多个标本进行了碳十四测年,引为参考。除了更丰富的细节和内容外,上加报告的结构安排,也显露出霍顿求新求变的意图。他将当地陶器分为四期 41 型,将当地陶器部分放置在遗物中的首位予以报告,这本身意欲表明,虽然当地陶器的时间敏感性不强,但其数量众多,亦有先后时序,能够作为当地文明分期的参考。另一方面,与前人不同,霍顿并未预先告知读者分期成果,而是在完成遗迹遗物的报告后,才利用前文众多材料,将总的分期成果列表并一一分析。这样的安排,更符合研究过程的一般顺序。总体而言,上加的考古工作树立了斯瓦西里地区考古工作的新标准,其方法、技术以及报告方式,都较前人更为细致,虽然在空间分析、植物考古等方面其仍可有进步空间,但至今仍未见有明显超越其水平的考古工作或考古报告问世。

基于上加的发掘,霍顿就斯瓦西里人及其文明的起源提出了新的观点。他认为语言学、历史学以及考古学上的证据都不支持阿拉伯人殖民说。① 从上加出土遗物的情况来看,上加遗址最早从 750 年开始有人群居住于此,他们主要使用的器物是当地陶器和比例极低的萨珊-伊斯兰釉陶,且未见伊斯兰性质的建筑和石质建筑。仅从当时物质面貌来看,最初居住于上加的更有可能是非洲本土人群。就上加聚落的形成,霍顿提出了三种模型。而无论在哪种模型中,其最早的居民都是来自非洲大陆。② 但是这些人群早在 8 世纪时,就已经开始利用地缘优势,与来自印度洋的穆斯林商人进行贸易,从 8 世纪末上加逐渐出现的清真寺建筑和石质建筑来看,在贸易合作的过程中,确实应当不断有人皈依伊斯兰教,正因如此,才会出现上加的星期五清真寺。

上加报告的出版前后,非洲学者查米(Chami)以坦桑尼亚沿海地区考古材料为基础,对公元 1000 年之前斯瓦西里文明的探索引人注目。与早期学者不同,查米聚焦于本地早期陶器的来源和分类,并对这些陶器进行分期。查米区分出并重新命名了 EIW(Early Iron Working,公元纪年 - 6 世纪前)、TIW(Triangular Incised Ware,6 - 10 世纪)、PW(Plain Ware,10 - 13 世纪)、NP(Neck Punctating,13 - 15 世纪)等类型。③ 查米的分类,相对厘清了非洲本土陶器的面貌。霍顿在撰写上加报告和后续研究中,就利用了查米的工作成果,追溯上加居民的来源。查米的工作也促使后续研究者进一步探究斯瓦西里人形成之前东

① M.C. Horton, *Shanga: The Archaeology of a Muslim Trading Community on the Coast of East Africa*, London: The British Institute in East Africa, 1996, p.407.

② M.C. Horton, *Shanga: The Archaeology of a Muslim Trading Community on the Coast of East Africa*, London: The British Institute in East Africa, 1996, pp.410 - 411.

③ F.A. Chami, *The Tanzanian coast in the first millennium AD: An archaeology of the iron-working, farming communities*, Uppsala: Societas Archaeological Upsaliensis, 1994; F.A. Chami, "A Review of Swahili Archaeology", *The African Arcaheological Review*, vol.15, no.3, 1998, pp.199 - 218.

非沿海地区的居住人群情况,及其与红海等地的交流。

霍顿、查米等人的发掘和研究强调了斯瓦西里人的非洲根脉,但是其发掘成果仍然显露出伊斯兰教及其他外来因素对这一地区的影响,原本对斯瓦西里文明相对简单的解释由此被解构为几个问题:一是最早的斯瓦西里人是如何出现的,即起源问题,由此又引发了人们对于更早历史和人群活动的追溯;二是沿海聚落究竟是如何伊斯兰化的,而伴随伊斯兰化而来的种种物质,如石质建筑,似乎又促成了聚落的质变——即东非沿海的众多聚落城市化的问题。斯瓦西里考古研究的关注重点由此生发出诸多新的分支。起源、本土与外来、伊斯兰化、贸易、建筑、①城镇化②等诸多主题逐渐成为斯瓦西里考古研究的热点。

在 80 年代之后,斯瓦西里地区的考古工作也日益普遍。非洲当地机构在柯克曼、奇蒂克等人研究基础之上,对东非沿海地区进行的较为普遍调查刊布了东非沿海地区的数百处不同规模的斯瓦西里遗址,③展现出历史上东非沿海地区的盛况。从肯尼亚北部海岸直到莫桑比克,诸多重要遗址,如马林迪、④格迪、⑤蒙巴萨、⑥奔巴、⑦桑给巴尔、⑧基尔瓦、⑨科摩罗、⑩马达加斯加⑪等,几乎均有较为深入的发掘、研究工作,且参与的学者来自世界各地。多学科、跨地域背景学者的参与,使得考古学科中最新的方法、技术和理论在斯瓦西里文明的探索中得以运用,不少学者也将斯瓦西里文明的演变纳入人类普遍的文

---

① 如 T.H. Wilson, *The monumental architecture and archaeology north of the Tana River*, Nairobi: National Musums of Kenya, 1978; T.H. Wilson, *The Monumental Architecture and Archaeology of the Central and Southern Kenya Coast*, Nairobi: National Museums of Kenya, 1980.

② 如 P.J.J. Sinclair & S. Wandibba, (eds), *Urban Origins in Eastern Africa: Project Proposals and Workshop Summaries*, Stockholm: The Central Board of National Antiquities, 1988. J. B. Fleisher, *Viewing stonetowns from the countryside: an archaeological approach to Swahili regional systems*, AD 800 - 1500, Ph.D Dissertation, University of Virginia, 2003.

③ T.H. Wilson, "Settlement patterns of the coast of southern Somalia and Kenya", *Proceedings of the first international congress of Somali Studies*, Atlanta: Scholars Press, 1992, pp.74 - 109.

④ 如中国和肯尼亚学者的联合发掘,参见秦大树、丁雨:《肯尼亚滨海省曼布鲁伊遗址的考古发掘与主要收获》,李安山主编:《中国非洲研究评论(2014)》,社会科学文献出版社,2015 年,第 253 - 271 页。

⑤ 如法国学者对格迪的再发掘,参见 S. Pradines, Gedi, une Cite Portuaire Swahilie: Islam Medieval en Afrique Orientale, Cairo: Institut français d'archéologie orientale du Caire, 2010.

⑥ 如 H. Sassoon, "Excavations at the Site of Early Mombasa", *Azania*, vol.15, 1980, pp.1 - 42.

⑦ 美国学者在奔巴岛上进行了较多工作,参见 A. LaViolette & J. Fleisher, "The urban history of a rural place: Swahili archaeology on Pemba Island, Tanzania, 700 - 1500 AD", *The International Journal of African Historical Studies*, vol.42, no.3, 2009, pp.433 - 455.

⑧ 瑞典方面支持非洲学者对安古贾 · 乌库进行的发掘较为系统,参见 Juma Abdurahman, *Unguja Ukuu on Zanzibar: An archaeological study of early urbanism*, Uppsala: Afrikansk Och Jämförande Arkeologi, 2004.

⑨ 英美学者近年在基尔瓦岛及松戈岛进行了考古工作,参见 J. Fleisher, S. Wynne-Jones, C. Steele & K. Welham, "Geophysical Survey at Kilwa Kisiwani, Tanzania", *Journal of African Archaeology*, vol.10, no.2, 2012, pp.207 - 220; S. Wynne - Jones & J. B. Fleisher, "Archaeological Investigations at Songo Mnara, Tanzania, 2009", *Nyame Akuma*, vol.73, 2010, pp.2 - 8; S. Wynne - Jones & J.B. Fleisher, "Archaeological Investigations at Songo Mnara, Tanzania, 2010", *Nyame Akuma*, vol.76, 2011, pp.3 - 8.

⑩ 如 Henry T. Wright, et al. "Early seafarers of the Comoro Islands: The Dembeni phase of the IXth - Xth centuries AD", *Azania*, vol.19, 1984, pp.13 - 59.

⑪ 如 C. Radimilahy, *Mahilaka: An Archaeological Investigation of an Early Town in Northwestern Madagascar*, Studies in African Arcaheology 15, Uppsala: Department of Archaeology and Ancient History, 1998.

明发展模式的框架下予以思考，斯瓦西里文明的考古研究由此进入到更为广阔的视野中。①

四、结语：从中国出发——借鉴与开拓的可能性

在斯瓦西里考古诞生之初，中国学者就开始了对东非沿海地区成果的关注。这一关注除了有特定的中非友好的背景外，也是因为东非沿海地区出土了大量中国陶瓷。夏鼐先生于20世纪60年代初先后撰文两篇，介绍东非沿海出土的中国陶瓷和其研究意义。② 此后至80年代，马文宽、孟凡人根据当时刊布的一些外文资料，撰成《中国古瓷在非洲的发现》一书。③ 囿于材料限制，此书的图片资料相对简陋，但却为国内关注中国陶瓷在非洲的流布提供了重要线索。随着我国国力不断提升、考古学科的长足发展，我国研究者的研究对象日益外延，赴外考古的条件相对成熟，因此2010年，北京大学、中国国家博物馆与肯尼亚国立博物馆联合对东非沿海地区进行海、陆发掘，取得了丰硕成果。④ 这项考古工作是我国首次赴非发掘，虽然最初项目的启动以郑和研究为契机，以中国陶瓷为主要对象，但是在实地调查、发掘和研究的过程中，国际学界众多斯瓦西里研究的成果引起了项目参与者的重视。因此，在完成项目任务的基础之上，我国学者试图充分吸收海外学者的已有成果，并利用自己的优势参与到斯瓦西里考古的研究之中。

无论斯瓦西里文明起源议题如何走向，但学界基本公认，外来文明因素和国际商贸活动是斯瓦西里文明的重要特色。而中国商品在其中曾占有一席之地。以中国为基点，探索海上丝绸之路和印度洋贸易的实际影响，我们有必要了解商品流通路线和消费市场的实际情况；而换位思考，以东非沿海为基点，观察非洲大陆商圈与海外商圈的交汇、商品交换，有利于我们清楚认识海上丝路的实际作用与中国商品的地位。另一方面，斯瓦西里文明是具有特色的人类文明模式，斯瓦西里考古是世界考古学的一部分。对它的探索，亦是我们通过观察他者、观察世界，进而反观、反思自身文明的一部分，有利于我们更好地思索自身的文明模式和人类的普遍行为模式。正因如此，我国学者参与斯瓦西里文明诸多议题的探讨颇有必要。

欧美学者和非洲本土学者对斯瓦西里地区的多年考古研究，成果丰厚。而我国改革

---

① 近20年来围绕斯瓦西里地区的考古研究成果丰富，议题众多，笔者将另撰文详述，此不赘述。

② 夏鼐：《中国和非洲间久远的友谊》，《人民日报》1962年9月19日第4版；夏鼐：《作为古代中非交通关系证据的瓷器》，《文物》1963年第1期，第17－19页。

③ 马文宽、孟凡人：《中国古瓷在非洲的发现》，紫禁城出版社，1987年。

④ 陆上考古参见：秦大树、丁雨、戴柔星：《2010年度北京大学肯尼亚考古及主要收获》，李安山主编：《中国非洲研究评论（2012）》，社会科学文献出版社，2013年，第247－273页；秦大树、丁雨：《肯尼亚滨海省曼布鲁伊遗址的考古发掘与主要收获》，李安山主编：《中国非洲研究评论（2014）》，社会科学文献出版社，2015年，第253－271页。

水下考古参见：赵嘉斌、朱滨、孟原召、翟杨：《2010年度中肯合作肯尼亚沿海水下考古调查主要收获》，《中国国家博物馆馆刊》2012年第8期，第88－99页；张威等：《肯尼亚马林迪奥美尼角沉船遗址2013年度水下考古发掘简报》，《中国国家博物馆馆刊》2014年第9期，第6－23页。

开放以来,对海外考古的方法、技术、理论多有吸收,能够较好地解读此前斯瓦西里考古的研究成果。这也意味着我国学者的介入实际已经站在了一个较高的起点。在这一起点上,我国学者的开拓优势或在于,虽然欧美学者亦重视东非沿海地区发现的中国商品遗物的分期作用和全球史意义,但中国学界多年来就本国所产商品循环过程的诸多环节,特别是生产环节已经积累相当多的比对材料和相应研究成果,有利于在这一方面展开更详尽的研究;另一方面,欧美地区、中东地区在古代和近现代,均曾深入参与过东非沿海的"殖民过程"和文化交融过程,这使得欧美学者、中东学者乃至非洲本土学者,均有"利益相关者"的背景。中国虽有商品进入东非沿海地区,但在历史上从未与东非沿海有过大规模冲突或殖民关系。正因如此,中国学者有可能站在更为客观的视角,对这一地区文明的形成和演变予以审视。

惠勒爵士曾说,东非的历史是由中国青瓷写成的。这一观点某种程度上意味着,中国学人对斯瓦西里文明的探索负有责任。如今,国家和学科的发展已经赋予了当今学人"开眼看世界"的机遇和挑战,而如何在实践中把握机遇、应对挑战,正是我辈应当思索的。

仰韶、西阴村与斗鸡台遗址发掘方法对比分析

许丹阳

(北京大学考古文博学院)

一、研究背景

二十世纪二三十年代仰韶、西阴村、斗鸡台等遗址的发掘是中国考古学开展初期具有代表性的田野工作，其发掘方法与技术的学术史回顾具有重要意义，目前已经很多学者进行了深入的研究。严文明先生对安特生考古工作的客观评价为重新分析仰韶等遗址的发掘方法奠定了基础，[①]此后有郭瑞峰、[②]石耘、[③]韩建业、[④]陈星灿、[⑤]王浩辉[⑥]等多位学者进行过梳理分析，而以陈星灿的论述最详尽而全面。在整体工作方面，陈星灿把安特生的发掘总结为人类学传统、地质学传统、多学科合作的传统三个方面；具体的发掘技术方法，则主要从发掘工具、地形测量及调查、对地层的重视及其失误、遗物的提取包装技术四个方面进行了分析，并对其得失进行了比较公允的评价。我们可以把梁思永《山西西阴村史前遗址的新石器时代的陶器》[⑦]一文中的相关分析视作西阴村遗址发掘研究回顾的开端，此后又有石璋如、[⑧]严文明、[⑨]郑杰祥、[⑩]陈星灿[⑪]诸先生进一步的研究分析，主要认识是李济较安特生的发掘有了重大改进，表现在“探方”划分的标准化和三维坐标记录遗物的准确

---

① 严文明：《纪念仰韶村遗址发现六十五周年》，《仰韶文化研究》（增订本），文物出版社，2009 年，第 382 – 404 页。

② 郭瑞峰：《“仰韶文化”遗址发现纪实》，《档案管理》2001 年第 6 期。

③ 石耘：《仰韶文化发现记》，《文史精华》2002 年第 5 期。

④ 韩建业：《仰韶文化研究》，严文明主编：《中国考古学研究的世纪回顾·新石器时代考古卷》，科学出版社，2008 年，第 196 – 198 页。

⑤ 陈星灿：《安特生与中国史前考古学的早期研究——为纪念仰韶文化发现七十周年而作》，《华夏考古》1991 年第 4 期与 1992 年第 1 期合刊；《中国史前考古学史研究（1895 – 1949）》，社会科学文献出版社，2007 年。

⑥ 王浩辉：《论安特生在中国考古学史上的地位》，兰州大学硕士论文，2015 年 5 月。

⑦ 梁思永：《山西西阴村史前遗址的新石器时代的陶器》，《小屯、龙山与仰韶》，商务印书馆，2017 年。

⑧ 石璋如：《李济先生与中国考古学》，《新学术之路——中研院历史语言研究所七十周年纪念文集》，中研院历史语言研究所，1998 年，第 135 – 161 页。

⑨ 严文明：《纪念仰韶村遗址发现六十五周年》，《仰韶文化研究》（增订本），文物出版社，2009 年，第 382 – 404 页。

⑩ 郑杰祥：《中原地区仰韶文化的发掘与研究》，《中原文物》1996 年第 2 期。

⑪ 陈星灿：《中国史前考古学史研究（1895 – 1949）》，社会科学文献出版社，2007 年。

性,不足之处是水平层发掘并按照水平深度采集遗物。田建文、[①]岱峻[②]的著作对此问题也有涉及,但都没有新的突破。近年来对西阴村遗址的发掘与整理分析最详细的是张敏,[③]把李济的发掘方法归纳为两方面,一是"在发掘区设置'参考点'(即零点),建立三维坐标系统,并以此为基础进行布方、出土遗物的记载、平面图的绘制以及遗址地形图的测绘等工作";二是"发掘时,按照自然层进行发掘,即由土色及每次所动土的容积定分层的厚薄";同时指出了发掘中存在的问题。自然层发掘是张敏最具突破性的看法,有助于我们重估西阴村发掘的意义。斗鸡台发掘则受材料所限,学者们对发掘经过和技术方法少有论述,陈星灿、[④]刁娅君、[⑤]张敏[⑥]虽都有提及,却没能展开分析。而近年罗宏才所著《陕西考古会史》[⑦]与《徐旭生陕西考古日记》[⑧]的出版,为我们了解斗鸡台遗址的田野发掘方法提供了材料。《陕西考古会史》梳理了徐旭生陕西调查、斗鸡台三次发掘及同一时期陕西考古会其他发掘工作的原因、经过与影响,但偏于体例,没有对发掘方法进行系统的分析。

从研究现状来看,目前学界对仰韶和西阴村遗址发掘工作的分析已经很全面深入,但对斗鸡台的发掘工作还缺乏认识,需要进一步分析。而且仰韶、西阴村与斗鸡台的发掘不仅代表了二十世纪二十年代初期到三十年代中期纵向的发展历程,也代表了西方学者、留洋学者和中国本土学者不同的学术传统,对三者之间的发掘工作进行对比分析也是有必要的。本文即着重从这两点展开分析。需要说明的是,为了更全面地了解安特生的仰韶发掘,对其1921年在沙锅屯遗址和1924－1926年在甘青地区的发掘也略加分析。陕西考古会民政厅发掘与斗鸡台的发掘有直接的关系,也一并介绍。而殷墟遗址的发掘虽然与西阴村、斗鸡台的发掘有联系,限于篇幅,不多展开。

二、发掘过程简述

1. 仰韶等遗址的发掘

1920年秋,安特生派助手刘长山到河南采集古生物化石,从仰韶村搜集到六百多件石器,其中很多保存完好,安特生由此推断此村当有史前聚落遗址。[⑨] 他于1921年4月18日进入仰韶村进行调查,在村边冲沟崖壁上发现了史前文化堆积,并采集到一些石器

---

① 田建文、李光谟:《停在西阴——中国人的第一次独立考古发掘》,《中国文化遗产》2006年第6期。
② 岱峻:《李济传》,江苏文艺出版社,2009年,第47－52页。
③ 张敏:《夏商周考古学术史(1928－1949)》,北京大学博士论文,2014年6月。
④ 陈星灿:《中国史前考古学史研究(1895－1949)》,社会科学文献出版社,2007年。
⑤ 刁娅君:《北平研究院史学研究所初探》,华东师范大学硕士论文,2008年5月。
⑥ 张敏:《夏商周考古学术史(1928－1949)》,北京大学博士论文,2014年6月。
⑦ 罗宏才:《陕西考古会史》,陕西师范大学出版总社有限公司,2014年。
⑧ 徐旭生著,罗宏才注释:《徐旭生陕西考古日记》,陕西师范大学出版总社,2017年。
⑨ 安特生著,张华译,陈星灿校:《东方博物馆的缘起和目标》,《南方文物》2014年第4期。

和彩陶片。经过观察认为这是一处丰富的史前遗存,值得发掘。① 回到北京之后,通过在地质调查所图书馆查阅相关资料,看到拉斐尔·庞贝利(Raphael Pumpelly, 1837 - 1923)在中亚安诺(Anau)遗址的发掘报告,发现有与石器和铜器共存的彩陶出土,认识到了仰韶遗址的重要性。②

安特生于1921年6月至7月初对辽宁沙锅屯遗址进行了发掘,这是中国近代第一次考古发掘活动,也为仰韶遗址的发掘准备了条件,但对遗址的认识还是在发掘仰韶村之后。仰韶遗址的发掘工作从1921年10月27日到12月1日,这是安特生在中国进行的规模最大、工作最细致、影响也最为深远的一次发掘。③ 此次共计发掘17个地点,安特生在1947年出版的《河南史前遗址》中,详细叙述了当时在仰韶村的发掘情形。在这17个地点中,安特生亲自参与发掘的只是其中的一部分,而且只有第二和第三地点做得比较仔细,将出土物的深度记下来。

通过对仰韶文化的研究,安特生认为可能与中亚安诺等新石器时代文化有一定关系,将发现的部分彩陶及图版送给瑞典皇太子古斯塔夫鉴定。1922年古斯塔夫在伦敦与英国博物院专家讨论,郝布森认为仰韶文化彩陶与近东石铜时代遗址所发现的为同一类,并推测两地之间的通道新疆等地有望发现彩陶遗存。④ 安特生结合这些意见,认为"仰韶与近东各地之交通,暂可作一假定之理想。再按事实研究,以肯定或否定之可也"。⑤

为了考察仰韶文化与中亚安诺文化等之间的关系,1923 - 1924年,安特生在其设想的文化通道甘青地区河谷地带进行了一系列的调查和发掘工作,发现史前遗址50余处。重要的发掘活动有:1923年10月朱家寨遗址的发掘;1923年秋在卡约遗址的发掘;1924年5、6月间,在灰嘴遗址、辛店遗址、半山遗址、齐家坪遗址的发掘;7月在马家窑遗址、寺洼山遗址、沙井遗址进行的发掘等。

在甘青地区发掘的遗址比较多,但这其中很多遗址的发掘其实是由安特生的助手完成的,精细程度不一。⑥ 下文我们选择其中具有代表性的西宁朱家寨遗址发掘工作,来简要分析这一时期安特生主要的发掘方法与技术。朱家寨遗址于1923年7月由安特生调查发现,并于同年10月进行了发掘。面积较大,超过了20万平方米,包括居住区和墓葬区,其中在墓葬区发掘墓葬47座和大量随葬品,是安特生仰韶遗址之外的第二

---

① 陈星灿:《中国史前考古学史研究(1895 - 1949)》,社会科学文献出版社,2007年,第89页。

② J.G. Andersson, "Prehistoric Sites in Honan", *Bulletin of Museum of Far Eastern Antiquities*, no.19, 1947, p.4.在后来的文章中安特生写到:"该遗址最重要的特征就是那细腻的泥质陶——薄胎小陶碗的碎片不仅磨光,上面还有黑色、红色偶尔还有白色的彩绘,它是跟粗糙的单色灰陶共存的。这是远东地区首次出现如此典型的新石器时代晚期特征的彩陶,它们遍及整个地中海东部、美索不达米亚、波斯及俄属土耳其斯坦。"见安特生:《东方博物馆的缘起和目标》,《南方文物》2014年第4期。

③ J.G. Andersson, "The First Prehistoric Village", *Children of The Yellow Earth: Studies in Prehistoric China*, New York: Macmillan Co., 1934, p.166.

④ 安特生著,袁复礼译:《中华远古之文化》,文物出版社,2011年,第27页。

⑤ 安特生著,袁复礼译:《中华远古之文化》,文物出版社,2011年,第28页。

⑥ 安特生在中国北方的主要考古活动,包括收集遗物、调查、发掘等,很多工作是由他的助手完成的,甚至部分遗址的发掘安特生没有参加。大致的情况可参看陈星灿:《安特生在中国北方的主要考古活动表》,《中国史前考古学史研究(1895 - 1949)》,社会科学文献出版社,2007年,第94页。

处重要发掘工作。

2. 西阴村遗址的发掘

李济在 1920 年前后写过一份自传,自述求学志愿:“他的志向是想把中国人的脑袋量清楚,来与世界人类的脑袋比较一下,寻出他所属的人种在天演路上的阶级出来。要是有机(会),他还想去新疆、青海、西藏、印度、波斯去刨坟掘墓、断碑寻古迹,找些人家不要的古董来寻绎中国人的始源出来。”①从这个自传可以看出,学生时代的李济已经志在解决中国人的起源问题,并且是要通过寻找第一手的材料解决。

通过科学手段寻找并获取第一手材料正是西阴村调查与发掘的重要原因之一。但同时发掘动机在很大程度上也受到了安特生考古工作的影响:“近几年来,瑞典人安特生考古的工作已经证明中国北部无疑的经过了一种新石器时代晚期的文化。……我们若要得一个关于这文化明了的观念,还须多数的细密的研究。这文化的来源以及它与历史期间中国文化的关系是我们所最要知道的。安特生在他的各种报告中对于这两点已有相当的讨论。他所设的解释,好多还没有切实的证据。这种证据的需要,他自己也认得很清楚。所以若是要得关于这两点肯定的答案,我们只有把中国境内史前的遗址完全考察一次。”②

李济认为首先要解决的问题是仰韶文化的来源以及它与历史时期中国文化的关系,但他也深知这不是一下子能解决的,需要足够的资料,需要把中国史前遗址考察一遍,而这次发掘就是整个计划中的一部。1926 年 2 - 3 月,李济和袁复礼到汾河流域调查,并于 1926 年 3 月 24 日发现西阴村遗址。③ 1926 年 10 月 15 日到 12 月初,正式对西阴村进行发掘。

3. 斗鸡台遗址的发掘

从 1934 年 4 月到 1937 年 6 月,在徐旭生的主持下共对斗鸡台遗址进行了三次较大规模的发掘(图一)。在斗鸡台第一次发掘前,陕西考古会在当时的陕西民政厅组织了一次小规模发掘。民政厅发掘与颜勤礼碑的发现有关,徐旭生偕同知情者调查之后得知 1922 年发现的颜勤礼碑下尚有藏石未发掘出来,并认定民政厅前最有可能是颜勤礼碑发现地点。后徐旭生因事返回北平,派何士骥、张嘉懿二人主持发掘,工作于 1934 年 2 月下旬至 3 月初进行。这是陕西考古会成立之后的第一次发掘,也是陕西境内有史以来的第一次科学发掘。④

---

① 李光谟:《从清华园到史语所——李济治学生涯琐记》(修订本),商务印书馆,2016 年,第 5 - 6 页。

② 李济:《西阴村史前的遗存》,《李济文集》卷二,上海人民出版社,2006 年,第 170 页。

③ 李济汾河流域调查的原因及发现西阴村遗址的经过可参看孙庆伟:《有心还是无意——李济汾河流域调查与夏文化探索》,《追迹三代》,上海古籍出版社,2015 年。

④ 罗宏才:《陕西考古会史》,陕西师范大学出版总社有限公司,2014 年,第 139 页。

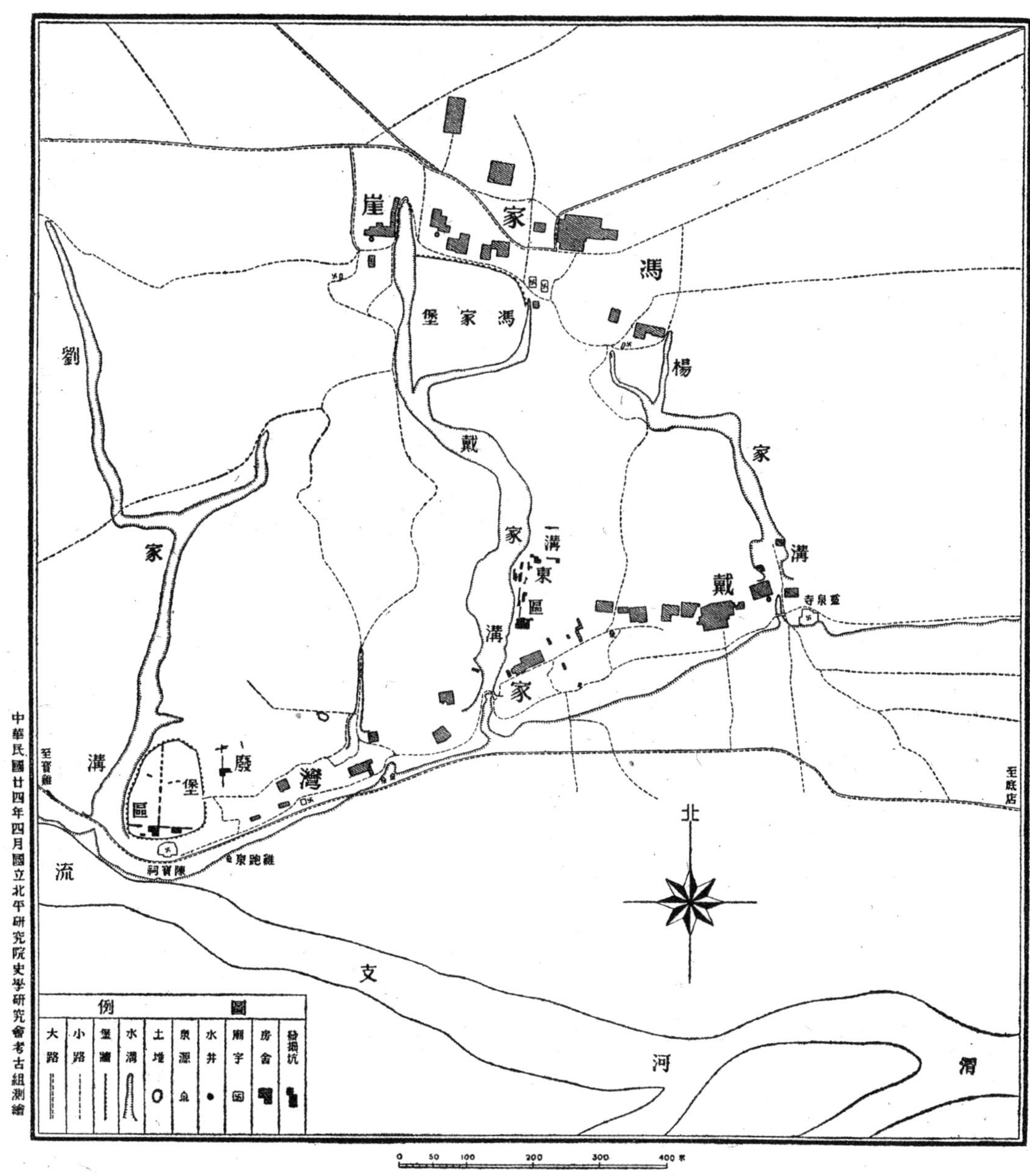

图一　斗鸡台工作区域图

斗鸡台第一次发掘从1934年4月26日开始到1934年6月21日。① 发掘地点分为两个：一在陈宝祠以北土堡一带的“废堡区”，由何士骥负责，目的是寻找汉陈宝祠遗址；一在废堡东约500米戴家沟之东的“沟东区”，由白万玉负责，这里曾出铜器，“且其陶片较老，疑属秦层”。②

① 苏秉琦：《斗鸡台沟东区墓葬》，国立北平研究院史学研究所刊，1948年，第11页。下文第二、三次发掘的起止时间同见本书第11页。

② 徐旭生著，罗宏才注释：《徐旭生陕西考古日记》，陕西师范大学出版总社，2017年，第79页。

第二次发掘承接了第一次的余绪,分为两个阶段:第一阶段1934年11月23日-1935年1月25日;第二阶段1935年3月21日-1935年5月7日。工作地点基本仍在“废堡”以及“沟东”两区之前所确定的范围内进行,一度为搞清陈仓古城的性质有所扩充。① 各坑人员的调配,除废堡区仍由何士骥负责外,重点加强了沟东区内的技术力量,酌将苏秉琦分配至沟东区,在白万玉的配合下实施发掘。这一安排,使苏秉琦有机会开始接触到蕴含丰富的周秦文化遗物,为其而后不断思考的考古区系类型理论,奠定了基础。②

第三次发掘从1937年4月25日到1937年6月23日。工作地点扩大至戴家沟沟西的“沟西区”。此次发掘主要是在“戴家沟以西地方开工发掘”,目标是针对“本组只有仰韶期最前之物”的缺陷,希望“解决本组对新石器时代所发生之数种问题”,最终“早日寻出真正新石器时代清晰之轮廓”。③ 但日本全面侵华战争不久爆发,斗鸡台发掘被迫中止。不仅未完成的车马坑发掘不能继续实施,整个西区已有的发掘材料“亦因战事影响,尚未着手”。④ 徐旭生因忙于写作《中国古史的传说时代》,无暇顾及资料的整理,而苏秉琦后来又面对其他新石器时代材料,以“沟东区新石器时代居址,于抗战前不久才开始整理”,“不具备编写报告的条件”,始终未能编辑出版,致使这些资料鲜为世人所知。⑤ 因此第三次发掘工作的具体情况至今也很不清楚。

三、发掘方法的对比

1. 发掘

(1) 发掘区选择

从仰韶遗址发掘探坑的分布来看,一是集中于仰韶村村南道路的东侧,二是集中于遗址东部和南部断崖边缘,⑥没有统一的规划,彼此也不相连。仰韶村南道路位于遗址中部的一条冲沟中,安特生曾着重观察过道路两旁暴露的仰韶文化层,对其性质有过讨论,并绘有详细的剖面图。⑦ 而发掘地点的分布,显然与之有关,既可以确定文化堆积的位置,又可依断崖作为参照,出土也比较方便。

西阴村遗址发掘区的位置选择在遗址南面边缘——灰土岭突出邻地的地方,李济自

① 罗宏才:《陕西考古会史》,陕西师范大学出版总社有限公司,2014年,第189页。
② 罗宏才:《陕西考古会史》,陕西师范大学出版总社有限公司,2014年,第232-233页。
③ 罗宏才:《陕西考古会史》,陕西师范大学出版总社有限公司,2014年,第258页。
④ 苏秉琦:《斗鸡台沟东区墓葬》,国立北平研究院史学研究所刊,1948年,第13页。
⑤ 罗宏才:《陕西考古会史》,陕西师范大学出版总社有限公司,2014年,第259页。
⑥ J.G. Andersson, “Prehistoric Sites in Honan”, *Bulletin of Museum of Far Eastern Antiquities*, no.19, 1947, Map Ⅰ.陈星灿认为安特生在中国考古学史上第一次使用了探沟发掘法。探沟发掘法旨在通过开探沟的方式,了解遗址的范围与地层堆积情况。虽然安特生在当时条件下的认识还有限,但通过探沟以了解地层,在中国考古学史上实属首次。见陈星灿:《中国史前考古学史研究(1895-1949)》,第140页。但安特生所采用的探沟是作为一个发掘地点,表示一定的发掘范围,和现在主要为了了解堆积情况所开的探沟还有区别。为了叙述方便,文中仍称之为探坑。
⑦ 安特生著,袁复礼译:《中华远古之文化》,文物出版社,2011年,第15页。

谓一是"灰土岭的南面壁立，突出于邻地约三四公尺，这种地势宜于'披葱式'的挖掘"，①且出土方便；二是从断崖上露出的文化层堆积判断，这不是一个垃圾堆。细审其缘由，和仰韶发掘是很接近的，区别在于李济仅发掘了一个地点（图二）。

图二　西阴村遗址发掘现场

斗鸡台遗址从一开始即分区发掘，各区有专人负责，同时进行。第一、二次发掘地点分为"废堡区"和"沟东区"，第三次发掘主要是在"戴家沟以西地方"。这样的考虑在于寻找不同时期的遗迹遗物，乃至像"陈宝祠"这样特定的遗迹。

（2）探坑规划

仰韶遗址的探坑规格大小不一，多为长方形，用罗马数字编号，称作地点（loc.），方向大多顺势沿着道路或者断崖分布。例如夏鼐先生 1951 年发掘仰韶遗址时，发现并重新发掘了安特生所发掘第五地点的旧探坑，此探坑依傍村南沟中的大路，方向为西南斜向东北，长 5 米余，宽约 1.6 米。② 根据夏鼐的记述及所绘探沟 1 剖面图可以看到（图三），安氏此第五地点旧坑剖面呈口大底小形状，在向下揭露过程中有所收缩，探坑北部也没有发掘到生土。

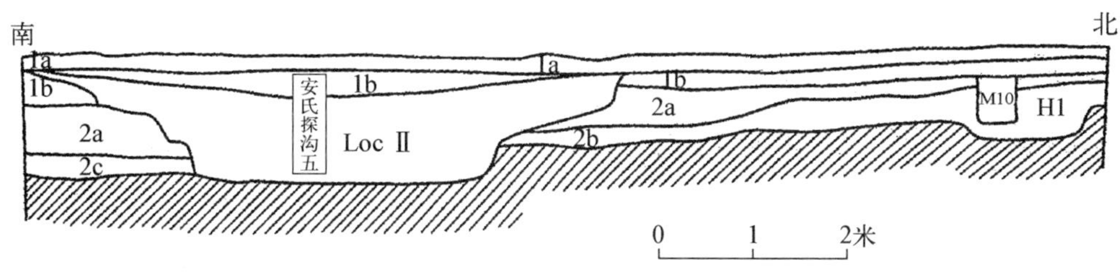

图三　1951 年仰韶遗址探沟 1 西壁断面图

① 李济：《西阴村史前的遗存》，《李济文集》卷二，上海人民出版社，2006 年，第 170 页。

② 夏鼐：《河南渑池的史前遗址》，原载《科学通报》1951 年第 2 卷第 9 期，此据《夏鼐文集》第二册，社会科学文献出版社，2017 年，第 146 页；又见《夏鼐日记》卷四，华东师范大学出版社，2011 年，1951 年 7 月 2 日记，第 406 页。

朱家寨遗址则首先开掘了一个长方形探坑,然后向东扩大作业范围,又开了一个与第一个探坑宽度一致的梯形探坑,最后向这两个探坑北部扩展,开了一个四边形的探坑。整个发掘区连起来呈一个不规则四边形的大探坑,四边长分别为 5.5 米、11 米、8.8 米、14.5 米,总面积 74 平方米,并在发掘平面图上结合图标和具体度数表明了探坑延伸的方向①(图四)。

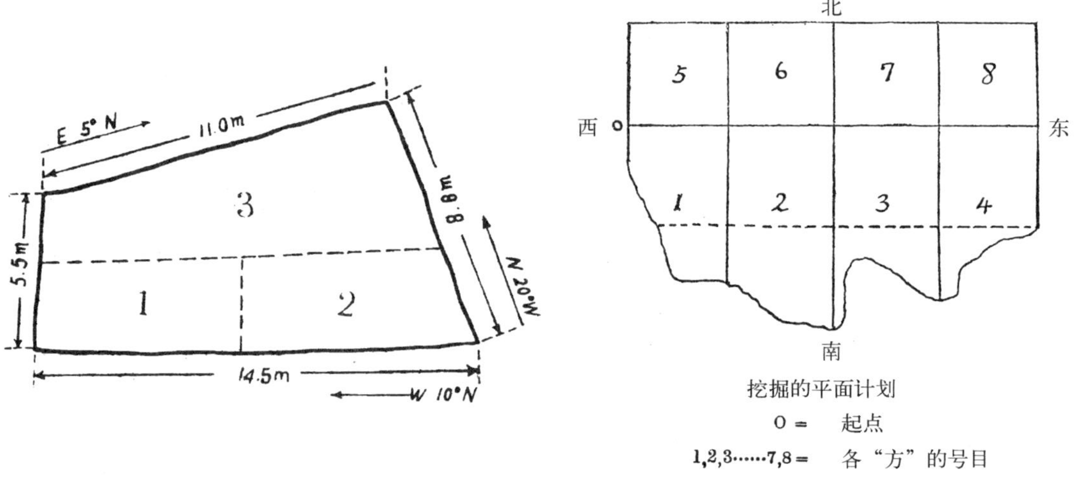

图四　朱家寨遗址发掘平面图　　　　图五　西阴村遗址发掘平面计划图

西阴村遗址则在发掘之前先定下零点,以此为基准,东西向为 X 轴、南北向为 Y 轴,发掘区向东、北、南三面延伸,实际上开了一个东西长 8 米、南北宽 4－6 米的发掘坑。沿坐标轴方向将发掘坑划分为 8 个小"方",北边 4 个,边长各 2 米;南边 4 个"方"因断崖不齐而略有参差。实际上在发掘过程中,沿着 Y=－2 这条轴线又将南边的 4 个"方"分为 4 个较完整的 2 米见方的小"方"和不完整的 4 个小"方"。各"方"交界的位置都留有"土尖"(图五)。

民政厅发掘也以开掘探坑的方式进行,按照"第一坑、第二坑……"名称编号。共发掘十个探坑,除了第十坑南北长 5 米、东西宽 4 米,余皆四米见方。由于此次发掘的目的是"颜勤礼碑下之藏石",因此探坑的布局是按照知情人的意见向可能是颜勤礼碑出土地的地方扩展。

斗鸡台遗址第一次发掘的探坑均为长方形,规格根据地形及堆积情况而定,东西或南北向,名称用天干地支编号。出了向下揭露之外,还有三种具体情形:① 扩坑。在发掘过程中会根据遗迹现象的分布情况及出土遗物情况对发掘探坑进行扩展,主要方式有两种,一是以探坑壁为基点向四周扩展,二是在探坑附近开小坑进行试探性发掘。② ② 内探。根据在探坑壁上发现的遗迹现象,会通过"内探"的方式考察其分布与性质,然后再进行

① 安特生著,刘竞文译:《西宁朱家寨遗址》,青海人民出版社,1992 年,第 1－2 页。
② 徐旭生著,罗宏才注释:《徐旭生陕西考古日记》,陕西师范大学出版总社,2017 年,第 97、98、99、102、107 页。

扩坑,按照从上到下的层位进行发掘。[①] ③ 掏作。内探"愈探愈大",从剖面清理遗迹,取出遗物。[②] 斗鸡台第二、三次发掘的探坑规划与发掘方法受材料所限,情况不明,根据发掘记录情况来看应该是有较大进步的。

各遗址的发掘都是以开探坑的方式进行的,仰韶、朱家寨、斗鸡台等遗址似乎没有疑义,西阴村遗址的发掘还要做些补充。严文明先生最早指出西阴村发掘已经开始使用探方发掘法:"李济的工作非常细致,他把发掘部分划成2米见方的探方,严格地按照三向坐标进行发掘、分层和采集遗物。这是在我国田野考古中第一次采用探方发掘的方法,标志着在田野考古工作向科学化方面迈进了重要的一步。"[③]安志敏、[④]韩建业、[⑤]岱峻[⑥]也都沿用,陈星灿[⑦]还把采用探方发掘法作为李济比安特生的发掘进步的一个重要方面。但也有学者持相反的意见。石璋如先生较早指出李济在西阴村遗址的发掘"只开了一个坑,坑的面积,东西八公尺,南北四公尺,在这个坑内又分为八方"。[⑧] 这显然是不认为此次发掘已经采用了探方发掘法的。张海又做了更深入的论述,他认为中国考古学中的探方发掘法是从殷墟第十三次发掘中开始的,是"在以前探沟发掘的基础上,总结经验教训,逐步摸索出来的一套崭新的发掘方法",具体表现在"一方面探方与以前的探沟一样充当了发掘过程中控制地层、记录遗迹现象和遗物出土位置的基本单位;但是另一方面,实行探方发掘是为了在更大的范围内有效地记录遗迹现象的相互关系和分布状况,更方便绘制统一的遗迹单位分布图"。而"这里的探方发掘法不同于早年李济在西阴村所使用的探方发掘法。……西阴村的探方根本不是一个控制、记录发掘过程的基本单位,而是为了出土方便而在一个大探沟中临时划分的小发掘区域"。[⑨] 清楚地说明了探方的作用和中国考古学中探方发掘法的应用。其实"探方"一词的内涵和作用是变化的,如果理解成为控制发掘范围而划分的方形发掘区域,同时又作为发掘单位,则西阴村遗址发掘所采取的未尝不是探方发掘法。现在通行的"探方发掘法"不仅是作为发掘单位,更重要的是为了大范围记录遗迹现象的分布和相互关系,同时控制地层、记录遗迹现象和遗物出土位置,从这方面来说则西阴村发掘还不算"探方发掘法"。

各遗址的发掘在探坑形状、规格、方向、编号、具体操作过程中存在较大差别,虽然诸如用阿拉伯数字还是天干地支编号并没有实质上的影响,不同遗址探坑规格也不必强求

---

① 徐旭生著,罗宏才注释:《徐旭生陕西考古日记》,陕西师范大学出版总社,2017年,第96、103、107、109页。

② 徐旭生著,罗宏才注释:《徐旭生陕西考古日记》,陕西师范大学出版总社,2017年,第98、104、104-106页。

③ 严文明:《纪念仰韶村遗址发现六十五周年》,《仰韶文化研究》(增订本),文物出版社,2009年,第386页。

④ 安志敏:《袁复礼在中国史前考古学上的贡献》,《考古》1998年第7期。

⑤ 韩建业:《仰韶文化研究》,严文明主编:《中国考古学研究的世纪回顾·新石器时代考古卷》,科学出版社,2008年,第198页。

⑥ 岱峻:《李济传》,江苏文艺出版社,2009年,第50页。岱峻似乎并没有要去评定李济所采用的是否探方发掘法,只是在介绍西阴村发掘时候顺便提到李济采用"探方法",甚至连"探坑"和"探方"也没有区分。

⑦ 陈星灿:《中国史前考古学史研究(1895-1949)》,社会科学文献出版社,2007年,第148页。

⑧ 石璋如:《李济先生与中国考古学》,《新学术之路——中研院历史语言研究所七十周年纪念文集》,中研院历史语言研究所,1998年,第147页。

⑨ 张海:《中国考古学的殷墟传统》,《古代文明》(第4卷),文物出版社,2005年,第368页。

一致,但还是有一些差别涉及田野发掘的关键问题,归纳起来主要有三条:

① 探坑的方向问题主要是从西阴村遗址的发掘确定下来的。仰韶遗址的发掘依据的道路、断崖等自然方向,受地形影响,不同探坑之间难免不统一。各探坑内的遗迹遗物单独测量记录不受影响,但要把同一发掘区内的探坑纳到一个系统中问题就出来了。朱家寨遗址是先发掘后确定方向,虽然标注有磁针方向,却不是正方向。西阴村遗址的发掘则是先有精心的规划,用零点确定发掘区位置,用正方向控制发掘区范围,并与坐标轴方向一致,这种方法不仅影响了后来殷墟的发掘,与我们今天的发掘方法都还一致。斗鸡台发掘的探坑虽然没有固定规格,但按照正方向布局还是同西阴村一致的。

② 西阴村遗址发掘区规格标准化,无论与此前安特生的发掘还是与此后徐旭生的发掘都不一样,可以说是为中国田野考古工作树立了一个标准化的范例。小"方"交界的位置保留"土尖",作为"为最后研究土层变化的材料",这也是一个创新,其功能非常类似今天我们使用探方发掘时保留的关键柱。① 但同时,以 2×2 米为范围限制也存在严重的问题,学者已有指出。②

③ 扩坑(扩方)是考古发掘中的常见问题,安特生和徐旭生都做出了尝试,但还没有形成一定的规制。仰韶发掘是通过不同的发掘地点进行的,是否扩坑不得而知。朱家寨遗址的发掘本身就是扩坑的结果,即先向东扩展、后向北扩展。斗鸡台第一次发掘有两种扩坑方式,其一与朱家寨遗址一样,从坑壁向外扩展;其二是在坑边上试探,再进行发掘。两者目的是一致的,都是根据遗迹分布扩展发掘范围。而斗鸡台发掘提到的内探与掏作显然是不规范的发掘行为。西阴村发掘没有扩坑,完全按照事先规划的范围进行,但这与其说方法的不同,不如说是目的不同。李济只选择面积很小的范围进行发掘,一方面是此次发掘的目的在于详细解剖文化层堆积情况,由点了解一个面,不必把遗址全部挖开;③另一方面考虑到尽可能减少对遗址的破坏。④

(3) 文化层揭露方法

仰韶遗址的发掘是按照水平层发掘法进行的,学者们意见比较一致。在具体的发掘过程中,每个水平层的深度并不一致,根据记录得比较仔细的第二地点和第三地点,⑤可知每个水平层深 30－70 厘米不等,个别层位又进一步分出小层,应该是已经考虑到了地层堆积的不平衡性。在甘青地区发掘的各个遗址,也应该是按照水平层进行揭露的。

李济自谓西阴村遗址的文化层揭露方法是"层叠法",但学者对"层叠法"有不同的理

① 张敏:《夏商周考古学术史(1928－1949)》,北京大学博士论文,2014 年 6 月,第 71 页。

② 张敏:《夏商周考古学术史(1928－1949)》,北京大学博士论文,2014 年 6 月,第 72 页。

③ 李济:《西阴村史前的遗存》,《李济文集》卷二,上海人民出版社,2006 年,第 170 页。

④ 李济在《中国最近发现之新史料》中追忆到,"三年前我做考古工作,太重要的地方不敢去发掘,因为一不小心就要毁坏不少的材料,遗后来无穷的追悔,所以选择的区域在山西……我怕经验不够,损坏了固有材料,择的地点很小;一层一层地剥下,差不多每一撮土都是经过五个指头的"。此文系李济 1928 年 11 月在广州中山大学所作的演讲,原载《国立中山大学语言历史学研究所周刊》第 5 集第 57、58 期合刊。此据《李济文集》卷一,上海人民出版社,2006 年,第 322 页。

⑤ J.G. Andersson, "Prehistoric Sites in Honan", *Bulletin of Museum of Far Eastern Antiquities*, no. 19, 1947, pp.23－26.

解，一般多认为即是水平层发掘法。张敏对此提出了不同的意见，认为西阴村遗址是“按照自然层进行发掘，即由土色及每次所动土的容积定分层的厚薄”，以1米划分的大层，只是为了记录的方便，没有分割某些原生层次，而且“自然层的划分虽然过细，但在后期的研究中可以视情况合并，并不影响研究结论”。① 论证翔实，是令人信服的。

限于材料，斗鸡台遗址的揭露方法并不容易判定。根据民政厅发掘记录，每天都要记录探坑发掘的深度，②似乎有按照水平层发掘的可能性。即使到了斗鸡台第一次发掘，虽不排除个别探坑可能按照水平层进行揭露，但总体来说应该是按照自然层发掘法的。尤其是前两次重点发掘的沟东区，主要遗迹为墓葬，根据《斗鸡台沟东区墓葬》，多数墓葬画出了比较清楚的墓圹，更不会是水平层发掘法的结果。

2. 测量

测量与记录密切相关，在实际的田野发掘过程中是一个不可分割的过程，这里为了叙述方便，分别叙述。早期田野发掘的测量方法主要是针对出土遗物空间位置的测量，包括标准线测量法、三维坐标测量法、极坐标测量法等，以三维坐标测量法为主，具体到田野工作中时仍存在差异。

沙锅屯遗址所使用的测量方法，为标准线测量法，“系于洞内壁系一水平之线，连至洞口。线上标明公尺公寸，即以此线为原定标准线。平面距离及高度皆以此为根据。采掘之先及采掘期内均随时测量”。③ 由于洞穴遗址的特殊性，这种测量方法并没有在后来的仰韶和甘青地区发掘中继承下来。

朱家寨遗址除了设置一条零点基准线对墓葬和出土遗物距地表的深度进行测量和记录，还采用了一种极坐标测量法记录墓葬和遗物的位置（图六）。具体方法，是先确定一个极坐标中心点“P”点，作为测量的起始点，在图上可以通过所绘直线的交汇点进行确定。为了在发掘现场找到这个“P”点，以距离此点8.4米的一棵树来确定，在树皮上零点基准线的位置画了一个“+”字标记。从“P”点测出所有零度测标点在示意图上的位置，同时标在遗址发掘剖面图上。测标点处于同一垂直高度，水平距离间隔为1米，并用阿拉伯数字进行编号，墓葬出土陶器、人骨等遗物在平面上的位置就是通过距离最近的测标点进行确定的。再结合零点基线，就确定了出土遗物的空间位置。在发掘工作中，“P”点与所要测量的墓葬之间堆积了大量泥土，为了工作的方便，从“P”点出发测量了四个辅助性勘测点a、b、c、d作为代替标点，其后大规模的测量工作就分别从这些辅助性勘测点出发进行，所测结果可以通过计算确定其在“P”点的位置。④ 安特生采用的极坐标测量法其实并不涉及角度问题，只是三

① 张敏：《夏商周考古学术史（1928－1949）》，北京大学博士论文，2014年6月。

② 何士骥：《唐大明兴庆及太极宫图残石发掘报告》，《国立北平研究院院务汇报》1934年第5卷第4期；转引自罗宏才：《陕西考古会史》，陕西师范大学出版总社有限公司，2014年，第143－145页。

③ 安特生著，袁复礼译：《奉天锦西县沙锅屯石穴遗址》，《古生物志》丁种第一号第一册，农商部地质调查所，1923年；此据北京大学考古文博学院资料室藏手抄本。

④ 安特生著，刘竞文译：《西宁朱家寨遗址》，青海人民出版社，1992年，第3－4页。

维坐标测量法的变形,用零点基线测量垂直深度,而平面上的位置则通过从坐标中心点发出的若干射线确定。优势有两个,一是测量便利,在测量工具达不到要求的情况下测量远距离遗迹遗物的位置,这种极坐标测量法比三维坐标法测量误差小;二是把整个发掘区纳入一个测量系统中来。不足之处在于不容易明确地表示各个遗迹遗物的相对关系,不同测量点间的距离计算也不方便。这是此次发掘工作的一大特点,并且后来安特生对卡约遗址和沙井遗址的墓葬进行测量同样运用了这种方法,是田野考古测量的新尝试。

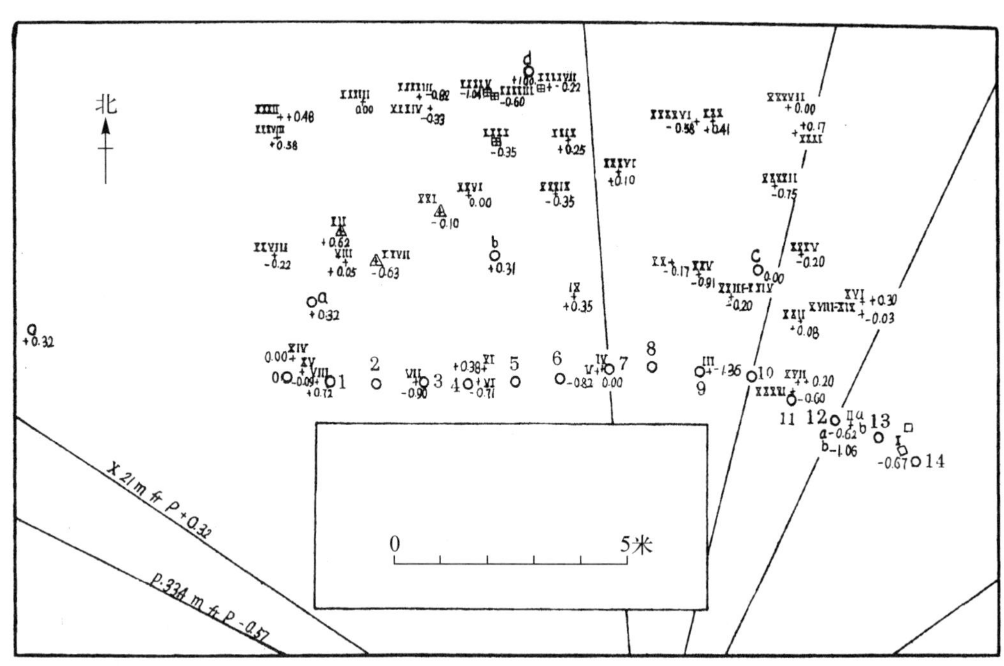

图六　朱家寨遗址墓葬发掘示意图

仰韶、西阴村、民政厅和斗鸡台发掘使用的都是三维坐标测量法,设有基点和基线,用英文字母 x、y、z 表示三维坐标,原理是一样的。主要差异在于基点的位置。根据仰韶遗址第十二地点的遗物登记表及遗迹平面图,①可知基点位于探坑的西南方,但并不在西南角上。西阴村发掘设置的基点在探坑的西壁中间位置,其高度正好等于袁复礼所测西阴村地形图的零线,可以更好地记录遗物的深度,但是基点以南的数据出现负数,是其不便之处。斗鸡台第一次发掘的情况,根据《徐旭生陕西考古日记》中所列数据,②遗物距坐标原点的距离都不超过探方的规格,且均为正数,似乎可以推断测量的坐标原点应该是探方的西南角。但是除了遗物,对一片灰土层、一排砖亦用三个坐标范围或坐标点进行记录,

① J.G. Andersson, "Prehistoric Sites in Honan", *Bulletin of Museum of Far Eastern Antiquities*, no.19, 1947, p.74.

② 徐旭生 1934 年 4 月 26 日记:"三点半,坡南坑出瓦罐一,瓦盆一,未几又出一瓦罐。第一罐被镐打破;第二罐口亦稍破。罐仰,盆覆。甲罐: x = 1m80; y = 9m07; z = 0m48。盆: x = 3m05; y = 8m22; z = 0m43。乙罐: x = 2m10; y = 9m60; z = 0m42。"见《徐旭生陕西考古日记》,第 80 页。徐旭生在日记中对出土遗物坐标的记载仅于 1934 年 4 月底到 5 月初刚开始发掘这一段时间,从所记录的三十多个数据来看,遗物距坐标原点的距离都不超过探方的规格,且均为正数。

则不清楚测量点在遗物的什么位置。①

3. 记录

(1) 遗物的记录

仰韶发掘时对遗物的记录已经比较成熟。对于重要遗物,记录其三维坐标。② 从第十二地点遗物登记表来看,表格的备注中大致标出了遗物分布在哪个骨架附近,虽然遗迹单位的概念不清楚,也一定程度上对遗物有所归属。而对于大量陶片和石器等一般遗物,则按照发掘深度,详细记录其数量、种类和特征,并根据质料和颜色对遗物进行分类。③ 这已经接近我们当前田野考古中对小件和一般遗物的记录,只是按层位记录一般遗物受制于水平层发掘方法。西阴村发掘使用的"三点记载法"和"层叠法"结合的方法,其实与仰韶发掘所使用的记录方法是一致的,即分别用来记录重要遗物和一般遗物。李济说"三点记载法"是自己的发明,似乎是不允当的。④ 但西阴村发掘遗物的记录确实比仰韶发掘有所进步,记录有三维坐标的遗物更多,按细密的自然地层所记录的遗物也更详细。斗鸡台发掘的记录方法没有更大的革新,主要是记录内容和方式的完善,据斗鸡台第二次发掘时的"发掘情形日报表",以探坑为记录单位,分栏记录有坑别、督工者、土色、深度、出土物(分品名、件数)、备考等项。⑤

(2) 遗迹的记录

遗迹的记录直接受制于对遗迹现象的发掘和认识,这几次早期发掘对遗迹现象的认识有一个逐渐加深的过程,但完整清理出遗迹单位还是很不容易做到的事,因此记录也存在很大问题。例如仰韶遗址第十二探坑发现有十几具骨架,但是安特生仅仅记录了每具骨架的三维空间。根据所绘遗迹平面图,⑥可以发现只表现出了探坑范围,而墓圹的范围与墓葬开口位置则没有表现出来,甚至难以确定这些骨架分属于几座墓葬。从C、H、F、G等几副骨架来看,它们之间肯定存在叠压打破关系,但由于发掘方法的限制,并没有把这些关系表现出来。所幸的是,仰韶、西阴村、斗鸡台等遗址的发掘留下了大量的平剖面图,所绘遗迹现象和地层关系虽不无问题,却保留了当时的发掘现状,从这些绘图记录,我们也可以据此更深入地了解当时的发掘。此外,这几次发掘对遗址地貌与周围地质环境非

---

① 如徐旭生1934年4月28日记"乙坑灰土不厚,然与黄土相间,未知何故。x=3m20;y=8m50-9m20;z=0.90-0.80。……堡横坑古灶下层出砖石不少。止下层有三砖平列整齐。x=4m76;y=3m19;z=1m59"。见《徐旭生陕西考古日记》,第82页。

② J.G. Andersson, "Prehistoric Sites in Honan", *Bulletin of Museum of Far Eastern Antiquities*, no.19, 1947, p.74.

③ 安特生曾向胡适谈论过在仰韶遗址发掘的工作方法,有助于帮助我们了解他的记录方法。胡适1922年4月1日记记载:"他(引者按,指安特生)说,旧日考古学者发掘古物,往往重在文字方面而遗其器物(如中国宋以来的金石学者),或重在美术而遗其环境(如英国初期之埃及学者),都是错的。他自己的方法,重在每一物的环境;他首先把发掘区画出层次,每一层的出品皆分层记载;以后如发生问题,物物皆可复按。"胡适著,曹伯言整理:《胡适日记全编》第3卷,安徽教育出版社,2001年,第601页。

④ 李济:《西阴村史前的遗存》,《李济文集》卷二,上海人民出版社,2006年,第171页。

⑤ 罗宏才:《陕西考古会史》,陕西师范大学出版总社有限公司,2014年,第236、239页。

⑥ J.G. Andersson, "Prehistoric Sites in Honan", *Bulletin of Museum of Far Eastern Antiquities*, no.19, 1947, Map Ⅳ.

常关注,留下有详细的地形图和断崖剖面图。或许与安特生、李济的地质学背景有关,他们比徐旭生更关注地层的堆积状况。

(3) 发掘过程记录

仰韶、西阴村遗址的发掘过程,从各自的发掘报告中可以看到部分细节。斗鸡台发掘的经过则保留在《徐旭生陕西考古日记》中。作为斗鸡台发掘的主持者,徐旭生坚持每天写发掘日志。《徐旭生陕西考古日记》的内容固然不仅包括发掘日志,还有其他事务、所见所闻及个人感受。但在发掘工作进行期间,每天的日记都详细地记录了考古工地发掘情况,完全可以认为是发掘日志。日志以探坑为单位,记录内容包括发掘进度、开探坑及扩坑情况、遗迹的发现与清理、遗物出土情况、地层堆积情况、绘图记录与测量情况、工作方法、对发掘对象的认识及性质判断、用工、发掘中的失误等。这不仅反映了当时的发掘情况,而且为今天的研究提供了便利。遗憾的是今天能看到的《徐旭生陕西考古日记》只是当时日记的部分内容,有相当一部分已经丢失了。①

4. 堆积性状的认识

发掘者对发掘对象的判断与认识在一定程度上也能反映出发掘水平。发掘对象,即遗迹遗物,其中最重要的是对堆积性状的认识,主要包括对地层(层状堆积)的认识和对遗迹单位的认识,下面分别进行概述。

(1) 对地层的认识

对地层的认识,主要是对地层的划分和对叠压打破关系的判断。在调查沙锅屯洞穴的时候,安特生就十分注重地层关系。“此穴土壤之上或其上部数公分之中,曾得宋代古钱二枚。此二钱位于穴中土壤之最上部,显系宋时或以后之人携入者。然绝不能即此推定全部土壤悉后于宋。亦不能谓土中器物尽出宋后。以是可见古物采集不可不细定地层上下。否则新旧混淆,有不致误者鲜矣”。② 发掘仰韶遗址时,安特生受制于水平层发掘方法的局限,对复杂的文化堆积虽然已经有所认识,也还存在失误。从仰韶村第2地点探沟剖面图来看(图七),他把

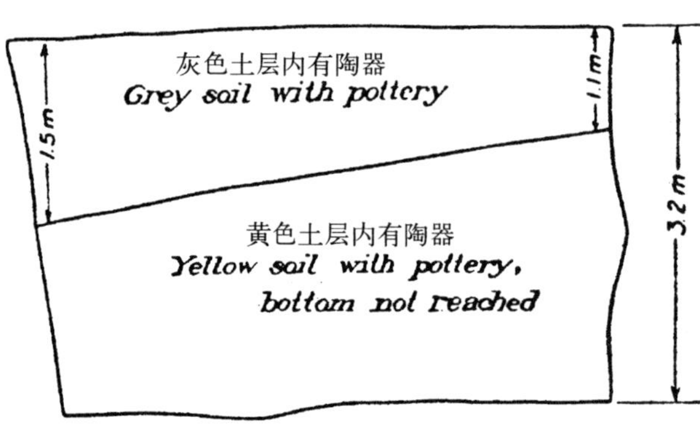

图七　1921 年仰韶遗址第二地点探沟剖面图

---

① 目前存世的徐旭生日记,时间自 1910 年 7 月 16 日到 1966 年 8 月 25 日,其中 1918 - 1932 年、1936 - 1944 年、1949 - 1953 年日记由于种种原因大部分空缺或损失。就 1934 年 4 月到 1936 年 6 月斗鸡台发掘这一段时间,现存的日记只有 1934 年 4 月到 7 月、1935 年 4 - 6 月的部分,并且中间还有一些时间是空白。斗鸡台第一次发掘的日记记录比较完整,第二次仅保留小部分,第三次则根本没有。徐旭生著,罗宏才注释:《徐旭生陕西考古日记》,陕西师范大学出版总社,2017 年,第 2 - 4 页。

② 安特生著,袁复礼译:《中国远古之文化》,文物出版社,2011 年,第 10 页。

包含陶器的文化层分为两部分,地下 1.1-1.5 米处是灰土层,再下至 3.2 米处是黄土层,已经注意到了文化堆积的不平衡性。在进行遗物统计的时候,也注意到了有的遗物在每层都有发现,有的遗物只在部分层位发现。① 但是在这文化层深达 3.2 米以上的探沟剖面上,我们没有看到文化遗迹遗物的任何打破关系,遗迹单位的概念也没有表现出来。从常理来看这并不符合遗址实际的地层堆积情况。而且从第二地点近旁的路沟断面来看,不仅有地层的叠压关系,而且也有多处灰坑的打破关系。

在对地层的认识上,李济有明显的进步,他在发掘西阴村遗址时注意到了遗迹的打破及扰乱现象。“起点下第二层及第三层之间,在那第三方的南部,有一块黄土与周围的土色全部一样。在这黄土堆中,上下十公分内,有两块金属的破片:铁一块,铅一块”。② 他将这种关系称之为“侵入”。还提到在第三、四“方”发现过耗子洞,洞内有谷糠等,并且自信这些“后来的侵入不能扰乱这层次问题”。虽然注意了扰洞及“后来的侵入”,但并未发现遗迹单位和文化层本身的打破关系。③ 李济已经提到地层中充满了“交叉或袋形的状态”,从袁复礼所绘发掘后地形图也可看出发掘范围内多处打破关系,但并没有把他们作为关键的地层单位予以重视(图八)。

斗鸡台第一次发掘对地层认识也还不足,表现在经常出现不按堆积顺序发掘的情况。但第二次发掘之后就有了突破性的认识。一方面系统确认了废堡区主要为秦汉居住遗址,同时根据沟东区“有新石器时代居住遗迹和商周秦汉至隋唐各期古墓,年代不同,遗存的性质也不同”的现象,认为“废堡、沟东二区的居住遗迹及沟东历史时期墓葬三部分应分开整理”。另一方面搞清楚了“沟东区表土层中包含的陶片和被后代墓葬扰乱的陶片,已被多次搬动,失去原来层位,只有出于灰土坑和各种形式竖穴中的陶片,保持了原来的堆积状态,最具科学价值”。④ 这种“考古地层学方面的知识和经验”不仅为沟东区资料的整理奠定了良好的基础,也标志着斗鸡台考古发掘的水平上升了一个台阶。

(2) 对遗迹单位认识

我们主要通过遗址发掘的平剖面图来判断发掘者对遗迹单位的观察与认识。仰韶村南道路位于遗址中部的一条冲沟中,在道路两旁可以看到暴露的仰韶文化层,在剖面上有许多袋形的灰坑,上小下大,尤其是遗址中部的大路东侧,最为清楚。对于这些袋形灰坑,安特生格外关注,绘有详细的剖面图。⑤ 他还举了两个例子具体说明这些袋形坑的形状、

---

① J.G. Andersson, “Prehistoric Sites in Honan”, *Bulletin of Museum of Far Eastern Antiquities*, no.19, 1947, pp.8-27.

② 李济:《西阴村史前的遗存》,《李济文集》卷二,上海人民出版社,2006 年,173-174 页。

③ 在李济主持的殷墟第二次发掘中,对所谓“侵入”现象有了更深入的认识。李济在探沟“西斜南东支与小连沟”交界的一块纵剖面上观察到唐墓打破商地层,并用地质学中“接触”(contact)来描述这种打破关系,这是中国考古学第一次观察到遗迹单位之间的打破关系,张海分析认为这是“中国田野考古学中对遗迹打破地层现象的第一次详细记录”。见张海:《中国考古学的殷墟传统》,第 357 页。考察李济的学术思想,这种对遗迹打破关系的认识可以说从西阴村发掘的时候已经萌芽了。

④ 罗宏才:《陕西考古会史》,陕西师范大学出版总社有限公司,2014 年,第 255 页。

⑤ 安特生著,袁复礼译:《中华远古之文化》,文物出版社,2011 年,第 15 页。

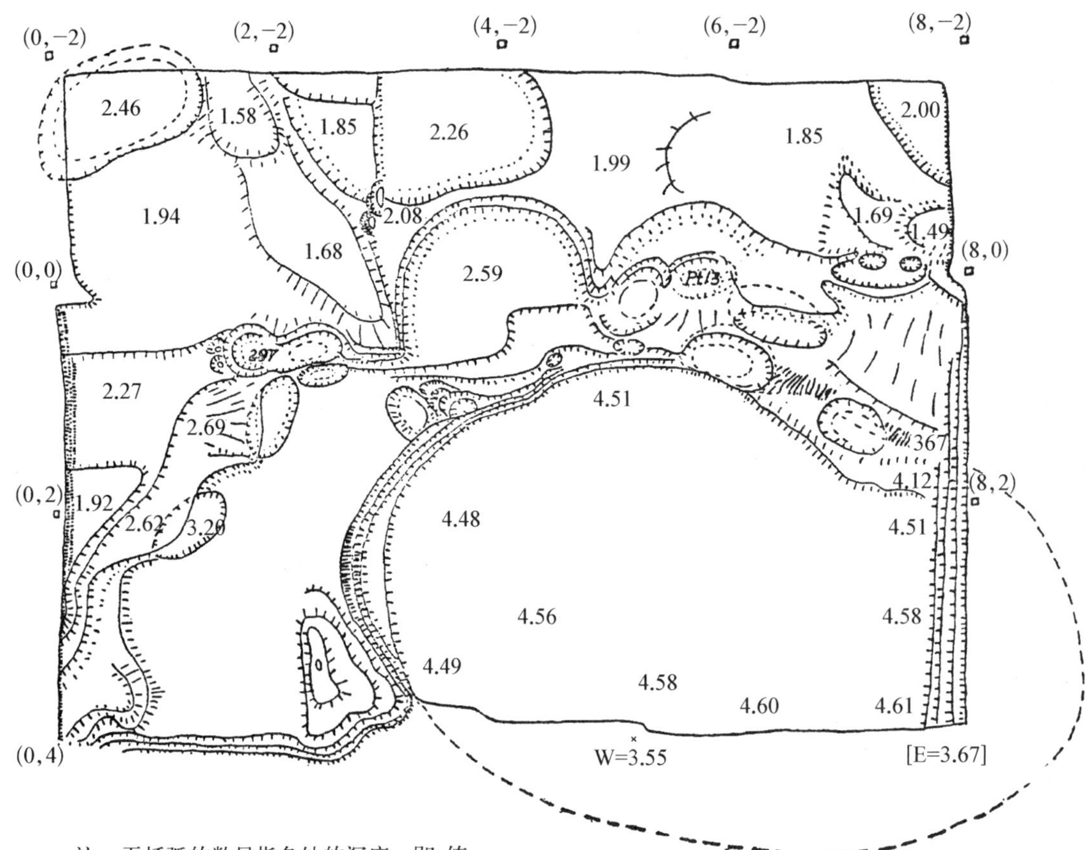

注：无括弧的数目指各处的深度，即z值；
有括弧的数目，指口形记号所在(即钉木桩处)与起点(0,0)之相距，即x值与y值；均以公尺为单位。

图八　1926 年西阴村遗址发掘后地形图

大小、包含物、分布的范围与堆积的层位。[①] 从第四地点发掘现场图来看，[②]对史前水井等遗迹进行了清理，但对叠压打破关系还认识不清，所画墓葬平面图只有人骨没有墓圹。再从朱家寨遗址墓葬发掘现场图来看(图九)，墓葬的发掘完全是以探坑为范围，以人骨和随葬品为中心，既没有墓圹范围与墓室的规格结构，也没有层位关系，并不比仰韶遗址的发掘与认识进步。

西阴村遗址的发掘，也对袋状灰坑给予了充分的关注。袁复礼称之为“袋状的储积”，通过小谷侧露的断崖，可以看到袋形灰坑“下垫着那红色的净土，上盖着那黄色的农土”。[③] 袁复礼认为袋状灰坑的成因是“自然的浸溶与耕种的消耗”。但是李济认为这个解释不彻底。在发掘区的东南发掘了一个大型袋状灰坑，呈椭圆形，深 1.5 – 2.5 米，被上

---

① J.G. Andersson, “Prehistoric Sites in Honan”, *Bulletin of Museum of Far Eastern Antiquities*, no.19, 1947, pp.15 – 16, fig 7 and fig 8.

② 马思中、陈星灿编著：《中国之前的中国：安特生、丁文江和中国史前史的发现》，斯德哥尔摩：东方博物馆专刊系列第十五号，2004 年，第 43 页。

③ 袁复礼著，李济译：《西阴村史前的遗存 · 附录》，《李济文集》卷二，上海人民出版社，2006 年，第 182 页。

图九　1923年朱家寨遗址发掘现场图

面的黄土层叠压，内填灰土，打破生土，李济认为可能是一个窟室或者穴居。① 对于此灰坑的成因，李济认为如果是窟室，坑中间的黄土堆可能是倒塌的屋顶，而坑内的堆积为洪水冲击形成。其判断现在看来虽有问题，但能在剖面上观察灰坑，而且在平面上还能基本做出来，已经有很大进步了。

在斗鸡台遗址第一次发掘过程中，清理的遗迹除了墓葬和灰坑，还有窑、②灶、③泉水池④等，对其可能的年代进行了推断，而且对遗迹与周围分布遗物的关系进行了思考。⑤

---

① 李济：《西阴村史前的遗存》，《李济文集》卷二，上海人民出版社，2006年，第179－180页。

② 徐旭生1935年5月1日记"红土坑……大约为长方，然极不规则。西高东下，时有断续。中积黄土，私属一窑"；5月31日记"（堡纵坑）继续向下清理。砖石如故。内有顽石，长宽均及尺。如此大石，绝非偶然。当属另一窑，时在宋以后，或即宋代"；6月6日记"再南，东偏有灰土，疑仍系一窑"。《徐旭生陕西考古日记》第84、100、103页。

③ 徐旭生1934年5月28日记"（沟东乙坑）其西北隅有土一行，疑系一灶"，5月29日续记"向北再扩充作下，灶已全出"。《徐旭生陕西考古日记》，第98页。

④ 徐旭生1934年6月15日记"（堡纵坑）中间列砖已清出，作半圆形，并不与西壁连。余一半大约已经毁坏。昨日希平据咸阳、兴平间'唐王跑马泉'之例推断其为一泉水池之遗址"。见《徐旭生陕西考古日记》，第109页。接下来的6月17日到21日继续清理，不仅找到了泉水券桶的北半部分，并且发现了铭文砖，基本清楚了其形制结构。见同书第111－114页。

⑤ 徐旭生1934年6月10日记："弧坑上西北之成角小段洞壁，下有土，余疑此土与弧坑壁无干，欲去之，乃土及坚，色微红，似烧过者。再下，土白，亦坚。大约系人工筑成，或系灶址。然则此段洞壁或亦尚完全，未被损毁。弧坑内出钱（币），小铁器等。间有猩红数小片。莽钱一。下午清出长七八寸至尺许之大石块二三十！正西及东北两角不远，均有乱砖一堆，其有意耶？其无意耶？"《徐旭生陕西考古日记》，第106页。

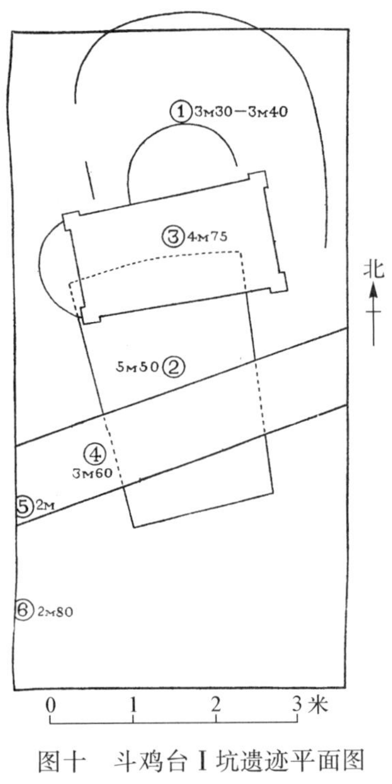

图十　斗鸡台Ⅰ坑遗迹平面图

从苏秉琦《斗鸡台沟东区墓葬》发表的部分探坑平面图及墓葬平面图来看,这些墓葬有的画出了墓圹范围,有的则并未画出,可见对墓葬的发掘技术并不算成熟。①

第二次发掘对不同遗迹单位之间的叠压打破关系则有了更加清楚的认识,比第一次发掘有了很大进步。以Ⅰ坑为例,从所绘发掘平面图来看存在着复杂的叠压打破关系(图十)。图下附有一段说明:“(1)石器时代竖穴(中央小圆圈为烧火处)。(2)墓I5打破(1)之一部。(3)墓I3打破(1)之一部,压在(2)之上方。(4)未作洞室墓之墓道,通过(2)之上方。(5)墓I4砖墓志。(6)墓I4骨渣。”②根据报告中对遗迹层位关系的描述,可知“未作洞室墓”即墓I4。③ 因此,可以清楚地得出“墓I3/墓I4→墓I5→石器时代竖穴”这样的打破序列。如果在发掘过程中没有仔细的观察与清晰的判断,在资料的整理与报告的编写中是很难有这样的认识的。

四、小　　结

现在把前文所述仰韶、西阴村、斗鸡台等遗址的发掘方法的分析结果列简表如下。

表一　仰韶、西阴村、斗鸡台等遗址的发掘方法对比表

发掘遗址		发掘			测量	记录	堆积性状的认识	
		发掘区	探坑规划	揭露方法			地层	遗迹单位
安特生	沙锅屯			水平层	标准线法	层位	划分自然地层	
	仰韶	道路东侧;断崖边缘	长方形,大小不一	水平层	三维坐标法	三维坐标+层位	注意到文化堆积的不平衡性	清理出水井等遗迹;墓葬没有墓圹
	朱家寨		不规则四边形	水平层	极坐标法	极坐标+层位		墓葬没有墓圹

① 如E坑墓葬平面图,墓F3平面图,墓F8平面图,墓F3平面图,墓G5平面图,墓H4平面图等,分别见苏秉琦《斗鸡台沟东区墓葬》书前图版及第34、36、38、40页。按,依据《斗鸡台沟东区墓葬》中对每座墓发掘日期的记录,可以推断A、B、C、D四探坑为斗鸡台第一次发掘所开,即原编号为甲、乙、丙、丁四坑。E、F、G、H、I、J、K、M、N诸探坑皆为第二次发掘所开,所举例子皆为第二次发掘期间所清理的墓葬。

② 苏秉琦:《斗鸡台沟东区墓葬》,国立北平研究院史学研究所刊,1948年,第85页。

③ 苏秉琦:《斗鸡台沟东区墓葬》,国立北平研究院史学研究所刊,1948年,第83页。

续表

发掘遗址		发掘			测量	记录	堆积性状的认识	
		发掘区	探坑规划	揭露方法			地层	遗迹单位
李济	西阴村	断崖边缘	规则小正方形	自然层	三维坐标法	三维坐标+层位	依据土质土色分层；注意到打破及扰乱现象	对袋形灰坑进行观察
徐旭生等	民政厅		正方形	水平层?	三维坐标法	三维坐标+层位	联系地层进行断代	
	斗鸡台第一次发掘	废堡区；沟东区	长方形，大小不一	自然层	三维坐标法	三维坐标+层位；发掘日志	注意到不同探坑地层堆积性状不同	清理出灰坑、版筑、窑、灶、水池等遗迹
	斗鸡台第二次发掘	废堡区；沟东区	长方形，大小不一	自然层	三维坐标法	三维坐标+层位；发掘日记	分辨不同时期文化层	准确认识遗迹间的叠压打破关系；注意到遗址间不同遗迹布局的联系
	斗鸡台第三次发掘	沟西区		自然层	三维坐标法			

从上表可以看出，无论是从发掘、记录和测量方法来看，还是从对地层堆积和遗迹现象的认识和判断来看，中国考古学早期发掘都处在一个快速进步和革新的阶段。进一步归纳的话，最重要的进步有两个方面。一是从水平层发掘法到文化堆积的自然层发掘法，也表现在测量、记录与遗物采集的各个方面，这是一个渐进的曲折的过程，与中国考古学田野发掘随着经验积累的自然发展有关，也与发掘主持者本身的学术背景有关。二是对堆积性状的认识与判断不断加深和完善，仰韶、朱家寨等遗址的发掘虽能从剖面观察到堆积的复杂性，却难以在平面上清理出遗迹单位；西阴村发掘对遗迹与地层的打破关系有了进一步的认识；斗鸡台第一次发掘即清理出多种遗迹，第二次发掘更是能够准确认识遗迹间的叠压打破关系，注意到遗址间不同遗迹布局的联系。

但安特生、李济与徐旭生所领导的发掘又有不同的特点。安特生的发掘是跟着遗物走的。以彩陶这种遗物为出发点，从河南仰韶到甘青地区，寻找中华文化与西方文化的联系，因此重视遗物的记录和提取，却对遗迹认识不足，发掘工作也显得粗疏。李济发掘的特点是精细。他自称“我们的目的既是在最详细的研究”，而对自己的工作方法是相当自信的，宣称“唯一在精密”。① 我们可以把李济“最详细的研究”理解为，科学准确地获取考

① 李济本人对比西阴村发掘与安特生工作的差异时说：“安特生在发掘上，我个人觉得他是功过参半；他的方法还不精密，非科学者最成功的方法。他在甘肃，因为急于有成绩，收买陶罐；以致回人在地下率意捣掘，像现在河南打窑子一样，结果不知毁坏了许多材料。我个人觉得我们并不注重在整个的结果，唯一在精密，一步一步地去记载。我在西阴村所掘得的东西，现存在清华，若随意拣出一片来，可以知它原来在哪一地层，在什么位置，次序都可一一明了的。”李济：《中国最近发现之新史料》，《李济文集》卷一，上海人民出版社，2006 年，第 323 页。

古资料,详细地解剖地层堆积情况,详细了解遗址和遗物的性质。这也是李济一定要把发掘工作精细化的原因。徐旭生的斗鸡台发掘主要是跟着遗迹遗物发掘的情况进行的,主要目的是“探索周秦二民族初期文化”,而从根本上来说是研究历史的具体问题,希望通过考古发掘补充历史记载之不足。因此在发掘过程中会根据遗迹遗物的分布随时扩方,而且从一开始就分区发掘。

研究能力的高低,决定发掘水平的高低。回顾百年考古,中国考古学的早期发掘固然存在种种问题,却指引了后来的路。“今天的考古学是历史上一步步走过来的,它之所以现在这个样子,是有学术史上的原因的。了解这个过程、这些原因,方能对现状有比较准确的把握,而准确把握现状,是为了更好地、更合理地选择今后的努力方向”。①

① 赵辉:《中国新石器时代考古的过去与现在——在武汉大学“珞珈讲坛”上的演讲》,《江汉考古》2018 年第 1 期。

考古何为：论苏秉琦的考古观

孙庆伟

（北京大学考古文博学院、北京大学中国考古学研究中心）

苏秉琦（1909－1997）是中国考古学上的一座丰碑，他的学术贡献和学术地位早已论定，他是中国考古学“永远的导师”，①是“当代考古学思想家”，②是考古学的“一代宗师”。③ 今年是苏公诞辰111周年，我们重读《苏秉琦文集》，④重温苏秉琦的人生道路和学术追求，掩卷深思，所获良多，不仅驱散了种种迷思，也辨明了学科未来方向。

一、“教育救国，兴史救国”：苏秉琦的赤子之心

苏秉琦一生事业的源泉，最根本在于他是一个真正的爱国者，这是我们读苏秉琦著作最直接、最强烈的感受。终其一生，考古从来都不是“避席畏闻文字狱”的避风港，也不是“著书都为稻粱谋”的工具，而是苏秉琦书生报国的一腔热情和赤子之心。

苏秉琦出生在河北高阳一个家道殷实的家庭，父兄开办有家族织布厂，由于经营有方，在“七七事变”之前全部资产达20多万银元，位居高阳布业之首。作为家中聪慧善学的幼子，他的未来早已有父兄的安排，那就是“振兴家业，实业救国”。

事实上，苏秉琦最初也是这样规划自己的人生的。1928年，他在保定“省立第六中学”毕业后来到北平，报名参加了北平工业学院的入学考试并被录取。正是在此期间，经与同乡和友人的接触，尤其是目睹了北平工业学院陈旧的设备之后，苏秉琦“深深感到国家的形势严峻，青年的责任重大，国不保家也难保”，于是毅然“决心改学中华民族的历史以唤醒民众——教育救国，兴史救国”。他甚至设想“将来当个历史老师，站在讲台上向青少年讲述中华民族辉煌的古代史及屈辱的近代史”。决心已定，苏秉琦“调头报考了爱国气氛热烈、学术思想活跃的北平师范大学历史系的文预科”，并以优异成绩被录取。苏秉琦的自作主张自然遭到家人，特别是长兄、二兄的强烈反对，端赖老母的宠爱和思想开通的三兄的化解，才得以如愿在北师大学历史。

---

① 严文明：《永远的导师——苏秉琦与北京大学考古专业》，《中国历史文物》2010年第1期。

② 张忠培：《中国考古学的重要奠基人与中国考古学新时代的开拓者——沉痛悼念恩师苏秉琦教授》，《北方文物》1997年第4期。

③ 俞伟超：《生命的幸福——记苏秉琦老师的最后留言》，《辽海文物月刊》1997年第2期。

④ 苏秉琦：《苏秉琦文集》，文物出版社，2009年。

师大六年,对于苏秉琦的一生具有关键性意义。在诸多师友的教育和感染下,他的爱国热情得到进一步激发,他后来多次感慨"这六年太重要了",认为这是他一生思想理念的定型期。数十年之后,多位当年的师大老同学依然能记起苏秉琦求学期间的慷慨激昂和拳拳爱国之心。

1934 年 8 月,苏秉琦大学毕业。他原计划是在北平或回老家做历史老师,"让国人深知民族历史而懂得要挽救自己"。但时任师大校长李蒸知人善任,推荐他到北平研究院史学研究所,在徐旭生任主任的考古组任职,当年秋天就在徐旭生的带领下前往关中开展古迹调查并参加发掘宝鸡斗鸡台遗址,由此开启了他一生的考古之旅。①

终苏秉琦一生,他都感念斗鸡台,感念徐旭生,庆幸自己在学术生涯的初始阶段就遇到了"好的课题,好的导师,好的切入点"。② 多少年之后,他对徐旭生的评价依然是,"首先是品德高尚,其次才是学问渊博",可见徐旭生在他心目中的崇高地位。③

徐旭生年轻时即有报国之志,常常在日记中自省自察以励志。④ 从法国留学归来后,是当时北平学术界著名的爱国进步学者,不仅积极参加和支持进步学生运动,更以组建西北科学考察团等学术活动来实现国家学术的独立。⑤ 上个世纪 30 年代初,徐旭生费尽千辛万苦进入陕西开展考古工作,这并不仅仅是一项学术活动,也同样是他书生报国的一腔热血。他在目睹关中的破败和遭遇同仁的误解之后,依然慷慨陈词,指出:"此地过去极伟大,前途弘远,徒因现在的小不景气,从视为畏途!今日的士大夫,洵属亡国的士大夫!尚将何言!尚将何言!"⑥徐旭生的这种爱国气概也感染了当时很多有识之士,时任陕西考古会委员长张扶万在评价斗鸡台发掘即感言:

> 诸君舍弃高官厚禄与妻子儿女,经天南地北集秦中故地,肩披风霜、手执锹铲,莘莘然若农夫耕耘,痴迷于前朝古代文物史迹之追寻,其意盛矣!其功大矣!千百代后,必为有识之士所瞩目敬仰,谓予不信,则赖后世子孙起而作证。⑦

事业惟坚,直到晚年,苏秉琦依然难以忘怀"当年参加考古工作时是冷冷清清,心情沉重"的感受。⑧ 在动身前往斗鸡台的途中,苏秉琦"迎着峭厉的西风,引起一种悲壮的情绪"。在目睹了"光景动人的陈宝(祠),也式微的不堪了",更是感觉"真有说不出来的凄

① 以上有关苏秉琦学生时代的叙述均据苏恺之《我的父亲苏秉琦——一个考古学家和他的时代》之"最初的童年记忆",生活·读书·新知三联书店,2015 年,第 3 - 52 页。

② 陕西省考古研究院:《追寻八十年前巨人的足迹——"纪念宝鸡斗鸡台考古 80 周年座谈会"纪要》,《中国文物报》2014 年 5 月 23 日第 6 版。据苏秉琦哲嗣苏恺之先生回忆,苏秉琦先生分别在 1960 年和 1994 年两次向他表述了此一层含义。

③ 苏恺之:《我的父亲苏秉琦——一个考古学家和他的时代》,第 64 页。

④ 如他在 1910 年 7 月 28 日的日记中即写到:"炳昶乎!炳昶乎!汝家在缔造之中,汝国在危难之际,天下事皆汝事,汝平日自许何若,而竟将随俗浮沉以终身乎?不为圣贤,即为禽兽。"参看徐旭生著,罗宏才注释:《徐旭生陕西考古日记》,陕西师范大学出版总社,2017 年,第 5 页。

⑤ 黄石林:《徐旭生先生传略》,载徐旭生:《中国古史的传说时代》(增订本),文物出版社,1985 年。

⑥ 罗宏才:《陕西考古会史》,陕西师范大学出版总社有限公司,2014 年,第 69 页。

⑦ 罗宏才:《陕西考古会史》,第 40 - 41 页。

⑧ 苏秉琦:《给青年人的话》,《苏秉琦文集》(三),第 104 - 114 页。

清滋味”！但徐旭生为工作站所写的一副新联，驱散了苏秉琦心中的悲壮和凄凉，再度激发了他心中的“兴史救国”的力量。联曰：

> 流星闪光，兆秦族兴王之运，实即启全中国大一统之机，庙建陈仓，像设北坂，水涯于今存古祠；雒雉来格，乃宗教祀物之胤，亦可为数千年群神祇之姊，栋宇无恙，雕绘如昨，村老岁时奉蒸尝。①

20世纪30年代，徐旭生、苏秉琦这样有良知的知识分子所念兹在兹的国家大事就是救亡图存，最大的担忧就是“惟恐做亡国奴”，所以苏秉琦每每在心中叨念：

> 吾爱吾国，
> 甚至把身心奉献，
> 让国土和民族不至沉亡，
> 反得永生。②

也正是在这一时期，苏秉琦读到了郭沫若的《中国古代社会研究》，并引起了强烈的共鸣。郭沫若在书中写到：“对于未来社会的待望逼迫着我们不能不生出清算过往社会的要求。目前虽然是‘风雨如晦’之时，然而也是‘鸡鸣不已’的时候。”苏秉琦认为郭沫若“这句话很是激动人心”，让他对考古学的地位和任务有了更加清晰和坚定的认识。③

正是抱着“风雨如晦，鸡鸣不已”的信念，苏秉琦于1938年忍痛离开老母和妻儿，从北平转移到昆明与先期到达的徐旭生会合。在昆明黑龙潭，徐旭生、苏秉琦师徒“在一个房间里长达七年，没有做业务之外的任何杂事”，“两个人以各种方式和角度谈话聊天，交流读书心得和思想”。④ 苏秉琦回忆当年的情形是：

> 抗日战争爆发后，北平研究院南迁，1939年初我到昆明郊区黑龙潭，一个人孤零零地寻找解释“天书”的密码。那时瑞典学者蒙特留斯讲述器物类型学的《先史考古方法论》已介绍到中国，但那上面只有北欧、意大利的青铜扣针、短剑和容器，而没有中国的陶鬲、陶罐。我花费了多少个日日夜夜，如痴似呆地摩挲每一件陶器。⑤

艰苦的付出换来了满满的收获。在黑龙潭，为了巩固国人对于古史的信心，同时寻找正确的古史研究方法，徐旭生“立意拿我国古史上的传说材料予以通盘的整理”，最终完成了巨著《中国古史的传说时代》。而苏秉琦解码“天书”的结果是先后完成了《陕西省宝鸡县斗鸡台发掘所得瓦鬲的研究》以及《斗鸡台沟东区墓葬》，特别是对于瓦鬲的深入研究，苏秉琦自忖是“识破这种中国文化特殊载体的基本运动规律了”。对于徐、苏二人上

① 苏恺之：《我的父亲苏秉琦——一个考古学家和他的时代》，第38页。
② 苏恺之：《我的父亲苏秉琦——一个考古学家和他的时代》，第45页。
③ 苏恺之：《我的父亲苏秉琦——一个考古学家和他的时代》，第25页。
④ 苏恺之：《我的父亲苏秉琦——一个考古学家和他的时代》，第64页。
⑤ 苏秉琦：《圆梦之路（上）》，《东南文化》1995年第4期。

述著作的学术贡献，笔者曾评价为："前者是典型的使用新方法整理老材料，而后者则属于使用新工具整理的新材料，徐、苏师徒二人实际上代表了这一时期古史重建两条最主要的路径。"①

徐、苏的选择，其实正是五四以来中国精英知识分子的普遍选择。近代中国正处在五千年剧变的十字路口，知识阶层直面"满汉中西古今"之冲突，对于时人而言，向内找内因和向外求新援都是很自然而然的举动，前者触发了"整理国故"，而后者则带来了"民主科学"。身处那个剧变的大时代，除了"教育救国，兴史救国"，徐旭生、苏秉琦其实并没有更多的选择。诚如有学者所指出，今人常视政治和文化为两物，而在时人看来，政治就包含在文化之中。② 所以苏秉琦晚年还反复强调，"五四运动前后，当国家、民族面临危机生死存亡的时刻，在社会上引起了一个热烈的思潮，就是讨论中西文化问题。那时候中西文化问题之所以成为一个热门话题，原因很简单，就是几千年的文明古国落后了，落后的原因是什么？不能不从历史上来回答这个问题"。③

1949 年 1 月 22 日，解放军从西直门、东直门和安定门进入北京城。2 月 3 日，解放军再次由永定门进入城区。亲眼目睹古城的新生，苏秉琦由衷感叹，"解放军从安定门、永定门进入，意味深长啊——国家从此永远安定了"。④

1949 年，正好是苏秉琦的四十不惑之年。

二、三十年摸索：从"为考古而考古"到"为历史而考古"的方法顿悟

据苏秉琦长子苏恺之回忆，1950 年 2 月 17 日，苏秉琦下班后"兴冲冲地回到家里"，一边动笔写信，一边让苏恺之去购买 2 月 16 日天津《进步日报》（原《大公报》），并且特别叮嘱"争取买上十份"。苏恺之辗转多家邮局，才买到六份。苏秉琦"把写好的许多短信和报纸分成六份"交由夫人，嘱咐她"明天一早，务必到新街口邮局寄出"。⑤

苏秉琦如此郑重其事，皆因为这张报纸上刊登了他的一篇短文——《如何使考古工作成为人民的事业》。把考古工作定义为"人民的事业"，绝不是简单地呼吁考古学公众化，而是面对新社会、新时代，苏秉琦将一腔报国之心与扎实的学术底蕴相融合之后，爆发出的对考古学性质与意义的初次宣言，其中饱含着他对国家民族的希冀，对学科未来的憧憬。在文中，苏秉琦写到：

假使我们不肯甘心永远处于落后的境地，假如我们还想使我们由西方新学来的

① 孙庆伟：《考古学与古史重建》，《李下蹊华——庆祝李伯谦先生八十华诞论文集》，科学出版社，2017 年。
② 罗志田：《"过渡时代"与"大国转身"》，《读书》2018 年第 11 期。
③ 苏秉琦：《文化与文明——在辽宁"兴城座谈会"上的讲话》，《苏秉琦文集》（三），第 74－79 页。
④ 苏恺之：《我的父亲苏秉琦——一个考古学家和他的时代》，第 105－106 页。
⑤ 苏恺之：《我的父亲苏秉琦——一个考古学家和他的时代》，第 107 页。

一套东西能在我们自己的国土上生根繁殖，假如我们还想成为一个具有高度文化的民族国家，像我们的先民一样，继续对于人类的文明生活有所贡献，我们就需要好好地保爱我们先民留给我们的这份珍贵遗产，从这里边去吸取经验，看他们是如何地发明和改进了农业和陶业，征服了森林，驯养了家畜，发明了文字、指南针、印刷术、火药，以及笔墨纸砚，看他们又是如何地由活剥生吃到煎炒烹调，由山洞土窑到楼台亭榭，从树叶兽皮到锦绣衣冠，由轮子的发明到机械的使用，然后我们再看这一切物质生活方面的发明和改进对于当时经济和社会、政治和意识形态种种方面所发生的影响，这就是研究中国物质文化史的任务。这个任务，正如加里宁在苏联科学院二百周年纪念会致词中所说过的一句名言："由群众中吸取他们的创造精神，再把人类征服自然的胜利结果还给他们。"这是一个非常伟大的工作和任务。对于这个工作和任务的完成，考古学者的参加是不可少的。①

这段话清楚地表达了这样的思考逻辑：中国要摆脱落后局面，傲立于世界民族之林，就必须从先民留给我们的文化遗产中吸取经验，然后把这些经验再作用于现实中的"经济和社会、政治和意识形态种种方面"，在此过程中，"考古学者的参加是不可少的"，学科的使命与意义由此而得以显现。

很显然，这不是苏秉琦一时心血来潮突发奇想，更不会是他出于私心而主动去迎合新社会。正如上文所提到，早在1930年代，他就对郭沫若所说的"对于未来社会的待望逼迫着我们不能不生出清算过往社会的要求"充满了赞赏。其实，对苏秉琦这一代知识分子而言，"认识历史，理解今天，展望未来"几乎是下意识的必然选择。② 基于上述认识，苏秉琦此时给出了对考古学的明确定位：

现代考古学已经是，或至少应该是，由经过专业训练的、掌握了这一套方法和专门技术的人们，专门从事于"生产"文化资料（史料）的独立学术了。

带着这样的心情，苏秉琦开始了在中国科学院考古研究所的工作生涯。1951年春，他首先来到熟悉的陕西关中地区开展考古调查，在目睹了新社会的欣欣向荣之后，也对考古工作的未来表示出了某种担忧：

面对着这样壮阔的全国规模的伟大建设场面，我们每个人都只会感觉幸福。问题是：我们如何来迎接这新局面，并如何使我们的工作和这实际情况密切地互相配合起来，才能使我们这项伟大的民族文化遗产不至于在无意中被毁灭呢？关于此问题，现在似乎已经是应该被提出来，加以考虑和解决的时候了。③

在苏秉琦看来，当时考古工作主要面临两个实际问题，一方面，"今天的历史科学工作

① 苏秉琦：《如何使考古工作成为人民的事业》，《苏秉琦文集》（二），文物出版社，2009年，第89－95页。
② 俞伟超、张忠培：《苏秉琦考古学论述选集》编后记，文物出版社，1984年。
③ 苏秉琦：《1951年春季陕西考古调查工作简报》，《苏秉琦文集》（二），第96－102页。

者,为了人民的需要,迫切地希望考古工作者能够提供大量的真实史料,来丰富我们的历史知识,发展我们的历史科学”,所以“希望考古工作者进行大规模的有计划的工作”。但在当时,考古工作不但规模小,而且已经表现出“消化不良症”,资料积压很严重。相比之下,更令他担忧的则是,考古工作是否已经从“为考古而考古”转变为“为历史而考古”。

对于以上两个问题,苏秉琦都开出了自己的“药方”。针对前者,他呼吁加快建立考古工作站,改变工作方式,培养专业干部,鼓励广大群众积极参与等。而对于后者,他认为这首先是一个观点问题,而观点的转变则有赖于加强学习,“尤其是学习先进史学家的榜样”。在这里,他再次强调了郭沫若的《中国古代社会研究》,提到了郭沫若历史研究的两个“凭藉”:一是考古学的“无数真实的史料”;二是恩格斯的著作。不难看出,苏秉琦对郭沫若的《中国古代社会研究》是发自内心地认同,主张“郭院长的方向和道路正是我们考古工作者应走的方向和道路”,这实际上就是强调考古学研究不仅要占有史料,更要有正确的史观引导,由此才能完成从“为考古而考古”到“为历史而考古”的转变。①

对于苏秉琦来说,“加强学习”绝不是一句空洞的政治口号,而是身体力行的工作实践。在这一时期,苏秉琦陆续购买了不少马克思、恩格斯、列宁、斯大林著作中有关私有制、生产关系、国家起源、民族问题和婚姻家庭等方面内容的翻译单行本。1953年,《毛泽东选集》(第三卷)出版,发行的第一天,苏秉琦在王府井大街的新华书店排队很久才买到。② 这些举措都真实地反映了当日的苏秉琦无比渴望从马克思主义中汲取新的研究方法,而注重史料与史观的结合,强调考古学的史学属性,正是苏秉琦学术成就的鲜明特征,因此,这一时期也堪称是苏秉琦学术思想的形成期。

在上个世纪五六十年代,苏秉琦的代表性研究成果主要有三项:西安附近古文化遗址的调查、洛阳中州路发掘报告的结语以及论文《关于仰韶文化的若干问题》。在这些研究中,都能够看出苏秉琦在“为考古而考古”到“为历史而考古”转变上所做的努力。

1951年春夏,苏秉琦带队在西安附近开展古遗存调查,在开瑞庄(客省庄)发现了仰韶、龙山与周三种文化遗存的“三叠层”。③ 更为难得的是,苏秉琦对这组“三叠层”内涵有着独到的理解,他后来曾经多次提到:

> 记得50年代前期,我们在西安附近调查时,把所见遗存分别称为文化一、文化二和文化三。当时有人不理解,说这些不就是梁思永的后岗三叠层吗?不就是仰韶、龙山与小屯吗?为此我同梁先生进行过切磋,我说,这文化一,是关中,与后岗下层不是一回事;这文化二,也与后岗中层不是一回事;这文化三与小屯就更不是一回事,不是殷的而是先周的。梁先生同意这一观点。再往前追溯,大约从30、40年代整理斗鸡

① 苏秉琦:《目前考古工作中存在的问题》,《苏秉琦文集》(二),第103–108页。

② 苏恺之:《我的父亲苏秉琦——一个考古学家和他的时代》,第109页。

③ 此次调查最初简报为《西安附近古文化遗存的类型和分布》,《考古通讯》1956年第2期,收入《苏秉琦文集》(二),第112–117页;详细报告则见于刘绪教授整理的《另一个三叠层——1951年西安考古调查报告》,上海古籍出版社,2018年。

台资料时，就已产生了不同地区有自己的文化发展脉络，商周不同源的想法。①

在苏秉琦的眼中，上述三种文化遗存，不仅时代早晚不同，而且更可能各有渊源——仰韶不一定直接发展为龙山，龙山也不一定是小屯殷商文化的前身；河南的仰韶与关中的仰韶“不是一回事”，河南的龙山与关中的龙山也“不是一回事”，小屯的殷商遗存与关中的先周遗存“就更不是一回事”。现在我们都知道，苏秉琦的上述认识其实就是三十年后“区系类型”理论的最早萌芽，但在当时，苏秉琦关心的是如何从考古材料出发认识当地的古代文化，也就是在此过程中，考古材料升华为史料，考古研究也就自然上升为历史研究。

苏秉琦的上述企图在《洛阳中州路（西工段）》的结语中得到更加充分的体现。② 这篇结语的首要贡献，当然是体现在如何开展陶器的类型学研究上，但同样不可忽视的是苏秉琦根据墓葬和陶器资料进行的历史研究，这主要表现在三个方面：一是通过类型学研究获得年代分期结果之后，“《结语》还比较了各期之间变化程度的巨细，发现三、四期之间（即春战之际）是发生重大变革的阶段，这就把年代学的研究，上升到分析社会变化阶段性的高度”；二是在鼎的类型学研究基础上，“揭示出东周时期鼎类礼器使用情况的变化，及其所反映的社会等级状况的某些变化”；三是在墓葬分型的基础上，“注意到各型墓葬在不同期别发生的不同现象和某些现象的转移情况”，从而探索当时的社会等级，“达到探索社会关系及其变化的深度”。③

就在苏秉琦的学术研究渐入佳境的时候，危机和挑战也随之而来。1956 年春，北大考古专业应届毕业班的学生针对考古学研究中“见物不见人”的现象进行了大批判，矛头直指专业主任苏秉琦；次年春天，“大鸣大放”和整风运动又接踵而至。学生对专业教学的不满，令苏秉琦陷入了长时期的深入思考。④ 虽然当时形势严峻，但苏秉琦始终保持着自己的赤子之心。他坚信自己的研究是有意义的，因为“国内外的多少事例都证明了，一个民族忘记了自己的历史和文化就会自行消亡”，所以他“就是想让全民族不忘历史，也就不会灭亡，想教育救国”。他告诫自己的子女，“中国长期不分裂并有凝聚力——举世罕见，最主要的是靠它精美厚重的文化，而文化里面最核心的思想、语言和文字，它们是民族的灵魂。其后是历史与道德观念，人与自然的协调观念和优良的传统等。现在太需要向社会、向人民大众宣传这些了”。⑤

虽然学生批判他的研究“见物不见人”，但苏秉琦自己并不这样想，因为他历来主张“考古学本身就是隶属于历史学的范畴，就是要弄清历史，历史就是讲人类的活动”，所以

① 苏秉琦：《迎接中国考古学的新世纪》，《苏秉琦文集》（三），第 206 – 219 页。

② 苏秉琦：《〈洛阳中州路（西工段）〉结语》，《苏秉琦文集》（二），第 149 – 158 页。

③ 俞伟超、张忠培：《苏秉琦考古学论述选集》编后记。

④ 苏秉琦后来多次提到这次批判，并对有关学生谈到：“大批判以后，你们觉得没有事了，我却长期平静不下来。总是在想，过去的一套有哪些不足呢？如何才能达到大家的要求呢？怎样才能建立起正确的中国考古学系统呢？”参看俞伟超、张忠培：《苏秉琦考古学论述选集》编后记。

⑤ 苏恺之：《我的父亲苏秉琦——一个考古学家和他的时代》，第 176 页。

他认为自己的研究和学生们的主张“没有根本性不相容的矛盾”。[①] 那么症结究竟何在?为此苏秉琦“经过反复思考发现,马克思主义哲学并不能直接回答研究中国考古学的方法论问题,历史唯物论和历史科学的各专门学科理论也不属于同一层次,具体问题还得具体分析”。[②] 正是在这种情况下,苏秉琦在 1965 年发表了《关于仰韶文化的若干问题》一文,这不仅是苏秉琦个人的一篇代表作,也是 20 世纪中国考古学的一篇划时代巨作。[③]

苏秉琦对于仰韶文化的突破性认识,固然得益于他 1959 年对陕西华县泉护村出土材料的系统整理,也得益于他对类型学方法炉火纯青的运用,但最为关键的是他对该项研究意义的清楚定位——即通过对仰韶文化的研究,要“使探索中华文化和中华文明起源向前迈进了一步”。苏秉琦指出,“仰韶文化从它的发现开始就是同探索中华文化和中华文明的起源联系在一起的”,“1921 瑞典地质学家安特生发现仰韶村遗址之后……从他第一次发表关于仰韶村遗址考古论文到他写出以仰韶文化为中心内容的论著,他的全部学术活动归结到一点,就是试图以仰韶文化为中心,探索中华文化起源问题”,因此安特生的贡献“不可等闲视之”。[④]

苏秉琦自我评价该文取得了两个突破:一是对仰韶文化的认识提高到分子水平上,一是对仰韶文化类型的重新界定。所谓对仰韶文化分子水平的认识,其实就是指对两种小口尖底瓶(壶罐口尖底瓶和双唇口尖底瓶)、两种花卉(一种是蔷薇科的玫瑰或月季,另一是某种菊科的合瓣花冠)图案彩陶盆以及两种动物图案(鱼和鸟)彩陶盆共三类六种核心器物演变规律的把握。对仰韶文化类型的重新认识,则是在论证半坡类型和庙底沟类型“是同源且平行发展”基础之上,进而把仰韶文化大致区分为三个区系(支):以宝鸡-华县-陕县为中心的中支,以郑州大河村-洛阳王湾为代表的东支,以及以甘肃秦安大地湾为代表的西支。[⑤]

相比上述对仰韶文化的具体认识,苏秉琦更加看重的是此文在方法论上的贡献。他说:

> 从 60 年代前期把仰韶文化认识提高到分子水平及对类型的重新界定,使我们顿悟:不论是“修国史”还是要“写续篇”、“建体系”,都必须走这条路,必须首先从对文化遗存做分子分析和对考古学文化做比较研究入手,确定哪些遗存属于同一文化社会实体,各个文化群体各自经历了一种怎样的发展过程,它的原始公社氏族制度受何种动力的驱使发展到繁荣而又走向衰落,如何从氏族变为国家的,也就是在一个具体的考古学文化系统中文明因素如何出现,国家又是如何一步一步形成的。只有这样,

① 苏恺之:《我的父亲苏秉琦——一个考古学家和他的时代》,第 179 页。

② 苏秉琦:《中国文明起源新探》,《苏秉琦文集》(三),第 280 页。

③ 据苏恺之回忆,“《关于仰韶文化的若干问题》在《考古学报》1965 年第 1 期上刊登了。我能感觉到父亲对它特别重视,他预定了不少单行本,分送给与其相关的人”。苏恺之:《我的父亲苏秉琦——一个考古学家和他的时代》,第 191 页。

④ 苏秉琦:《中国文明起源新探》,《苏秉琦文集》(三),第 281 页。

⑤ 苏秉琦:《中国文明起源新探》,《苏秉琦文集》(三),第 281 - 283 页。

所写的历史才能符合史实，才能有血有肉，才能体现它的独具特征和它独具的发展途径，我们不能笼而统之，大而化之，把一般社会发展规律当成教条，添加些考古材料交差了事。我们对仰韶文化的重新分析研究，所得到的也只是秦川八百里地域上由原始氏族公社到国家这一大转折前后的历史，它不能代替中国大地上各地的文明起源史，但它却是中国国家起源和中华民族起源史这座大厦中的一根擎梁柱。由此启发我们，在960万平方千米的中华大地上，不知有多少这样的文化区系确确实实地存在过。①

上述认识，既是苏秉琦个人的“顿悟”，也是中国考古学的“顿悟”。从1934年在斗鸡台初涉考古，到1965年的这番“顿悟”，苏秉琦三十年所悟出的正是考古学的著史之道——只有通过对不同区域古文化的分子水平研究，考古学才能写出“有血有肉”的历史，才能真正完成从“为考古而考古”到“为历史而考古”的升华。

三、六十年“圆梦”：把考古学建设成人民大众的、真正科学的学科

《关于仰韶文化的若干问题》完成后，“顿悟”的苏秉琦计划接下来对大汶口和龙山文化开展研究。② 虽然这一计划因为“文化大革命”而中断，但在苏秉琦的未刊稿中，有一篇写于1965年的《黄河流域中下游原始考古动态》的文章，其中写到：

中心问题是我国原始公社氏族制的发生、发展和消亡，特别是从母系到父系的转变，这一革命变化，其目的是宣传辩证法和唯物论。实际工作是围绕着仰韶、大汶口和龙山这三种文化进行的。

正确的探索途径应从类型分析、年代分期着手。

问题的探索是沿着两个方面进行的：一、它们的年代分期以及由此所反映的社会发展阶段；二、特征的性质，文化类型以及由此所反映的民族文化关系。

他对上述文化的分析结果是：

我们似乎可以说，这时期——仰韶后期，以泰山之阳为中心的大汶口人在文化上超过了原来以华山之阴为中心的仰韶人，也超过了当时我国所有其他原始文化的人们。

各地区间的相互作用，这一点在我国原始社会历史上有其深远意义的：一、它加速了我国原始公社氏族制从繁荣向解体的过渡，向父系氏族制的过渡；二、文化中心从关中东移到中原（河南）；三、华族范围的不断扩大。③

① 苏秉琦：《中国文明起源新探》，《苏秉琦文集》（三），第283－284页。
② 俞伟超、张忠培：《苏秉琦考古学论述选集》编后记。
③ 苏恺之：《我的父亲苏秉琦——一个考古学家和他的时代》，第194－195页。

虽然时至今日我们依然没有读到这篇未完也未刊稿的全文，但以上的片段已足以令我们对苏秉琦当年的高远立意和远见卓识所折服。我们不禁要遐想，如果苏秉琦再有《关于大汶口文化的若干问题》和《关于龙山文化的若干问题》问世，这对于中国考古学而言，该是多么宝贵的一笔财富啊。

但历史不容假设。“文化大革命”一开始，苏秉琦就被戴上了“反革命学术权威”、“学阀”、“三反分子”、“资本家”等多顶帽子，在单位的院子里戴高帽，挂牌子游街，屡遭批斗。但即使在这样艰难的日子里，苏秉琦依然对国家和民族充满了信心。1967年，长孙出生，全家一起取名雷明，因为苏秉琦相信“雷明好啊，雷雨之后就是光明啊。这个国家，这个民族，有深厚文化历史底蕴，延绵上万年从未间断，今后更是垮不了，是有光明前景的”。次年，三女慎之大学毕业分配到湖北襄樊，苏秉琦鼓励孩子们，“国家地域广阔，虽然每个地方都有自己的民俗、民情和传统，但是有一个共同的血脉和文化把它们维系成为一个整体。……厚重的历史，它能给你很多的奋发精神和永恒的思想，它就是让这么大的国家不会分裂的磁性力——凝聚力”。而“中国现代考古的诞生来自五四运动，就是为了研究宣传中国历史，让国民了解我们是怎么走过来的，我们的特色特点是什么，从而也就容易知道今后的路子该怎样继续走了”。[①] 在最艰难的日子里，给予苏秉琦信心与希望的正是他一生研究的对象——中国文化和中国历史。

1975年，尽管风雨尚未完全过去，但苏秉琦明显显得“躁动”。这年8月，他应邀给吉林大学考古专业的师生以“学科改造与建设”为题做了一次演讲，这是他首次在公开场合就学科发展方向等重大问题系统地阐述自己的见解。[②] 对于当时的学术界现状，苏秉琦认为“表面看来似是材料、工作不够的问题，实质主要是指导思想的问题以及必然带来工作上的盲目性”。为此他提出了本学科中长期的、带有普遍性的五个课题，并强调未来第一项重点工作是对“条条和块块(核心和“五湖四海”)”的研究。主持这次讲座的张忠培后来回忆：

> 1975年夏天，当中国大地把“批判资产阶级法权”、“评法批儒”、“评水浒”正搞得热火朝天的时候，他应我的邀请，在中国科学院考古研究所发表了后来成文的《关于考古学文化的区系类型问题》的主要内容，也就是我们现今读到这本书中的“条块”说的基本内涵的演讲。听这个演讲时，我即认为他讲得太重要了，全是新的，抓到了解析考古学文化的要领，感到他似乎已从自己的座位上飞到天空，自由地翱翔在白云蓝天般的学术空间……当他结束这一演讲时，我本能地感到必须迅速地带头鼓起掌来，以此顶住那即将吞噬掉这间小屋的压力。历史依着自身逻辑向前发展，以后的进程说明：这是个非常重要的时刻，历史在这里出现了转折，苏秉琦先生的考古学文化区系类型论，愈益获得了广大考古界同仁的支持，在他的这一理论的指引下，中国

① 参看苏恺之：《我的父亲苏秉琦——一个考古学家和他的时代》“暴风雨中”一节的有关内容。

② 苏秉琦：《学科改造与建设——1975年8月间为吉林大学考古专业同学讲课提纲》，《苏秉琦文集》(二)，第210－217页。

考古学踏上了新的征途，创造了苏秉琦时代。①

张忠培的解读是正确的，“条块”说无疑就是苏秉琦考古学文化区系类型理论的最早表达，中国考古学界迄今仍在这一理论的指导下开展研究。但在这里，我们仍然要问，是什么促使苏秉琦提出了区系类型理论，或者说，区系类型理论的目标又是什么？

答案很清楚，苏秉琦要解决的仍然是学科发展方向问题。在演讲提纲中，苏秉琦开宗明义提出中国考古学未来发展方向应该是“建立马克思主义的、具有民族风格、民族气派的中国考古学”。苏秉琦的用意很清楚，就是要强调“考古工作也要为国家的统一和民族的团结服务，要从历史的角度、实证的角度阐释中华文化、中华民族、中国的发展脉络及演进过程。”②

这次讲座之后，苏秉琦的学术生涯进入到“冲刺”阶段。他频繁出差，指导各地的考古工作者运用区系类型理论开展研究。相比那些具体的学术指导来讲，苏秉琦反复强调的学科目标和学科意义更值得我们深思。

比如在1979年中国考古学会的成立大会上，苏秉琦着重讲了考古学必须正确回答“中国文化起源、中华民族的形成、统一多民族国家的形成和发展”诸问题，由此才可能对“国家的统一，人民的团结，国内各民族的团结”贡献学科力量。③

1980年在中国考古学会第二次年会上，苏秉琦针对楚文化探索，也强调“探索这样一种文化的发展历程，自然可以看到中国文化发展的一种道路。重复一句：探索楚文化的目的，主要就是为了要看到中国古代文化发展的一种道路”。④

同年，在内蒙古自治区考古学会成立大会上，他指出，“在现阶段，我感觉最重要、最迫切需要回答的问题，不是我们具体工作中的一般问题”，而是“文物考古工作能不能为四化这个目标服务，做出贡献”。他的回答是肯定的，因为“考古这门学科的任务，就是要复原历史的本来面貌，利用考古新材料来复原历史的本来面貌，如果我们能够恢复它的本来面貌，就会起到团结人民，教育人民的作用。这样有利于安定团结，调动一切积极因素，使大家同心同德奔向四化”。⑤

1981年6月，苏秉琦应邀参加北京市历史学会和中国历史博物馆举办的“纪念中国共产党成立六十周年报告会”，他为会议发言做了精心准备，系统阐述了他对中国考古学的学科属性、贡献和意义的看法。在发言中，他明确提出了考古学的“社会性”问题，强调“任何一个时代，人们总是在当时的特定历史条件下给自己提出新的任务”。具体来讲，

---

① 张忠培：《中国古代文明研究的新阶段——〈中国文明起源新探〉读后》，《中国考古学：走近历史真实之道》，科学出版社，1999年，第47－53页。

② 苏恺之：《我的父亲苏秉琦——一个考古学家和他的时代》，第228页。

③ 苏秉琦：《在“全国考古学规划会议”、“中国考古学会成立大会”上的发言（摘要）》，《苏秉琦文集》（二），第246－247页。

④ 苏秉琦：《楚文化探索中提出的问题——在“中国考古学会第二次年会”闭幕式上的讲话》，《苏秉琦文集》（二），第248－253页。

⑤ 苏秉琦：《现阶段内蒙古文物考古工作问题——在“内蒙古自治区考古学会成立大会”上的讲话（摘要）》，《苏秉琦文集》（二），第254－256页。

苏秉琦认为中国考古学要着眼于三个大问题,即:中国文化起源问题、中华民族的形成问题以及统一的多民族国家的形成问题。①

1983 年,苏秉琦在辽宁朝阳又一次强调了上述思想:

> 谈学科目的,不应是不可捉摸的东西。如果我们抓不住要害,那我们的工作就是盲目的。在这里我想引用毛泽东同志说过的一句话:"国家的统一,人民的团结,国内各民族的团结,是我们在各个时期取得胜利的根本保证。"这句话字不多,分量很重。维护国家的统一,人民的团结,国内各民族的团结,将永远是我们的一个重大任务,也即是本学科的最终或最高的目的。

围绕上述最高目的,考古学的学科目标是:

> 建立新的中国考古学学科体系,通过它来阐明中国文化的起源和发展、中华民族的形成和发展、统一的多民族国家的形成和发展,并以它为骨骼系统复原中国历史的真实轮廓。这个提法,我认为是现实的,看得见,摸得着的,也是我们这一代人应该而且可以做到的。②

对此苏秉琦充满了乐观,为中国考古学进入到"新时代"、"新时期"而由衷地感到兴奋。③ 1985 年,在福州出席全国配合基本建设考古座谈会上,他系统阐述了考古学研究的四个层次,前三个依次是:考古学文化的区系类型,考古学文化的社会发展轨迹,中华文化、中华民族、中国国家发展的整个脉络。而考古学研究的最高层次是中国特色的考古学,也即"把中国史摆到世界史中去,看到中国史在世界史上的地位"。④

也正是在这一时期,苏秉琦明确提出学科的发展要顺应时代的需求,特别强调了考古学的当代使命就是为了"振兴中华"。在纪念仰韶村遗址发现六十五周年的大会上,他说:

> "五四"运动前后一个时期社会思想活跃达到高潮。建国后,经过"十年动乱",十一届三中全会后拨乱反正,社会思想活跃又达到高潮。两次高潮中,东西文化问题都成为热门。内容实质有所不同。前一次是在中国处于存亡关键时刻,面对的是中国向何处去。亟待解决的是向西方学什么的问题。这次是大局已定,要实现四个现代化,两个文明一起抓、振兴中华。亟待解决的是如何继承、发扬民族文化传统的问题。两者也有相通的一面。这就是,在整个社会转变时期的中国,始终存在一个对中

---

① 苏秉琦:《建国以来中国考古学的发展——在北京市历史学会、中国历史博物馆举办的"纪念中国共产党成立六十周年报告会"上的讲话》,《苏秉琦文集》(二),第 282 – 287 页。

② 苏秉琦:《燕山南北地区考古——在辽宁朝阳召开的"燕山南北、长城地带考古座谈会"上的讲话(摘要)》,《苏秉琦文集》(二),第 320 – 325 页。

③ 苏秉琦:《考古学的新时代》,《苏秉琦文集》(二),第 328 – 330 页;《做考古学新时期的开拓者》,《苏秉琦文集》(二),第 331 – 334 页。

④ 苏秉琦:《关于配合基本建设的考古问题》,《苏秉琦文集》(二),第 358 – 360 页。

国传统文化再认识、再评价的问题。这就是社会需要。①

他后来又对这个“再认识、再评价”的必要性做了进一步的解释：

> 我们建设现代化，如果是建设日本式的，新加坡式的，是单纯学美国、学西欧、日本，那能就是千万仁人志士抛头颅洒热血奋斗的目标？不是。我们要建设的是同五千年文明古国相称的现代化。这就自然而然提出，我们这个具有五千年古老文明的民族的灵魂是什么？精华是什么？精神支柱是什么？我们要继承什么？发扬什么？大家都在思考这个问题。我们考古工作者要严肃对待这个问题，都要感到自己的责任。

从考古材料出发，苏秉琦归纳出中国文明火花爆发的三种形式：裂变、撞击和融合。对于自己的这一发现，苏秉琦认为意义重大，因为：

> 上述中华文明起源的几种形式，也为认识我们中华民族的精神、灵魂开拓了通路，一是有巨大的凝聚力，一是有无穷的创造力，再是有无限的生命力。一浪比一浪高，延绵不绝，这是我们民族精神的源泉。我们从考古材料得出这样的认识，我们就有信心说，我们的工作是可以为振兴中华、为社会主义四化建设服务的。

至此，苏秉琦明确指出：

> 从现在起到本世纪末下世纪初，我们这个学科奋斗的目标，可以概括为，第一是复原中华五千年文明古国历史的本来面貌，第二是复原中华民族历史在世界史上的地位，改变传统编写世界史的内容，为振兴中华、为世界的进步作出贡献。②

从此以后，“振兴中华”成了苏秉琦每次谈话必提的词汇，并以此对学科的年轻人寄予深切希望：

> 从50年代中开始，直到今天，我经常考虑的一个问题是：学科发展的需要与社会的需要两者怎样才能结合得更好。50年代提出的“见物不见人”的那个“人”字实际上包括的既是古人又是今人，从学科角度考虑，古人是第一位的。从社会现实需要考虑，今人是第一位的。……近代中国考古学经历过半个世纪的迂回曲折，到此才跨出决定性的一大步，进入一个新时期。使考古工作成为人民的事业，考古学成为知我中华、振兴中华大业的一个有机组成部分，正在变为现实，不再是可望而不可即的空中楼阁了。③

20世纪90年代，进入暮年的苏秉琦老骥伏枥，壮志不已，全身心投入“重建中国史前

---

① 苏秉琦：《纪念仰韶村遗址发现六十五周年》，《苏秉琦文集》（三），第40－46页。
② 苏秉琦：《文化与文明——在辽宁“兴城座谈会”上的讲话》，《苏秉琦文集》（三），第74－79页。
③ 苏秉琦：《给青年人的话》，《苏秉琦文集》（三），第104－114页。

史”大业当中,而他对学科使命的理解也臻于化境——“考古原应回归它的创造者——人民,这是它的从业者的天职”。①

1994 年,85 岁高龄的苏秉琦在回顾自己一生学术道路的时候,由衷地发出了“六十年圆一梦”的感慨——把考古学建设成了人民大众的、真正科学的学科。1997 年 6 月 30 日,苏秉琦在北京逝世,而早在 1991 年,他就立下了遗嘱:“渤海湾在辽东半岛与山东半岛之间,正是中国的国门,所以我的骨灰要撒在那里。”1997 年 9 月 27 日,遵照他的生前遗愿,苏秉琦回归大海。

2014 年 5 月,在北京大学赛克勒考古与艺术博物馆举办了一个小型展览“考古追梦人——苏秉琦考古生涯及捐赠图书展”。笔者受邀为展览撰写了一个简短的导言,兹录如下:

> 苏秉琦先生六十余年的考古生涯中,他从一处遗址(斗鸡台)、一类器物(瓦鬲)和一种考古学文化(仰韶文化)出发,成功地示范了如何开展考古学研究。他进而以“区系类型”为手段,以探索中国文明起源和重建中国古史为目的,完美地诠释了中国考古学的学科定位。他更呼唤与憧憬“考古学的新世纪”,宣传中国考古学“走向世界,面对未来”,以探索人与自然的和谐为最高目标,从而完整地定义了考古学学科的终极使命。
>
> 六十年考古,半世纪传薪,一生诲人不倦,桃李满天下。
>
> 苏秉琦先生有科学家的严谨、哲学家的思辨和诗人般的情怀。他是中国考古学的见证人、实践者和思想家。他献身于人民的事业,他缔造了学科的辉煌。

苏恺之先生把这段话作为《我的父亲苏秉琦——一个考古学家和他的时代》全书的结语,充分说明了他对这段导言的认同。现在我们再次梳理苏秉琦的学术历程,愈发体会到苏公的“教育救国,兴史救国”的赤子之心是多么难能可贵,愈发领悟到苏公殚精竭虑塑造学术典范,呕心沥血引领学科发展的巨大意义,愈发能够理解苏公不厌其烦地强调学科发展与社会发展紧密联系的必然性、必要性和前瞻性。苏秉琦的一生,经历了近现代中国的沧桑巨变,经历了“五四”运动和改革开放这两次前所未有的思想巨变,苏秉琦正是将自己有限的学术生命投入到无限的社会需求中去,才取得了他人难以企及的学术高度,才丰富和升华了他作为个体生命的价值和意义,才真正塑造和确立了考古学的学科地位和学科属性。苏秉琦的一生,成就了自我,也缔造了学科。

当今的中国,再一次走到历史的十字路口,考古学科何去何从,是每一个考古工作者首先要回答的问题。“中国考古学的未来,得从苏秉琦教授讲起;今后中国考古学的进步,只能在这位巨人止步的地方,向前走去”。② 苏秉琦的学术思想,必将激励学科无畏前行,必将指引学科走向光明。

---

① 苏秉琦:《重建中的“中国史前史”》,《苏秉琦文集》(三),第 199 - 201 页。

② 张忠培:《中国考古学的重要奠基人与中国考古学新时代的开拓者——沉痛悼念恩师苏秉琦教授》,《北方文物》1997 年第 4 期。